北京大學國學研究院中國傳統文化研究中心

國學研究

第四十二卷

主　編　袁行霈

編委（按姓氏筆畫排列）

王小甫　王邦維　李四龍　吳同瑞
袁行霈　高崇文　張學智　程郁綴
蔣紹愚　榮新江　鄧小南　樓宇烈
劉玉才　閻步克　錢志熙　嚴文明

特約編委

許逸民

二〇一九年·北京

圖書在版編目(CIP)數據

國學研究.第四十二卷/袁行霈主編.—北京:北京大學出版社,2019.12
ISBN 978-7-301-30989-6

Ⅰ.①國… Ⅱ.①袁… Ⅲ.①國學—中國—文集 Ⅳ.①Z126.27-53

中國版本圖書館 CIP 數據核字(2019)第 272187 號

封面刊名:集蔡元培先生手迹

書　　　名	國學研究　第四十二卷 GUOXUE YANJIU　DI-SISHI'ER JUAN
著作責任者	袁行霈　主編
責任編輯	徐　邁　延城城
標準書號	ISBN 978-7-301-30989-6
出版發行	北京大學出版社
地　　　址	北京市海淀區成府路 205 號　100871
網　　　址	http://www.pup.cn　新浪微博:@北京大學出版社
電子信箱	pkuwsz@126.com
電　　　話	郵購部 010-62752015　發行部 010-62750672　編輯部 010-62752022
印　刷　者	三河市北燕印裝有限公司
經　銷　者	新華書店
	787 毫米 × 1092 毫米　16 開本　22.5 印張　366 千字 2019 年 12 月第 1 版　2019 年 12 月第 1 次印刷
定　　　價	60.00 圓

未經許可,不得以任何方式複製或鈔襲本書之部分或全部内容。
版權所有,侵權必究
舉報電話:010-62752024　電子信箱:fd@pup.pku.edu.cn
圖書如有印裝質量問題,請與出版部聯繫,電話:010-62756370

本刊之出版,先後承蒙南懷瑾、查良鏞、駱英、林振芳等先生暨全國高等院校古籍整理研究工作委員會慷慨資助,特此致謝。

目　録

略談《宣和遺事》的史源和改編 …………………………… 程毅中（1）

笛與宋詞演唱 ……………………………………… 董希平　郭　興（21）

中國戲曲形成模型假説 ……………………………………… 元鵬飛（67）

論杜甫五言長篇詠懷詩的創作 ………………………………… 李　俊（97）

晚唐詩學和詩風的轉變 ……………………………………… 唐　婷（121）

敦煌遺書 P.3963、P.3259 與張承奉、曹議金政權的關係
　　——兼論曹議金爲粟特後裔説 …………………………… 鍾書林（165）

二程的禮哲學思想 …………………………………………… 王巧生（185）

中國佛教的喜樂精神：以禪宗爲中心 ………………………… 王　坤（219）

黄龍慧南投機偈的禪學思想 ………………………… 羅　凌　謝大順（229）

高峰原妙的看話禪思想要義 ………………………………… 卞　景（241）

論思想的闡釋方式與同源詞的認定 ………………………… 徐　剛（261）

"儒"非諸子統稱之補證 ……………………………………… 王澤春（287）

述《湖海文傳》的文獻價值 …………………………………… 龍　野（301）

《漢書·藝文志》條目著録次序問題考辨 …………………… 孫振田（319）

北京大學國學研究院大事記（2018 年 1 月—6 月）………………（346）

徵稿啓事 ……………………………………………………………（351）

來稿書寫格式 ………………………………………………………（352）

略談《宣和遺事》的史源和改編

程毅中

【提要】《宣和遺事》是一部講史家的話本,輯錄了許多宋金對抗時期的史料,祇做了初步的加工,因而保留着不少原文,可以追尋到它的史源,同時也可以看出講史家改寫的痕迹。經過他校和考證,大致可以說明它還是講史家備用的底本,可能有部分尚未實現場上演出,因而呈現了宋元時講史話本流傳的原始形態,反過來還可以給某些史書提供他校資料。

《宣和遺事》是一部長篇的講史小說,相對於短篇的小說家話本,它是廣義的小說。書中引用了許多宋金對抗時期的史書資料和詩詞,基本上用了編年體,但是它輯錄的許多史料,往往照抄原文,沒有多少加工修飾,因此魯迅在《中國小說史略》裏説《大唐三藏法師取經記》和它"皆首尾與詩相始終,中間以詩詞爲點綴,辭句多俚,顧與話本又不同,近講史而非口談,似小説而無捏合"。又說它"案年演述,體裁甚似講史。惟節錄成書,未加融會,故先後文體,致爲參差,灼然可見"。從而把它列爲"宋元之擬話本"。關於"擬話本"的概念,魯迅沒有詳談,因而後來小說史學者各有不同理解,引起了不少爭議。還有人把"擬話本"專用於短篇的明清白話小說,就和《宣和遺事》的性質又不相稱了。

前人早已指出,《宣和遺事》採用了《南燼紀聞》《竊憤錄》等書,都是僞書;但前集部分還採用了《皇朝編年綱目備要》《續宋編年資治通鑒》《皇宋十朝綱要》《皇朝大事紀講義》和一些雜史筆記。我因爲校注宋元小說家話本,想把李師師故事一段輯錄出來,作爲現存元刻小說家話本的一個標本加以校注。感謝臺北大學王國良先生的幫助，替我取得了元刻本《宣和遺事》的複印件，纔做成了初步的成果。我在校勘李師師故事之餘，繼而對全書參校了幾種史籍，發覺用得最多的是陳均的《皇朝編年綱目備要》和《南燼紀聞》《竊憤錄》《竊憤續錄》三書，因此除了用元刻本、明金陵王洛川刻本、清修綆山房刻本來通校黄丕烈刻《士禮居叢書》本之外，就以《皇朝編年綱目備要》（以下簡稱《備要》）爲主要的他校本，其餘的史籍作爲旁證，擇要引用，以免引用過多的書證。

　　魯迅之後，小説史學者大多認爲《宣和遺事》是一部講史類的平話，但也有不同的意見，認爲它除了第四、第五兩段，還有第一、第七兩段是模擬講史體裁編寫的，其餘二、三、六、八、九、十段衹是抄集雜史筆記的彙編。[①]這種看法實際上就和魯迅的判斷相似。

　　然而，《宣和遺事》裏二、三、六、八和十段，也有不少説話人的文體和語言。第九段則摘抄自本身就是小説性質的《南渡錄》（含《南燼紀聞》），有所删節，也略有改編，但没有用講史家的習語。書中宋江三十六人故事和李師師故事，都是中國小説史上非常珍貴的史料，原本就是話本，但没有可校的史源。我藉助《中華經典古籍庫》檢索，找到了《宣和遺事》的史源，輯錄了不少資料，編成一個史料長編，除了可以作爲他校之用，還可以用作故事的箋證。《宣和遺事》是一部比較通俗的小説，本來不值得做箋注，不必要做考證，但我的校注不是考實，重點是證僞，是尋找哪些是藝術性的虛構和通俗化的改造。經過他校和考證，我發現書中保存着不少史籍的原文，有的還可以反過來校補史籍。所以我略加選擇，留下一部分資料，作爲《宣和遺事》的校注，提供給愛好研究的同好參考。但注文比較煩瑣，有些與正文幾乎重合，對於衹想閲讀正文的讀者來説，這些校注文字可能是多餘的，那麽完全可以跳過注文，衹讀正文，先看故事梗概。如果有興趣的話，再回頭來參看史源和注釋。

　　《宣和遺事》的思想性很强，有强烈的批判精神，一開頭就列舉了歷代君王荒淫之失，一直講到宋朝，中心思想是批判宋徽宗的昏庸腐敗、荒淫無道，致使國破家亡、身遭俘虜；另一方面是揭露金國統治者的殘暴淫亂、不講誠信。還有一個鮮明的主題，則是在宋江三十六人故事裏揭示了"官逼民反"的"兩綱"。一個"花石綱"和一個"生辰綱"，迫使民衆跟着方臘和宋江等舉旗起義，這是民間宋江故事的"綱"。可是到了《水滸傳》裏却把"花石綱"這一綱拋弃了,讓盲從"忠義"的宋江三十六人去消滅了方臘,結果是自取滅亡。《宣和遺事》裏比較鮮明地揭示了方臘起義的原因,由"花石綱"所激發,當然也没有作肯定的評議。《南渡録》裏有一段骨碌都對宋欽宗説的話:"吾本姓王,河洲人也。汝父子爲官家,嘗運花石綱,役使天下人,苦虐不堪言。今至此,天報耳,尚何怨耶?"還反映了民間的呼聲,但《宣和遺事》却没有採用這一段。《宣和遺事》竭力贊揚了抗金派的英雄,激烈抨擊了投降派及間諜叛徒。可是在批判蔡京等假新黨時還徹底否定了王安石的新法,甚至進行人身攻擊,這當然是它的局限。

《宣和遺事》引用最多的是陳均《備要》一書,常大段照抄原文,但也有删節和改編的,用了一些通俗化的口語。《備要》分"綱"和"目"兩部分,"目"文引書很多,但往往不注出處,可能陳均已有所删改。如《宣和遺事》中邵雍聞杜鵑的一段,安民刻黨籍碑的一段,都源出邵伯温《邵氏聞見録》而文字不同,説明編寫者直接依據的大概是第二手資料。

例如《宣和遺事》"康節天津橋聞杜鵑聲"一節:

> 且説英宗皇帝治平年間,洛陽邵康節先生因與客在天津橋上縱步閒行,忽聽得杜鵑聲,先生慘然不樂。客問其故,先生道:"洛陽從來無杜鵑,今忽來至。必有所主。"客曰:"何也?"先生曰:"不過二年,朝廷任用南人爲相,必有變更。天下從此多事矣。"客曰:"聞杜鵑聲,何以到此?"先生曰:"天下將治,地氣自北而南;將亂,地氣自南而北,今南方地氣至矣,禽鳥得氣之先者也。《春秋》有云:'六鶂退飛','鸜鵒來巢'。皆氣使之然也。"②

按,故事源出邵伯温《邵氏聞見録》卷一九:

> 康節先公先天之學,伯温不肖,不敢稱贊。平居於人事機祥未嘗輒言,治平間,與客散步天津橋上,聞杜鵑聲,慘然不樂。客問其故,則曰:"洛陽舊無杜鵑,今始至,有所主。"客曰:"何也?"康節先公曰:"不三五年,上用南士爲相,多引南人,專務變更,天下自此多事矣!"客曰:"聞杜鵑何以知此?"康節先公曰:"天下將治,地氣自北而南,將亂,自南而北。今南方地氣至矣,禽鳥飛類,得氣之先者也。《春秋》書'六鶂退飛','鸜鵒來巢',氣使之

也。自此南方草木皆可移,南方疾病瘴癘之類,北人皆苦之矣。"至熙寧初,其言乃驗,異哉!③

再看《備要》卷一八(熙寧二年)【王安石參知政事】"目"文:

> 初,治平中,邵雍與客散步天津橋上,聞杜鵑聲,慘然不樂。客問其故,雍曰:"杜鵑洛陽舊無之,今始至,有所主。"客曰:"何也?"雍曰:"不二年,上用南士爲相,多引南人,專務變更,天下自此多事矣!"客曰:"聞杜鵑,何以知此?"雍曰:"天下將治,地氣自北而南;將亂,自南而北。今南方地氣至矣,禽鳥飛類,得氣之先者也。《春秋》書'六鷁退飛','鸐鶌來巢',氣使之也。"至是雍言果驗云。④

《宣和遺事》中"不過二年",《備要》作"不二年",而《邵氏聞見錄》(中華書局版據涵芬樓夏敬觀校本)作"不三五年",看來《宣和遺事》與《備要》更爲接近,但改了幾個字,稍加通俗化的改造。

又如《宣和遺事》"石匠安民不肯鐫名於碑"一節:

> 時詔旨至長安立石,有石匠姓安名民的,覆官道:"小匠不知朝廷刻石底意,但聽得司馬溫公,海內皆稱其正直忠賢。今却把做奸邪,小匠故不忍刻石。"官司怒,要行鞭撻。安民泣道:"小匠刻則刻也,官司嚴切,不敢辭推,但告休鐫'安民'二字於石上,怕得罪於後世。"官吏聞之慚愧。⑤

比較《備要》卷二六(崇寧二年九月)【詔諸州立黨碑】"目"文:

> 詔以御書元祐姦黨姓名頒天下,監司長吏大立石刊記。○時有長安石工安民當鐫字,辭曰:"民愚人,固不知立碑之意。但如司馬相公者,海內稱其正直,今謂之姦邪,民不忍刻也。"官府怒,欲加罪,泣曰:"被役不敢辭。乞免書'安民'二字於石末,恐得罪於後世。"聞者愧之。⑥

再看《邵氏聞見錄》卷一六:

> 長安百姓常安民,以鐫字爲業,多收隋、唐銘誌墨本,亦能篆。教其子以儒學。崇寧初,蔡京、蔡卞爲元祐姦黨籍,上皇親書,刻石立於文德殿門。又立於天下州治廳事。長安當立,召安民刻字,民辭曰:"民愚人,不知朝廷立

碑之意。但元祐大臣如司馬溫公者,天下稱其正直,今謂之姦邪,民不忍鐫也。"府官怒,欲罪之。民曰:"被役不敢辭,乞不刻安民鐫字於碑,恐後世并以爲罪也。"嗚呼!安民者,一工匠耳,尚知邪正,畏過惡,賢於士大夫遠矣。故余以表出之。⑦

常安民,《備要》作"安民",題李燾撰的《續宋編年資治通鑒》(以下簡稱《續資治通鑒》)卷一五作"安山民"。按:常安民,另有其人,字希古,《宋史》卷三四六有傳,入元祐黨人名單。中華書局版《邵氏聞見錄》所據夏校本卻多了一個"常"字。可見這裏《宣和遺事》不是直接抄錄《邵氏聞見錄》,可能是間接採自《備要》,所以"安民"之名不錯,末尾多出了"聞者愧之"一句的譯述。從這一條文字也可以看出編者已作了通俗化的改寫,並非照抄原書。

又如建中靖國元年之後,有豐稷、陳師錫共寫表文一段,接着説徽宗謂豐稷道:"事礙東朝,卿當熟慮。"這一段對話亦見於《備要》卷二五(元符三年九月)【貶蔡卞】"目"文,但今本缺字很多:

> 稷與師錫登對,上曰:"□礙東朝,卿當熟慮。"稷云:"臣請自奏東朝。"遂云:"自古□□臨朝,未有手書還政,如聖母□□德□□□□□今外□□聞向宗良、宗□籍勢妄作,内則惟□□□□□等兇□□然,而蔡京□□其間。臣愚欲□□□□□等,而黜京□□。"師錫亦奏疏東朝,委曲陳論,□□報□□□有是命。殿中侍御史龔夬言:"臣伏聞蔡卞落職,太平州居□,天下之士,共仰聖斷。然臣竊見京、卞表裹相濟,天下共知其惡。民謠有云:'二蔡一惇,必定沙門;籍沒家財,禁錮子孫。'又曰:'大惇、小惇,入地無門;大蔡、小蔡,還他命債。'夫民至愚而神,其不可欺如此!"⑧

題李燾撰的《續資治通鑒》卷一四也有同樣的記事,缺文部分則省略了。《宣和遺事》卻保存了這段對話:

> 豐稷奏言:"自古母后臨朝,那曾見有如聖母手書還政的,可做萬世法則。但是目即,在外則聞向宗良、宗回藉勢妄作,在内則聞張琳、裴彥臣等兇焰熾然。又有蔡京交通其間。臣愚欲乞戒飭后家,放逐張琳等,黜蔡京於外,庶絶朝廷之憂。"徽宗不從。("豐稷等奏京不可用"節,下略)⑨

《宣和遺事》這段文字較詳,正可校補正史之遺。張琳、裴彥臣名見《備要》卷二六崇寧二年黨籍,而此處未見。

又如朱勔採進花石綱一段,基本上抄錄自《續資治通鑑》卷一五,但改動了幾個字,可見編者已作了初步的通俗化改造。《續資治通鑑》原文是:

> 先是,有朱勔者,因蔡京以進。上頗垂意花石。勔初才致黃楊木三四本,上已嘉之。後歲歲增加,遂至舟船相繼,號曰花石綱。專置應奉局於平江,指内帑爲囊中物。每一發輒數百萬。搜巖剔藪,幽隱不置,雖江湖不測之淵,力不可致者,百計出之,名曰神運。凡士庶之家,有一花一木之妙者,悉以黃帕遮覆,指爲御前之物。不問墳墓之間,盡皆發掘。石巨者高廣數丈,載以巨艦,輓以千夫,鑿河斷橋,毀堰拆閘,數月方至京師。一花費數千緡,一石費數萬緡。勔又即所居創一圃,林泉之勝,冠於二浙。後復取旨建神霄殿,塑青華帝君像其中,監司郡守初到,必朝謁焉。⑩

《宣和遺事》作:

> 先有朱勔者,因蔡京以進。上頗垂意花石。勔初才致黃楊木三四本,已稱聖意。後歲歲增加,遂至舟船相繼,號做花石綱。專在平江置應奉局,每一發輒數百萬貫。搜巖剔藪,無所不到。雖江湖不測之瀾,力不可致者,百計出之,名做神運。凡士庶之家,有一花一木之妙的,悉以黃帕遮覆,指做御前之物。不問墳墓之間,盡皆發掘。石巨者高廣數丈,將巨艦裝載,用千夫牽輓,鑿河斷橋,毀堰拆閘,數月方至京師。一花費數千貫,一石費數萬緡。勔又即所居創一圃,林泉之勝,二浙無比。後復取旨建神霄殿,塑青華帝君像其中,監司郡守初到,必須到宫朝謁。⑪

二本僅數字不同,可見是講史家的改筆,已稍加口語化,如刪去了"指内帑爲囊中物"一句。加出了一個"貫"字、"須到宫"等字,把"上已嘉之"改作"已稱聖意","號曰"作"號做","專置應奉局於平江"作"專在平江置應奉局","幽隱不置"作"無所不到","名曰"作"名做","妙者"作"妙的","載以巨艦,輓以千夫"作"將巨艦裝載,用千夫牽輓"等等。編寫者引用的不一定就是《續资治通鑑》,但一定同出一源。而《續資治通鑑》紀事不如《備要》詳細。值得一提的是

《備要》今本卷二七有兩個缺頁,祇留存尾部一節,與《宣和遺事》基本相同。因此《宣和遺事》可以作爲《備要》的他校資源。

又如政和二年(1112)徽宗召蔡京入内苑賜宴一節的開端:

> 夏四月,召蔡京入内苑賜宴,輔臣親王皆得與席。徽宗親爲之記,其略曰:"詔有司掃除内苑太清樓,滌内府所藏珍用之器,集四方之美味。前期閲集,朕將親幸焉。"其所用宮中女樂,列奏於庭。命皇子名楷的侍側勸勞。又出嬪女鼓琴玩舞,勸以琉璃、瑪瑙、白玉之杯。京亦上記,略曰:"太清之燕,上曰:'此跬步至宣和。'令子攸掖入觀焉。"(下略)⑫

按王明清《揮麈餘話》(《四部叢刊續編》影宋鈔本)卷上所載的蔡京《太清樓特燕記》全文,應是它的史源。原文很詳,有許多細節都已省略,就從蔡京所記的這一段看,"上曰"以下兩句,原文是:"詔臣蔡京曰:'此跬步至宣和,即昔言者所謂金柱玉户者也,厚誣宫禁。其令子攸掖入觀焉。'"再看前面"徽宗親爲之記",原文的"徽宗"都作"上",絶不會用皇帝死後的廟號的。下面"命皇子名楷的侍側勸勞",原文裏祇有"皇子嘉王楷起居升殿側侍"一句和"命皇子宣勸"一句,《宣和遺事》裏的話顯然是講史家改寫的通俗化語言,但《備要》已作"命子楷侍側勸勞"。

比較《備要》卷二八【夏四月,燕蔡京内苑】"目"文:

> 輔臣、親王皆與,上親爲之記,略曰:詔有司掃除内苑太清樓,滌内府所藏珍用之器,集四方之美味。前期閲集,親幸其所。用宮中女樂,列奏於庭。命子楷侍側勸勞。又出嬪女鼓琴玩舞,勸以琉璃、瑪瑙、白玉之盃。京亦上記,略曰:"太清之燕,上曰:'此跬步至宣和。'令子攸掖入觀焉。"⑬

顯然,《宣和遺事》採用的就是《備要》的節略,文字基本相同,祇有少數幾個字又經過了改動。

再後,《宣和遺事》有一段話説:

> 上顧謂群臣道:"承平無事,君臣共樂,宜略去煩苛碎禮,飲食起居,各宜自便無問。"⑭

《備要》與此相同,惟無"道"字。而《揮麈餘話》引的原文却無"上顧謂群臣道承平無事"十字,似有脱簡,可見影宋鈔本《揮麈餘話》已有缺文(《四庫》本亦同),不可能是《備要》編者添加出來的。這裏,《宣和遺事》也可以作爲《揮麈餘話》的他校資料了。

下面宣和元年(1119)徽宗宴蔡京父子於保和殿,蔡京作記叙其事。先看《備要》卷二八【九月,燕蔡京保和新殿】"目"文:

蔡京等請見安妃,許之。京作記以進,略曰:"皇帝召臣京、臣黼、臣俣、臣偲、臣楷、臣貫、臣仲忽、臣熙載、臣攸燕保和新殿,臣脩、臣絛、臣絳、臣行、臣徽、臣術侍,賜食文字庫。於是由臨華殿門入,侍班東曲水,朝於玉華殿。上步至西曲水,循茶蘼洞,至太寧閣,登層巒、琳霄、寒風、垂雲亭,至保和。屋三楹,時落成於八月,而高竹崇檜,已森陰蓊鬱。中楹置御榻,東西二間列寶玩與古鼎彝、玉芝,左挾閣曰妙有,右挾閣曰宣道。上御步前行,至稽古閣,有宣王石鼓。歷邃古、尚古、鑒古、作古、訪古、博古、祕古諸閣,上親指示爲言其概。抵玉林軒,過宣和殿、列岫軒、太真閣、凝真殿,殿東崇巖峭壁高百尺,林壑茂密,倍於昔見。過翹翠、燕處閣,賜茶全真殿,乃出瓊林。殿中使傳旨留題,乃題曰:'瓊瑤錯落密成林,檜竹交加午有陰。恩許塵凡時縱步,不知身在五雲深。'頃之,就坐,女童樂作,坐間香圓、荔子、黄橙、金柑相間布列前後。命鄧文誥剖橙分賜,酒五行,少休。詔至玉真軒,軒在保和殿西南廡,即安妃粧閣,命使傳旨曰:'雅燕酒酣添逸興,玉真軒內見安妃。'且詔臣虔補成篇,臣即題曰:'保和新殿麗秋暉,詔許塵凡到綺闈。'於是人人自謂得見安妃矣。既而,但掛畫像西垣。臣即以詩謝奏曰:'玉真軒檻暖如春,即見丹青未見人。月裏姮娥終有恨,鑒中姑射未應真。'須臾,中使傳旨至玉華閣。上持詩曰:'因卿有詩,姻家自應相見。'臣曰:'頃緣葭莩,已得拜望,故敢以詩請。'上大笑□□□□□□□□□上持大觥酌酒,命妃曰:'可勸太師。'臣因進曰:'禮無不報。'於是持瓶注酒,授使以進。再坐,撤女童,去羯鼓,御侍奏細樂,作蘭陵王、楊州教水調,勸酬交錯。日且暮,臣奏曰:'久勤聖躬,不敢安。'上曰:'不醉無歸。'更勸迭進,酒行無筭。

(下略)"⑮

爲了便於對比,再抄《宣和遺事》"宴蔡京父子於保和殿"這一大段文字於下:

> 秋九月,宴蔡京父子於保和新殿。京等請見安妃,帝許之。京作記以進,其略曰:"皇帝召臣京、臣攸等燕保和新殿,臣儵、臣翛、臣儔、臣行、臣徽、臣衜侍,賜食文字庫。於是由臨華殿門入,侍班東曲水,朝於玉華殿。上步至西曲(原缺'水'字),循茶藦洞,至太寧閣,登層巒、琳霄、褰風、垂雲亭,至保和。屋三楹,時落成於八月,而高竹崇檜,已森陰翁鬱。中楹置御榻,東西二間列寶玩與古鼎彝、玉芝,左挾閣曰妙有,右挾閣曰宣道。上御步前行,至稽古閣,有宣王石鼓。歷邃古、尚古、鑒古、作古、訪古、博古、祕古諸閣,上親指示爲言其概。抵玉林軒,過宣和殿、列岫軒、太真閣、凝真殿,殿東崇巖峭壁高百尺,林壑茂密,倍於昔見。過翹翠燕處閣,賜茶全真殿,乃出瓊林殿,中使傳旨留題,乃題曰,詩曰:'瓊瑤錯落密成林,檜竹交加午有陰。恩許塵凡時縱步,不知身在五雲深。'頃之,就坐,女童樂作,坐間香圓、荔子、黃橙、金柑相間,布列前後。命鄧文誥剖橙分賜。酒五行,少休。詔至玉真軒,軒在保和殿西南廡,即安妃粧閣,上吟詩二句云:'雅燕酒酣添逸興,玉真軒內見安妃。'命中官傳旨,詔蔡京賡補。京即題云:'保和新殿麗秋暉,詔許塵凡到綺闈。遂成詩云,詩曰:'保和新殿麗秋暉,詔許塵凡到綺闈。雅燕酒酣添逸興,玉真軒內見安妃。'於是人人自謂得見安妃。既而,但挂畫像西垣。臣即以詩奏曰,詩曰:'玉真軒檻暖如春,即見丹青未見人。月裏嫦娥終有恨,鑒中姑射未應真。'中使傳旨至玉華閣。帝持曰:'因卿有詩,姻家自應相見。'臣曰:'頃(原作空框□,王本《宣和遺事》作今,今據《備要》及《揮麈》原文補)葭莩已得拜望,故敢以詩請。'上大笑。上持大觥酌酒,命妃曰:'可勸太師。'臣因進曰:'禮無不報。'於是持瓶注酒,授使以進。再去,撤女童,去羯鼓,御侍細樂,作蘭陵王、楊州教水調,勸酬交錯。日且暮矣,京奏曰:'久勤聖躬,不敢安。'徽宗曰:'不醉無歸。'更勸迭進,酒行無筭。至二鼓五籌,君臣大醉而罷。"⑯

《宣和遺事》有許多不同的地方，如少了"臣黼、臣俁、臣偲、臣楷、臣貫、臣仲忽、臣熙載"七個人名；"命中官傳旨，詔蔡京賡補，京即題云"，《揮麈餘話》原文和《備要》都作"且詔臣賡補成篇，臣即題曰"。下面又重出了"雅燕酒酣添逸興，玉真軒內見安妃"兩句。《備要》原缺"是人人自謂得"及"安妃"八字（中華書局版已校補），而《宣和遺事》却不缺。"上大笑"下原有缺字，《宣和遺事》就沒有空框，按《揮麈餘話》則有大段佚文。"酒行無筭"後，《備要》引文還有"上忽憶紹聖春宴口號二句……"大段文字，而《宣和遺事》不載；結尾"至二鼓五籌，君臣大醉而罷"十一字，原文衹是"衆前奏曰請罷"六字。

值得注意的是王明清《揮麈餘話》所載的蔡京《保和殿特燕記》原文，雖然更爲詳盡，但也有缺字錯字，而《備要》和《宣和遺事》的引文却可以作爲《揮麈餘話》的他校資料。如開頭一段，"宣和元年九月十二日，皇帝詔臣蔡京、臣王黻、臣越王俁、臣燕王似、臣嘉王楷、臣童貫、臣嗣濮王仲忽、臣馮熙載、臣蔡攸"。下面"臣鞗"之後缺了"臣行、臣徽、臣術侍"七個字，看來《揮麈餘話》已有脫簡，却可據《宣和遺事》來校補。"行"是蔡攸的兒子，蔡京的孫子，"徽""術"應該也是蔡京的孫子，都參與了那次國宴。想來不會是《備要》補加的。而《備要》不載蔡京等人的姓氏，則不如《揮麈餘話》的完備了。

再如宣和六年賞燈一段，《備要》卷二九【宣和六年春正月，御樓觀燈】"目"文：

> 上元節也。故事，天子御樓觀燈，則開封尹設次以彈壓於西觀下。上時從六宮於其上，以觀天府之斷決者，簾幕深密，下無由知。衆中忽有人躍出，墨色布衣，若寺僧童行狀，以手畫簾，出指斥語，執於觀下。上怒甚，令中使傳旨治之。箠掠亂下，又加炮烙，詢其誰何，略不一語，亦無痛楚之狀；又斷其足筋，俄施刀钁，血肉狼籍。上大不悅，爲罷一夕之歡。至暮，竟不得其何人，付獄盡之。[17]

《宣和遺事》"童行指斥至尊"一節改寫得比較通俗，"上"字照例改成了"徽宗"：

> 宣和六年，正月十四日夜……徽宗觀燈已畢。是時開封尹設幕次在西

觀下彈壓,天府獄凶盡押在幕次斷決,要使獄空。徽宗與六宮從樓上下觀斷決公事,衆中忽有一人,墨色布衣,若寺童形狀,從人叢中跳身出來,以手畫簾,出指斥至尊之語。徽宗大怒,遣中使執於觀下,令有司拷問,箠掠亂下,又加炮烙,詢問此人爲誰。其人略無一言,亦無痛楚之色,終不肯吐露情實。有司斷了足筋,俄施刀劗,血肉狼藉,終莫知其所從來。帝不悅,遂罷一夕歡。⑱

按:這段引文似源出蔡絛的《鐵圍山叢談》卷五,文長不錄。

再如前集卷終處引了呂省元的一段"宣和講篇",前人都據此認爲"省元"是元代人的稱謂,從而考證《宣和遺事》是元人作品。實際上省元是宋人指禮部省試第一名,呂省元即南宋人呂中,他的《皇朝大事記講義》有《四庫全書》本可以他校。此段原文首段爲:

> 世之言宣和之失者曰:遼不可攻,金人不可通,燕山不可取,藥師不可任,張覺不可納。然皆非根本之論也。蓋慶曆、景德之時,敵勢方强,故未有可乘之機。至天祚失道,內外俱叛,實已有可取之釁,則攻遼非失策也。金人固不可遽通,然以方張之勢,斃垂盡之敵,他日必與我爲鄰,則通金人亦未爲失策也。(卷二二《邊備》)⑲

《宣和遺事》則改寫成:

> 世之論宣和之失者道:宋朝不當攻遼,不當通女真,不當取燕,不當任郭藥師,不當納張彀。這個未是通論。何以言之?天祚失道,內外俱叛,遼有可取之釁,攻之宜也。女真以方張之勢,斃垂亡之遼,他日必與我爲鄰,通之可也。⑳

《宣和遺事》對引文有所改動,可資比較,反過來也可據以校證《四庫全書》本之竄改。如"女真"和"虜"字在《四庫全書》本裏都作"金人",應該是館臣們改的。後面原文與《宣和遺事》引文還有許多出入,應是講史家稍加通俗化的改筆。如"尼雅滿(清人對'粘罕'的改譯)猶曰"作"粘罕尚兀自說";"金人告馬廣之言曰"作"虜酋曾告馬廣道";"汝見我家用兵"作"您看我家用兵"等等。

下面還有"寇入而不罷郊祀,恐礙推恩;寇至而不告中外,恐妨恭謝;寇迫而撤綵山,恐礙行樂"三句,《宣和遺事》把"恐"字全改爲"怕"字,就比較淺顯了。末句"寇迫而撤綵山"則作"寇迫而不撤綵山",多一個"不"字是對的,因爲《備要》卷二九,曾載宣和六年徽宗預賞元宵的事,大臣們把金兵進攻的敵情隱匿不報。《皇朝大事記講議》上兩句説"寇入而不罷郊祀","寇至而不告中外",與下句"寇迫而不撤綵山"是排比句,脱一個"不"字就不合情理了。不撤綵山指徽宗預賞元宵行樂的事,《宣和遺事》裏有大段描寫。這裏也可以校補《大事記》的脱字。後集最後一段"康王歸國之後",有一番議論,又引用了吕中的話,再一次提到:"寇迫而不撤綵山,恐妨行樂,此宣和之覆轍可戒也。"又把"礙"字改成了"妨"字,這就不像是原文了。

從《大事記》一段引文的他校,可以看到講史家對史源的逐步改造。我們可以參照一下《三國志演義》第九卷《劉玄德敗走夏口》中插入的一段話:

> 後來史官裴松之,曾貶剥(當作駁)劉玄德此言非真也。論曰:當時玄德在許昌,曾與董承等同謀,但事泄漏不克諧耳。若爲國家惜操,安肯若是同謀誅之乎?雲長果此時勸殺曹操,玄德不肯從者,因恐懼曹操心腹牙爪之多也。有徒,事不宿構,非造次所行。操雖可殺,自身亦不能免禍,故以計而止,何惜之有乎!既往之事,故託爲雅言。故知以爲國家惜而答雲長者,非本心也,乃飾詞耳。㉑

按《三國志》裴注原文作:

> 臣松之以爲備後與董承等結謀,但事泄不克諧耳。若爲國家惜曹公,其如此言何!羽若果有此勸而備不肯從者,將以曹公腹心親戚,實繁有徒,事不宿構,非造次所行;曹雖可殺,身必不免,故以計而止,何惜之有乎!既往之事,故託爲雅言耳。㉒

《三國志演義》裏那些加出來的文字,就是爲了幫助看官們瞭解而作的補充和較淺顯的解説,可能還是説話人在演説中加進的插話。除"有徒"上面的"實繁"兩字是無意的脱漏外,其餘文字不同,則顯然是引用者有意的增改,如改"曹公"爲"曹操",改"備"爲"玄德",改"羽"爲"雲長",體現了編者的傾向性。《宣和遺事》的編者也是這樣來改編史料的,稍晚的羅貫中或較早的編次者也是這樣做的,但做得更徹底一些,對全書融會得比較好一些。

《宣和遺事》後集多採錄《南燼紀聞》和《竊憤錄》《竊憤續錄》的文字。這三本書問題很多,《南燼紀聞》原無作者姓名,明代吴君平假託爲辛棄疾撰(見馮舒《詩紀匡謬》),美國國會圖書館藏抄本曹松溪跋和鄧邦述《群碧樓鬻存書目》又作宋周煇撰,有好幾種版本(如《筆記小説大觀》本)又題黄冀之撰,都不可信。黄冀之的序文紀年爲阜昌丁巳(1137)十一月初三日,那是僞齊的年號,丁巳相當紹興七年,當時欽宗還活着,怎麽就説他死於馬足了。前人都認爲僞書,作者和内容都不可信,版本又複雜多歧。但《南燼紀聞》此書在元初就已問世,周密《齊東野語》卷一八《開運靖康之禍》曾加以批判,説是:"意者爲此書之人,必宣政間不得志小人,造爲凌辱猥嫚之事而甘心焉。此禽獸之所不忍爲,尚忍言之哉!"《南燼紀聞》一名《南渡錄》,《永樂大典》本《南渡錄》卷末注有"《南燼紀聞》終"五字,似《南渡錄》爲《南燼紀聞》與《竊憤錄》《竊憤續錄》的合稱。《竊憤錄》比《宣和遺事》虚構更多,並非實錄,祇是野史小説。但金人擄掠强占趙宋宗室的婦女,"賜"作婢妾,亦見於確庵、耐庵《靖康稗史》等書(據鄧子勉先生考證,原作者似爲李若水的兒子李浩)。㉓金李天民的《南征錄彙》等書也有記載。阿計替的名字,也見於《南征錄彙》、可恭《宋俘記》和王成棣的《青宫譯語》,但《青宫譯語》譯名作"阿替紀",《南征錄彙》《宋俘記》作"阿替計"。

據《南征錄彙》説:

> 又指揮元帥府,叛逆趙構母韋氏、妻邢氏、田氏、姜氏,先遣入京禁押,所貢宋俘趙榥、趙梃及趙楷妻朱氏,趙材妻徐氏,馳速來朝,用別誠僞,餘安養燕山,另候指揮。二帥即遣真珠大王及千户國禄多、阿替計率騎兵五千監押去。㉔

《青宫譯語》説:"天會五年三月二十八日午,國相左副元帥(名粘没罕)、皇子右副元帥(名斡離不)命成棣隨珍珠大王(名設野馬,國相長子)、千户國禄、千户阿替紀押宋韋妃(康王之母)、邢妃(康王之妻)……等先至上京,護兵五千。"金人編的《宋俘記》也説:"二起:昏德妻韋氏,相國、建安兩子,鄆、康兩王妻妾……千户阿替計押解。"

金人對康王的母親韋妃和妻子邢妃的確特別看待，她們始終和徽、欽帝后分別押送，分別居住，可能是因爲康王掌握着兵權，後來又自立爲帝，要拿他母親和妻子作人質。

《青宮譯語》末尾前一段說：

> （金國）皇帝退朝，賜韋妃等宴殿左，后妃六人陪宴。賜相國、建安宴殿右，郎君四人及大王、阿替紀、成棣陪宴。宴畢、對御座謝恩，胡跪兩叩。宣詔官口宣云：賜帝姬趙富金、王妃徐聖英、宮嬪楊調兒、陳文婉侍設野馬郎君爲妾；郡國夫人陳桃花、楊春鶯、邢佛迷、曹大姑隨侍爲婢者。賜宋妃趙韋氏、鄆王妃朱鳳英、康王妃邢秉懿、姜醉媚、帝姬趙嬛嬛、王女蕭大姬、蕭四姬、康二姬、宮嬪朱淑媛、田芸芳、許春雲、周男兒、何紅梅、方芳香、葉壽星、華正儀、呂吉祥、駱蝶兒浣衣院居住者。賜宋相國王趙楧、建安王趙模燕山居住者。賜道亡宋康王妃田春羅、王女蕭二姬、蕭三姬、康大姬、宮嬪徐金玉、沈知禮、褚月奴迄侍婢九人妥爲掩瘞者。宣畢，王又引韋妃等十八人，侍婢九人一行立已，與相國、建安、富金帝姬等十人一行立，對座謝恩。又引韋妃等入院，始挈富金等歸邸。㉕

這裏的"阿替紀"當爲"阿計替"的異譯。天會五年六月，宋高宗的母親韋妃和妻子邢妃被派到浣衣局服役，大體可信。據《呻吟語》引《燕人塵》的記載，天會六年十月，"金主令元帥府再選進昏德宮眷五十餘人，復發還奴婢四十人，同徙韓州。自此，宋宮眷留浣衣院者嬪嬙、公主、諸王夫人、宗女、宗婦、宮女、官家女凡二百六十八人"。㉖再後天會九年，又引《燕人塵》載："自俘宋女子入洗衣院，王子得乘其間，慾恚獻俘，取三百人入院。兀尤既敗，怒取十人入宫。自此浣院日空，宮院日盛，土木脂粉，所費不貲。九年以後，日荒於色，不三年而崩。"㉗可見浣衣院的女俘，隨時都會被金主和王子們取去玩弄污辱。《呻吟語》曾載：

> 虜主……凡得二十四歲以下婦女一百十四人入宮。㉘

又如《宣和遺事》講到"澤利令朱后作歌勸酒"的情節，與《南燼紀聞》相同，而《青宮譯語》亦載朱后作歌一節，與此又有出入，第一首歌是朱慎妃所作，第二首纔是朱后作的，文字略異，次序顛倒。引錄於後：

十一午,抵真定,入城,館於帥府。二王令萬騎先馳,助攻中山,觀動静。千户韶合宴款二王,以朱妃、朱慎妃工吟詠,使唱新歌。强之再,朱妃作歌云:"昔居天上兮珠宫玉闕,今居草莽兮青衫淚濕。屈身辱志兮恨難雪,歸泉下兮愁絶。"朱慎妃和歌云:"幼富貴兮綺羅裳,長入宫兮侍當陽。今委頓兮異鄉,命不辰兮志不强。"皆作而不唱。㉙

《宣和遺事》與《南燼紀聞》基本相同,衹是文字稍簡而已,但强迫朱后唱歌的是澤利而不是韶合。《宣和遺事》據《南燼紀聞》而略有删節:

移時,乘醉命朱后勸酒唱歌。朱后以不能對,澤利怒曰:"四人性命在我掌握中,安得如是不敬我!"后不得已,不勝泣涕,乃持盃,遂作歌曰:"幼富貴兮厭綺羅裳。長入宫兮奉尊觴。今委頓兮流落異鄉。嗟造物兮速死爲强。"歌畢,上澤利酒。澤利笑曰:"詞最好,可更唱一歌,勸知縣酒。"后再歌曰:"昔居天上兮珠宫天闕,今日草莽兮事何可説。屈身辱志兮恨何可雪。誓速歸泉下兮此愁可絶。"遂舉盃勸知縣酒。澤利起,拽后衣曰:"坐此同飲。"后怒,欲手格之,力不及,爲澤利所擊,賴知縣勸止之。復舉盃付后手中,曰:"勸將軍酒。"后曰:"妾(《永樂大典》本《南渡録》作'委',是)不能矣!願將軍殺我,死且不恨!"㉚

這個欽宗妻子朱后在金國備受侮辱,最後是憤而自殺,亦見於《呻吟語》。高宗的妻子邢妃也曾因蓋天大王相逼而意圖自盡(見《青宫譯語》)。《呻吟語》是留在金國的宋人整理的,作者之子又屢筆屢削,書中有許多空框,像是諱避而有所删削的。但還是保存了不少后妃、帝姬被侮辱、玩弄的實况。如韋后等七人出浣衣院一條,記了柔福帝姬歸蓋天大王賽理,玩膩了又把她送給了徐還;純福帝姬歸真珠大王設野馬,最後又把她賞給了王昌遠,即《青宫譯語》的作者王成棣。

《南燼紀聞》等書託名於阿計替,《阿計替傳》説都是阿計替傳出的史料,而由别人整理成書。那麽所謂《南燼紀聞》等三種稗史,原作者實際上都是阿計替一個人了。但阿計替是負責押送韋妃等后妃這一批婦女的,並没有專押徽、欽二帝的任務,更不會記録徽、欽二帝被俘以前的史實。他是金國的千户,斡離不的親信,怎麽會如此同情徽、欽二帝而尖鋭地揭露金人的暴行呢?據説他本是漢人,以貌似金人阿計替而做了頂替。《南燼紀聞》等書大概是別人託名於實有其人的阿計替,以取信於人。書中有許多材料可能出自金人捏造的,如《宣和遺事》說韋后已改嫁蓋天大王,就像漢代的蔡文姬一樣,還生有兒子,即出自《南燼紀聞》。《呻吟語》則爲之闢謠,説:

> 始聞韓世忠大敗四太子兀朮於黃天蕩。粘罕編造穢書,誣衊韋后、邢后、柔福帝姬諸人。韋后北狩年近五十,再嫁虜酋,寧有此理?虜酋舍少年帝姬,取五旬老婦,亦寧出此舍是不恤?圖復中原,天理人情,似無以易。諸公衮衮,未喻所裁。㉛

《南燼紀聞》等書可能即來自粘罕故意編造的謡言,但柔福帝姬曾歸蓋天大王却是《呻吟語》也曾載入的史實,邢妃曾被蓋天大王逼得幾乎自盡,則見於《青宫譯語》。因此有人認爲韋后再嫁金人的傳言事出有因,逃回南宋的柔福帝姬也未必是假的。《南燼紀聞》等三種稗史,本身就是野史小説,但其中確有一部分是宋人諱言的新聞。《宣和遺事》的編者更進一步把它通俗化,還有所誇張,在揭露金人的暴行中充分流露了對宋朝皇室婦女及大批民女受害者的同情。近千年之後,這種以殘暴手段掠奪財富和婦女的"獸行"並未絶迹,這也說明了我們東亞人民乃至世界人民追訴軍國主義者"慰安婦"制度的罪行還有必要性。

我在校注《宣和遺事》中發現它竟然還有作爲校補《揮塵餘話》《皇朝大事記講義》《皇朝編年綱目備要》等書的資源,却是意外的收穫。可惜我没有能力再來校勘那些宋史資料了,衹能提請整理宋代史料的學者不要忽視《宣和遺事》的價值。

從上引一些例證,可以說明:一是編者確實看過很多史書和稗史、小説、話本及宋人的詩文集,文化水平較高,正如楊維禎所見"腹笥有文史"的朱桂英女士那樣,也曾"説道君艮嶽及秦太師事"(《送朱女士桂英演史序》),但用的基本上是第二手資料。二是已經對史傳筆記做了一些改寫,不是完全照抄原文。總的看,編者對史料初步進行了不少通俗化的改造,有意識地用了一些當時的口語,也採用了民間傳聞的道聽途説。三是對引文已略加融會,不完全是語録式的話本,也没有發現書坊主删改的迹象。它可能在史傳資料基礎上稍加修訂,有增有删，我認爲它還是一種準備給說話人使用的底本，不是供案頭閱讀的"擬話本"，因爲前集確有許多說話人的套話和詩讚。除了四段口語化程度較高的話本外，還有一些初步"融會"的講稿。如前面引到的幾段文字，與史源的文字就有不少差異，顯然出自通俗化的改編。但後集的確很少詩讚和說話人套語，還未加工融會。如果編者祇是輯錄史料作爲一種筆記，就不會採用到宋江、李師師故事的話本，就不必做那些初步通俗化的加工，就不會有好幾段語錄式的話本。加以書前的目錄，實即說話人的回目，標誌了話本的關目，與《五代史平話》的體制完全一樣。書末的尾題作"新話（有些新印本改作'新編'，無據）宣和遺事後集終"等等，都顯示了講史話本的痕迹。前輩如孫楷第、張政烺、王利器、黃永年等先生都認爲它是平話。而魯迅因它"未加融會"而認爲是"擬話本"，則恐怕是超前的估計。因爲作爲案頭創作的話本體小說出現的時間稍晚，而且語言倒會融會得比較文從字順一些。這時期的話本，和同時代的劇本一樣，都是準備付諸場上演出的，正如元刻本沒有科白的雜劇也不能稱之爲"擬劇本"。令人困惑的是《宣和遺事》的後集的確很少詩讚和說話人的套話，還是粗陳梗概的資料，所以魯迅說它"近講史而非口談"，其實現存的元刻平話也都不是口談。現在經過了史源的他校和考證，我覺得很可能因爲後集部分收錄了許多被南宋朝廷禁止流傳的醜聞，包括可能是粘罕捏造的某些誣衊之辭，根本不容許登場演說，所以還沒有加工修訂，到了元代纔有機會刻印傳播。也有可能後集部分即《宣和遺事》的第九段，是較晚的編次者據《南渡錄》插增的，的確沒有經過口頭流傳，所以不像說話人的文體和語氣。話本在世代積累過程中，完全可能有這種情況。因此要對我以前的看法補充一下，有一些未經場上演說的、提綱式的底本，或者還沒有全部經過場上口談演出的，其實倒是說話藝人所編講稿的常態，恐怕是不能稱之爲"擬話本"的。

2017年12月29日初稿

2018年4月27日修改

（本文爲中央文史研究館資助項目"《宣和遺事》校注"的階段性成果。）

注　釋

① 十段的分法,都據魯迅《中國小説史略》。
② 《宣和遺事》,黄丕烈《士禮居叢書》本,前集,第 5 葉上。
③ 邵伯温《邵氏聞見録》,李劍雄、劉德權點校,中華書局 1983 年版,第 214 頁。
④ 陳均《皇朝編年綱目備要》卷一八,許沛藻等點校,中華書局 2006 年版,第 415 頁。
⑤ 《宣和遺事》,《士禮居叢書》本,前集,第 9 葉下。
⑥ 《皇朝編年綱目備要》卷二六,第 674 頁。
⑦ 《邵氏聞見録》卷一六,第 176 頁。
⑧ 《皇朝編年綱目備要》卷二五,第 631 頁。
⑨ 《宣和遺事》,《士禮居叢書》本,前集,第 8 葉上。
⑩ 題李燾撰《續宋編年資治通鑒》卷一五,《四庫全書存目叢書》影印元建安陳氏餘慶堂刻本,齊魯書社 1997 年版,第 16 葉上。
⑪ 《宣和遺事》,《士禮居叢書》本,前集,第 12 葉下。
⑫ 同上書,第 13 葉上。
⑬ 《皇朝編年綱目備要》卷二八,第 705 頁。
⑭ 《宣和遺事》,《士禮居叢書》本,前集,第 13 葉下。
⑮ 《皇朝編年綱目備要》卷二八,第 728 頁。
⑯ 《宣和遺事》,《士禮居叢書》本,前集,第 22 葉上。
⑰ 《皇朝編年綱目備要》卷二九,第 752 頁。
⑱ 《宣和遺事》,《士禮居叢書》本,前集,第 53 葉上。
⑲ 《宋大事記講義》卷二二《邊備》,《景印文淵閣四庫全書》本,第 8 葉下。
⑳ 《宣和遺事》,《士禮居叢書》本,前集,第 53 葉下。
㉑ 羅貫中編次《三國志通俗演義》卷九,《續修四庫全書叢刊》影印嘉靖本,第 29 葉。
㉒ 陳壽《三國志》,陳乃乾校點,中華書局 1982 年版,第 941 頁。
㉓ 鄧子勉《〈靖康稗史〉暨〈普天同憤録〉及其編著者等考辨》,《文史》2000 年第 3 輯(總 52 輯)。
㉔ 確庵、耐庵撰,崔文印箋證《靖康稗史箋證》(含《宣和乙巳奉使金國行程録》《甕中人語》《開封府狀》《南征録彙》《青宫譯語》《呻吟語》《宋俘記》等七種),中華書局 1988 年版,第 172 頁。
㉕ 同上書,第 190 頁。
㉖ 同上書,第 212 頁。
㉗ 同上書,第 222 頁。

㉘ 同上書,第 221—222 頁。

㉙ 同上書,第 179 頁。

㉚ 《宣和遺事》,《士禮居叢書》本,後集,第 17 葉下。

㉛ 《靖康稗史箋證》,第 214—215 頁。

笛與宋詞演唱

董希平　郭　興

【提要】　笛是歷史悠久的樂器，材料易得，結構簡單，自周朝開始廣泛應用。唐宋時期橫吹笛和豎吹笛更是普遍應用於幾乎所有樂種。這兩類笛以其繁多的品種，爲宋詞演唱提供了情感演繹必要的樂器手段。南宋長調慢詞的創作與演唱變得流行，橫笛的頻繁使用與之同步。同樣，宋詞演唱風格多樣、細緻的需求，也促進了宋笛種類的進一步豐富。

宋詞演唱所用諸樂器中，笛算得上是簡單而複雜的一種。説簡單，是因爲其結構和發聲原理並不複雜：由竹管鑿孔而成，吹奏發音；説複雜，是因爲其形制、種類多樣，適應宋詞表演的多種風格，應用於多種表演場合，要説得清楚並不容易。但宋人歌舞表演文獻中却很少注意笛這一樂器，大多數情况下泛泛以"笛"稱之，最多爲了叙述的美感而加以形容修飾，如"長笛""短笛""玉笛"等等。僅就笛與宋詞演唱關係而言，笛應用中的複雜性與宋人歌詞風格的變遷密切相關；宋詞演唱中笛的流行，也與長調慢詞的流行基本同步。同樣，探討宋詞發展、變遷過程中的某些内在規律，笛的應用也是不可忽視的方面。

一　"篴·篪·笛"：笛之源起與宋前笛之演進

追根溯源，笛大概是目前已知最古老的管樂器，新石器時代就已經出現截去猛禽腿骨管兩端關節、鑽圓孔製成的骨笛，這種豎吹骨笛，[①]音孔間距經過精密

董希平　郭　興　中國傳媒大學人文學院

計算,可以吹奏旋律,其中的七孔骨笛,至少具備了六聲音階。②

周代,笛列入禮樂體系,《周禮》春官大宗伯下屬的笙師,負責教授演奏的樂器中就有笛(篴):

> 笙師掌教龡竽、笙、塤、籥、簫、篪、篴、管,舂牘、應、雅,以教祴樂。③

東漢時五孔笛流行,因爲對其熟悉,經師解經,不僅略去笛之形貌不提,而且藉助笛來介紹相對陌生的樂器,如鄭玄引鄭衆、杜子春諸家訓詁來解釋笙師所掌教諸樂器,提及笛,直接就說是"今時所吹五空竹篴";解釋籥,也直接以笛作比——"籥如篴,三孔":

> 鄭司農(衆)云:"竽,三十六簧。笙,十三簧。篪,七空。舂牘,以竹大五六寸,長七尺,短者一二尺,其端有兩空,髤畫,以兩手築地。應,長六尺五寸,其中有椎。雅,狀如漆筩而弇口,大二圍,長五尺六寸,以羊韋鞔之,有兩組,疏畫。"杜子春讀篴爲蕩滌之滌,今時所吹五空竹篴。玄謂籥如篴,三空。④

鄭玄說"籥如篴",而籥、笛確是一類樂器,成俔《樂學軌範》中有籥之形象與製作描述,可以推知彼時五孔笛之情形(見圖一⑤):

> 按造籥之制,以黃竹爲之,上端前面刳而作竅,以下唇憑而吹之,聲從竅出。⑥

竹制,五孔,自頂端豎吹,聲從竅出,這是當時笛的情形。其各音孔的距離,同樣可以參照籥的圖片中所標注的數據來大致推斷。需要指出的是,早期笛爲豎吹,一般寫作"篴";"笛"字出現,當是橫吹笛流行之後的事。人們先以"笛"指代橫笛,"篴"指豎笛,後來遂橫、豎兼指,如明朱載堉《樂律全書》所說:"蓋篴與笛音義並同,古文作'篴',今文作'笛',其名雖謂之笛,實與橫笛不同,當從古,作篴以別之可也……笙師條外,笛不經見,故儒者或疑笛非雅器,殊不知雅音之笛,與籥同類,古人多以'籥'呼之,笛之名雖隱,而其器未嘗無也。"⑦

東漢李尤《笛銘》,則使用"笛"指稱三孔笛:"刻削長幹,三孔修長。流離浩蕩,壯士抑揚。"⑧東漢許慎編《說文解字》,收"笛"字而不收"篴"字,說明當時後

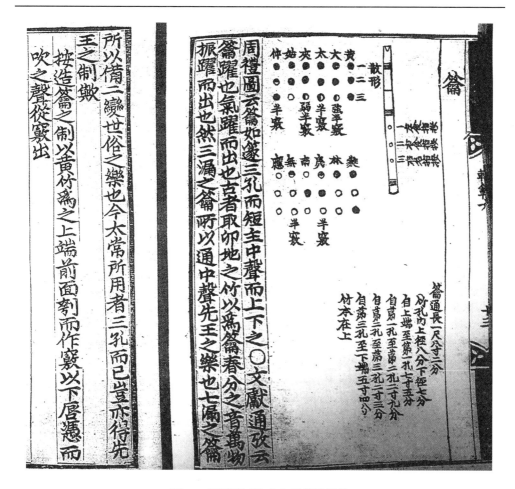

圖一 《樂學軌範》中有關籥的記載

者已經不常用,這應該和橫笛開始流行有關,《說文解字》指稱的笛,是七孔竹笛,據許慎所言,當時的羌笛是三孔:

> 笛,七孔筩(竹管)也。从竹,由聲。羌笛三孔。⑨

然未知許慎所說的三孔羌笛和李尤所說的笛,是否為一物。三、五、七孔笛的使用,說明笛比較流行,很有生命力。鑒於同樣流行的簫、琴、笙等都有辭賦家作賦歌詠,如王褒《洞簫賦》、枚乘《笙賦》、劉玄《簧賦》、傅毅《琴賦》,笛卻無人作賦歌詠,東漢擅長吹笛的馬融遂作《長笛賦》,詠歎並叙述長笛之德,其《長笛賦》云:

> 昔庖羲作琴,神農造瑟,女媧制簧,暴辛為塤,倕之和鐘,叔之離磬,或鑠

· 23 ·

金罍石,華睆切錯,丸挺雕琢,刻鏤鑽笮,窮妙極巧,曠以日月,然後成器,其音如彼。唯笛因其天姿,不變其材,伐而吹之,其聲如此。蓋亦簡易之義,賢人之業也。若然,六器者,猶以二皇聖哲黈益。況笛生乎大漢,而學者不識,其可以裨助盛美,忽而不讚,悲夫!有庶士丘仲,言其所由出,而不知其弘妙。其辭曰:近世雙笛從羌起,羌人伐竹未及已。龍鳴水中不見己,截竹吹之聲相似。剡其上孔通洞之,裁以當簻便易持。易京君明識音律,故本四孔加以一。君明所加孔後出,是謂商聲五音畢。⑩

馬融以爲琴、瑟、鐘、磬那些樂器都是聖哲們大費工夫製作而成,唯有笛生於漢朝,因其天然,伐而可吹,得聖人簡易之德,衆人却不瞭解。庶士丘仲能夠說清長笛的由來,而不明白長笛的弘妙大義。馬融於是自己闡釋長笛之德,並引用丘仲對長笛淵源的解說:四孔長笛起於羌人,羌人"剡其上孔通洞之,裁以當簻便易持",兼有樂器和馬鞭雙重功能,京房變四孔笛爲五孔笛。

馬融將笛與琴、瑟、鐘、磬並提,其所賦的應當也還是傳統竪吹笛。晚於馬融約半個世紀的應劭在其所撰《風俗通義》中,⑪將敘述長笛淵源的丘仲,誤爲長笛之製造者,將馬融所引丘仲之辭誤爲馬融之辭。於是丘仲造笛的說法,遂因該書而爲後世沿用:

> 謹按《禮·樂記》,武帝時丘仲之所作也。笛者,滌也,所以蕩滌邪穢、納之於雅正也。長一尺四寸,七孔,其後又有羌笛,馬融《笛賦》曰:"近世雙笛從羌起,羌人伐竹未及已。龍鳴水中不見己,截竹吹之音相似。剡其上孔通洞之,材以當簻便易持。京君明賢識音律,故本四孔加以一。君明所加孔後出,是謂商聲五音畢。"⑫

丘仲對於長笛(羌笛)可以兼做馬鞭的描述——"材以當簻便易持",至少部分地解釋了長笛何以頻繁出現於邊塞詩詞的原因。南北朝之際橫笛流行,橫笛入軍樂鼓吹,大約也和士兵以長笛做樂器、馬策雙重工具有關係。晉崔豹《古今注》以爲橫吹笛曲用於武樂,東漢已形成制度:

> 橫吹,胡樂也。張博望入西域,傳其法於西京,唯得《摩訶》《兜勒》二曲,李延年因胡曲更造新聲二十八解,乘輿以爲武樂。後漢以給邊將軍,和

帝時萬人將軍得用之。魏晉以來二十八解不復具存,世用者《黃鶴》《龍頭》《出關》《入關》《出塞》《入塞》《折楊柳》《黃華子》《赤之陽》《望行人》等十曲。⑬

隋朝,以橫笛爲主的大小橫吹也是鼓吹的重要部分:

  大橫吹,二十九曲供大駕,九曲供皇太子,七曲供王公。其樂器有角、節鼓、笛、簫、篳篥、笳、桃皮篳篥。

  小橫吹,十二曲供大駕,夜警則十二曲俱用。其樂器有角、笛、簫、篳篥、笳、桃皮篳篥。⑭

唐朝李善對此非常熟悉,他注《文選》在馬融《長笛賦》"裁以當簻便易持"一句下很自然寫道:"粗者曰槌,細者曰枚,言裁笛似當簻,故便而易持也。簻,馬策也,竹爪切,裁或爲材。"⑮

但笛的這一雙重功能以及入鼓吹的原因,宋朝已經有人不瞭解了,比如沈括撰《夢溪筆談》,對於笛爲馬策便不以爲然,視爲荒謬:

  馬融《笛賦》云:"裁以當簻便易持。"李善注謂"簻,馬策也。裁笛以當馬簻,故便易持。"此謬説也。笛安可爲馬策?簻,管也。古人謂樂之管爲簻。故潘岳《笙賦》云:"脩簻内辟,餘簫外逶。"裁以當簻者,餘器多裁衆簻以成音,此笛但裁一簻,五音皆具。當簻之工,不假繁猥,所以便而易持也。⑯

其實,笛可以策馬,可以爲吹奏甚至發聲示警,"一物兩用,軍旅之便",軍旅之中的笛,便是這種"吹鞭"遺制,南宋程大昌對此便非常清楚,其《演繁露》辨之云:

  馬融《笛賦》云:"裁以當簻便易持。"李善注曰:"簻,馬策也。裁笛以當馬簻,故便易持。"沈括辨之曰:"潘岳《笙賦》:'脩簻内辟。'言此笛但裁一簻,五音皆具,故曰易持也。馬簻安可爲馬策也?"予案,《急就章》曰:"吹鞭筑筊課後先。"《唐韻》曰:"筑,竹也。"《説文》曰:"筊,吹筩也。"《玉篇》亦曰:"筊,吹筩也。以竹爲鞭,中空可吹,故曰吹鞭也。"簻即馬策,可以策馬,又可爲笛,一物兩用,軍旅之便,故云易持也。今行陳間皆有笛,即古吹鞭之制也。括豈不見《急就章》書,而臆立此,難也耶。⑰

這和觱篥最初爲胡人所用,兼有吹奏樂曲和驚嚇敵人馬匹的雙重功能,有相通之處。如此,到晉朝,兼有實用、娛樂雙重功能的笛,終於不再無人作賦贊美了。東漢蔡邕之於琴,有"焦尾琴"的故事,東晉伏滔作《長笛賦並序》,則續寫了其"柯亭笛"的佳話:

  余同僚桓子野,有故長笛,傳之耆老,云蔡邕之所作也。初邕避難江南,宿於柯亭,柯亭之館以竹爲椽,邕仰而盻之曰:"良竹也。"取以爲笛,奇聲獨絶,歷代傳之,以至於今。⑱

伏滔總結了笛之四德,來凸顯笛聲之魅力:

  雲禽爲之婉翼,泉鱓爲之躍鱗。遠可以通靈達微,近可以寫情暢神。達足以協德宣猷,窮足以怡志保身。兼四德而稱雋,故名流而器珍。⑲

橫笛概念的出現與橫笛的流行,如前所述,當出現於兩漢之際。具體標誌之一,即是"笛"字的出現與"篴"字的消歇。早期的橫笛源自北地,屬於胡地吹奏樂器(胡吹)之一種,故又稱"胡笛",當仿自《周禮》所傳笙師所掌之篴。⑳成倪《樂學軌範》有篴的形貌與製作方法説明(見圖二㉑):按,造篴之制,以黄竹爲之,嘴別用竹端插於管,以蠟塗塞,俾礙氣通。下端節穿四孔,剡作十字,凡五孔,第一孔在後。㉒

橫笛源自篴,是唐人的共識,司馬貞撰《史記索隱》云:

  篴,以竹爲之,六孔,一孔上出名翹,橫吹之,今之橫笛是也。詩云"伯氏吹壎,仲氏吹篴"是也。㉓

篴吹孔裝有吹嘴,這個吹嘴在唐朝橫笛已經基本不用了,留存者成爲新的品種——"義嘴笛",杜佑《通典》:

  今橫笛去嘴。其加嘴者,謂之義嘴笛。(橫笛,小篴也。漢靈帝好胡笛。《宋書》云"有胡篴出於胡吹",即謂此。梁胡吹歌云:"快馬不須鞭,拗折楊柳枝。下馬吹橫笛,愁殺路旁兒。"此歌詞元出於北國,知橫笛是北名也。)㉔

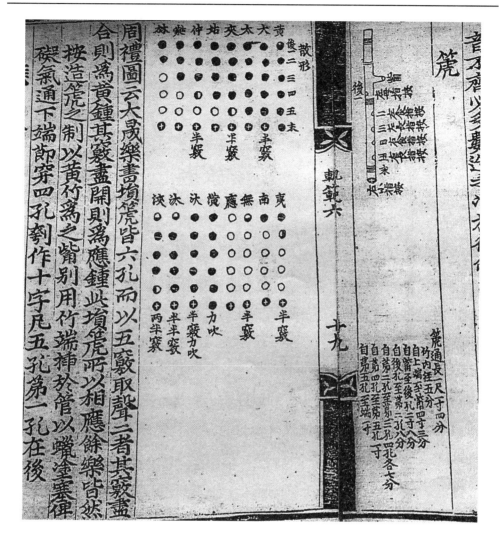

圖二 《樂學軌範》中有關篴的記載

《舊唐書·音樂二》對於吹嘴形狀說得更具體：

篴，吹孔有嘴如酸棗。㉕

需要指出的是，不是所有的篴都有吹嘴，無嘴篴與橫笛更相似。1978年湖北隨縣曾侯乙墓出土樂器中即有兩支無嘴篴：

發音原理同橫吹竹笛，但無膜孔而有底，"曾墓"出土的二支，一略粗一略細，製作工藝相同，外形很象竹笛，尾部由竹節封死。七孔，靠竹節第一孔上出，中間五孔並列外出，靠竹節第一孔內出，竹管呈褐色，徑圓，身直，無缺

損及斷裂,管身髹黑漆,彩繪,與後世所記篪吹口有嘴,如酸棗者不同,"曾墓"出土篪無嘴的裝置,吹口呈橢圓形。㉖

横笛與無嘴篪的相似度之高,以至於有學者直接稱曾侯乙墓的篪爲横吹竹笛。㉗如此,漢儒解經,以笛比篪,哪怕是豎笛,也實在是很有道理。横笛流行於北國,並爲北地人所重視。直到隋朝,北朝視爲國樂的《西涼樂》中都祇有横笛而無豎笛:

> 西涼者,起苻氏之末,吕光、沮渠蒙遜等,據有涼州,變龜兹聲爲之,號爲秦漢伎。魏太武既平河西得之,謂之《西涼樂》。至魏、周之際,遂謂之《國伎》。今曲項琵琶、豎頭箜篌之徒,並出自西域,非華夏舊器。《楊澤新聲》《神白馬》之類,生於胡戎。胡戎歌非漢魏遺曲,故其樂器聲調,悉與書史不同。其歌曲有《永世樂》,解曲有《萬世豐》,舞曲有《于闐佛曲》。其樂器有鐘、磬、彈筝、搊筝、卧箜篌、豎空篌、琵琶、五弦、笙、簫、大篳篥、長笛、小篳篥、横笛、腰鼓、齊鼓、擔鼓、銅拔、貝等十九種,爲一部。工二十七人。㉘

横笛用於馬上軍樂,是鼓吹的重要樂器,直到隋朝,横笛一直是鼓吹的代表樂器,大横吹、小横吹的命名就有大小横笛的因素在内,隋朝大小横吹的樂器構成説明,隋人默認的笛是横笛:

> 大横吹,二十九曲供大駕,九曲供皇太子,七曲供王公。其樂器有角、節鼓、笛、簫、篳篥、笳、桃皮篳篥。

> 小横吹,十二曲供大駕,夜警則十二曲俱用。其樂器有角、笛、簫、篳篥、笳、桃皮篳篥。㉙

這種情形直到唐朝纔又變過來,《西涼樂》中豎笛、横笛並用,默認的笛纔改爲傳統豎吹笛:

> 《西涼樂》者,後魏平沮渠氏所得也。晋、宋末,中原喪亂,張軌據有河西,苻秦通涼州,旋復隔絶。其樂具有鐘磬,蓋涼人所傳中國舊樂,而雜以羌胡之聲也。魏世共隋咸重之。工人平巾幘,緋褶。白舞一人,方舞四人。白舞今闕。方舞四人,假髻,玉支釵,紫絲布褶,白大口袴,五綵接袖,烏皮靴。

樂用鐘一架,磬一架,彈箏一,搊箏一,臥箜篌一,豎箜篌一,琵琶一,五弦琵琶一,笙一,簫一,篳篥一,小篳篥一,笛一,橫笛一,腰鼓一,齊鼓一,檐鼓一,銅拔一,貝一。編鐘今亡。③⓪

需要指出的是,橫笛源自篪,具體使用中橫笛並未取代篪,《隋書·音樂下》歸篪、笛入竹樂器,然依舊分二者爲兩器,主要區別爲前者八孔,而後者十二孔,其默認笛爲橫笛:

> 雅樂合二十器,……竹之屬三:一曰簫,十六管,長二尺,舜所造者也。二曰篪,長尺四寸,八孔,蘇公所作者也。三曰笛,凡十二孔,漢武帝時丘仲所作者也。京房備五音,有七孔,以應七聲。黃鐘之笛,長二尺八寸四分四釐有奇,其餘亦上下相次,以爲長短。③①

如此,笛類樂器的格局,在唐朝大致形成,即豎吹、橫吹兩類,日常兩種都可稱爲笛,但更傾向於指前者。豎笛,大致可據其長度不同,分爲長笛、短笛、中管。《舊唐書·音樂二》云:

> 笛,漢武帝工丘仲所造也。其元出於羌中。短笛,脩尺有咫。長笛、短笛之間,謂之中管。③②

中管又稱尺八,唐張文收所製《燕樂》就使用了這三種豎笛:

> 高宗即位,景雲見,河水清,張文收采古誼爲《景雲河清歌》,亦名燕樂。有玉磬、方響、搊箏、筑、臥箜篌、大小箜篌、大小琵琶、大小五弦、吹葉、大小笙、大小觱篥、簫、銅鈸、長笛、尺八、短笛,皆一;毛員鼓、連鞦鼓、桴鼓、貝,皆二。每器工一人,歌二人。工人絳袍,金帶,烏靴。舞者二十人。③③

羌笛也屬於豎笛之列。豎笛用途廣泛,雅樂、燕樂、俗樂皆能見到其身影,五代之時羌笛也有使用記錄:

> (後晉少帝石重貴)自期年之後,於宮中間舉細聲女樂,及親征以來,日於左右召淺蕃軍校,奏三弦、胡琴,和以羌笛,擊節鳴鼓,更舞迭歌,以爲娛樂。常謂侍臣曰:"此非音樂也。"故馮道等奏請舉樂,詔旨未允而止。③④

横笛,則祇是籠統地分爲大、小兩種。用於祭祀禮儀者稱大小鼓吹或大小橫笛,用於宴饗者一般以橫笛、玉笛、長笛稱之,或如杜佑所述,稱胡笛。玄宗朝寧王李憲擅長的就是橫笛:

> 帝(唐玄宗)又好羯鼓,而寧王善吹橫笛,達官大臣慕之,皆喜言音律。㉟

在不同的樂種中,橫笛有時候又有差異。如中唐時候雍羌"遣弟悉利移城主舒難陀獻其國樂,至成都,韋皋復譜次其聲。以其舞容、樂器異常,乃圖畫以獻",其中有兩種橫笛,就與唐人通用的有所差異:

> 一長尺餘,取其合律,去節無爪,以蠟實首,上加師子頭,以牙爲之,穴六以應黃鐘商,備五音七聲;又一,管唯加象首,律度與荀勖《笛譜》同,又與清商部鐘聲合。
>
> 有兩頭笛二,長二尺八寸,中隔一節,節左右開衝氣穴,兩端皆分洞體爲笛量。左端應太蔟,管末三穴:一姑洗,二蕤賓,三夷則。右端應林鐘,管末三穴:一南呂,二應鐘,三大呂。下托指一穴,應清太蔟。兩洞體七穴,共備黃鐘、林鐘兩均。㊱

笛分橫、竪兩類的格局,一直保持到宋朝,其後竪笛逐漸演變爲單管簫,成爲簫類樂器的代表;橫笛則成爲笛類的代表。笛遂祇有橫吹而不復有竪吹。

二 宋詞演唱中笛的應用

笛取材容易,攜帶方便,音色頗具表現力,這使其成爲宋代歌舞中應用最廣泛的樂器之一,南宋慢詞盛行、簫管類樂器大放異彩的時候,更是如此。笛色是宋教坊十三部色之一:

> 舊教坊有篳篥部、大鼓部、杖鼓部、拍板色、笛色、琵琶色、箏色、方響色、笙色、舞旋色、歌板色、雜劇色、參軍色,色有色長,部有部頭,上有教坊使、副鈐轄、都管、掌儀範者,皆是雜流命官。㊲

無論是在教坊、鈞容直、雲韶部等官方音樂機構,還是在市井民間的音樂團體,笛都廣泛應用,也是損耗比較大的樂器。以南宋爲例,臨安"諸行"中,最著名的樂器行就是專賣笛和觱篥的——"候潮門顧四笛,大瓦子丘家篳篥"㊳,在臨安"他處所無"的"小經紀"中,有名的樂器製作修理行也是面向琴阮、笛、笙、鼓:"琴阮弦,開笛,靧笙,鞔鼓,口簧。"㊴

宋人橫吹、豎吹笛並用,橫吹笛的使用頻率遠超豎吹笛。豎吹笛(宋人習慣稱之爲"簫管")緩慢向單管簫轉變,並最終在宋末取代了簫(排簫)的位置。㊵多數情况下宋人並不在意橫、豎的區別,衹是以"笛"泛泛而稱,這爲本文細緻判斷笛的類型增加了難度,不過好在無論豎笛還是橫笛,兩者之間吹奏效果在宋人的描述中似乎差別並不太大,因此偶爾的判別不清,對於笛之使用的分析,影響也不太明顯。試分而論之。

(一)宋詞演唱中豎笛的應用

比起橫吹笛,豎吹笛在宋朝已經算是古雅之器了,文獻中豎吹笛主要有簫管、羌笛、長笛、短笛這幾種名稱。不過宋人有時也並不完全遵循這一習慣,比如長笛、短笛,陳暘等就將其歸入豎吹笛之列,遼國也是如此,其大樂樂器中,即三種豎吹笛"長笛、尺八笛、短笛"並用:

> 大樂器:本唐太宗《七德》《九功》之樂。武后毀唐宗廟,《七德》《九功》樂舞遂亡,自後宗廟用隋《文》《武》二舞。朝廷用高宗《景雲》樂代之,元會,第一奏《景雲》樂舞。杜佑《通典》已稱諸樂並亡,唯《景雲》樂舞僅存。唐末、五代板蕩之餘,在者希矣。遼國大樂,晉代所傳。《雜禮》雖見坐部樂工左右各一百二人,蓋亦以《景雲》遺工充坐部。其坐、立部樂,自唐已亡,可考者唯《景雲》四部樂舞而已……玉磬,方響,搊箏,筑,卧箜篌,大箜篌,小箜篌,大琵琶,小琵琶,大五弦,小五弦,吹葉,大笙,小笙,觱篥,簫,銅鈸,長笛,尺八笛,短笛。以上皆一人。毛員鼓,連鼗鼓,貝。以上皆二人,餘每器工一人。㊶

在實際應用中,人們並不太理會橫吹還是豎吹,衹是以長、短泛泛稱之。㊷衹要方便就成,没有明確規範。有時更直接將橫笛呼爲橫簫,如鄭獬《寄題明州太守錢君倚衆樂亭》"橫簫短笛悲晚景",直接將橫笛視爲橫吹簫管了:

使君何所樂,樂在南湖濱。有亭若孤鯨,覆以青玉鱗。四面擁荷花,花氣搖紅雲。使君來遊攜芳樽,兩邊佳客坐翠茵。鄞江鮮魚白如銀,玉盤千里紫絲蓴。金壺行酒雙美人,小履輕裙不動塵。壯年行樂須及辰,高談大笑留青春。遊人來看使君遊,芙蓉爲檝木蘭舟。橫簫短笛悲晚景,畫簾繡幕翻中流。貪歡尋勝意不盡,相招却渡白蘋洲。日落使君扶醉歸,遊人散後水煙霏。紫鱗跳復戲,白鳥落還飛。豈獨樂斯民,魚鳥亦忘機。使君今作螭頭臣,遊人依舊歲時新。空餘華榜照湖水,更作佳篇誇北人。㊸

有時將小橫吹直接視爲短笛,如秦觀所作《滿庭芳》三之二:

紅蓼花繁,黃蘆葉亂,夜深玉露初零。霽天空闊,雲淡楚江清。獨棹孤篷小艇,悠悠過、煙渚沙汀。金鈎細,絲綸慢捲,牽動一潭星。　　時時,橫短笛,清風皓月,相與忘形。任人笑生涯,泛梗飄萍。飲罷不妨醉卧,塵勞事、有耳誰聽。江風靜,日高未起,枕上酒微醒。㊹

諸如此類,舉不勝舉。我們祇能從其具體描述中作出判斷,更多時候則難以準確分辨。如此,本文所引用豎笛吹奏事例,僅選擇明確爲豎吹者,模糊不清者則按而不斷。在此條件下,豎笛在宋詞演唱中大致有協奏、獨奏、伴奏三種應用。試詳論之:

1. 協奏(見圖三㊽)

與其他樂器協作演奏是豎笛的重要功能。宋初鼓吹中,有豎吹笛和橫吹笛協奏。皇帝車駕前後的演奏樂器中,有大小橫吹和笛,其中的笛,當是豎吹之笛:

鼓吹者,軍樂也。昔黃帝涿鹿有功,命岐伯作凱歌,以建威武、揚德風、厲士諷敵。其曲有《靈夔競》《雕鶚爭》《石墜

圖三　樂伎奏樂圖

崖》《壯士怒》之名,《周官》所謂"師有功則凱歌"者也。漢有《朱鷺》等十八曲,短簫鐃歌序戰伐之事,黃門鼓吹爲享宴所用,又有騎吹二曲。説者謂列於殿庭者爲鼓吹,從行者爲騎吹。魏、晉而下,莫不沿尚,始有鼓吹之名。江左太常有鼓吹之樂,梁用十二曲,陳二十四曲,後周亦十五曲。唐制,大駕、法駕、小駕及一品而下皆有焉。宋初因之,車駕前後部用金鉦、節鼓、掆鼓、大鼓、小鼓、鐃鼓、羽葆鼓、中鳴、大橫吹、小橫吹、觱栗、桃皮觱栗、簫、笳、笛,歌《導引》一曲。[46]

竪笛也是《西涼樂》的主要樂器:

> 苻氏之末,吕光、沮渠蒙遜等據有涼州之西,故謂之西涼部樂,其器有編鐘、編磬、琵琶、五弦、竪箜篌、卧箜篌、筝、筑、笙、簫、竽、大小觱篥、竪笛、橫吹、腰鼓、齊鼓、檐鼓、銅鈸、貝,爲一部,工二十七人。其歌曲謂之《涼州》,又謂之《新涼州》,皆入婆陀調中。[47]

唐宋人歌詠中,"涼州"與"笛"經常一起出現,其原因也在於此。

笛與其他樂器協奏表演,在市井中亦不廢。即便南宋橫笛大行之時,竪吹笛依舊頻繁出現於臨安街市的娛樂活動中,比如器樂合奏"細樂""小樂器":

> 細樂,比之教坊大樂,則不用大鼓、杖鼓、羯鼓、頭管、琵琶、箏也,每以簫管、笙、篥、稽琴、方響之類合動。

> 小樂器,只一二人合動也,如雙韵合阮咸,稽琴合簫管,鏨琴合葫蘆,單撥十四弦,吹賺動鼓板:《渤海樂》《一拍子》,至於《十拍子》,又有拍番鼓子,敲水盞、鑼、板和鼓兒皆是也。[48]

協奏效果不是參與樂器的簡單相加,而是呈幾何級數提升,比如琵琶、長笛協奏(合),據劉過《臨江仙》所述,如龍吟鳳語於花樓風月之中,爲記憶更添韵味:

> 數疊小山亭館静,落花紅雨園林。畫樓風月想重臨,琵琶金鳳語,長笛水龍吟。 青眼已傷前遇少,白頭孤負知音。苔墻蘚井夜沈沈,無聊成獨坐,有恨即沾襟。[49]

長笛奏起,如龍吟天際,破空而來,徽宗趙佶在這方面應是行家,他對笛曲的描述,説明劉過並未誇張:"月色凝輝照膽寒,水晶宫裏望中寬。一聲長笛來天際,誰學龍吟出指端。"(趙佶《宫詞》其七二)㊾羯鼓與羌笛合奏,則更見氣勢,官員燕集經常用以配樂,也就不足爲奇了。黄人傑記録了"花作陣,舟爲宅。敲羯鼓,鳴羌笛"的公筵盛況:

> 小隊旌旗,又催送、元戎領客。政十頃、荷香微度,草煙横碧。楊柳參差新合翠,水天上下俱齊色。傍野橋、容與繞重湖,嚴城側。　　花作陣,舟爲宅,敲羯鼓,鳴羌笛。漸夜凉風進,酒杯無力。遥想漢中雞肋地,未應萬里回金勒。看便隨、飛詔下南州,朝京國。(黄人傑《滿江紅·連帥閣學侍郎章公燕客奕濠,漾舟荷香中,景物滿前,索詞,因賦。時帥已拜興元命》)㉛

2. 獨奏

竪吹笛獨奏的魅力與生命力,從後來它成爲單管簫之後的流行也看得出。花間詞人歐陽炯即善長笛,太祖趙匡胤讓他專門給自己吹奏,結果歐陽炯身爲内相而"作伶人事",差點引起一場風波:

> 辛酉,以左散騎常侍歐陽炯爲翰林學士。炯性坦率,無檢束,雅喜長笛,上聞,召至便殿奏曲。御史中丞劉温叟聞之,叩殿門求見,諫曰:"禁署之職,典司誥命,不可作伶人事。"上曰:"朕頃聞孟昶君臣溺於聲樂,炯至宰相,尚習此伎,故爲我擒。所以召炯,欲驗言者之不誣耳。"温叟謝曰:"臣愚不識陛下鑒戒之微旨。"自是亦不復召炯矣。㊼

竪笛持奏方便,不受場合變化限制,坐卧立行,皆可隨意。哪怕斜卧扁舟,眼觀花開花落,一樣照吹不誤,故爲隱者雅士所喜:

酒醒湖光生嫩凉,卧船吹笛藕花香。遊人盡逐鶯花去,一片閒情在夕陽。(王鎡《湖上晚望》)㊳

江柳弄風顰翠黛,山光著雨濕臙脂。却收短棹拈長笛,一葉舟中仰面吹。(郭震《漁者》)㊴

離根玉瘦兩三枝,爲繞吟香夜不歸。安得密林千畝月,仰眠吹笛看花

葛勝仲《水調歌頭》寫聽人吹尺八,尺八笛漂亮的音色,在瀲灩的山水風光襯托下,顯得飄逸出塵:

　　下瀨驚船駛,揮塵恐尊空。誰吹尺八寥亮,嚼徵更含宮。坐愛金波瀲灩,影落蒲萄漲綠,夜漏盡移銅。回棹攜紅袖,一水帶香濃。　　坐中客,馳雋辨,語無同。青鞋黃帽,此樂誰肯換千鍾。巖壑從來無主,風月故應長在,賞不待先容。羽化尋煙客,家有左仙翁。⑤⑥

豎笛獨奏,長於表現傷感低徊的情感,因而更受詞人青睞,這和後來單管簫的特徵是一樣的:

　　畫闌直,飣飣千紅萬碧。無端被,怪雨狂風,慫柳僝花禁春色。尋芳遍楚國,誰識,五陵俊客。流水遠,題葉無情,雁足不來杳賤尺。　　浮生等萍蹟,纔卸却歸鞍,坐未溫席。忽忽還又京華食,歡聚少離多,漂零因甚。江南逢梅望寄驛,美人兮天北。　　悲惻,恨成積。悵釵玉塵生,猊金煙寂,綠楊芳草情何極。偏懶撥琵琶,愁聽羌笛。梨花院落,黃昏後,珠淚滴。(趙必㻞《蘭陵王·贛上用美成韵》)⑤⑦

豎笛移宮換羽,適於表述複雜細膩的情感,比起橫笛來,更受講究雅致情調的詞人偏愛,比如蘇軾《水龍吟·贈趙晦之吹笛侍兒》,詞中侍兒吹奏的《梁州曲》,正是豎笛長於表現的:

　　楚山修竹如雲,異材秀出千林表。龍鬚半翦,鳳膺微漲,玉肌勻遶。木落淮南,雨睛雲夢,月明風嫋。自中郎不見,桓伊去後,知孤負、秋多少。

　　聞道嶺南太守,後堂深、綠珠嬌小。綺窗學弄,梁州初遍,霓裳未了。嚼徵含宮,泛商流羽,一聲雲杪。為使君洗盡,蠻風瘴雨,作霜天曉。⑤⑧

豎笛乾净清亮的音色,曲調高潮時往往成為全場的靈魂,有為演奏點題的作用,"長笛吹破層陰""一聲吹裂階前石",都讓人想起笛聲的這種氣魄:

　　洞庭波冷,望冰輪初轉,滄海沈沈。萬頃孤光雲陣捲,長笛吹破層陰。洶湧三江,銀濤無際,遙帶五湖深。酒闌歌罷,至今鼉怒龍吟。　　回首江海平生,漂流容易散,佳期難尋。縹緲高城風露爽,獨倚危檻重臨。醉倒清尊,姮娥應笑,猶有向來心。廣寒宮殿,爲予聊借瓊林。(葉夢得《念奴嬌·中秋宴客,有懷壬午歲吳江長橋》)[59]

將軍破賊自草檄,論詩説劍俱第一。彭城老守本虛名,識字劣能欺項籍。風流別駕貴公子,欲把笙歌暖鋒鏑。紅旆朝開猛士噪,翠帷暮捲佳人出。東堂醉卧呼不起,啼鳥落花春寂寂。試教長笛傍耳根,一聲吹裂階前石。(蘇軾《與梁左藏會飲傅國博家》)[60]

長笛獨奏,寄託胸懷,和琴訴知音相似,其陪襯往往是花、月等雅物,透出飄逸不群、高處不勝寒的味道,在這點上,横笛、竪笛走的是相同的路子:

溪風緊,溪上官梅整整。萬木寒癡吹不醒,一枝先破冷。　夢斷香雲耿耿,月淡梨花清影。長笛倚樓誰共聽,調高成絶品。(王庭珪《謁金門·梅》)[61]

於是,竪笛深入文人雅士們的生活,並成爲其精神特質的組成部分。流風所及,隱士們也常常操笛而吹,成爲"隱君子之樂",范仲淹的朋友王鎬即是如此:

一日,會君之别墅,當圭峰之下,山姿秀整,雲意閒暇,紫翠萬疊,橫絶天表。及月高露下,群動一息,有笛聲自西南依山而起,上拂寥漢,下滿林壑。清風自發,長煙不生。時也,天地人物灑然在冰壺之中。客大異之。君曰:"此一書生,既老且貧,每風月之夕,則操長笛奏數曲而罷,凡四十年矣。"嗟乎,隱君子之樂也,豈待乎外哉![62]

3. 伴奏(見圖四[63])

爲歌舞伴奏也是竪吹笛的常用功能,宫廷盛宴如此,鄉野節慶也是如此。"月明長笛和菱歌""長笛腰鼓雜巴歌"已經是民間習俗的組成部分了:

緑髮凋零白髮多,山林未死且婆娑。無端忤俗坐狂耳,甚欲讀書如嬾何!雨過亂蓑堆野艇,月明長笛和菱歌。此中得意君須領,莫愛車前印幾窠。(陸游《遣興》)[64]

我行天下路幾何,三巴小益山最多:翠崖青嶂高嵯峨,紅棧如帶縈巖阿;下有駭浪千盤渦,一跌性命委蛟鼉。日馳三百一烏騾,雪壓披氈泥滿靴。驛

圖四 姜家溝宋墓樂舞壁畫

亭沃酒醉臉酡,長笛腰鼓雜巴歌。大散關上方橫戈,豈料世變如翻波。東歸輕舟下江沱,回首歲月悲蹉跎。壯君落筆寫岷嶓,意匠自到非身過。偉哉千仞天相摩,谷裏人家藏綠蘿。使我恍然越關河,熟視粉墨頻摩挲。(陸游《題嚴州王秀才山水枕屏》)⑥

當然最有韵味的、詞人最樂意觀賞的,還是姜夔筆下所呈現的這種伴奏,梅花冷香下、教坊國工笛聲中,舞妓衣柳黃翩然而舞:

> 十畝梅花作雪飛,冷香下、攜手多時。兩年不到斷橋西,長笛爲予吹。人妒垂楊綠,春風爲、染作仙衣。垂楊却又妒腰肢,近前舞絲絲。(姜夔《鶯聲繞紅樓·甲辰春,平甫與予自越來吳,攜家妓觀梅於孤山之西村,命國工吹笛,妓皆以柳黃爲衣》)⑥

如果詞人自己填詞吹笛,曲詞皆出諸己,當會更好,黃庭堅便很享受這種感覺,衹不過是否當場踏節而歌,就不得而知了:

> 斷虹霽雨,净秋空,山染修眉新綠。桂影扶疏,誰便道,今夕清輝不足。

萬里青天,姮娥何處,駕此一輪玉。寒光零亂,爲誰遍照醽醁。　　年少從我追游,晚涼幽徑,繞張園森木。共倒金荷家萬里,難得尊前相屬。老子平生,江南江北,最愛臨風曲。孫郎微笑,坐來聲噴霜竹。(黃庭堅《念奴嬌·八月十七日,同諸甥步自永安城樓,過張寬夫園待月。偶有名酒,因以金荷酌衆客。客有孫彥立,善吹笛。援筆作樂府長短句,文不加點》)⁶⁷

豎笛與歌舞同作,聲音節奏配合之外,詞人楊無咎竟然能從形貌上發現二者契合之處,"笛噴風前曲,歌翻意外聲",豎笛伴奏生出超越音樂層面的效果,這不禁令人油然而生贊歎:

笛噴風前曲,歌翻意外聲。年來老子厭風情,可是於君一見、眼雙明。枕臂聽殘漏,停盃對短檠。直教筆底有文星,欲狀此時情味、若爲成。(楊無咎《南歌子》)⁶⁸

(二) 宋詞演唱中橫笛的應用

笛是融合性極強的樂器,它幾乎能和任何樂器協作表演,也能爲大多數視聽藝術形式伴奏。在這方面,橫笛表現得更明顯,宋詞演唱中的橫笛,有協奏、獨奏、伴奏、領起演奏四項主要功能:

1. 協奏(見圖五⁶⁹)

協奏也稱"合",指笛與其他樂器合作演奏樂曲。橫笛與鼓、拍板等樂器協奏,甚至催生出了若干器樂協奏樂種,比如馬後樂、鼓板、鼓笛樂。

(1)馬後樂:

皇帝出行御駕後的樂隊儀仗,在行進中演奏樂曲,謂之"馬後樂",馬後樂笛用"龍笛"(龍頸笛,橫吹),和拍板、觱篥、鼓、札子合奏。周密所記錄孝宗朝馬後樂樂器數量

圖五　天水南集宋墓伎樂畫像磚兩男伎奏笛簫圖

及排列次序爲:

觱篥二,札子九,大鼓十,龍笛四。⑦

據孝宗乾(道)、淳(熙)(1165—1189)間教坊樂部"馬後樂"人員構成,可以大致想見馬後樂的規模和演奏情形:

拍板:吳興祖;觱篥:田正德、孫慶祖、陳師授;笛:孫福、時寶、元守正;提鼓:孫子貴;札子:孟清、時世俊、高宣、吳興福、張興禄。⑪

(2)鼓板:

橫笛與鼓、拍板合奏形成的器樂合奏,謂之鼓板,有時候也有舞蹈和小唱。鼓板最初是中原音樂與契丹等遊牧民族音樂結合而成,因其鮮明的胡族風格,一度遭到禁止,陳暘説:

臣觀契丹視他戎狄最爲强桀,然所用聲曲皆竊取中國之伎,但不能和闐婉諧、彈絲搊管、趨於成音而已。恥其本俗所靳,禁止不傳,而中國第得其蕃歌與舞,其制:小橫笛一,拍鼓一,拍板一,歌者一二人和之,其聲嘍離促迫,舞者假面爲胡人,衣服皆效之,軍中多尚此伎。太宗雍熙中惡其亂華樂也,詔天下禁止焉,可謂甚盛之舉矣。然今天下部落效爲此伎者甚衆,非特無知之民爲之,往往士大夫之家亦喜爲之。⑫

但是鼓板不僅流行民間,也爲士大夫階層所接受。於是徽宗朝又有改進,易名"太平鼓"而保存下來:

崇寧大觀以來,内外街市鼓笛、拍板,名曰"打斷",至政和初,有旨立賞錢五百千。若用鼓板改作北曲子,並著北服之類,並禁止支賞。其後民間不廢鼓板之戲,第改名"太平鼓"。⑬

徽宗設大晟府,推行新樂,也禁鼓板之樂:

政和三年四月,頒布施行大晟府新樂:"開封府用所頒樂器,明示依式造鬻,教坊,鈞容直及中外不得違。令輒高下其聲,或別爲他聲,或移改增損樂器,舊來淫哇之聲,如打斷、哨笛、呀鼓、十般舞、小鼓腔、小笛之類與其曲名,悉行禁止,違者與聽者悉坐罪。"[74]

但是禁止效果似乎並不明顯,直到南宋,鼓板依舊是教坊的重要表演内容,鼓板藝人也是教坊的重要組成部分。鼓板在教坊有固定編制,也有臨時花錢僱傭的。孝宗乾(道)、淳(熙)間教坊樂部"鼓板"有三組,"衙前"一組,"和顧"(遇演出臨時花錢僱用)兩組人員構成:

衙前一火:
鼓兒:尹師聰。拍:張順。笛:楊勝、張師孟。
和顧二火:
笛:張成(老僧)、閻俊(望伯)、張喜。鼓兒:張昇。
笛:王和(小四)。鼓兒:孫成(換僧)。
拍:張榮(狗兒)。

鼓板奏笛出名者,除了乾淳教坊樂部所提及者,據周密説,在南宋臨安諸色伎藝人中,尚有陳宜娘、莫及、來七等多人。[75]

兩宋之際,鼓板更多地流行於民間,各種娛樂場所,鼓板與歌唱很少缺席,如六月北宋京城一帶的廟會,喧鬧聲中:

自早呈拽百戲,如上竿、趯弄、跳索、相撲、鼓板、小唱、鬥雞、説諢話、雜扮、商謎、合笙、喬筋骨、喬相撲、浪子雜劇、叫果子、學像生、倬刀、裝鬼、砑鼓、牌棒、道術之類,色色有之,至暮呈拽不盡。[76]

需要指出的是,鼓板並不僅限於單獨表演,其他娛樂形式中它也是重要配角,比如上述以猜謎爲賺錢形式的遊戲——"商謎",就用鼓板來熱場和做背景音樂,北宋如此,南宋也如此,灌圃耐得翁《都城紀勝》介紹瓦舍衆伎中的"商謎"説:

商謎:舊用鼓板吹《賀聖朝》聚人猜詩謎、字謎、戾謎、社謎,本是隱語。[77]

鼓板也是人們結社聚會的内容之一:

張犖,懷州人,亦山水家。其性不羈,好飲酒,與群小日游市肆,作鼓板社。每得畫貲,必盡於此。尤長濺瀑。[78]

當然,鼓板適合熱鬧的表演,不適合雅致的情感表達,所以"杏花疏影裏,吹笛到天明"(陳與義《臨江仙》)是雅事,鼓板賞花則被詞人視爲煞風景之舉,周密《齊東野語》列十四條"花憎嫉"事,其中第十三條即是"賞花動鼓板"[79]。

(3)鼓笛曲:

鼓與笛爲主力的樂器協奏,催生了一個新的樂部《鼓笛部》,其曲調數量龐大,宋教坊演奏的諸樂部中,《法曲部》二曲,《龜兹部》二曲,《鼓笛部》曲調則多達二十一曲:

> 法曲部,其曲二:一曰道調宫《望瀛》,二曰小石調《獻仙音》。樂用琵琶、箜篌、五弦、筝、笙、觱栗、方響、拍板。龜兹部,其曲二,皆雙調,一曰《宇宙清》,二曰《感皇恩》。樂用觱栗、笛、羯鼓、腰鼓、揩鼓、雞婁鼓、鼗鼓、拍板。鼓笛部,樂用三色:笛、杖鼓、拍板。

> (教坊)鼓笛部,樂用三色:笛、杖鼓、拍板⋯⋯又《法曲》《龜兹》《鼓笛》三部,凡二十有四曲。[80]

笛、杖鼓、拍板,這就是《鼓笛部》的核心樂器。不僅教坊有演奏《鼓笛部》,軍樂團鈞容直也有:

> 鈞容直,亦軍樂也⋯⋯其樂舊奏十六調,凡三十六大曲,鼓笛二十一曲,並他曲甚衆。嘉祐二年,監領内侍言,鈞容直與教坊樂並奏,聲不諧。詔罷鈞容舊十六調,取教坊十七調肄習之,雖間有損益,然其大曲、曲破並急慢諸曲,與教坊頗同矣。[81]

《鼓笛部》諸曲難以盡知,不過宋人文獻不乏演奏鼓笛曲的記録,如南宋正月五日天基聖節,即宋理宗生日,禁中壽筵排當樂次(節目單)中"再坐"環節的第七盞,就有"鼓笛曲《拜舞六幺》"[82]。

宋人詞調《鼓笛令》《鼓笛慢》,應當也是鼓笛曲。歐陽修有《鼓笛慢》詞:

> 縷金裙窣輕紗,透紅瑩玉真堪愛。多情更把,眼兒斜盼,眉兒斂黛。舞態歌闌,困倚香臉,酒紅微帶。便直饒、更有丹青妙手,應難寫、天然態。

> 長恐有時不見,每饒伊、百般嬌騃。眼穿腸斷,如今千種,思量無奈。花

謝春歸,夢回雲散,欲尋難再。暗消魂,但覺鴛衾鳳枕,有餘香在。㊷

黃庭堅有《鼓笛令·戲詠打揭》詞:

　　酒闌命友閒爲戲,打揭兒、非常愜意。各自輪贏只賭是,賞罰采、分明須記。　小五出來無事,却跋翻和九底。若要十一花下死,管十三、不如十二。㊸

北宋人作詞多依從本調,歐陽修、黃庭堅這兩首詞世俗色彩強烈,一派熱鬧氣息,從中不難推斷出《鼓笛部》曲子的風格特徵。

2. 獨奏(見圖六㊹)

圖六　吹橫笛伎

獨立完成一段完整曲意的演繹,這種獨奏也是橫笛所擅長的。橫笛是最方便的獨奏樂器,稱其爲教坊第一樂器當不爲過,在南宋管樂器流行之後尤其如此。以乾淳教坊爲例,諸部色當中,笛色有84人,超過作爲"頭管"的觱篥色的71人;其中逢大型活動從民間臨時僱用者41人,㊺說明市井民間音樂中笛的使用也佔優勢,這也和南宋長調慢詞的流行同步。教坊笛的使用,是宋代歌舞笛應用的一個縮影。

橫笛獨奏尤其是龍頭笛獨奏,在宮廷歌舞表演中佔據重要地位,它是宮中貴人清雅風度的重要體現,如高宗趙構退位後,其德壽宮中尚有龍笛(龍頸笛)色四十名,經常月夜獨奏:

　　(孝宗)淳熙間,德壽宮龍笛色使臣四十名,每中秋或月夜,令獨奏龍笛,聲聞於人間,真清樂也。㊻

北宋的宮中大宴上笛獨奏少見,但南宋則是經常的表演內容,如正月五日宋理宗生日筵上,"再坐"第十盞,就是"笛獨吹,高平調《慶千秋》"⑧。

橫笛獨吹,在市井民間、鄉野村落更爲常見。橫笛製作材料易得,其結構簡單,節奏相對舒緩,因而成爲各階層慣用樂器。如翁森《宿山中田家》,叙述鄉村兒童吹笛:"欹坐頰簷醉濁醪,松油燒盡夜蕭騷。兒童十歲能吹笛,嘹亮一聲山月高。"⑧楊萬里《舟人吹笛》則叙述江南水鄉橫笛的流行:"長江無風水平綠,也無鞾文也無縠。東西一望光浮空,瑩然千頃無瑕玉。船上兒郎不耐閒,醉拈橫笛吹雲煙。一聲清長響徹天,山猿啼月澗落泉。更打羊皮小腰鼓,頭如青峰手如雨。中流忽有一大魚,跳破琉璃丈來許。"⑩

宋無名氏《憶秦娥·詠笛》顯示出橫笛的情感排遣作用,令人想起李商隱的《夜雨寄北》,對於不善文字的人來説,橫笛大約是寄託情緒的重要媒介吧:

秋寂寂,碧紗窗外人橫笛。人橫笛,天津橋上,舊曾聽得。　宮妝玉指無人識,龍吟水底聲初息。聲初息,月明江上,數峰凝碧。⑪

笛音對於花落、鳥鳴、風聲等自然風物具有較好的模擬性,《關山月》《梅花落》等曲調更集中凸顯了笛音的這一特色,高觀國《風入松·聞鄰女吹笛》所描述的橫玉聲寒中霜月搖落、梅花驚殘的景象,正是笛音演繹曲意的完美體現:

粉嬌曾隔翠簾看,橫玉聲寒。夜深不管柔荑冷,櫻朱度、香噴雲鬟。霜月搖搖吹落,梅花簌簌驚殘。　蕭郎且放鳳簫閒,何處驂鸞。静聽三弄霓裳罷,魂飛斷、愁裏關山。三十六宮天近,念奴却在人間。⑫

笛結構簡單,易學難精,諺云:"千日管,百日笙,十年笛子不好聽。"但技藝精湛的樂伎往往能奏出驚艷的效果,笛聲給人以聽覺享受,吹奏者本身不多的動作,也成爲賞心悦目的舞蹈,共同構成難忘的視聽體驗,比如韓維《和聖俞聞景純吹笛妓病癒》,寫笛曲,寫笛伎演奏,寫賓客之反應,是對笛曲效果的全面記録:

刁侯好事聞當年,至今風韵獨依然。歸來不作留滯歎,能出窈窕誇樽前。前時賓客會清夜,橫笛裂玉吹孤圜。新聲妙逐柔指變,餘響欸與高雲連。悲風蕭瑟四座聳,清笑自足遺拘攣。近聞有疾勿藥喜,主人欲飲期數賢。氣羸曲節宜少緩,體軟舞態當益妍。人生行樂不可後,幸及華月秋娟娟。[93]

花間吹笛,笛聲朦朧;笛音音域廣,從高過行雲、碎金裂石到柔腸百轉、哀婉泣訴,均可自如表達,笛因此與花、月一起成爲文人抒情的絶佳寄託物,在宋代地位不低於文人常用樂器——琴,如李長庚有一首《陳士淳主簿舉似與嚴慶曾主簿、鄧伯允仙尉同到陽華,佳句且有巖下弄琴舟中吹笛之樂,長庚雖不奉勝遊輒繼高韵》(其三),便是寫笛聲催生的高逸之致:"雲水光中語更清,從他山寺晚鐘鳴。滿船載月歸來好,一笛穿雲裂石聲。"[94]葉夢得《水龍吟·八月十三日,與強少逸遊道場山,放舟中流,命工吹笛舟尾迎月歸作》,笛聲抒寫的則是人生如夢之慨:

舵樓橫笛孤吹,暮雲散盡天如水。人間底事,忽驚飛墜,冰壺千里。玉樹風清,漫披遙捲,與空無際。料嫦娥此夜,殷勤偏照,知人在、千山裹。

常恨孤光易轉,仗多情、使君料理。一杯起舞,曲終須寄,狂歌重倚。爲問飄流,幾逢清影,有誰同記。但樽中有酒,長追舊事,拚年年醉。[95]

如此,笛堪稱宋人的最佳精神伴侶,人們行走江湖多以橫笛自隨,以至於橫笛行卧成了文雅之士的經典動作:

僧德正,信州人,宣和郎官徐兢明叔之兄,紹興侍從徐林穉山之弟。登科爲平江教官,弃而出家。是日即敕往江州圓通寺,開堂拈香,爲三世諸佛。於是其徒不容,弃去。居廬山南疊石庵,服漆辟穀。閩淮名山,意往無礙,凡登山臨水,即橫笛自娛。[96]

(宣和間徽宗趙佶)益興畫學,教育衆工。如進士科下題取士,復立博士,考其藝能……所試之題,如"野水無人渡,孤舟盡日橫",自第二人以下,多繫空舟岸側,或拳鷺於舷間,或棲鴉於篷背,獨魁則不然,畫一舟人,卧於舟尾,橫一孤笛,其意以爲非無舟人,止無行人耳,且以見舟子之甚閒也。[97]

3. 領起演奏

宋詞演唱中領起演奏的第一樂器是號稱"頭管"的觱篥,笛的這一功能在南宋接近觱篥,也成爲重要的起樂樂器。笛聲節奏通常舒緩、低音適應性強,和長詞慢調的演唱更和諧。如宋理宗生日,禁中壽筵之上,笛領起演奏的慢曲達5首,僅次於觱篥的10首,其出場次序和演奏樂工爲:

上壽:第二盞,笛起《帝壽昌慢》,潘俊。

第六盞,笛起《壽南山慢》,盧寧。

第十盞,笛起《上苑春慢》,胡寧。

初坐:第五盞,笙獨吹,小石角《長生寶宴樂》,侯璋。

拍,張亨。

笛起《降聖樂慢》,盧寧。

雜劇,周朝清已下,做《三京下書》,斷送《繞池遊》。

再坐:第一盞,觱篥起《慶芳春慢》,楊茂。

笛起《延壽曲慢》,潘俊。[⑱]

宋度宗趙禥皇后全玖咸淳(1265—1274)間歸謁家廟,賜宴的歌舞表演樂次(節目安排),笛領起演奏的次數和"頭管"觱篥一樣多,都是五次,而且都是相鄰演出,這是笛在南宋樂器中地位升高的一個樣本,其起樂曲目與出場順序如次:

賜筵初坐:

第一盞,觱篥起,《玉漏遲慢》。笛起,《側犯》。笛起,《真珠髻》。觱篥起,《柳穿鶯》。合,《喜慶》曲破,對舞。

第四盞,琵琶獨彈,《壽千春》。笛起,《芳草渡》。念致語、口號。勾雜劇色,時和等做《堯舜禹湯》,斷送《萬歲聲》。合意思,副末念。"雨露恩濃金穴貴,風光遠勝馬侯家。"

第五盞,觱篥起,《賣花聲》。笛起,《魚水同歡》。

歇坐:

第三盞,箏琶、方響合,《雙雙燕》神曲。

第四盞,唱賺。

第五盞,鼓板。觱篥合,小唱《舞楊花》。

再坐:

第六盞,笙起,《壽南山》。方響起,《安平樂》。

第七盞,筝彈,《會群仙》。笙起,《吴音子》。勾雜劇,吴國寶等做《年年好》。斷送《四時歡》。合意思,副末念。"香生花富貴,緑嫩草精神。"

第八盞,笛起,《花犯》,觱篥起,《金盞倒垂蓮》。

第九盞,諸部合,《喜新春慢》曲犯。[99]

不計算笛參與的各樂部的合奏,笛的出場已經算是很頻繁了。初坐第一盞酒,笛甚至是和觱篥輪番出場、連續出場,表明歌舞重視用笛成爲風尚。

4. 伴奏歌舞(見圖七[100])

圖七　舞旋伎　舞旋伎　橫笛伎　拍板伎

爲歌舞伴奏,强化其旋律和節奏,是橫笛的功能之一,但是比起前三項來,則遜色多了。龍頸笛是教坊橫笛的主力,在北宋教坊伴奏表演中,表現突出,如二月十二日天寧節,即徽宗皇帝生日,宰執親王宗室百官入内上壽大起居,教坊樂部樂器排列,最後一排是包括橫吹龍頸笛在内的管樂器:"次列簫、笙、塤、篪、觱篥、龍笛之類。"[101]祝壽大宴開始的第一盞酒,歌板色表演,就有笙、簫、笛三者的伴奏:

第一盞御酒,歌板色一名,唱中腔一遍訖,先笙與簫、笛各一管和,又一遍,衆樂齊舉,獨聞歌者之聲。宰臣酒,樂部起傾盃,百官酒。三臺舞旋,多是雷中慶,其餘樂人舞者諢裏寬衫,唯中慶有官,故展裏。舞曲破攧前一遍。[102]

日常淺斟低唱中的橫笛伴奏,倒是經常出現,這就如同拍板是宋詞演唱的基本節樂樂器一樣,橫笛差不多也是宋詞演唱的基本伴奏樂器。黃庭堅"風前橫笛斜吹雨""舞裙歌板盡清歡"道盡了橫笛伴奏歌舞的韵味:

> 黃菊枝頭生曉寒,人生莫放酒杯乾。風前橫笛斜吹雨,醉裏簪花倒著冠。　身健在,且加餐,舞裙歌板盡清歡。黃花白髮相牽挽,付與時人洗眼看。(黃庭堅《鷓鴣天》)[103]

三　宋詞演唱所用笛之形制

宋人歌舞所用笛,當時定義起來比較簡單,即竹製、六孔(左右)、單管吹奏樂器,《宋史・樂志》:

> 竹部有三:曰長篴,曰篪,曰簫。其説以謂:篴以一管而兼律吕,衆樂由焉。三竅成龠,三才之和寓焉。六竅爲篴,六律之聲備焉。[104]

宋人文獻對於笛横、豎、長、短具體情形敘述的粗略,也加大了後人瞭解的難度。如沈括《夢溪筆談》介紹本朝笛的情況,就表現了對於笛之來源的困惑,以及當時笛稱呼和分類上的混亂:

> 笛有雅笛,有羌笛。其形制所始,舊説皆不同。《周禮》:"笙師掌教篪篴。"或云:"漢武帝時,丘仲始作笛。"又云:"起於羌人。"後漢馬融所賦長笛,空洞無底,剡其上孔五孔,一孔出其背,正似今之"尺八"。李善爲之注云:"七孔,長一尺四寸。"此乃今之橫笛耳,太常鼓吹部中謂之"橫吹",非融之所賦者。融賦云:"易京君明識音律,故本四孔加以一。君明所加孔後出,是謂商聲五音畢。"沈約《宋書》亦云:"京房備其五音。"《周禮・笙師》注:"杜子春云:'篴乃今時所吹五空竹篴。'"以融、約所記論之,則古篴不應有五孔。則子春之説,亦未爲然。今《三禮圖》畫篴亦橫設,而有五孔,又不

知出何典據。[105]

沈括所言雅笛、羌笛均是豎吹笛，並没有提及横吹笛。北宋陳祥道《禮書》介紹《周禮》所用之篴，叙述了北宋所用之笛，雖然説得詳細些，但還是很難算得上有條理：

> 有短笛，今樂府短笛尺有咫。有横笛，小篴也，梁横吹曲曰："下馬吹横笛。"有義嘴笛，如横笛而加嘴，《西涼樂》也。有七孔者，今大樂雅笛七孔。有八空者，今有横笛八空。皆適一時之造然也。[106]

陳祥道所列諸笛之命名，或據長度，或據吹奏位置，或據音孔數量，不一而足。不過他最後一句話倒是點明了製笛的原則："皆適一時之造然也。"隨具體需要而隨機製造。這其實也是宋笛充滿生命力的原因所在。如此，本文述其形制即據吹奏方式分爲兩種展開：其一爲豎吹：雙手持管，低端下傾；其二爲横吹：雙手持管於嘴的同側，音孔和吹孔處於同一平面。前者稱之豎笛，後者稱之横笛。不過本文中前者的概念内涵，要大於宋人所稱的"豎笛"概念。試詳而論之。

(一) 豎笛之形制

豎吹之笛是宋詞演唱所用笛，一般爲竹製，八孔，"前五孔，後一孔，尾兩旁各一孔"排列的尺八管，當是最常用的，宋徽宗時賜予高麗的也是這種。成倪《樂學軌範》載有詳細製作方法：

> 宋朝賜來篴，前五孔，後一孔，尾兩旁各一孔。
> 按，造篴之制，以黄竹爲之，上端前面刳而作竅，以下唇憑而吹之，聲從竅出。下端節穿四孔，刳作十字。凡八孔，第一孔在後。[107]

《樂學軌範》所附篴之圖片（見圖八[108]），標注了豎笛各部分的數據，稱"篴"而非"笛"，當是秉承《周禮》雅樂的豎笛傳統。

常用豎笛種類繁多，據其笛孔分布特點而言，可分三類：第一類，簫管（又稱尺八管、中管、豎篴），其笛孔間距近乎平均；第二類，羌笛、拱宸管，笛孔分左右；第三類，豎笛、長短笛、手笛等，笛孔兩兩相近。其形制詳述如次：

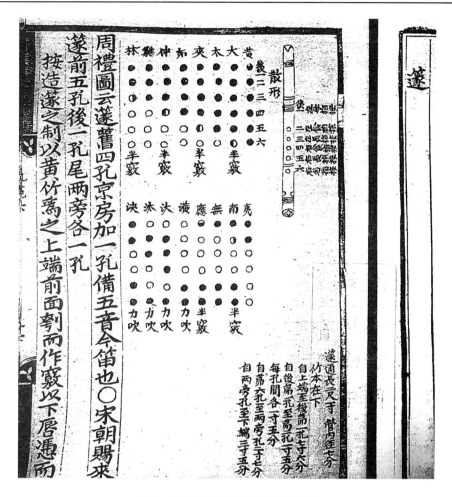

圖八 《樂學軌範》中有關篴的記載

1. 簫管（見圖九[10]）

簫管是簫與管的合稱，宋朝則除此之外，又有了一個新的含義，即指代六孔、覆膜的豎笛，這個指代在宋詞演唱相關文獻中用得比較多，因其和《周禮》笙師所掌篴之關係，所以指稱其爲豎笛時候，又寫作"豎篴"；因其長度居於長短篴之間，故又稱"中管"，其長度一般爲一尺八寸，故又稱"尺八""尺八管"，後來取代排簫成爲簫類樂器代表的單管簫，就是它，祇不過不再覆膜而已。現在日本還在使用的尺八、尺八簫，其淵源也是它。簫管六孔，五孔在上，一孔在背，前引北宋沈括《夢溪筆談》也說："後漢馬融所賦長笛，空洞無底，剡其上孔五孔，一孔出其背，正似今之'尺八'。"

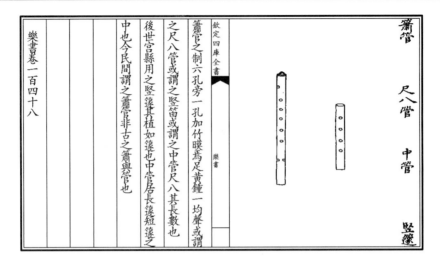

圖九 《樂書》中有關簫管的記載

簫管一般爲竹製,陳暘《樂書》云:

> 簫管之製,六孔,旁一孔加竹膜焉,足黃鐘一均,或謂之尺八管,或謂之竪笛,或謂之中管。尺八,其長數也,後世宮縣用之。竪篴,其植如篴也。中管,居長篴、短篴之中也。今民間謂之簫管,非古之簫與管也。⑩

2. 羌笛(見圖十⑪)

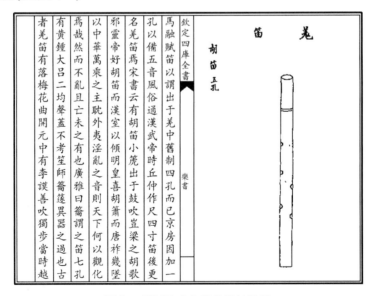

圖十 《樂書》中有關羌笛的記載

羌笛又稱胡笛,五孔,上三下二,長一尺四寸,用於胡部樂演奏,《落梅花》是其經典曲調,李白《與史郎中欽聽黃鶴樓上吹笛》:"黃鶴樓中吹玉笛,江城五月《落梅花》。"⑫羌笛形制漢唐以來大致一致,陳暘說過羌笛的魅力:

> 古者羌笛有《落梅花》曲,開元中有李謨善吹,獨步當時,越州刺史皇甫政月夜泛鑒湖,命謨吹笛,謨為之盡妙,時有一老父泛舟聽之,因奏一聲,湖波搖動,笛遂中裂,即探懷中一笛以畢其曲。政視之,有三龍翊舟而聽,老父曲終,以笛付謨,謨吹之竟不能聲,而老父亦失所在矣。大中以來有王六六、王師簡,亦妙手也。⑬

需要指出的是,羌笛豎吹,五孔,短笛也是豎吹,五孔,兩者的區別有二:其一,看附圖可知,在於前者音孔的排列是"上三下二",後者則否;其二是前者長一尺四寸,後者則尺有咫,要短一些,羌笛也為宋詞演唱所習用。⑭

3. 叉手笛　拱辰(宸)管(見圖十一⑮)

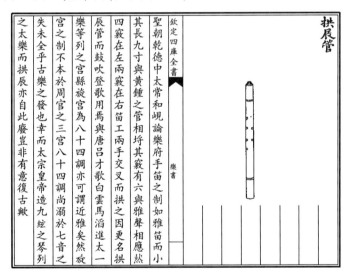

圖十一　《樂書》中有關拱辰管的記載

叉手笛,初為俗部樂器,長九寸,六孔(四孔在左,兩孔在右),可變宮吹奏八十四調,為表現力極強的豎笛品種,演奏時需要笛工叉手躬身,如行禮狀,宋太祖趙匡胤乾德年間和峴改名拱辰管,用於鼓吹、登歌等雅樂,後來太宗皇帝趙光義造九弦琴用於太樂,拱辰管遂不用,陳暘《樂書》云:

聖朝乾德中,太常和峴論樂府:手笛之制,如雅笛而小,其長九寸,與黃鍾之管相埒,其竅有六,與雅聲相應,然四竅在左,兩竅在右,笛工兩手交叉而拱之,因更名拱辰管,而鼓吹登歌用焉,與唐吕才歌《白雲》、馬滔進《太一》樂等列之宫縣,旋宫爲八十四調,亦可謂近雅矣。然旋宫之制不本於周官之三宫,八十四調尚溺於七音之失,未全乎古樂之法也。幸而太宗皇帝造九弦之琴列之太樂,而拱辰亦自此廢,豈非有意復古歟?[116]

《宋史·和峴傳》亦載:

樂器中有叉手笛者,上(宋太祖)意欲增入雅樂,峴即令樂工調品,以諧律吕,其執持之狀如拱揖然,請目曰"拱辰管",詔備於樂府。[117]

《宋史·樂一》詳述其事:

(宋太祖乾德四年)十月,峴又言:"樂器中有叉手笛,樂工考驗,皆與雅音相應,按唐吕才歌《白雪》之琴,馬滔進《太一》之樂,當時得與宫縣之籍。況此笛足以協十二旋相之宫,亦可通八十四調,其制如雅笛而小,長九寸,與黃鍾管等。其竅有六,左四右二,樂人執持,兩手相交,有拱揖之狀,請名之曰'拱宸管'。望於十二案、十二編磬並登歌兩架各設其一,編於令式。"詔可。[118]

陳暘所説拱辰管太宗後不復用於雅樂,似不確。拱辰管的應用遠遠超出宋國,金國鼓吹初用遼故物,其後雜用宋儀,直到海陵王遷燕及大定十一年鹵簿鼓吹,尚用拱辰管。[119]

4. 豎笛(見圖十二[120])

一般意義上的豎笛爲六孔,具黃鍾一均聲,應十二律之調,後來長度定爲三尺六寸五分。其形制合天地之數,陳暘以爲用於雅樂也很合適的:

豎笛之制六孔,具黃鍾一均聲,應十二律之調,升之雅樂可也。後世宫縣用之,不亦可乎!晋時,黃鍾笛三尺八寸,鍾宗之減爲三尺七寸,奚縱又減爲三尺六寸五分,豈本於此歟?[121]

5. 長笛 短笛(見圖十三[122])

豎笛又有長笛、短笛之分。長者較尺八長,短者尺餘。兩者可以與别的樂器

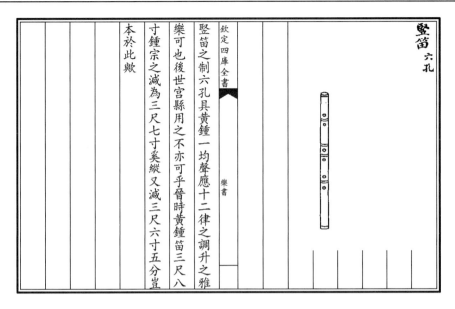

圖十二 《樂書》中有關豎笛的記載

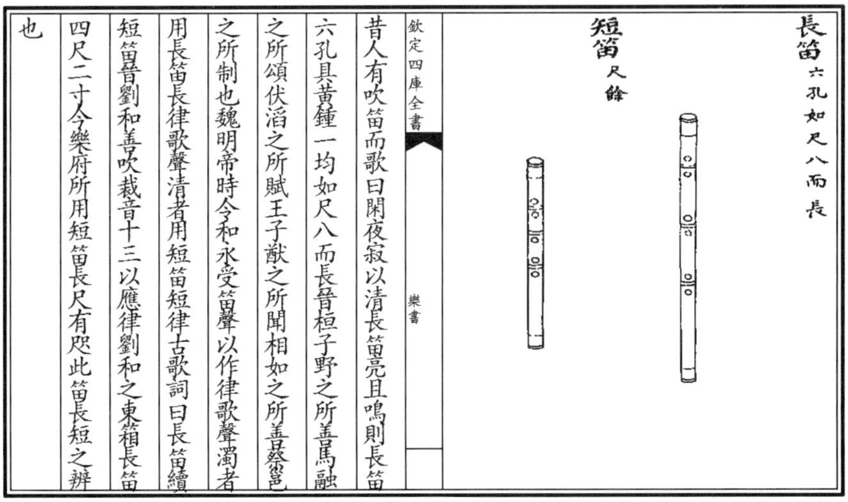

圖十三 《樂書》中有關長笛、短笛的記載

(包括橫笛)合作，《隋書·音樂中》宮懸中有長笛、橫笛合作演奏：

> 高祖既受命，定令，宮懸四面各二虡，通十二鎛鐘，爲二十虡。虡各一人。建鼓四人，祝敔各一人。歌、琴、瑟、簫、筑、箏、搊箏、臥箜篌、小琵琶，四面各十人，在編磬下。笙、竽、長笛、橫笛、簫、篳篥、篪、壎，四面各八人，在編磬下。[123]

長笛是詞人的最愛,也是宋詞中出現頻率很高的一種笛,長笛倚樓,梅中臨風,是宋詞人的最愛,王庭珪《謁金門·梅》:

> 溪風緊,溪上官梅整整。萬木寒癡吹不醒,一枝先破冷。　　夢斷香雲耿耿,月淡梨花清影。長笛倚樓誰共聽,調高成絕品。[124]

宋詞演唱所用長短、笛,兩者一般爲竹製,長笛較尺八長,六孔;短笛長一尺有餘,五孔。歌聲濁者用長笛長律,歌聲清者用短笛短律,陳暘《樂書》云:

> 昔人有吹笛而歌曰:"閑夜寂以清,長笛亮且鳴。"則長笛六孔,具黃鍾一均,如尺八而長。晉桓子野之所善,馬融之所頌,伏滔之所賦,王子猷之所聞,相如之所善,蔡邕之所制也。魏明帝時令和永受笛聲以作律。歌聲濁者用長笛長律,歌聲清者用短笛短律。古歌詞曰:"長笛續短笛。"晉劉和善吹,裁音十三以應律。劉和之東箱長笛,四尺二寸,今樂府所用短笛,長尺有咫,此笛長短之辨也。[125]

6. 手笛(見圖十四[126])

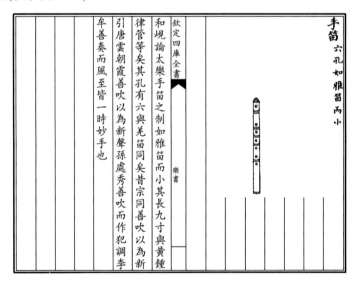

圖十四　《樂書》中有關手笛的記載

長九寸,較雅笛小;六孔,排列如羌笛,主要用於大樂。陳暘《樂書》云:

> 和峴論太樂手笛之制,如雅笛而小,其長九寸,與黃鍾律管等矣,其孔有

六,與羌笛同矣。昔宗同善吹,以爲新引;唐雲朝霞善吹,以爲新聲;孫處秀善吹而作犯調;李牟善奏而風至,皆一時妙手也。[127]

(二)横笛之形制

横笛一般爲竹製,計算音孔數目通常把吹孔計算在內。成倪《樂學軌範》附有横笛圖片(見圖十五[128]),並描述竹笛的製作與形貌,當爲彼時横笛的基本狀態[129]:"按造唐笛之制,取年久黄竹爲之,凡八孔。"附圖標注說明:"笛通長一尺四寸八分,左右手各用三指,最末一孔不按。"[130]

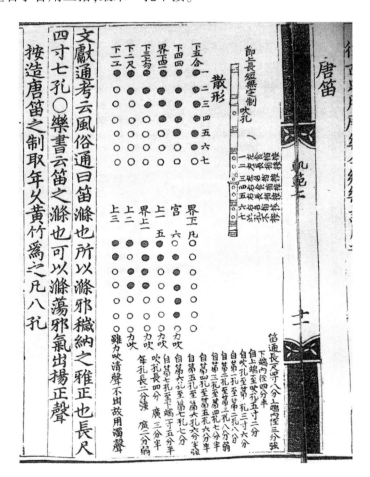

圖十五 《樂學軌範》中有關唐笛的記載

根據具體應用,横笛也有不同的形制和種類,大致如下:1.横笛(見圖十六[131]和圖十七[132])

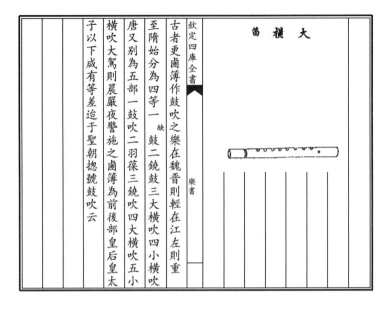

圖十六 《樂書》中有關大橫笛的記載

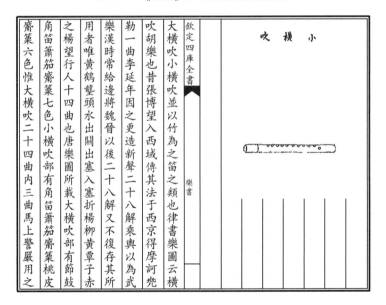

圖十七 《樂書》中有關小橫吹的記載

横笛是宋人對於横吹竹笛的泛稱,横笛一般長度爲一尺四寸,七孔。如前引北宋沈括談到李善注馬融《長笛賦》,提到李善説一尺四寸的七孔笛,便脱口而出:"此乃今之横笛耳。"[13]

横笛是唐宋儀仗、鼓吹、宴飲的主要笛類,據笛身長短、粗細、孔數不同,有大

小之分,一般稱爲大、小橫吹或大、小橫笛,陳暘《樂書》云:

> 大橫吹、小橫吹並以竹爲之,笛之類也……唐樂圖所載大橫吹部有節鼓、角、笛、簫、笳、觱篥七色,小橫吹部有角、笛、簫、笳、觱篥、桃皮觱篥六色,惟大橫吹二十四曲內三曲,馬上警嚴用之。[134]

儀仗之樂,由鹵簿而變爲鼓吹,歷經更迭而大小橫吹地位不動搖,則爲大小橫吹的主力樂器——大小橫笛的重要性,可以想見:

> 古者更鹵簿作鼓吹之樂,在魏晉則輕,在江左則重,至隋始分爲四等,一□鼓,二鐃鼓,三大橫吹,四小橫吹。唐又別爲五部,一鼓吹,二羽葆,三鐃吹,四大橫吹,五小橫吹。大駕則晨嚴夜警施之,鹵簿爲前後部,皇后皇太子以下咸有等差。迨于聖朝,摠號鼓吹云。[135]

2. 龍頸笛(見圖十八[136])

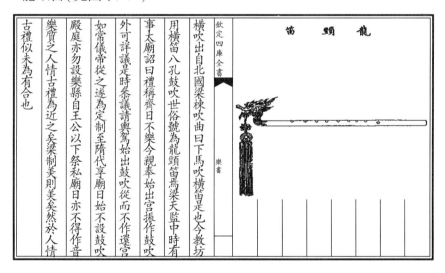

圖十八 《樂書》中有關龍頸笛的記載

龍頸笛是宋代教坊常用笛,也是宋詞演唱中出現頻率比較高的橫笛,因笛首爲龍頭,笛身爲龍頸得名。龍頸笛一般爲八孔。陳暘《樂書》云:"橫吹出自北國,梁棟(橫)吹曲曰'下馬吹橫笛'是也,今教坊用橫笛八孔鼓吹,世俗號爲'龍頸笛'焉。"[137]北宋陳祥道《禮書》提到的八孔橫笛,應當和龍頸笛屬於一類:

後世有長笛,……有八空者(今有橫笛,八空),皆適一時之造然也。⑬⑧

3. 義嘴笛(見圖十九⑬⑨)

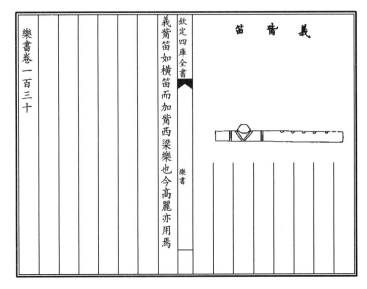

圖十九 《樂書》中有關義嘴笛的記載

義嘴笛是吹孔裝有吹嘴的橫笛。唐朝之後,橫笛一般不再像篪一樣裝有吹嘴,裝吹嘴者,稱爲義嘴笛,主要用於傳統特色明顯的《西涼樂》,如杜佑《通典》説:"今橫笛去嘴,其加嘴者,謂之'義嘴笛'。"⑭⓪宋朝《高麗樂》也使用這種義嘴笛。陳祥道《禮書》:"有義嘴笛。如橫笛而加嘴,《西涼樂》也。"⑭①陳暘《樂書》也説:"義嘴笛如橫笛而加嘴,《西梁樂》也,今高麗亦用焉。"⑭②

橫笛製作一般用竹,也有其他特殊材質,如金屬、玉石、木等,鐵笛、銅笛、玉笛、木笛也經常出現在宋人生活中,它們往往以獨特的材質、音質彰顯吹奏者的個性。如鐵笛,多爲世外隱士和修道者所用:

孫守榮,臨安富陽人。生七歲,病瞽。遇異人教以風角、鳥占之術,其法以音律推五數,播五行,測度萬物始終盛衰之理。凡問者一語頃,輒知休咎。守榮既悟,異人授以鐵笛,遂去不復見。守榮因號富春子,吹笛市中,人初不異也。然其術率驗。⑭③

故侍郎胡公(寅)明仲嘗與山之隱者劉君兼道游陟而賦焉(鐵笛亭),劉少豪勇游俠使氣,晚更晦迹,自放山水之間,善吹鐵笛,有穿雲裂石之聲,胡公詩有"更煩橫鐵笛,吹與衆山聽"之句。[144]

銅笛,詞人朱敦儒就用過:

> 青羅包髻白行纏,不是凡人不是仙。家在洛陽城裏住,臥吹銅笛過伊川。(朱敦儒《絕句》)[145]

木笛則似乎更在釋子間流行:

> 三百五百,銅頭鐵額。木笛橫吹,誰來接拍。(釋天遊《偈四首》其二)[146]
>
> 飄空一葉雨新收,暑退涼生萬壑秋。貼肉汗衫才脫下,橫吹木笛倒騎牛。(釋祖珍《偈三十五首》其一九)[147]

四　結語

笛的應用,是宋詞演唱不可忽視的環節,這種簡單而又複雜的樂器,成全了宋詞風格的發揮與演繹,而宋詞的演唱則無疑又促成了笛的結構改進和種類的多樣性,兩者是相互促進,共同發展的。

宋代唱詞之風消歇之後,笛並未隨之衰落,而是繼續演進,豎吹笛最終成爲單管簫,最終以簫類樂器的代表而存在,原來的多管簫則成爲排簫,並逐漸少爲人知;橫吹笛成爲了笛類樂器的代表,它在不同地域、不同曲藝品種中進一步演進,形成了更多的品種。就現代意義的笛樂器發展而言,宋元之後的戲曲大流行時代,纔實現了笛更大範圍的普及。

注　釋

① 20世紀80年代,河南舞陽賈湖新石器時代遺址,發掘出一批7000—8000年前的骨笛,係採用猛禽的腿骨管截去兩端關節再鑽圓孔而成。形狀固定,多爲七孔。有的音孔旁還可看到在鑽孔前刻畫的等分符號,個別音孔旁還另鑽調音的小孔。這說明當時製作骨笛前已經過精確的計算,製成後還用加小孔的方法調整音差,製作者對樂理的瞭解已達到相當的高度。詳參河南省文物研究所(執筆:馮沂)《河南舞陽賈湖新石器時代遺址第二至六次發掘簡報》(《文物》1989年第1期)。

② 1987年11月,中國藝術研究院音樂研究所黃翔鵬等專家從當時賈湖遺址出土的16支豎吹骨笛中選取最完整的、最無裂紋的,編號M282:20的七孔骨笛進行鑒定測試,結論爲:這支骨笛的音階結構至少是六聲音階,也有可能是七聲齊備的、古老的下徵調音階。詳參黃翔鵬《舞陽賈湖骨笛的測音研究》(《文物》1989年第1期)。

③ 鄭玄注,賈公彦疏《周禮注疏》卷二四,《十三經注疏》,中華書局1980年版,第801頁。

④ 同上。

⑤ 圖片選自〔朝鮮〕成俔《樂學軌範》卷六"雅部樂器圖説",1933年朝鮮京城古典刊行會影印明萬曆三十八年(1610)刊本。

⑥ 同上。

⑦ 朱載堉《樂律全書》卷八"律呂精義内篇八",《景印文淵閣四庫全書》第213册,臺北,臺灣商務印書館1983年版,第305頁。

⑧ 徐堅《初學記》卷一六"笛第十",中華書局1962年版,第403頁。

⑨ 許慎《説文解字》"五上·竹部",中華書局2013年版,第93頁。

⑩ 蕭統編,李善注《文選》卷一八,中華書局1977年版,第254頁。

⑪ 漢靈帝中平六年(189)應劭於泰山太守任上撰。

⑫ 應劭撰,吴樹平校釋《風俗通義校釋》"聲音第六""笛篴同"條,天津人民出版社1980年版,第243—244頁。

⑬ 崔豹《古今注》卷中"音樂第三",中華書局1985年版,第11頁。

⑭ 《隋書》卷一五"音樂下",中華書局1973年版,第383頁。

⑮ 蕭統編,李善注《文選注》卷一八,中華書局2012年版,第332頁。

⑯ 沈括撰,胡道静校證《夢溪筆談校證》卷五"樂律一",上海人民出版社2011年版,第212頁。

⑰ 程大昌《演繁露》卷八"吹鞭"條。《景印文淵閣四庫全書》第852册,第134頁。

⑱ 嚴可均輯《全晋文》卷一三三,商務印書館1999年版,第1440頁。

⑲ 同注⑧。

⑳ 陳暘《樂書》卷一二二"樂圖論·雅部·八音·小篴":"篴之爲器,有底之笛也。"《景印文淵閣四庫全書》第211册,第524頁。

㉑ 同注⑤。

㉒ 同上。

㉓ 《史記》卷二四"樂書"子夏答魏文侯"然後聖人作爲鞉鼓椌楬壎篪"句注所引,中華書局1982年版,第1225頁。

㉔ 杜佑《通典》卷一四四,中華書局1988年版,第3682頁。

㉕《舊唐書》卷二九"音樂二",中華書局 1975 年版,第 1075 頁。

㉖ 蔣朗蟾《曾侯乙墓古樂器研究》,《黃鐘(武漢音樂學院學報)》1988 年第 4 期。

㉗ 趙松庭《竹笛源流》:"最近幾年,湖北隨縣曾侯墓出土了兩根竹製的橫吹的笛子,有五個音孔,七聲音階完整,小巧玲瓏,製作考究,證明了在離漢朝尚有三四百年的戰國時代,我國就已有了橫吹的竹笛。……也把古代笛子祇有豎吹的論點推翻了。橫吹的笛子,自古已有,起源可以追溯到公元前五千年。"《中國音樂》1983 年第 1 期。

㉘《隋書》卷一五,第 378 頁。

㉙ 同上書,第 383 頁。

㉚《舊唐書》卷二九,第 1068 頁。

㉛《隋書》卷一五,第 375 頁。

㉜《舊唐書》卷二九,第 1075 頁。

㉝《新唐書》卷二一"禮樂十一",中華書局 1975 年版,第 471 頁。

㉞《舊五代史》卷八二"晋書八·少帝紀第二",中華書局 1976 年版,第 1087 頁。

㉟《新唐書》卷二二二,第 476 頁。

㊱ 同上書,第 6313 頁。

㊲ 灌圃耐得翁《都城紀勝》"瓦舍眾伎",《東京夢華錄(外四種)》,文化藝術出版社 1998 年版,第 84 頁。

㊳ 灌圃耐得翁《都城紀勝》"諸行":"大抵都下萬物所聚,如官巷之花行,所聚花朵、冠梳、釵環、領抹,極其工巧,古所無也。都下市肆,名家馳譽者,如中瓦前皂兒水、雜賣場前甘豆湯,如戈家蜜棗兒,官巷口光家羹,大瓦子水果子,壽慈宮前熟肉,錢塘門外宋五嫂魚羹,湧金門灌肺,中瓦前職家羊飯、彭家油靴,南瓦宣家台衣、張家糰子,候潮門顧四笛,大瓦子丘家篳篥之類。"第 80 頁。

㊴ 周密《武林舊事》卷六"小經紀",西湖書社 1981 年版,第 102 頁。

㊵ 如蘇軾在《赤壁賦》開始稱單管豎笛爲"洞簫",而他的同時代人以及南宋人,大部分依舊將蘇軾所言的洞簫稱爲笛,説明豎笛歸爲簫,經歷了一個界限模糊、豎笛與單管簫並存的時期。如同時的黃庭堅《東坡先生真贊三首》(其一):"東坡之酒,赤壁之笛。嬉笑怒罵,皆成文章。解羈而歸,紫微玉堂。"南宋方岳《以嗜酒愛風竹卜居此林泉爲韵作十小詩》(其四):"東坡真天人,落筆蓬萊宫。何如赤壁笛,一鶴橫秋風。"

㊶《遼史》卷五四"樂志·大樂",中華書局 1974 年版,第 886—888 頁。

㊷ 如方一夔《宿赤山嶺》:"杖屨過山東,一重高一重。雲煙呈晚色,雨露洗秋容。偃蹇石伏虎,連蜷木寓龍。夜深横短笛,獨宿最高峰。"蒲壽宬《與小兒助子遊江橫作》:"茸荷偶憶湘纍句,築

屋還尋杜若汀。孤樹每留殘日白，片帆徐度遠山青。海鷗知我斷機慮，漁父與誰分醉醒。何處扁舟橫短笛，月明風裊不堪聽。"就是把小橫吹視作橫笛的情形。汪夢斗《無題》（其二）："海風吹上一天秋，獨卧扁舟自在流。傾盡酒壺人已醉，却橫長笛荻花洲。"則是將大橫吹稱作長笛。

㊸ 北京大學古文獻研究所編《全宋詩》卷五八二，北京大學出版社1992年版，第6817頁。

㊹ 《全宋詞》，第458頁。

㊺ 圖片選自四川省文物考古研究院等編著《華鎣安丙墓》所附圖版二二"M1中、後室間過道右壁樂伎"，文物出版社2006年版。

㊻ 《宋史》卷一四〇"樂十五"，中華書局1977年版，第3301—3302頁。

㊼ 陳暘《樂書》卷一五八，第730頁。

㊽ 同注㊲，第85頁。

㊾ 《全宋詞》，第2125頁。

㊿ 《全宋詩》卷一四九二，17054頁。

㊑ 《全宋詞》，第2018頁。

㊒ 李燾《續資治通鑒長編》卷六"太祖·乾德三年（乙丑，九六五）"，中華書局1979年版，第157頁。

㊓ 《全宋詩》卷三六〇八，第43207頁。

㊔ 《全宋詩》卷二一，第304頁。

㊕ 《全宋詩》卷三一二八，第37385頁。

㊖ 《全宋詞》，第717頁。

㊗ 《全宋詞》，第3379頁。

㊘ 《全宋詞》，第277頁。

㊙ 《全宋詞》，第767頁。

㊚ 蘇軾撰，王文誥輯注《蘇軾詩集》卷一六，中華書局1982年版，第802頁。

㊛ 《全宋詞》，第816頁。

㊜ 范仲淹《鄠郊友人王君墓表（王鎬）》，《范仲淹全集》卷一五，天津古籍出版社2009年版，第372頁。

㊝ 圖片爲山西平定縣姜家溝1號宋墓樂舞壁畫，選自項陽、陶正剛主編《中國音樂文物大系·山西卷》第二章"圖像"之第四節"壁畫"，大象出版社2000年版，第244頁。圖中由鼓、拍板、琵琶、簫、笙、竪笛、方響組成的樂隊正在伴舞，左側第二位在方響伎和笙伎之間者吹竪笛。

㊞ 陸游著，錢仲聯校注《劍南詩稿校注》卷一三，上海古籍出版社1985年版，第1040頁。

㊟ 《劍南詩稿校注》卷四八，第2905—2906頁。

㊅㊅ 《全宋詞》,第 2170 頁。

㊅㊆ 《全宋詞》,第 385 頁。

㊅㊇ 《全宋詞》,第 1200 頁。

㊅㊈ 圖片選自鄭汝中、董玉祥主編《中國音樂文物大系·甘肅卷》第二章"圖像"之第七節"畫像磚",大象出版社 1998 年版,第 251 頁。圖中樂伎一人吹橫笛,一人吹竪笛。原書把竪笛標作"簫",其實作"竪笛"或"簫管",似乎更準確。

㊆⓪ 《武林舊事》卷一,第 24 頁。

㊆① 同上書卷四,第 65 頁。

㊆② 《樂書》卷一五八,第 727 頁。

㊆③ 吳曾《能改齋漫録》卷一"禁蕃曲氈笠",上海古籍出版社 1960 年版,第 16 頁。

㊆④ 《宋史》卷一二九"樂四",第 3018 頁。

㊆⑤ 《武林舊事》卷六,108 頁。

㊆⑥ 孟元老撰,伊永文箋注《東京夢華録箋注》卷八"六月六日崔府君生日二十四日神保觀神生日",中華書局 2007 年版,第 758 頁。

㊆⑦ 同注㊲,第 98 頁。

㊆⑧ 鄧椿《畫繼》卷六"山水林石",上海人民美術出版社 1963 年版,第 49 頁。

㊆⑨ 周密《齊東野語》卷一五,中華書局 1983 年版,第 275 頁。

㊇⓪ 《宋史》卷一四二"樂十",第 3349—3356 頁。

㊇① 同上書,第 3360—3361 頁。

㊇② 《武林舊事》卷一,第 14—17 頁。

㊇③ 《全宋詞》,第 149 頁。

㊇④ 《全宋詞》,第 407 頁。

㊇⑤ 圖片選自四川省文物考古研究院等編著《華鎣安丙墓》圖版九四"M4 墓室左側壁樂伎雕刻左上",文物出版社 2008 年版。圖中樂伎吹奏爲龍頭笛。

㊇⑥ 《武林舊事》卷四,第 55—66 頁。

㊇⑦ 同注㊲,第 85 頁。

㊇⑧ 同注㊇②。

㊇⑨ 《全宋詩》卷三五九三,第 42917 頁。

㊈⓪ 楊萬里撰,辛更儒箋校《楊萬里集箋校》,中華書局 2007 年版,第 924 頁。

㊈① 《全宋詞》,第 3746 頁。

㊈② 《全宋詞》,第 2362 頁。

㊉ 《全宋詩》卷四二〇,第 5153 頁。
㊃ 《全宋詩》卷二一二七,第 24044 頁。
㊄ 《全宋詞》,第 779 頁。
㊅ 《畫繼》卷三,第 22 頁。
㊆ 同上書卷一,第 3 頁。
㊇ 《武林舊事》卷一,第 14—17 頁。
㊈ 同上書卷八,第 135—136 頁。
⑩ 圖片選自四川省文物考古研究院等編著《華鎣安丙墓》圖版"八零 M3 墓室右側壁樂伎雕刻中",文物出版社 2008 年版。圖中拍板伎和橫笛伎爲兩位舞旋伎伴奏。
⑪ 《東京夢華録箋注》卷九"天寧節·宰執親王宗室百官入内上壽",第 832 頁。
⑫ 同上。
⑬ 《全宋詞》,第 394 頁。
⑭ 《宋史》卷一二九,第 3010 頁。
⑮ 《夢溪筆談校證》卷五,第 213 頁。
⑯ 陳祥道《禮書》卷一二六"篴"條,《景印文淵閣四庫全書》第 130 册,第 752 頁。
⑰ 同注⑤。
⑱ 同上。
⑲ 《樂書》卷一四八,第 685 頁。
⑳ 同上。
㉑ 《樂書》卷一三〇,第 582 頁。
㉒ 李白著,王琦注《李太白全集》卷二三,第 1077 頁。
㉓ 《樂書》卷一三〇,第 582—583 頁。
㉔ 同上書,第 582—583 頁。
㉕ 《樂書》卷一四八,第 684 頁。
㉖ 同上。
㉗ 《宋史》卷四三九,第 13013 頁。
㉘ 同上書卷一二六,第 2941 頁。
㉙ 詳參《金史》卷二〇"鼓吹樂",中華書局 1975 年版,第 889 頁。
㉚ 《樂書》卷一四九"樂圖論·俗部·八音·竹之屬",第 688 頁。
㉑ 同上。
㉒ 同上書,第 687 頁。

㉓ 《隋書》卷一四"音樂中",第343頁。

㉔ 《全宋詞》,第816頁。

㉕ 《樂書》卷一四九"樂圖論·俗部·八音·長笛 短笛",第687頁。

㉖ 同上書,第689頁。

㉗ 同上。

㉘ 《樂學軌範》卷七"唐部樂器圖説"。

㉙ 成倪《樂學軌范》稱唐以後傳入的樂器都稱爲"唐樂",宋徽宗朝於1114年、1116年先後兩次賜予高麗大晟樂,第一次在高麗睿宗九年(1114)六月,安稷崇還自宋,宋徽宗賜新樂,其中就有"笛二十管,篪二十管,簫一十面,朱漆縷金裝金鍍銀鐸結子,各用紫羅夾袋一匣盛,紅羅褥子紫羅夾複全"。對於笛的描述則是"笛,孔八"(《高麗史》卷七〇"樂一·雅樂·宋新賜樂器"、卷七一"樂二·唐樂·樂器",朝鮮太白山史庫明萬曆四十一年[1613]抄本),高麗隨即使用,《樂學軌範》高麗部分内容改編自《高麗史》,則《樂學軌範》所收唐笛,當爲八孔宋笛。

㉚ 《樂學軌範》卷七"唐部樂器圖説·唐笛"。

㉛ 圖片選自陳晹《樂書》卷一三〇"樂圖論·胡部·八音·竹之屬",第583頁。

㉜ 《樂書》卷一三〇"樂圖論·胡部·八音·竹之屬",第584頁。

㉝ 沈括《夢溪筆談》卷五"樂律一":"李善爲之注云:'七孔,長一尺四寸。'此乃今之横笛耳,太常鼓吹部中謂之'横吹'。"同注⑯。

㉞ 《樂書》卷一三〇"樂圖論·胡部·八音·小横吹",第583頁。

㉟ 同上書,第583頁。

㊱ 同上書,第585頁。

㊲ 同上。

㊳ 同注⑯。

㊴ 同注㊱。

㊵ 《通典》卷一四四,第3683頁。

㊶ 同注⑯。

㊷ 同注㊱。

㊸ 《宋史》卷四六二"方技下·孫守榮傳",第13533頁。

㊹ 祝穆《方輿勝覽》卷一一"建寧府·鐵笛亭",中華書局2003年版,第192頁。

㊺ 《全宋詩》卷一四七八,第16881頁。

㊻ 《全宋詩》卷一三〇二,第14802頁。

㊼ 《全宋詩》卷六四八,第18452頁。

中國戲曲形成模型假說

元鵬飛

【提要】 出現於北宋宮廷的體制化演員組織"雜劇色",標誌着中國戲劇的完全成熟。"雜劇色"與舞蹈尤其是曲唱藝術的結合導致中國戲曲的"原生形成"。而清中葉以來地方戲的蓬勃興起是類型化戲曲的"衍生形成"。戲曲"原生形成"前存在的"雜劇色"組織體系與地方戲的"衍生形成"路徑,揭示了中國傳統戲劇"演員中心制"的本質。發現中國傳統禮樂文化生態下的"演員中心制"戲曲形成模型,就找到了建設中國戲劇理論新體系的基石,也將成爲民族戲劇與西方戲劇理論體系平等對話的出發點。

"戲曲",作爲中國傳統戲劇的代稱,也是衆多地方戲的統稱,在傳統禮樂文化生態被消解的當下,是自然而然約定俗成的結果。因爲在歷史上,這種戲劇演出形式除了在宋末元初曇花一現地叫過"戲曲"外,實際要麼叫作雜劇,構成元明清雜劇序列,要麼叫作傳奇,包括其前身宋元南戲和明清傳奇。到了近代,傳奇類的昆曲被尊爲"雅部",衆多地方戲包括京劇、秦腔和豫劇等,則一概被稱作"花部",又名"亂彈",體現出赤裸裸的貶義。時至今日,鑒於地方戲衆多,並且事實上不存在某一劇種地位可以凌駕於其他劇種之上的可能,就不再有花、雅之分而統稱爲"戲曲","戲曲"之名受到人們的普遍認可。

"戲曲"之名能夠成立亦非偶然,將其作爲學術意義的種類概念,代稱中國傳統戲劇,國學大師王國維是奠基者。正是1915年刊行的王國維《宋元戲曲史》,標誌着戲曲研究進入現代學術殿堂。《宋元戲曲史》以現存劇本爲依據,判

元鵬飛　西北大學文學院

定中國戲曲形成於元代。他説：“唐代僅有歌舞劇及滑稽劇，至宋金二代而始有純粹演故事之劇，故雖謂真正之戲劇起於宋代，無不可也。然宋金演劇之結構，雖略如上，而其本則無一存，故當日已有代言體之戲曲否，已不可知。而論真正之戲曲，不能不從元雜劇始也。”[①]時至今日，我們仍未發現早於元刊雜劇的資料，似乎“論真正之戲曲”，不僅“不能不”，還唯有“從元雜劇始”纔可以呢！但是，換一個角度，不看結果即不看最早的劇本出現於何時，而是看過程即劇本是怎樣産生的，也即戲曲是怎樣形成的，結論還會是一代國學大師所説的那樣嗎？

必須承認，王國維“論真正之戲曲，不能不從元雜劇始”已經是百年來中國古代戲劇研究界主流的看法，文學史著作固然以劇本爲基礎材料展開論述，就是大量的戲劇史也將元代視爲中國戲劇走向成熟的開端。然而也必須看到，質疑王國維説法的學者始終大有人在，而且其他研究者隨着思想認識的深化，由起初對王氏提法的信奉走向了動摇和懷疑，衹是還局限於欲破而不得立的狀態。今天，我們重新討論這個問題，則是基於地方戲形成的過程。地方戲是怎樣形成的？其形成機理與最早的戲曲如元雜劇有何聯繫與區别？顯然，這是比論定戲曲“何時”形成更有挑戰性的問題。

幾十年來，隨着大量宋金戲曲文物的繁夥出土，爲我們結合文獻記載和出土文物進行研究提供了條件，深埋於歷史煙雲中的宋金“古劇”呈現出越來越清晰的面貌。同時，隨着研究中國戲曲特有的脚色制取得的新進展，宋金兩百餘年間存在着以“雜劇色”爲基本組織形式的體制化演員群體的歷史事實也得到確認。宋金存在“雜劇色”這一有組織的演員群體的情況表明：

第一，宋金是以演員爲中心的戲劇繁盛演出的歷史時期，呼應了清中葉花雅之争以後出現的演員爲中心的局面，使中國戲劇史的格局更宏大，使中國戲劇史的圖景進一步立體豐滿起來。

第二，“雜劇色”是中國戲劇成熟的標誌，顛覆了古希臘戲劇産生以來以劇本爲中心判斷戲劇成熟的標準，在劇本中心論基礎上的戲劇理論框架之外，爲民族原創戲劇理論的建立和發展提供了實證依據。

正是“雜劇色”以“伎藝化”爲特色的“戲”的演出，與諸宫調爲代表的曲唱藝術結合，“戲曲”得以形成。這是不同於近代花部興起以來諸種地方戲形成的情形,也迥異於古希臘戲劇的成熟過程。這一過程本質上以演員爲中心,伴隨着雜劇色演化爲戲曲脚色而完成,劇本祇是瓜熟蒂落的産物。脚色制就是"戲曲"得以"原生形成"的内核和基礎,清中葉以來的地方戲也需要藉助脚色制特有的"信息公約"功能方可繁衍成熟。

這是我們提出的戲曲形成模型假説。模型假説是各種關於事物起源形成研究中常見的方法,側重於過程演進研究即歸納法而非演繹法,從現成的結果出發立論。如生物進化的"優勝劣汰"説,地球構造的"板塊漂移"説,恐龍滅絶的"撞擊爆炸"説等。在民俗學和經濟學研究中,提出模型假説,展開論證,也是一種較常見的研究方法。其澄清舊説的方式是扎實舉證,深入論證。在未出現更有説服力的説法前,本質就是通過知識考古的方式證成假説。我們提出的"戲曲"最初"原生形成"到地方戲"衍生形成"的假説,亦非向壁虚構隨意假設,而是遵循知識考古的邏輯,由已知證成假説。我們據以論證戲曲形成的已知材料是立體建構,即以宋元時期的戲曲文獻、文物和文本爲多維度支撑的基礎,以"雜劇色"演進爲戲曲"脚色"的研究成果爲核心依據。

一　回顧

百年的時間流逝和學科開山的性質,鑄就了王國維《宋元戲曲史》一代經典的學術地位。然而,質疑不應因此而消解或退縮,王氏畢竟是在西風東漸時代風潮影響下,借鑒古希臘戲劇尤其是歐洲文藝復興以來"劇本中心"戲劇理論,關照民族戲曲寫出的《宋元戲曲史》。衆所周知,王氏並不喜觀劇,亦即缺乏對於傳統戲劇的直觀感受,所以這種僅是依據現存劇本提出的戲曲形成觀點難免遭到有着更多現實觀感體驗的研究者的異議。如盧冀野將考察的視野延伸至明清傳奇,寫出了接續《宋元戲曲史》的《明清戲曲史》,此後在其《中國戲劇概論》自序中疑惑道:"元明清三代的雜劇傳奇,這是以'曲'爲中心的。我們可以從曲的起源上推論到宋,到六朝。突然去掉了南北曲的關係,叙到皮黄、話劇,這好像另外一個題目似的。我説過一個笑話:中國戲劇史是一粒橄欖,兩頭是尖的。宋以前説的是戲,皮黄以下説的也是戲,而中間飽滿的一部分是'曲的歷程'。豈非奇迹？"②

　　明確堅定反對王國維"元代論"觀點的是任半塘。浸淫於江南文化絲弦樂舞中，加之深厚的文化藝術素養和學術功力，他寫出煌煌近九十萬言的《唐戲弄》，作爲其系統挑戰王氏論點的成果。書中舉證質疑："同一事題，在金元以後戲劇中則可，在五代以前戲劇中則不可。前後標準不同，尺度不同，何所依據？莫名所以。如楚莊時優孟之爲孫叔敖，周史（按即周貽白《中國戲劇史》）必不許爲戲劇，理由乃'所表演的僅爲莊王置酒，前爲壽，根本無情節可言'。但他姑不論，如京劇中之《麻姑獻壽》，除向王母置酒前爲壽，歌舞一番而外，又有何情節？"③即同樣的扮演以及歌舞演出，同樣的片段式無情節的演出，人們判宋元之前的演出爲幼稚"必不許爲戲劇"，而宋元以後（自然包括明清）的演出却理所當然地看作是（成熟）戲劇，這究竟有何依據呢？顯然，地方戲時代的戲劇形態動搖了依據元雜劇劇本論定戲曲成熟於元代的觀點。近來，吕效平更進一步指出："把《東海黄公》與上文所舉的唐代歌舞戲《踏謠娘》和《西凉伎》相比，除了史籍對《踏謠娘》的演出形態記載得更詳盡以外，在表演故事的戲劇性上，完全看不出'開端'與'發展'的區别。試想如果不知其產生的年代，把這三個故事表演混雜在一起，能夠指出它們進化的痕迹嗎？"④遺憾的是，任氏提出的"戲弄"概念比之王氏的"戲曲"觀念，在内涵、外延兩個向度上缺乏謹嚴和精準界定的特性，尤其是對王氏拿出劇本爲證的論斷無從推翻或徹底否定，所以雖然没能改變學界主流的認識，但也動搖了人們對王氏説法的盲從，促使人們更多地思考起源與形成的一系列問題。

　　基於對王氏提法深化或修補乃至質疑顛覆的目的，孫楷第提出了戲曲脱胎於傀儡戲的觀點，受到周貽白等人系統深入的批駁；許地山、鄭振鐸等則提出中國戲劇有受印度梵劇深刻影響的可能；此外還有百戲説與遊戲説等混淆了表演形態本質的説法等。較爲有影響的"歌舞説"的代表，顯然是王國維氏《古劇考原》中"戲曲者謂以歌舞演故事也"説的系統表述，但王氏僅依表演形式所下定義存在内涵模糊、外延無限的邏輯問題，雖可聊備一説，終是未中肯綮，則循此説法立論終難成定説也是必然的結果。

　　1988年9月，中國劇協、《戲劇藝術》編輯部、中山大學中文系聯合《新疆戲劇史》編委會，於烏魯木齊舉辦了首屆也是迄今爲止最大的一屆關於中國戲劇起源和形成的討論會。一方面在新疆發現的《彌勒會見記》引起學界極大關注，正好代表在劇本中心論影響下找尋最早的劇本的研究收穫，一方面在當時西方理論界風行一時的戲劇藝術與宗教祭祀關聯性討論的影響下，關於中國戲劇起源形成於宗教祭祀活動的觀點逐漸後來居上，形成學界繼續深入思考的主流認識之一，這一提法是在王國維《宋元戲曲史》"後世戲劇，當自巫優二者出"説法上的深入。在此過程中，最值得注意的兩篇文章，一是康師保成《戲曲起源與中國文化的特質》⑤，一是陳多《戲劇形成期研究方法的思考》⑥，都具有理論思考和研究方法上承上啓下的價值和意義。

康保成文中針對中國戲劇形成於宗教祭祀説，指出："中國雖然很早就產生了含有戲劇因素的宗教儀式，如儺禮和蜡祭。但殷周文化的交替，一方面造成了全民族宗教觀念的淡化，一方面拉大了'戲'與'禮'的距離，從而使中國戲劇的主幹，失去了源出於宗教的可能性。"至於近代以來所見儺禮祭祀中轉化爲戲曲的實例，康文指出："在我國，戲就是戲，禮就是禮，二者雖然並存於一個軀殼，却各自固守着自我，難以向對方轉化。各地發現的儺戲，有許多至今還保存着'戲''禮'並存的特點，表演者介於演員與巫覡之間，説不上是成熟的戲劇。有的則是受了戲曲的影響，纔肯向戲劇邁出一步。"對於"歌舞説"及外傳文化影響等，康文從功能的角度指出："無論踏搖娘，還是撥頭、蘭陵王，都僅具有戲謔、調侃的性質。這期間外國文化，包括西域文化的傳入，都未能從根本上改變這種性質。因而宋以前的各種戲劇表演形式，都稱不上是完備、成熟的戲劇形態。"遺憾的是，康文在提出具有真知灼見的"戲劇形態"觀念後，遽然轉向了對於文學本位"曲"體出現與發展的論述。不過，康文最後，仍然提出了頗富啓示性的關於中國戲曲其實就是"戲與曲的匯合"以及"明末清初之後由曲中之戲向戲中之曲轉變"等觀點。文章是罕見的立足於傳統中國文化本位，立足於戲劇形態演化觀點，論證中國戲曲形成發展頗具深度的文章。

陳多的文章首先從規範戲劇與戲曲的概念界定入手，指出王國維《宋元戲曲史》中有關概念確有自亂體例和邏輯欠嚴謹周密之處，並指出："當代治戲劇史的學人，多是以王氏著作爲入門之初階，深受其影響；且又耳濡目染於本世紀益趨發展的中外戲劇之中,眼界日高。因而不免會自覺或不自覺地模糊戲曲和所謂'真戲曲'、甚至是'現代戲劇'的科學區分,誤以後者的出現作爲判斷戲曲形成的標尺。"從而大致確立了"戲劇爲母概念""戲曲爲子概念"的基礎,探討戲曲作爲成熟戲劇形態的判斷標準。作者堅決反對"劇本中心論"而強調民間大衆的演出實踐活動對戲劇發展的作用。其對"劇本中心論"的看法是:"絕不能只因劇本的未見存留和記載,就輕易斷言它們不曾存在過,甚或進而由此推導出連戲劇也尚未形成的結論。……其實從戲劇藝術的角度來審察,在它的綜合演變過程中,文字寫定的劇本,原來就是最後參加進這一行列的成分之一。並且,更進一步不妨説:文字寫定的劇本在戲劇中是可有可無的成分","所謂没有文學劇本就没有戲劇演出等,只不過是戲劇發展長河中一階段的現象,而絕非普遍規律。尤其是戲劇從業者多是文盲、半文盲的時代,在有别於受到文人特殊垂青的元劇、昆劇之外的地方戲中,有戲劇演出而無寫定的劇本,更當纔是主流現象"。陳多文章特意標出王國維涉及元雜劇的原話:"元人之曲爲時既近,托體稍卑,故兩朝史志均不著於録,後世儒碩皆鄙弃不復道。"指出:"既然元曲爲史志及儒碩所鄙弃不道,千百年後又何能從唐宋遼金文學中探得它的淵源變化之迹呢?還要看到更重要的一個矛盾:戲劇主要不是文學,而是演出藝術的一種。"陳多文中值得注意的是立足於戲劇屬於表演藝術的核心論點,尤其是較有前瞻性甚至稍顯激進的論點,如"文字寫定的劇本在戲劇中是可有可無的"。基於對劇本價值和作用的以上認識,陳多以明成化本《白兔記》爲典型個案,進行了數年的持續考察,同時逐步深化其對劇本在中國戲曲發展過程中作用的認識,彙集爲專著《劇史思辨》(中國戲劇出版社2006年版),從各個角度進行個案考察以及理論探討與闡發。

隨後湧現出的其他王氏學説的研究者中,部分非學院派的學者基於較多藝術實踐經歷和體驗,更加體會到了王氏論斷的不當之處,在於其"劇本中心論"缺乏對中國戲劇舞臺實踐的感受和認知。這些志同道合的人逐漸形成一個較有影響的"戲史辯派",從1999年到2004年,由胡忌等人主編的《戲史辨》,在中國戲劇出版社陸續推出四輯。第一册代作"前言"的胡忌《我編〈戲史辨〉的一些想法》説:"把'文體'和'文學'改成爲'戲劇體'和'戲劇學'。這樣,元代北曲雜劇就可以和元代之前的唐戲弄、宋雜劇、雜戲、金院本及元代以來的戲文、傳奇、各種地方戲緊密地聯繫在一起了。正如此,我們的着眼點必需放在場上(並不局限於舞臺)的演出。"⑦接下來第一篇是陳多三萬餘字的宏文《戲史何以需辨》⑧,觀點鮮明地標出了"文學的概念"和"表演的概念"兩種戲劇史觀,並深入系統地闡述了研究中國戲曲必須立足於演出而非文學的立場,他說:"謹守王國維先生的成法,在古典之'文學'的範疇内來讀文學作品,錯把詞壇當劇壇,把一種用'劇本'形式寫的文學作品誤當成'戲'了,而這和以表演藝術形式來體現的戲劇藝術,却是不大有關的兩碼事了。"爲了深入闡發自己對古代戲曲劇本與文學創作活動之間關係的認識,此文以三分之一即萬餘字的篇幅,通過詳盡舉證,肯定了文人的創作,但認爲戲曲興盛繁榮的局面主要是靠另一種方法創作出的劇目:"以演員爲主體,用'條綱'劃定框架即可演出,並永遠出於尊重表演和演出需要而對'劇本'進行加工再創造。"作者指出:

  常被已有的戲劇史、文學史和戲劇文學研究著作當成"主角"的"文人之作",實際上只不過是偏師、末流而已!相反,過去雖然也知道有後一種創作形式的存在,却時常誤以爲它只是一種不合原理、無足輕重的低級形式,而没有給以恰如其分地充分重視。而以這種觀點去研究古代戲曲史,其成果自然也就難於避免以偏概全或抓了小頭、放過大頭的缺陷。並進而對大至認識戲曲常識、理論、歷史發展過程,文人作家在戲曲發展中的作用、影響,今後發展軌徑;細至辨析具體劇目的得失所在、演變經歷、與社會時代關係等,都有重大關聯。

與胡、陳兩位同聲相求、同氣相應的洛地也發表了大量從藝術本體研究戲曲的成果,尤其是辨析戲曲、戲弄、戲文與戲劇概念定義的文章,其相關研究成果也彙集成書(《洛地文集·戲劇卷》,藝術與人文科學出版社2001年版),爲認識中國戲曲藝術提供了新的思考和認識視角。

總的來說,以上對王國維及受其影響形成的各種觀點持續不斷的質疑,雖有根有據,也很有挑戰性,對於動搖王國維戲曲形成於元代說起到了一定作用,但尚未能在破舊之餘提出可以系統取代舊話語的新學說。例如基於早年對"戲劇形態"的認識促使康師保成進行了相應深入探討,出版了《中國古代戲劇形態與佛教》(東方出版中心2004年版),並和黃天驥主持完成了國家社科基金重點項目"中國古代戲劇形態研究"。由於學界長期戲劇文學研究訓練和學術實踐形成的路徑依賴,雖有較大收穫乃至突破,但缺乏體系化的理論建樹,並有退回宗教祭祀影響戲劇形成立場的傾向。陳多雖然否定劇本中心論,強調從演出的立場研究戲曲,這和康師保成重視"戲劇形態"的觀點本質相同。並且陳多明確認可戲曲演員的主體地位,是一個巨大進步,但也未能提出系統取代劇本中心論的明確理論主張。事實上,幾乎所有質疑舊說的研究者,一直處於破舊未能立新的狀態中,最主要的就是陷於追尋最早的劇本的迷思中(姚小鷗等人對於《公莫舞》劇本形態特徵的相關爭論,戚世雋《中國古代劇本形態論稿》等論著都體現了這一局限性),這不僅是學術研究路徑依賴制約的結果,也不僅僅是長期的固有話語模式困擾造成的。歸根結底,百年來戲曲史核心領域缺乏真正突破性的進展是關鍵。

中國戲曲史核心的問題是什麼?應該是脚色制的演出體制。脚色不僅是戲劇形態的具體表現形式,也是演員主體乃至演員中心的集中體現。而且我們看到,王國維撰寫《宋元戲曲史》之前所做的一系列專題研究中,壓軸之作就是《古劇脚色考》。惜其不僅建樹平平,甚至對後世研究者造成了相當程度的誤導,所以《宋元戲曲史》也就祇能依託劇本而非脚色制展開論述。現在,最新的研究進展不僅確證了北宋存在"雜劇色",還論定了這些"雜劇色"演化爲戲曲脚色的過程。而基於"雜劇色"做更全面深入的考察,使我們認識到宋元戲曲的形成是一個"原生"過程,進而使我們梳理出地方戲"衍生形成"的不同路徑。然而,在没有接受學界系統深入而全面的質疑、辯難之前,這項基於"雜劇色"研究推導的戲曲形成理論祇宜暫稱爲"模型假説"。

二 基礎

我們提出模型假説的基礎,一是從劇本形成過程看,最早出現的劇本本質是對演出活動及其形態的記録,並從文本形態上規定了劇作家服務於演員演出時創制的劇本面貌;二是"雜劇色"作爲中國戲劇史上最早的演員中心制的組織體系,不僅戲劇形態成熟,還誕生了許多聞名遐邇的明星;三是前輩學者曾經以"古劇"之名確認過這一演員中心制的戲劇時代。

首先從劇本功能及文本形態角度看,劇本中心論不適合對中國戲曲形成過程的考察。簡單地説,古希臘戲劇劇本與戲劇形態演進相伴生,中國古代戲曲劇本却是戲劇成熟後,記録曲詞及演出形態的結果。

古希臘戲劇起源於民間歌舞和宗教儀式。在古希臘,當葡萄熟了的時候,要祭奠酒神狄俄尼索斯,載歌載舞的人們,頭戴羊角身披羊皮,還弄個羊尾巴,古希臘語叫作薩提洛斯的"羊人"在酒神的頌歌中間扮演人物時,就啓發了戲劇。公元前534年雅典人忒斯庇斯首先啓用第一個演員來表演,這個演員可以輪流扮演幾個人物,可以和歌舞隊隊長談話,並扮演人物,講述酒神狄俄尼索斯有關的故事,因此戲劇就開始誕生了。後來悲劇詩人埃斯庫羅斯增加了第二個演員,使劇中出現正式的對話,戲劇衝突和人物性格得以充分表現,戲劇結構更加完整,開始了較完全意義上的戲劇表演。人們據此稱埃斯庫羅斯是"悲劇之父"。另一位悲劇詩人索福克勒斯率先增加了第三個演員,合唱隊增加演員後,描述的故事範圍從酒神擴大到酒神以外的神話,合唱隊中也有問有答,最終形成了悲劇。索福克勒斯時代的《俄狄浦斯王》甚至被亞里士多德稱爲悲劇的典範。但古羅馬之後悲劇爲重心的戲劇逐步衰落中斷,千年以後纔由於"文藝復興"而焕發新生,人們也根據古希臘劇本的創作及其演出實踐概括出一套理論。

但是,打開現存最早的元刊雜劇,我們看不到直接標示出來的劇中人角色名而是脚色名,還看到一系列與故事本身無關的提示語如"開""科""做意兒""打慘"等詞語,更會時不時看到一段游離於劇情外的表演提示。這能是劇作家創作的結果嗎?顯然不是。拿這些元代劇本和古希臘戲劇劇本相比較,一是來源主體不同,即元刊雜劇劇本不像古希臘劇本那樣由作家創作出來,所以祇能是對戲曲演出時演唱内容的書面記録之結果。二是劇本的文本特徵迥異,拿《元刊雜劇三十種》和《永樂大典戲文三種》與古希臘劇本比較,不同之處一是其脚色上場的提示,二是針對脚色舞臺表演的科介提示,三是非對白爲主而以韵文形式呈現的曲詞。這些文本形態都是演員中心制的戲曲演出實踐對文學表現形式制約和規定的結果,絕非劇作家所能創制。對於分角色扮演的古希臘戲劇體系而言,有劇本就可以按人物扮演,所以古希臘戲劇今天依然可以做復古式演出;但對於戲曲而言,即使現代題材的内容,没有相應的脚色行當藝術造詣,劇本就祇能看不能演。現在,我們還能聽到歐美人士每每對此表示疑惑,就是因爲他們没有認識到中國戲曲劇本的歷史來源和實際作用。設想一下,没有宋金之際成熟的戲劇演出,元雜劇劇本會是今天看到的文本形態嗎？既然這些劇本不是元代纔創作出來,而且劇本的文本形態體現爲演出活動記録的結果,以這樣的結果斷言戲曲形成於元代,顯然是勉强的。果實於秋天落下不等於秋天纔有果實形成。

由於意識到最早的雜劇劇本其實是在宋金雜劇院本演出基礎上産生的,徐朔方提出了"金元雜劇"概念⑨,並斷定元雜劇劇本是"世代累積型集體創作"的結果:"從作爲百戲的雜劇到具有一本四折固定戲曲體制的雜劇的演變,比有文獻可供查證的年代要早得多。金(宋)元時代,北方各城市勾欄演出久已存在着一大批傳統劇目,他們在書會才人的筆下纔得以改編和寫定。"⑩這是基於歷史事實提出的精闢見解。祇有這樣看待最早的劇本,王國維所謂元雜劇"關目拙劣""思想卑陋"及"人物矛盾"等一系列疑慮⑪,纔可以得到合理解釋。因爲,最早的元雜劇並非劇作家一次性獨立創作出來而是前人演出基礎的記録,之後纔有沿着這種劇本形態進行的改編以及創作。⑫事實上,相關研究早已確定今天所謂的元刊雜劇,本質就是主唱演員的"單角本"。⑬

熟悉元代戲曲文獻的都知道,元代出現記載劇作家歷史功績的《録鬼簿》的同時,已有高度表彰雜劇藝人及其演出實踐的《青樓集》。而《録鬼簿》中對雜劇作品産生的記載,恰是以"改"和"編"而非創制爲主。祇是隨着文人創作主宰了局面,戲劇史的描述就成了《録鬼簿》反映作家作品爲主的綫索,《青樓集》對傑出藝人貢獻和才能的呈示則要到地方戲興起後纔爲人所關注,中國戲曲演員中心制的事實和本質也就此被忽視被湮没。

在雜劇色演出成熟的戲劇基礎上,自然會産生文本化的演出記録,隨後以記録本爲基礎産生改編本,最後有文人模仿劇本文本形態,進行獨立的劇本創作,這是中國古代戲曲劇本産生與發展的獨特途徑,是宋金三百餘年演員爲中心演劇實踐發展成熟,順理成章水到渠成的結果。

事實上,出現於宋元文獻如《武林舊事》中的"雜劇段數"和《南村輟耕錄》中的"院本名目"就是宋金時期的演出劇目,這些劇目也是當時演員演技展示的節目單。最早的劇本都需標示的腳色名目及其有程式化意義的科介提示,一概源於這樣的演出實踐。至此,我們可以確定:戲曲藝術在其形成過程中並不依賴於作家和劇本,而依託於成組織的演員團體的伎藝與實踐。

戲曲形成所依賴的成組織的演員團體,最早就是出現於北宋的"雜劇色"。文獻中涉及"雜劇色"的材料如下:

1.《東京夢華錄》卷九"宰執親王宗室百官入內上壽":"諸雜劇色皆諢裏""諸雜劇色打和""教坊雜劇色鱉膨劉喬、侯伯朝、孟景初、王顏喜,而下皆使副也"。共三條。

2.《夢粱錄》卷一"車駕詣景靈宮孟饗":"教坊所人員攔駕奏致語,雜劇色打和和來"。卷三"宰執親王南班百官入內上壽賜宴":"諸雜劇色皆諢裏""參軍色執竹竿拂子,奏俳語口號,祝君壽,雜劇色打和畢""教坊所雜劇色何雁喜、王見喜、金寶、趙道明、王吉等,皆御前人員,謂之'無過蟲'"。卷六"孟冬行朝饗禮遇明禋歲行恭謝禮":"教坊所伶工、雜劇色,諢裏上高簇花枝,中間裝百戲,行則動轉"。共五條。

3.《夢粱錄》卷二〇"妓樂"條和《都城紀勝》"妓樂"條:"散樂,傳學教坊十三部,唯以雜劇爲正色。舊教坊有箆篥部、大鼓部、杖鼓部、拍板色、笛色、琵琶色、箏色、方響色、笙色、舞旋色、歌板色、雜劇色、參軍色,色有色長,部有部頭。"合計兩條。

4.《武林舊事》卷一"登門肆赦"條和"恭謝"條同:"參軍色念致語,雜劇色念口號"。"聖節"條爲:雜劇色吳師賢等共十五人。卷四"乾淳教坊樂部"條和卷八"車駕幸學"條同:"參軍色念致語,雜劇色念口號,起引子""隨駕樂部,參軍色迎駕,念致語,雜劇色念口號,曲子起《壽同天》引子"。共六條。

以上材料總計十六條。此後直到明代的史籍也對此加以確認:"教坊家有部有色,部有部頭,色有色長……部如法部、胡部之屬,色如雜劇色、箆篥部旋色、參軍色之類,諸以雜劇色爲首。雜劇用四人或五人。"[14]

宋元史籍《都城紀勝》和《夢粱錄》中詳盡記載了包括末泥、副末、副净、引戲和裝孤等在内的"雜劇色"的組成、職司和演出功能：

> 散樂，傳學教坊十三部，惟以雜劇爲正色。舊教坊有篳篥部、大鼓部、杖鼓部、拍板色、笛色、琵琶色、筝色、方響色、笙色、舞旋色、歌板色、雜劇色、參軍色，色有色長，部有部頭……教坊大使，在京師時，有孟角球，曾撰雜劇本子；又有葛守成，撰四十大曲詞；又有丁仙現捷才知音。紹興間，亦有丁漢弼、楊國祥。
>
> 雜劇中末泥爲長，每四人或五人爲一場，先做尋常熟事一段，名曰豔段；次做正雜劇，通名爲兩段。末泥色主張，引戲色分付，副净色發喬，副末色打諢，又或添一人裝孤。其吹曲破斷送者，謂之把色。大抵全以故事世務爲滑稽，本是鑒戒，或隱爲諫諍也，故從便跣露，謂之無過蟲……雜扮或名雜旺，又名紐元子，又名技和，乃雜劇之散段。在京師時，村人罕得入城，遂撰此端，多是借裝爲山東河北村人，以資笑。今之打和鼓、撚梢子、散耍皆是也。[15]

近百年來，尤其是新時期以來，我國各地出土了大量的宋金元戲曲文物，這些文物在地域分布上，從陝西、四川、江浙等地向以河南、山西交界的古三河（河南、河内與河東）地區聚攏；從層次來看，有反映宋宫廷雜劇演出的《眼藥酸》《金明池爭標圖》等戲畫，表現民間雜劇演出的燈戲、儺戲、影戲等戲畫，而更多的是雜劇色形象的展示，尤其是以河南偃師酒流溝宋墓雜劇做場爲典型的雜劇演出場景；從時段規律看，又以北宋中後期和金代爲多，甚至反映雜劇演出活動的劇場，已在金代文物中有較多發現。事實上，作爲中國戲曲文物研究重鎮的山西師範大學戲曲文物研究所，通過大量艱辛的田野考察，已確定了幾處現存金代劇場遺構，爲中國戲劇成熟於宋金提供了更多、更堅實有力的演出場所方面的物證支持。

《都城紀勝》和《夢粱錄》中有關雜劇演出情況的文字表明，宋金雜劇已經是完全成熟的戲劇形式，也即是一種完全以故事和人物形象爲核心的表演：最開始所演"尋常熟事"應該就是勾欄藝人經常講説或者人們口耳相傳的故事，因内容

"尋常已熟",所以着重看的是演員的表演伎藝,以歌伴舞,又以舞蹈爲主;中間的正雜劇,顯然上場人物較多,甚至需要"或添一人裝孤",既然通名作"兩段",則所演故事有了情節起伏和人物塑造的效果要求,也是"正雜劇"以"正"爲名而不以"長"命名的根源。最後一段則是較爲輕鬆的故事演出,以嘲弄没來過京師汴京的村人爲主,南宋時這種散段表演發展爲滑稽爲主的紐元子,其實應該和金代的院本有着共同的源頭。而且,這種三段式演出,有出土文物可爲佐證,最典型的是1958年出土於河南偃師酒流溝宋墓的一組磚雕(見圖一)。⑯

圖一 河南偃師酒流溝宋墓三段式杂剧做场演出圖

右起第一塊磚雕一人,戴簪花幞頭,穿圓領長袍束帶,側身面向左方,雙手展示一幅畫卷,從其腦後露髮髻、蓮鈎小脚可以推斷爲女子所扮;所展示的正是"豔段"演出,"豔段"是開場前的帽戲,多是歌舞小段,是祝福祈瑞一類所謂"先做尋常熟事一段"。這裏展示畫卷的表演,很像後世戲曲正劇開場前的"跳加官"一類獨舞小戲。在整個演出中有静場的作用,且可爲正式演出作鋪墊,宋代話本表演中也有類似情形。

右起第二塊磚雕二人,右方一人頭戴展角幞頭,身穿寬袖長袍,左手持笏,右手置笏上;左方一人戴束坡巾,穿圓領窄袖長袍,腰束帶,右手持一印匣,左手指對方,似在對話;從他們手中的笏、印道具看,表演的是官場戲——正雜劇。後世各種戲曲樣式其實主要就是在正雜劇演出基礎上發展起來的。

右起第三塊磚亦雕二人，右方一人，戴軟巾諢裹，身着短衫，敞胸露腹，左手置於腹部，右手二指入口，似打口哨；左方一人，頭戴展角軟巾，身着短衫，坦胸露腹，乳臍畢現，左手托一鳥籠，內有小鳥，他伸手逗鳥，面向對方，兩人皆做丁字舞步，神態動作都似在對話。此磚描繪的就是"散段"，又稱"散耍"，多是表現市井生活，並有喜劇調笑色彩。

確定北宋"雜劇色"的演出已經是完全成熟的戲劇形式，在於當時已經產生了受人熱捧的明星級著名演員。如2015年春節前後，河南省華夏文化藝術博物館從洛陽收購了一組堪稱國寶級的北宋戲曲文物，⑰提供了世界上最早且數量達四人之多的一代名演員的扮飾圖像（見圖二），這四人分別是見於宋元文獻《東京夢華錄》的丁都賽、薛子小和楊總惜以及可以補充文獻記載之不足的凹臉兒。據該書記載，專爲北宋皇帝演出時，"露臺弟子雜劇一段，是時弟子蕭住兒、

圖二　北宋雜劇演員四人組磚雕

丁都賽、薛子大、薛子小、楊總惜、崔上壽之輩,後來者不足數"。這幾名曾作爲進入皇宮內廷的雜劇演員,減罷到汴京的瓦舍勾欄中後,精湛的演出伎藝受到民衆的熱烈追捧,因此形成具有商業效應的市場需求,即很多人要求以他們的演出形象裝飾陪葬品,滿足自己意象中另一個世界的娛樂需求。

此外,最新的文物研究對戲劇史價值毫不遜色於山西洪洞水神廟忠都秀做場圖的北宋宣和二年(1120)石棺線刻雜劇做場圖(見圖三)的研究,證明北宋時期戲劇臻於完全成熟的狀況。筆者據此文物發現,提出以下論斷:

1. 中國古代戲劇形態的發展主流是由演員而非劇作家決定的。
2. 宋金時期應看作是中國戲劇發展史上的第一個黃金盛世。[18]

圖三　北宋宣和二年石棺線刻雜劇做場圖

南宋大詞人張炎爲當時一位名叫褚仲良的末色演員題贊:"諢砌隨機開笑口。筵前戲諫從來有。戛玉敲金裁錦繡。引得傳情,惱得嬌娥瘦。離合悲歡成正偶。明珠一顆盤中走。"説她的戲劇讓人"隨機開笑口",人物塑造效果"引得傳情,惱得嬌娥瘦",而婉轉美妙的歌喉則是"明珠一顆盤中走"。

其實,《宋元戲曲史》已完全注意到了宋代戲劇發展的繁盛狀況,該書第二章"宋之滑稽戲"云:"今日流傳之古劇,其最古者出於金、元之間。觀其結構,實綜合前此所有之滑稽戲及雜戲、小説爲之。"[19]隨後該書第七章更以"古劇之結構"提出"真正之戲劇起於宋代"的論斷。此後有馮沅君《古劇説彙》與譚正璧

《話本與古劇》等著作對"古劇"概念及其存在的事實作了進一步的確認。《古劇說彙》中,"古劇四考"考察了宋金戲劇演出時的場所"勾闌""路岐"戲班、編劇"才人"以及具體演出時的"做場"等情況,尤其在"古劇四考跋"中進一步考察了與上述四項有關係的戲劇活動和演出要素。[20]"做場考"涉及的戲衣、假面、科泛和效果等完全可以證實,宋金時期的古劇演出已經是非常成熟的戲劇形式了。雖然對於宋金時期的"才人"是否爲專業編劇人員,以及宋金時期出現的"掌記"的形式、内容和作用還有爭論,但宋金戲劇已發展爲高度成熟的藝術形式則可由戲曲文物得到確證。

三 模型

承認"古劇"存在並斷言"真正之戲劇起於宋代"的王國維《宋元戲曲史》,祇因認爲"(古劇)其本則無一存",就認爲宋金"有代言體之戲曲否,已不可知",而據現存元刊雜劇提出了"論真正之戲曲,不能不從元雜劇始"論斷,這顯然是從結果推論,而不是從過程歸納的結論。因爲,如果採取了劇本中心論的立場,宋金"古劇"就是"戲曲"產生前的準備階段而非導致這一結果的過程;但從前面所做劇本形態分析看,元刊雜劇僅是古劇演出形態的記錄,在劇本出現之前作爲劇本中代言的那些曲詞已經產生。再從劇本內證材料看,恰有很多內容根本就不是"代言體"的性質,與其論斷自相矛盾!最典型的如《竇娥冤》中桃杌太守一類角色出場連說帶做的自我醜化,《降桑椹》中莫名奇妙的介入式"外呈答"等,而大量"說破"和不合情節的評價等非劇中人應有的自我表述,[21]比比皆是。這些已經導致"代言"難以成立,更多的涉及人物與情節的矛盾以及劇情結構雷同等情況,更從多個側面徹底否定了元刊雜劇代言體的性質。

王國維《宋元戲曲史》說:"後代之戲劇,必合言語動作歌唱,以演一故事,而後戲劇之意義始全。故真戲劇必與戲曲相表裏。"[22]這個"真戲劇"其實就是"雜劇色"搬演的"古劇"也即中國戲劇史上最早成熟的戲劇。這種成熟戲劇就像後來產生的地方戲,未必一定要與"戲曲"相表裏來成爲《宋元戲曲史》所指的依託劇本的"真戲曲"。所謂"真戲曲",王國維《宋元戲曲史》認爲:

> 元雜劇之視前代戲曲之進步,約而言之,則有二焉……每劇皆用四折,每折易一宮調,每調中之曲,必在十曲以上;其視大曲爲自由,而較諸宮調爲雄肆……其二則由敘事體而變爲代言體也。宋人大曲,就其現存者觀之,皆爲敘事體。金之諸宮調,雖有代言之處,而其大體只可謂之敘事。獨元雜劇於科白中敘事,而曲文全爲代言。雖宋金時或當已有代言體之戲曲,而就現存者言之,則斷自元劇始,不可謂非戲曲上之一大進步也。此二者之進步,一屬形式,一屬材質,二者兼備,而後我中國之真戲曲出焉。[23]

這裏所說的形式即"曲"包括大曲與諸宮調的音樂結構要適應雜劇的表演情況,固然有道理;但關於材質即所謂"代言體"的論斷,則被後人一再證明不合實際,因爲恰恰是"劇本"自身作爲證據證明了劇本中心論的局限。《宋元戲曲史》一方面承認宋金戲劇完全成熟,一方面又受限於劇本中心論以不知"當日已有代言體之戲曲否"否定這一事實,自我矛盾,而被視爲代言體戲曲的元刊雜劇自身內證恰好推翻了其"代言體"説法。顯然,以劇本爲標準提出的"真戲曲"完全沒有必要。因爲戲劇成熟了劇本自然會產生,元雜劇的勃興其實與元代科舉興廢及其相關政治、經濟、文化思想和社會條件的變動關係並不大,而是宋金戲劇自身發展順理成章、水到渠成的結果,或者説元代收穫了宋金戲劇發展的果實。

其實,王國維確認了宋金雜劇的真戲劇性質就是認可了其完備的成熟程度,其以"古劇"命名恰與其《古劇脚色考》的思路一致。如果王國維在《古劇脚色考》中能夠看出宋金"古劇"是由"雜劇色"而非"脚色"扮演的事實,那麼《宋元戲曲史》立足脚色制論"古劇之結構"的寫法將大爲不同;確定"雜劇色"爲中國戲劇成熟的標誌,這種名爲"雜劇"的成熟戲劇又在與宋元講唱伎藝的多種形式的結合中,由於大曲與諸宮調的音樂結構適應了雜劇的表演情況,"原生形成"出了以唱爲主的金元雜劇,隨後是體制更加完備,脚色制更加整飭的南戲。祇因王國維《古劇脚色考》以後世形成的"脚色"觀念取代"雜劇色",無視文獻原始記録,所以未能認識到雜劇色這一最早的演員組織;加上劇本中心論的立場,他提出了不合實際且具主觀色彩的"代言體"觀念,於是更忽視元刊雜劇劇本的形成過程。但他畢竟提出了"古劇"概念,確認了宋金戲劇成熟的性質,並且敏鋭地察覺出戲曲其實就是如康師保成概括過的"戲"加"曲",並指出了戲曲的形式在"曲"的方面包括大曲與諸宫調的音樂結構要適應雜劇的表演情況。

在此基礎上,我們略作修改就可以描述出戲曲"原生形成"的模型:"戲曲"就是雜劇色演出的成熟戲劇與講唱文學中的大曲尤其是諸宫調結合的産物,是中國戲劇成熟後與文學要素達到水乳交融的新階段。前面盧冀野疑惑的元明清三代的雜劇傳奇是以"曲"爲中心的"曲的歷程",就是從戲曲"原生形成"時期開始的,而地方戲時期所謂"從劇作家向演員中心的歷史轉變"及脚色的行當化祇是向雜劇色及其戲劇形態更高階段的回歸。

毫無疑問,我們關於中國戲曲形成模型的假説,其實國學大師王國維的《宋元戲曲史》已做了略具雛形的表述,祇是其表述不夠精切並與歷史事實有相當差距。下面我們借由對雜劇色向脚色演化過程的密碼破解,從基因層面解讀戲曲的"原生形成"。

所謂"原生形成",是指從無到有的生成,並且可以在生成之後繁衍分派,演化發展。但任何事物不可能不依託於任何條件就從無到有地生成,而是需要在相關要素齊備後藉助於一定條件得以生成。戲曲原生形成的所有相關要素是宋金雜劇院本在演出實踐中臻於完善的戲劇要素,而所藉助的必備條件是雜劇色這一特殊的組織機制。

戲曲,究其本質而言,不是角色扮演而是脚色行當制的戲劇體制,而其自身正是在脚色制産生的過程中同體兩面中的另一面。視戲曲爲演員中心制的戲劇體系,則脚色制是戲曲演員的組織機制,經由考察脚色産生的過程認識戲曲的形成過程,就是一種具有生物學上基因測序意義的密碼破解。現在可以確定的雜劇色與脚色對應關係大致就是:雜劇色副净是後來戲曲丑脚的前身,雜劇色副末則是戲曲净脚的來源,此外,雜劇色引戲對應戲曲的末脚,而雜劇色末泥對應的是戲曲中的生脚,並且,雜劇色末泥與引戲又可以對應主角或非主角的女性即旦脚等。正是在宋金時期雜劇色扮人物、演故事的過程中,雜劇色原來的歌唱、舞蹈或伎藝化演出逐漸發展爲叙事表演的手段,這是古典戲曲載歌載舞演出形態的根源,也是促成程度最高的綜合戲曲藝術的基礎,這一過程空前絶後,所以可被稱爲戲曲的"原生形成"即從無到有的生成。

戲曲"原生形成"的機理,一是北宋以來雜劇色的演出從未脫離過與"曲"的聯繫。二是雜劇在宋代是個開放式雙向流動的戲劇模式,即有民間雜劇和宮廷雜劇之分,而祇有宮廷有"雜劇色"的組織機制,進而回饋影響到民間。但民間雜劇直接接受民間曲藝即瓦舍勾欄中講唱文學的滋養,造詣高超者有交流進入宮廷的機會,同時宮廷又會由於某些原因減罷藝人,促使宮廷雜劇藝術回流民間,帶動民間雜劇藝術的提高,並逐漸使雜劇色成爲戲班化的組織形式。還有一點就是,雜劇色的戲劇搬演活動是有深厚的文學敘事土壤和氛圍的,即主要依託於講唱藝術構建的文學場域,因爲與曲相關,取材接近,造成與諸宮調的最終結合。此時"雜劇色"也即演員的戲班組織形式是雜劇與說唱結合產生"戲曲"的最佳載體。[24]簡單說就是雜劇色的扮演,加上諸宮調的"曲唱"文本,是中國戲曲"原生形成"的方式,其中"旦"腳自雜劇色演化爲戲曲腳色,典型代表了這一過程。[25]雜劇色的組織形式是諸宮調融入雜劇、院本的核心機制,所以腳色制是最終確立和破解戲曲原生形成過程的密碼,也代表了中國古代戲劇形態的基因信息。

首先,雜劇色的演出實踐在扮人物演故事方面的經驗積累,爲戲劇諸要素的完備提供了條件,包括服飾、化妝、劇場和表演手段。《都城紀勝》記載的雜劇豔段爲"尋常熟事",正雜劇兩段則是"故事",根據《夢粱錄》以及《武林舊事》等書的記載,尤其是《南村輟耕錄》的"院本名目"等表明,是說話與說唱伎藝提供了這些"熟事"與"故事"內容,也就是說這些雜劇其實也取自書面材料,祇是尚未出現專門的劇本。《話本與古劇》的研究完全證實了這一點。當人們對雜劇中的歌舞豔段尤其是片段式演出習慣了的時候,諸宮調對長篇故事的演述與雜劇的結合自然應運而生。此時,主唱演員對"曲"的熟稔成爲伎藝的重心,而故事內容的新異也成爲所演故事的重心。這在《青樓集》就有例證,如"李芝秀記雜劇三百餘段。當時旦色號爲廣記者,皆不及也"。又如"小春宴記性最高,勾欄中作場,常寫其名目貼於四周遭梁上。任看官選揀需索,近世廣記者,少有其比"。[26]當時的戲劇演出中也有此類線索。如元雜劇《藍采和》的一段:

(鍾云)我特來看你做雜劇,你做一段甚麼雜劇我看。(正末云)師父要做甚麼雜劇?(鍾云)但是你記的,數來我聽。(正末云)我數幾段師父聽咱。(唱)

〔油葫蘆〕甚雜劇請恩官望著心愛的選。（鍾云）你這句話敢忒自專麽！（正末唱）俺路歧每怎敢自專。這的是才人書會剗新編。（鍾云）既是才人編的，你説我聽。（正末唱）我做一段于祐之金水題紅怨，張忠澤玉女琵琶怨。（鍾云）你做幾段脱剝雜劇。（正末云）我試數幾段脱剝雜劇。（唱）做一段老令公刀對刀，小尉遲鞭對鞭，或是三王定政臨虎殿。（鍾云）不要，別做一段。（正末唱）都不如詩酒麗春園。㉗

這裏還明確了唱段由"才人書會剗新編"的情況，顯然比之《南村輟耕録》所謂"教坊色長魏、武、劉三人鼎新編輯"更加明確了文本特徵，但這並不表明劇本就是才人書會創作的，書會才人的重點衹是根據演出實際完善曲詞而已。如南戲《錯立身》中如下一段："（末白）都不招別的，只招寫掌記的。（生唱）〔麻郎兒〕我能添插更疾，一管筆如飛。真字能抄掌記，更壓著御京書會。"㉘當然，元雜劇的曲詞主要由"一人主唱"，所以即使創作也不屬於劇本創制。前面對於劇本形態的分析已經明確了這一點。

其次，相關文獻表明了雜劇與諸宫調的密切相關性。如《録鬼簿》所録第一人就是創作《西廂記諸宫調》的董解元，將其歸入"前輩已死名公有樂府行於世者"，且謂"以其創始，故列諸首"，㉙根據《南村輟耕録》"成文章曰樂府，有尾聲曰套數"看，"樂府""套數"僅除有無"尾聲"的不同外，都是和小令對比的長篇敘事曲體，而成套諸宫調更適合應用於敘事故事表演。明初賈仲明據此為王實甫所補吊詞"新雜劇，舊傳奇，《西廂記》天下奪魁"，㉚進一步確定了諸宫調和元雜劇的内在關聯性，也進一步闡明了《録鬼簿》推許董解元為元雜劇創始人的依據。至於元雜劇《風月紫雲亭》、南戲《張協狀元》更是直接地由説唱諸宫調轉為戲曲的典型例證。諸宫調驀然消遁的謎底也就在這裏，它被雜劇色的組織體系吸納後以"一人主唱"的元雜劇形式出現了。

元雜劇脚色體制非常不典型，没有生脚和丑脚，這正是其與諸宫調結合時既直接又簡單的證據。這種長篇講唱藝術融入雜劇色體制的方式，開啓了民間樂舞尤其是南方民間戲文在雜劇色體制基礎上，發展出更整飭脚色體制的路徑，戲曲就此形成。而被定為聯合國非物質文化遺産的昆腔，衹是中國戲曲發展的第二個階段即聲腔的"次生形成"，在這一發生在明代的進程中，昆腔與弋陽腔、海鹽腔和餘姚腔等並稱爲四大聲腔。進入清代，隨着演出藝術的發展，戲曲脚色制走向了行當化，而行當化的脚色制又極大地刺激和釋放出戲曲藝人的藝術才幹和驚人的創造力，於是導致中國地方戲的"衍生形成"。而且，地方戲的形成仍離不開脚色體制的演化，這主要是由戲曲脚色特有的"信息公約"的功能所決定的。

所謂"信息公約"，可以打個形象的比方來說明：當地人到某個具體地點去之前所要查找的信息和外地人到同一地方所要瞭解的信息之間，必然存在相當大的内容差異，即當地人需要的相關信息要比外地人需要的信息簡略很多，這些當地人比之外地人省略的信息，其實是其作爲當地人預先享有的認知儲備，其在本質上就是當地人之間共用的"信息公約項"。對於中國豐富繁雜的地方戲而言，也許所演劇目僅爲某劇種當地流行，也許所用樂器僅爲某劇種本地所有，也許某種服飾祇是該劇種獨有，但無論這種地方戲是生旦爲主還是以末脚頂梁，它們都用到了生旦净末丑，也就都運用到了脚色制：女性故事人物一般統歸旦行，旦爲女主角，老旦和小旦一般與年齡相關，刀馬旦與其伎藝有關；生末净丑一般演男性角色，生一般爲男主角，一些地方戲如漢劇則由末行擔綱男主角，其他小生，老末也可以主要關涉年紀，而大花臉和小丑等則是通過演出功能和特色等規定其職司形態。所有的脚色名目都具備故事内容的符號特徵和演出藝術的形態規定性。㉛根據不同條件和情況，地方戲的形成約分爲如下類型：一是由秧歌、花鼓和採茶歌等發展起來的歌舞戲，因劇目演出缺少文本依據，乃以"脚色"之名彌補演出中缺失的具有文本特徵的信息，屬於"借名"脚色制；二是由灘簧、道情或儀式劇等演化而來的地方戲，雖然有文本依據，却缺乏舞臺演出程式的累積與經驗，乃將其分角色的唱演按戲曲行當分派，實際是"比附"脚色制；三是戲班在衝州撞府過程中落地生根後繁衍的地方戲，脚色名稱既不同於生旦爲核心的脚色制，也不同於行當化了的脚色制，却可以提供戲劇形態發展演化的重要信息，屬於"襲名"脚色制；四是複合演變劇種的"多組合"脚色制，典型體現了不同人文條件對地方戲發展的催生和制約作用；五是古老劇種如梨園戲、莆仙戲和昆曲與時俱進有所發展變化的"變異"脚色制；六是以近代京劇爲代表，發展出來的具有特殊意義的"角兒制"現象。當然，具體到每種地方戲的具體生成，需要一一考察,但根據脚色制的運用情況看,都屬於戲曲"衍生"的模式,和宋元戲曲的"原生形成"無法相提並論。

戲曲形成問題上太多的描述,就像"盲人摸象":有的根據地方戲及傀儡影戲的綫索,斷定戲曲是在傀儡影戲基礎上發展出的;有的根據某些劇種是儺戲的産物,就斷言儺戲及宗教祭祀是醖釀戲曲的温床;還有的根據説唱或舞蹈的形式,認爲戲曲是在歌舞與説白藝術融合過程中形成的,不一而足。最典型的是以所謂"大戲""小戲"説概括中國戲曲的形成脈絡,片面混淆了歷史時序。這種種説法,最根本的問題就在於忽視了不同歷史階段的具體情況,缺乏對於戲曲"原生形成"的深刻體察,僅根據"衍生"階段某一地方戲的形成情況,論述"原生形成"的宋元戲曲,實屬倒果爲因,不僅不可取,更未足信。

四　意義

客觀地説,我們提出的戲曲形成模型假説,並未超出《宋元戲曲史》對中國戲劇史的描述,衹是使戲劇史的重心由"元"落實到"宋"。但是,導致這一轉變的是視角,是觀念,還有方法。而這一轉變的意義不僅體現在發現"雜劇色",提出戲曲形成模型假説,還在於有待深入論證的戲劇史及其理論、傳統禮樂文化價值和現實文化建設等意義。

造成《宋元戲曲史》將立論點確立於元雜劇現存劇本的根本原因就是王國維秉持的劇本中心論立場,對此,學界早有深入論證並不斷予以質疑和反駁。耐人尋味的是,王國維氏明明是將宋代"雜劇色"如末泥、引戲、副末、副净和裝孤等視作"脚色"的,也就是説衹要他依據其所處時代已經出現的"演員中心"的情形,看到"行當化"的脚色與宋金"雜劇色"的共通性,就可以得出中國戲劇本質是演員中心的結論,也就完全可以認可所謂"古劇"的成熟性質,乃至於得出北宋是中國戲劇完全成熟的開端的結論。顯然,無視"雜劇色"的存在而徑以"脚色"觀念來論述,並非制約《宋元戲曲史》確定戲劇成熟於北宋的根源,劇本中心論的觀念纔是其根源。現在再看衆多成書的中國戲劇史不就是戲劇文學史彙編嗎?元代尚有與《録鬼簿》平行存在的《青樓集》表彰並肯定戲曲演員的歷史功續,今天的戲劇史觀念却還没有達到古人當年的認知水準。

現在,根據立足於雜劇色提出的"戲曲形成模型假説",我們可以嘗試探討中國戲劇演員中心制的本質及其意義了。

戲劇對應英語的"Drama",表明西方戲劇史中戲劇是立足於劇本方可確立的概念。雖然文藝復興以來開始質疑劇本中心論,確定以"Theatre"即劇場代稱戲劇,相當於認可了戲劇是演員的表演藝術,但依然是有條件的。而這兩個概念其實都不適合於中國戲曲,因爲没有劇本、不依託於劇場的條件,中國戲曲依然是成熟的戲劇形態,因爲它是脚色制的戲劇形態。"戲曲"就其本質形態而言是高於戲劇的藝術存在形式。百年來,我們一直將其按照一般的戲劇觀念來理解和描述,其實是遠遠不够的,因爲戲曲是戲劇成熟高度發展的文學藝術碩果。

判斷成熟戲劇的標準,不是一定要依照古希臘西方戲劇的標準,必須等到劇本與固定劇場產生。作爲表演的藝術,需要看這種藝術形式能否自其產生之日起就得以有效傳承。就名爲"雜劇"表演藝術而論,早在唐代就已出現,但没有劇本和固定場所,也得到延續了,一方面是狀態混雜,一方面是形態不確定。直到北宋宫廷確立了"雜劇色"這一組織體系,依然混雜的狀態中出現了形態固定、演員職能明確、戲劇内容及其效果有一定規定性,尤其是有"雜劇段數"或"院本名目"節目單爲證的,可以實現有效傳承的成熟的"雜劇",這類宋雜劇也即王國維等人系統考察過的"古劇",也就是中國戲劇的完全成熟,而其能够走向成熟就在於組織化體制化的"雜劇色"的出現。

顯然,劇本、劇場標準之外,體制化的演員組織雜劇色的出現,確立了戲劇藝術成熟的另一條道路,而這條道路爲中國古代戲劇藝術所獨有!雜劇色代表的戲劇形態的成熟靠的是與宋元講唱共用的文學場域,直到這一文學場域中進化出長篇叙事的諸宫調,雜劇之"戲"再與諸宫調之"曲"結合,實現了中國古代戲劇形態實現走向更高層次"戲曲"的飛躍。其戲劇史意義,就是我們前面提到的:一是更新了中國戲劇史的格局,將中國戲劇成熟的時間向前推進三百年左右,確立了宋金爲中國古代戲劇第一個繁盛期的地位。元代之前"演員中心制"戲劇演出的客觀存在,呼應着清中葉以來出現的"從劇作家中心向演員中心"轉變過程中地方戲興起的現象,使中國戲劇史的結構呈現爲兩端"演員"包裹中間

"劇本文學"的對稱均衡態勢。其更宏大的意義在於,可以爲我們呈現出一個不同以往的戲劇發展圖景即古希臘戲劇之外,存在着不依託於劇本走向成熟的,另一條戲劇成熟的道路。

擺脱劇本中心論後,王國維以"代言體"爲標準的"戲曲"和立足於劇本的"真戲曲"定義也就需要重新思考了。事實上《宋元戲曲史》中的"戲曲"觀念體現了王國維不斷自我進步的學術追求,因爲在早於《宋元戲曲史》四五年前的《戲曲考原》中,王國維曾有"戲曲者,謂以歌舞演故事"的論斷②,今天看來這一論斷内涵模糊,外延無限,並非科學的概念。大量例證表明,非歌舞表演的戲曲劇種、劇目以及演出,實在是不勝枚舉。而且歌舞祇是一種表演形式,就歌舞演故事的形式而言,戲曲形成之前有,戲曲形成過程中和形成以後也還有,即使到了花部形成仍然有。地方歌舞發展爲地方戲依託的是脚色制及其信息公約的功能,依據不同地域文化生態的具體情况而發展。宋元原生形成的戲曲却經歷了極複雜的過程和漫長的積累,絶非單純歌舞形式基礎上所能形成。但是無論哪種情况的戲曲化歌舞演出,都依託於或雜劇色或行當化的脚色,那麼,鑒於戲曲脚色並非簡單的術語名稱,本質是戲劇藝術最爲核心、容量最大且完全的信息公約項,則"戲曲者,謂以脚色制演故事也"顯然是内涵清晰、外延有限的定義。

就中國戲劇史的全局性宏觀描述來看,這一戲曲形成的模型假説還有更深遠的意義。首先,因爲中國古代戲曲呈現出迥異於西方戲劇的面貌,根據西方經驗和理論去探究中國戲劇的起源,是執果求因,違反邏輯關係的。事實上,就哲學意義而言,事物的起源具有同理同一性,同一起源的不同事物之所以會呈現爲不同的面貌,根本的原因是土壤與生態環境的作用。無論西方戲劇如何從宗教祭祀中直接發展而來,中國戲劇發展過程中,禮樂文化生態及其制度規範等文化土壤,制約了中國戲劇形態演進,是昭著史册的事實。於是,就像橘生淮南爲橘,生長於淮北則爲枳,中國戲曲最終呈現出不同的面貌。

禮樂文化生態的形成始於商周易代之際制禮作樂的文化改造,一方面消解了商代巫樂祭祀、敬天禮神的社會習俗,一方面又通過對於上古神話的改造,消解了古典叙事文學的傳統,以早熟的理性精神反思歷史、面對現實。於是,以叙事演出爲内核的戲劇演出由於剥離了叙事文學的要素,漸漸發展成我國古代特有的片段式演出如東海黃公、蚩尤戲等,而戲劇要素則成爲碎片化的百戲散樂,開啓了後世雜劇演出混雜在各種曲藝、雜技、説唱中演出的戲曲形成特有的路徑。秦漢魏晋以來的樂府制度則規定了表演的歌舞特徵。但是,隋唐實行的教坊制,變革了中國古代禮樂文化體系下演員和演出的生態及其形式。首先是碎片狀百戲散樂中的演員由分散走向聚合,其次是表演由混雜的歌舞百戲走向戲劇化,爲雜劇色的出現奠定了初步基礎。關於這一點,宋代與雜劇色有關的文獻記載的非常明確,《夢粱録》和《都城紀勝》都指出:"散樂,傳學教坊十三部,唯以雜劇爲正色。舊教坊有篳篥部、大鼓部、杖鼓部、拍板色、笛色、琵琶色、箏色、方響色、笙色、舞旋色、歌板色、雜劇色、参軍色,色有色長,部有部頭。"[33]北宋時成熟爲十三部中"正色"的雜劇藝術本爲"散樂",即民間藝術而非宫廷雅樂藝術,宋代宫廷將其按部色分類則"傳學"自唐代"教坊",且每一部色中"色有色長,部有部頭"。

唐代教坊制的設立是古代禮樂制度與文化建設中的一大轉型。經歷三國兩晋南北朝的巨大戰亂,隋代宫廷在重新建設禮樂制度時不得不"樂失求之戎",其對散樂的管理是按地域分類的"七部樂"乃至"九部樂",從其包含的名稱如"高麗""天竺""安國""西涼""龜兹"和"疏勒"等看,已盡納周邊部族樂舞精華。唐代進一步發展爲"十部樂",並開始出現"内教坊"機構。到唐玄宗時一方面重置内教坊並立左右教坊,最重要的是採取了對樂舞與戲劇發展產生決定性影響的舉措:一是完全改變過去演員分散獻藝的形式,按照伎藝水準分坐、立部等,雖然當時主要針對的是樂器演奏和舞蹈表演,但對散樂尤其是具有戲劇要素的表演種類都確立了可參照的規範;二是玄宗本人親自在"聽政之暇,教太常樂工子弟三百人,爲絲竹之戲……號爲皇帝弟子,又云梨園弟子"[34]。出現梨園弟子的根源就在於正統的儒士反對國家機構爲來自民間的散樂提供名分,崔令欽《教坊記》記載李隆基本人却極喜散樂,甚至早在太子時就蓄養伶人。在已有内教坊及左右教坊的情况下,梨園的設置本質就是唐玄宗自己的皇家戲班。唐代尉遲樞《南楚新聞》中有"左右伶人皆御前供奉第一部者"的説法,相比之下,梨園子弟比之左右伶人更有資格稱作皇家的第一戲班。

很多人對唐代教坊演出戲劇的認識受限於史料中重視奏樂歌唱的記載,拘泥地以爲教坊主要是教習樂器演奏和歌唱技巧,乃至於樂舞表演,其實不合實際。杜佑《通典》尤其是唐人崔令欽《教坊記》等書中記載的内容,包含大量的散樂戲劇表演,《唐戲弄》中已經做了詳盡舉證與分析。再比如就連"點戲"習俗也起源於唐代:"凡欲出戲,有司先進曲名,上以墨點者即舞,不點者即否,謂之進點。"⑤而且玄宗設置梨園"爲絲竹之戲"已體現出舞中有戲的發展態勢。雖然宋代散樂十三部有關記載中,也羅列了篳篥、大鼓、杖鼓、拍板、笛、琵琶、箏、方響與笙等一堆樂器,但他們並不是純粹爲奏樂而奏樂,其實主要作用一是襯托歌唱,二是配合舞蹈,更重要的是服務於戲劇演出。宋金戲曲文物中這些樂器屢見不鮮,唐代傳世圖像以及出土樂舞資料中同樣如此。這是中國古代戲劇歌舞化的基因,所以不應見樂器就想到歌舞而無視戲劇。

雖然梨園的設置傳統未能延續到宋代之後,但其作爲"皇帝弟子"所含私人戲班的特性,不可否認。更重要的是,由於教坊制的傳承出現了北宋雜劇色居於十三部"正色"的情況,"雜劇色"不同於其他諸色更近於梨園的特性強化了戲劇藝人與梨園的聯繫。唐代左右教坊的樂器演奏進入梨園後可以爲"絲竹之戲",但還没有獨立的雜劇色;現在獨立的雜劇色演出戲劇時,其他諸部色同樣需要服務於其演出,使得雜劇色具有了小型梨園的性質。而且雜劇色一般爲四到五人,本身具有小型戲班的規模。《武林舊事》中"雜劇三甲"一類的組織與有關樂器色並稱爲"乾淳教坊樂部",也是後世戲班稱"部"的源頭。

曾幾何時,人們一直對戲曲演員"梨園行"或"梨園弟子"的身份,看成是一種自抬身價的攀附和標榜,但當現在對戲曲"演員中心制"的本質尤其是其來龍去脈有了全新認識後,就會承認這種說法是有確鑿依據的。據此,我們還可以確定唐明皇李隆基作爲中國戲曲的"終極戲神"。因爲我國不同地區不同劇種供奉的戲神並不相同。例如南方多有以田元帥爲戲神的,也有的地區以清源祖師這一帶有道教特徵的人物爲戲神,還有的地區如河南一些劇種以後唐莊宗爲神;還有的以翼宿星君爲戲神,對翼宿星君也有直接稱老郎的,而同樣被奉爲老郎的,更多劇種明確所指爲唐明皇李隆基。而李隆基之所以可稱作戲曲的"終極戲神"就在於按照前面的戲曲形成模式假說看,祇有李隆基與戲曲的"原生形成"直接相關,其他戲神在民俗信仰的戲神序列中由於出現於地方戲各劇種的

"衍生形成"階段,所以屬於派生級別。此外,耐人尋味的是後世論及戲曲的著作也往往以"梨園"爲名,如清代黄旛綽有《梨園原》,現代張次溪編有《清代燕都梨園史料》等書,深刻揭示了中國戲劇藝術形態的發展與禮樂文化生態的深刻關聯,提出了"文化生態"與"戲劇形態"關聯發展的新課題,理論意義深遠而重大,值得探索。而梨園的設置和雜劇色的組織機制,以班社的形式成爲了中國戲曲發展演進和傳承的基石。這一切已經基本坐實了戲曲演出與唐代教坊尤其是梨園的聯繫,也揭示了戲曲發展傳承特有的班社式肉身傳承機制。

從"演員中心制"角度看到中國戲劇形態的嚴謹規律,不僅可以回應《宋元戲曲史》所謂"後世戲劇,當自巫優二者出"的命題的科學性,即具有宗教文化傳統的西方戲劇是原始宗教祭祀活動中,藉助於文本化內容的演叙導致戲劇的産生和成熟,係由"巫"所出;而中國古代戲劇要素因爲禮樂文化的建設走向片段式、碎片狀和歌舞化,最後是沿着優人戲弄扮演的經驗積累之路在唐代形成,於北宋"雜劇色"組織機制基礎上成熟,又因與曲唱藝術的結合和文本化的走向,導致戲曲"原生形成",並且最終仍在元明清"曲的歷程"後,走向清中葉以來地方戲的"衍生形成",這顯然是由"優"所出的戲劇道路。

更重要的是,"演員中心制"戲劇史觀不僅拓展了中國戲劇的宏觀視野,深化了我們從文化生態角度理解中國戲劇形態,這一模型假説範式最大的的價值和意義在於當下的現實應用和話語體系之建設。

唐代設置教坊及梨園於國都長安,開啓的是中國戲曲藝術演進的組織機制及道路,所以我們可以借鑒佛教中將宗派祖師常駐、弘法或歸葬寺院敬稱爲祖庭的説法,確認西安"中華戲曲祖庭"的歷史文化地位。如果説,西方戲劇理論體系發源於古希臘雅典,是劇本中心論的體系;將分散的演員確定爲部色組織近而導致"雜劇色"誕生,甚至深刻影響到日本能樂,也具有演員中心表演特色的教坊及梨園所在地唐都西安,完全有資格作爲代表東方戲劇美學、理論的發源地。

2015年7月國務院印發的《關於支持戲曲傳承發展的若干政策》,高度認可和強調了戲曲演員及其團體對文化傳承的貢獻和價值,也是對戲曲演員中心制本質的肯定。有鑒於此,我們亟需加強能够和劇本中心論同步發展和平等對話的演員中心論的戲劇話語理論體系建設。對西方文論如何有效應用於中國的文

藝實踐,以及如何借鑒和學習西方的經驗,進行中國化文論的重建,張江認爲:

> 西方文論生長於西方文化土壤,與中國文化之間存在着語言差異、倫理差異和審美差異,這決定了其理論應用的有限性。中國文論建設的基點,一是拋棄對外來理論的過分倚重,重歸中國文學實踐;二是堅持民族化方向,回到中國語境,充分吸納中國傳統文論遺產;三是認識、處理好外部研究與內部研究的關係問題,建構二者辯證統一的研究範式。㊱

我們對此深表贊同。中華民族五千年連綿不絕的歷史,蘊含着豐厚的寶貴遺產,是值得我們深入探索的無盡財富。說歷史上我們的先祖不擅長理論闡發和構建,不是今人跟在西方理論潮流後亦步亦趨的理由。

我們把對中國古典戲曲形成模式與路徑的思考認識以模型假說提出,既不是過分狂妄地期待進一步研究成果達到如達爾文基於"優勝劣汰"假說寫出《物種起源》一般的影響水準,也絕非自覺提法荒唐,沒有信心的妄自菲薄或謙虛,而是希望以此爲基礎,激蕩起百年來西方戲劇理論話語模式下,學界對傳統文化、藝術本體的認識和思考。我們並不贊同證成新説的前提是駁倒舊説,因此迴避新説的提法而稱假説,雖然當下呼籲創新成爲一種潮流,但學術創新應基於推陳出新而非標新立異,這樣的守正出新未必藉助稀見材料,不需故作驚人之語,祇是客觀地向學界展示自己對有關問題從不同角度進行思考的過程和結果。

學術乃天下公器。我們的假説也許會遭到否定,但那一定是在大家尤其是"大家"的深入批駁、質疑和進一步爭鳴後,推進了戲劇研究領域中國話語理論模式的建設,探索出中國戲曲形成新模型後的結果,我們歡迎這一天早日到來。

(本文爲作者主持之國家社科基金重點項目"脚色制與地方戲的興起研究"[編號:14AZW011]階段性成果之一。)

注　釋

① 王國維《宋元戲曲史》,上海古籍出版社1998年版,第61頁。
② 盧冀野《中國戲劇概論》,《中國文學七論》,廣西師範大學出版社2007年版,第362頁。
③ 任半塘《唐戲弄》,上海古籍出版社2006年版,第74—75頁。

④ 吕效平《戲曲本質論》,南京大學出版社 2003 年版,第 31 頁。
⑤ 曲六乙、李肖冰編《西域戲劇與戲劇的發生》,新疆人民出版社 1992 年版。第 232、233、237、244 頁。
⑥ 同上書,第 109—110、113、114、122 頁。
⑦ 《戲史辨》第一册,中國戲劇出版社 1999 年版,第 4 頁。
⑧ 同上書,第 21 頁,第 42—43 頁。
⑨ 徐朔方《金元雜劇的再認識》,《徐朔方集》第一卷,浙江古籍出版社 1993 年版,第 93—94 頁。此外,車文明先生根據戲曲文物的研究,著文《也談"金元雜劇"》(《戲曲研究》第 62 輯,文化藝術出版社 2003 年版)認同徐朔方先生的提法。
⑩ 徐朔方《曲牌聯套體戲曲的興衰概述》,《徐朔方説戲曲》,上海古籍出版社 2000 年版,第 17—18 頁。
⑪ 同注①,第 98 頁。
⑫ 鄭邵榮、江育静《元雜劇口頭編演形態探論》,《東疆學刊》2013 年第 3 期,第 7—11 頁。
⑬ 洛地:《關目爲本、曲爲本、掌記爲本、正爲本——元刊本中的"咱""了"及其所謂"本"》,《中華戲曲》第 5 輯,山西人民出版社 1988 年版,第 214—234 頁。
⑭ 《欽定續文獻通考》卷一一八《樂考·俗部樂》,《文淵閣四庫全書》,上海古籍出版社 1987 年版,第 426 册,第 661 頁。
⑮ 《東京夢華録》(外四種),文化藝術出版社 1998 年版,第 84—85 頁。
⑯ 近年來又有發現與這塊 1958 年發現的磚雕完全相同的製版磚雕,2015 年被河南省洛陽市古墓博物館所收藏。
⑰ 具體情況可參看廖奔《北宋雜劇藝人肖像磚雕的發現》,康保成《新發現的四方北宋銘文雜劇磚雕初考》,《中原文物》2015 年第 6 期。
⑱ 元鵬飛《宋代戲劇形態發展的重大新物證——北宋宣和二年雜劇做場圖探論》,《中華戲曲》第 51 輯,文化藝術出版社 2015 年版。
⑲ 同注①,第 14 頁。
⑳ 馮沅君《古劇四考》《古劇四考跋》《古劇説彙》,作家出版社 1956 年版,第 1—121 頁。
㉑ 洛地《説破·虚假·團圓》(吉林美術出版社 1999 年版)對此類現象提出大量例證並做了理論探討,可以參看。陳建森則有專著詳盡研究關於元雜劇所謂"代言""演述"的情況,見陳建森《元雜劇演述形態探究》(南方出版社 1999 年版)、《宋元戲曲本體論》(人民出版社 2012 年版)等論著。
㉒ 同注①,第 32 頁。

㉓ 同上書,第 62—63 頁。

㉔ 元鵬飛《論宋代宫廷的"雜劇色"》,《中華戲曲》第 46 輯,文化藝術出版社 2013 年版。

㉕ 同注⑱。

㉖ 俞爲民、孫蓉蓉主編《歷代曲話彙編》(唐宋元編),黄山書社 2006 年版,第 485、494—495 頁。

㉗ 楊家駱主編《全元雜劇三編》(五),臺北,世界書局出版社 1985 年版,第 2099 頁。

㉘ 影印本《永樂大典戲文三種》,臺北,長安出版社 1978 年版,第 59 頁。

㉙ 同注㉖,第 316 頁。

㉚ 同上書,第 328 頁。

㉛ 元鵬飛《脚色制對戲劇形態的信息公約》,《中國戲劇》2013 年第 3 期。

㉜ 王國維《戲曲考原》,《王國維戲曲論文集》,中國戲劇出版社 1984 年版,第 163 頁。

㉝ 同注⑮。

㉞ 《新唐書·禮樂志》卷二二,中華書局 1975 年版,第 476 頁。

㉟ 崔令欽《教坊記》,《中國古典戲曲論著集成(一)》,中國戲劇出版社 1959 年版,第 12 頁。

㊱ 《當代西方文論若干問題辨識——兼及中國文論重建》摘要,《中國社會科學》2014 年第 5 期。

論杜甫五言長篇詠懷詩的創作

李 俊

【提要】 五言長篇詠懷詩是杜甫的創制。與五言組詩詠懷不同,杜甫的長篇詠懷詩創造性地利用了五言古詩樸厚的體制和新興五排精切的格律,以獨立的整篇詩作,對自己在某一特定時期的時運遭遇進行總結。特定時期詩人沉鬱的"懷抱"與現實時局的複雜矛盾,使得杜甫必然在時局的思考中展開詠懷,在詠懷中對時局進行思想性的干預,體現了他在人格深處展開的道義思辨。

詩以言志是中國詩歌的古老傳統,詠懷詩是中國詩歌的重要體式。在六朝隋唐詩歌史中,詠懷詩的創作先後形成了兩個不同的範式:其一是阮籍開創的五言組詩詠懷,其二是杜甫開創的五言長篇詠懷。五言詠懷組詩在兩晉南北朝時期已經成爲一個成熟的系統,初唐時經過陳子昂的提倡及其《感遇》三十八首的藝術實踐,漢魏古詩的風味重獲振作。張九齡的《感遇》十二首,成爲唐人五言古詩"清澹"一派的代表作,[①]李白的《古風》五十九首,確立了唐人五言組詩的極致,完成了五言詠懷組詩從漢魏六朝風氣向盛唐氣象的轉變。[②]正是在這樣的背景下,杜甫另闢蹊徑,創造性地利用了五言古詩樸厚的體制和新興五排精切的格律,以獨立的整篇詩作、深婉密實的修辭,對自己在特殊時運中的遭遇以及由此而產生的道義思辨,進行深刻反省和全面檢討,"爲詠懷詩開出了全篇議論與敘事抒情相結合的新形式"。[③]

實際上,杜甫的長篇詠懷,不僅創制了詠懷詩的新體式,而且開創了五言詩

李 俊 中國社會科學院大學人文學院

歌的新體式。因爲在杜甫之前,並没有篇制如此宏富、結構如此跌宕的五言古詩,更没有如此研練精切、屬對精密的五排。所以,葉夢得云:"長篇最難,晉魏以前,詩無過十韻者,蓋常使人以意逆志,初不以序事傾盡爲工,至老杜《述懷》《北征》諸篇,窮極筆力,如太史公紀傳,此固古今絶唱。"④以爲魏晉以前,詩無過十韻者,其説甚疏,但贊杜之意,是爲允當。沈德潛説:"少陵五言長篇,意本連屬,而學問博,力量大,轉接無痕,莫測端倪,轉似不連屬者,千古以來,讓渠獨步。"⑤評價《北征》時説:"漢魏以來,未有此體。少陵特爲開出,是詩家第一篇大文。"《唐宋詩醇》説:"以排天翰地之力,行屬辭比事之法,具備萬物,橫絶太空,前無古人,後無來者,自有五言,不得不以此爲大文字也。"盧德水評價《秋日夔府詠懷奉寄鄭監審李賓客之芳一百韻》詩時説:"此集中第一首長詩,亦爲古今百韻詩之祖,其中起伏轉折,頓挫承遞,若斷若續,乍離乍合,波瀾層叠,無絲毫痕迹,真絶作也。"⑥所以,浦起龍認爲:"千言、數百言長律,自杜而開,古今聖手無兩。"⑦概括起來説,前人對杜甫長篇詠懷詩的稱贊,主要集中在兩個方面:第一,從内容方面着眼,指出此類詩歌規模宏大,地負海涵,無所不有;第二,從篇章結構方面着眼,欽服其章法謹嚴,映帶勾連,有條不紊。實際上,杜甫的長篇詠懷詩所藴涵的創造性是複雜的,是篇幅、聲律、結構等形式性要素與時代矛盾、個人經歷、道德反思等内容成分,緊密結合而産生的整體飛躍,在形式與内容,手法與風格等多重矛盾相互交錯中,完成了新詩體的構建。詩歌内容的泛化與深化,使他必須鎔鑄更加富有容量的藝術形式,而構建宏大的藝術規模,必須以更加深邃、磅礴的思想内容爲基礎,兩厢結合,互相促進,互相激發,形成厚重而又激越,密實而又跌宕的詩歌風格。

後來,中唐元白、韓孟兩大詩派,競相效習,前者得其鋪排之富,後者得其修辭之雄,各有擅場。趙翼《甌北詩話》卷四云,"五言排律長篇亦莫有如香山之多者",枚舉其百韻詩四首,五十韻四首,四十韻二首,"此外如三十、二十韻者,更不可勝記。此亦古來所未有也"。⑧且云:"香山亦有《游王順山悟真寺》一首,多至一千三百字……先寫入山,次寫入寺,先憩賓位,次至玉像殿,次觀音巖,點明是夕宿寺中;明日又由南塗路過藍谷,登其巔;又到藍水環流處,上中頂最高峰,尋謁一片石、仙人祠;迴尋畫龍堂,有吴道子畫、褚河南書。總結登歷,凡五日。

層次既極清楚,且一處寫一處景物,不可移易他處。較《南山》詩似更過之,又《北征》《南山》皆用仄韻,故氣力健舉;此但用平韻,而逐層鋪叙,沛然有餘,無一語冗弱,覺更難也。"⑨趙翼詩風近白樂天,故特爲聲援,以抗衡韓愈,此不必深究,惟其以爲香山此詩較《北征》爲更難,則失公論。白詩之難在其長而不斷,綜而不亂,而其失在平淺,不及老杜之雄深。所以盧德水譏其"誇多鬥靡,氣緩而脈弛"。趙翼又云:"《南山詩》古今推爲傑作。《潛溪詩話》記,孫莘老謂《北征》不如《南山》,王平甫則謂《南山》不如《北征》,各不相下。時黄山谷年尚少,適在坐,曰:'若論工巧,則《北征》不及《南山》,若書一代之事,與國風、雅頌相表裏,則《北征》不可無,《南山》雖不作可也。'其論遂定云。此固持平之論,究之山谷所謂工巧,亦未必然。凡詩必須切定題位,方爲合作,此詩不過鋪排山勢及景物之繁富,而以險韻出之,層叠不窮,覺其氣力雄厚耳。"⑩但平心而論,白居易、韓愈兩家的長篇詩歌,章法已不如老杜之多變,所以方世舉在《蘭叢詩話》中説:"五排六韻八韻,試帖功令耳。廣而數十韻、百韻,老杜作而元白述,然老杜以五古之法行之,有峰巒,有波磔……元白但平流徐進,案之不過開拓八句之起結項腹以爲功。"⑪更重要的是,從性情之深厚博大着眼,白居易和韓愈更不能與杜甫同日而語。吴喬《圍爐詩話》卷二:"《詠懷》《北征》,古無此體,後人亦不可作,讓子美一人爲之可也。退之《南山詩》,已是後生不遜。詩貴出於自心,《詠懷》《北征》出於自心者也;《南山》,欲敵子美而覓題以爲之者也。"⑫可見,中唐時期,長篇五言詩失去了"詠懷"的意味,而成爲博採炫技的詞場,後世讀者因偏好不同,對此各有袒護,但無論如何,都不能否認老杜五言長篇詩歌的最高成就。這就從另一個方面説明,老杜的長篇詠懷詩歌,是"長篇"與"詠懷"在相輔相成、互動共建中獲得成功的,喪失了"詠懷"的深度,徒以鋪叙排篡爲"長篇",終究是空虛的作品。本文就從這個角度來探討杜甫長篇詠懷詩歌的創作機理。

一

杜甫的所有詩歌,都有"抒懷"的性質,但根據其"抒懷"的自覺性和完整性的不同,大體有三個不同的等級:其一是即興之作,凡寫景、戲題之類,表現一時興致、心緒的作品,篇幅短小,筆法靈活,有隨筆、散記的性質,都可看作此類。[13]其二是"記懷"之作,凡詩人就當時所見、所遇的具體事件,而大發感慨、深致憂思的作品,篇幅中等,情事兼備,比較完整的表現出詩人閱世論事態度的一類,都屬此列,包括的作品最爲豐富,且多爲後人稱道。其三乃是"詠懷"之作,主要指長篇詠懷。相對而言,"即興"之作,是詩人時有所悟,偶有所感,所表現的是他日常生活中的小插曲、小興致,然而,興過即逝,詩人對此未加沉思,並不能構成詩人在一段時期内較爲穩固的思想和心態。而"記懷"之作則不然,它是詩人所關注、所經歷的重要事件,詩人對此事有完整的瞭解,有審慎的思考,並影響詩人對現實的認識和判斷,逐漸改變了他的思想情感狀態。"詠懷"之作則往往是一段時期内杜甫的思想總結,或許因事而起,但並不就事而發,而是越過具體的事件,把目光和思慮放到更長的時段中去,綜合性地分析國家的時運、自己的處境以及近來思想意志的變化。從這個區別上説,"記懷"是即時之作,表現了詩人在事發當時的情感反映和道德意識,而"詠懷"是反思性的,是第二次寫作,和"記懷"之作構成呼應和對照,是對時事的重估,同時又是對自己思想情感變化的再審。因此這類作品所反映的思想内容具有特别明確的"時期性",是在某一個特殊階段中,各類經歷雜糅、各種矛盾交錯而產生的複雜心理,以及作者對此進行的剖析和思辨,真實而又具體地呈現出了詩人遭遇情感苦樂與道德危機時,如何承受精神的考驗並奮力挣扎的過程,以及最終如何通過思想的抗争和正義的抉擇,衝破現實的苦難與歷史的滄桑,樹立起儒者宏毅不屈、固窮不渝的精神境界。長篇詠懷詩是杜甫在道義的洪爐中自我鎔鑄的見證,也是他在艱難人生的考驗中涅槃而出的見證。

因爲杜甫在他的詩歌世界中,對長篇詠懷詩作了如此的定位,這就必然要求他放弃長期以來爲詩人所承襲的五言組詩詠懷的方式。概括而言,五言組詩詠懷的主要特點有三:其一,在内容上,五言組詩的旨趣甚爲寬泛,幾乎涵蓋了天道興替、人世盛衰、物情薄厚、政風得失的所有方面,比較籠統地反映了詩人的理性思考和時代憂患。所以,盧藏用在評價陳子昂《感遇》詩時説,"感激頓挫,微顯闡幽,庶幾見變化之朕,以接乎天人之際者,則《感遇》之篇存焉!"[14]其中提到的"天人之際""變化之朕",比較準確地概括了此類五言組詩的主題趨向。其二,在結構上,五言組詩缺乏比較明確的整體框架,基本上是詩人隨感寫作、積少成多的結果。每首作品各自爲篇,篇章內容可以互相參考照應,分類而觀,但不能看作聯章體,更不能合而爲一。這種鬆散的結構便於詩人有感而發、有遇而作,內容思想寬泛而不主一格。前人以爲阮籍《詠懷詩》首章"夜中不能寐"爲八十二首之序,李白《古風》其一是五十九首之綱,也是約略言之。就其整體來說,"正於不倫不類中見其塊磊發洩處,一首只作一首讀,不必於其中求章法貫穿也"。[15] 其三,在表現手法上,五言組詩的寫作傳統以比興寄託爲主,或通過詠史、遊仙和征戍等題材來抒發懷抱,直接敘述時事、議論得失的篇章則不多見。雖然陳子昂、李白筆下略有一些,但絕大多數作品的寫作背景及其所針對的現實矛盾則不易考求。馮惟訥云:"籍《詠懷詩》八十餘首,非必一時之作,蓋平生感時觸事,悲喜怫鬱之情感寄焉。"又吴汝綸云:"八十一章決非一時之作,吾疑其總集生平所爲詩,題之爲詠懷耳。"[16] 這種觀點基本上可以看作是對五言組詩詠懷的總論。管世銘《讀雪山房唐詩序例》云:"李太白《古風》一卷,上薄《風》《騷》,顧其間多隱約時事。如'蟾蜍薄太清',爲王皇后被廢而作。'胡關饒風沙',爲哥舒開邊而作。'天津三月時'爲林甫靳棺而作。'羽檄如流星',爲鮮于喪師而作。至後一章云,'比干諫而死……',又一章云'姦臣欲竊位……',直指國忠、禄山亂政跋扈,不啻垂涕泣而道之也。世推杜工部爲詩史,而知太白之意者少矣,故特揭而著之。"[17] 其中所舉爲哥舒翰、鮮于仲通所作詩歌,甚爲切當,而所舉爲王皇后、李林甫、楊國忠、安禄山所作詩歌,則不免附會。學者在研讀李白《古風》時,積極考索其中的本事,力求約略得到一些線索,推測某一首詩的寫作時間和情由,是可以理解的。讀者這種索隱的欲望,正是因爲五言組詩詠懷未能直指現實而造成的。因此,五言組詩詠懷的寫作方式,和杜甫"記懷"之作的寫作方式可以參用,而不符合杜甫的"詠懷"願望。具體來說,杜甫"詠懷"不是泛論天人古今,而是關切現實境遇中的精神危機;不是單純對現實矛盾空發感慨,而是要尋求道義的應對方式;不是興發無端、隨遇而作的雜感,而是真誠反省、精心梳理的思想自白。這就要求他必須把浮泛的玄思和哲理驅散,而緊緊抓住一段確定的生活,在一個相對明確的時間限度和社會關係框架内,對自己的思想情感進行定位。首先,一首詠懷詩所涉及的時間界限明確了,便可以立足於特定階段的生活實際,以自己在這一時期特殊的"懷"爲中心,對形成這一"懷"的社會原因進行全面追溯,對個人的"懷"與現實境遇之間的複雜關聯進行全面剖析。進一步説,詩人在特定時期的現實境遇中進行全面深入的思想檢討時,便可以在一個更大的、更複雜的空間格局中構建物我關係,將廣闊的現實内容引入到詩歌的反思中來,這就極大地擴展了詩歌内容的廣度和社會訊息的含量。又因爲這些社會現象和詩人的思想感情世界是密切相關的,詩人對它的表現就不再是簡單的外在描述,而是來自精神世界内部的主觀反映,因此也具有更加深刻的内涵。這就是杜甫長篇詠懷詩歌之所以能廣泛涉及當時社會生活的方方面面並將其融爲一體的根本原因。

其次,將與時局有關的政治、軍事、民族、民生、氣候、災變等各類内容拉雜寫入詩歌,又能有效地避免雜亂無章的缺點,關鍵是對這一切内容的選擇和穿插引入,都是圍繞着詩人此時此地對"懷"的反思而展開的,是作者特定時期"主體化"了的現實。在作者的主體世界中,這些複雜的内容都已經成爲一個統一的有機體,並且達到了高度有序化的狀態。因此,他總可以由此及彼地將其牽連到一起,組織到詩歌中來,並且隨着"反思"的邏輯和思緒的變化,轉換表達方式和角度,打破時間、空間的連續性,而使之服從"思辨"的層次與秩序,形成"意本連屬而轉似不連屬"、叙事頓斷、忽聯議論、"轉接無象,莫測端倪"的神奇效果。另外,爲了加深反思的效果,深入反映現實矛盾的錯綜狀態,作者又通過"回憶""追憶"的手法,拉伸時間性的訴及範圍,打通現時與昔日之間的關係,在"叙事"和"對比"中探詢現實與歷史的瓜葛,既反映出詩人對現實的憂思,又隱含着詩人深遠的歷史意識。這樣,不但爲詠懷詩構建了一個宏大、完整的寫作框架,而且還從一個更深刻的層面,挖掘出了詩人的思想道德意識與時代社會變遷之間的糾結。

最後,在這樣的詠懷方式和修辭狀態下,詩人精神世界中的各類思想情緒也都被刺激出來,猶如千頭萬緒的繩索一樣紐結在一起,緊緊地捆縶着詩人的靈魂,充滿矛盾和鬥爭的張力。在杜甫的一生中,現實的困頓和奮力抗争的理想追求,强烈的使命意識和挫敗之後的義憤,捍衛自身道德立場的義勇和遭受流俗議論嘲諷時的羞愧,空虚失望的悲劇意識和自强不息的傳統精神,生死窮通的嚴峻考驗和悲歡榮辱的情感傷痛,個人的功名成就和家庭的温情眷戀,無不衝擊着詩人的心靈和筆觸。要對此進行董理和疏解,探尋真實的自我與精神的支柱,排遣無謂的煩惱和虚榮的誘惑,是一場極其酷烈的人格廝殺。通過這些長篇詠懷詩的創作,詩人直面了無比痛苦而且尷尬的自我,直面慘淡的人生,撫慰自己心靈的傷痛,重新營建那瀕臨崩潰的精神堡壘,支撑起他瘦勁、高大的人格骨架。總之,特定時期詩人沉鬱的"懷抱"與現實時局的複雜矛盾,使得杜甫必然在時局的思考中展開詠懷,在詠懷中對時局進行思想性的干預。對"懷"的深度反思和對現實的全面思考,這兩方面緊密結合並充分展開,決定了長篇詠懷詩歌的寫作機制。

前代評論家,從學習創作經驗,研究詩法的角度出發,強調杜甫長篇詠懷詩歌的寫作技巧,稱贊他能將各類内容和各種表現手法融爲一體,而對老杜之所以能雜收並蓄,兼顧天地萬物、人我古今以創作長篇詠懷詩的内在機制,並不深悉。李子德評《北征》曰:"上關廟謨,下具家乘。其材則海涵地負,其力則排山倒嶽。"[18] 張上若評《秋日夔府詠懷奉寄鄭監審李賓客之芳一百韻》:"隨意轉合,曲折自如,其忽自叙,忽叙人,忽言景,忽言情,忽紀事,忽立論,忽述見在,忽及已前,皆過接無痕,而照應有法。"[19] 朱庭珍《筱園詩話》卷一:"作五古大篇,離不得規矩法度,所謂神明變化者,正從規矩法度中出,故能變化不離其宗。然用法須水到渠成,文成法立,自然合符,毫無痕迹,始入妙境。少陵大篇,最長於此,往往叙事未終,忽插論斷,論斷未盡,又接叙事。寫情正迫,忽入寫景,寫景欲轉,遥接生情。大開大闔,忽斷忽連,參差錯綜,端倪莫測。如神龍出没雲中,隱現明滅,頃刻數變,使人迷離。此運左、史文筆爲詩法也,千古獨步,勿庸他求矣。"[20] 從文學傳統、篇章技巧上分析長篇詠懷詩的藝術成就,自然是值得肯定的,但是,如果將杜甫長篇詠懷詩歌的成功,僅限於技巧和才學方面,則是遠遠不夠的。實際上,這不僅是詩人的"才",更是詩人的"性",是德性之厚與才學之富緊密結合的產物。因爲,包容整合這些博雜的内容,需要一個可以打通各方面内容的思想框架,將其内在聯繫從本質上構建起來,才能施展天孫織錦的妙手,創造出宏闊多變而又渾然一體的佳作。張謙宜云:"五言排律,當以少陵爲法,有層次,有轉接,有渡脈,有盤旋,有閃落收繳,又妙在一氣。"[21] 指出其多變,尤於其"妙在一氣"致歉,沈德潛也説五言長篇必須"一氣連屬",就是體會到杜甫長篇詩歌具有充沛連貫的文氣和情意,説明"懷"對内容和手法的調轉發揮着主導的作用。而杜甫的"懷"之所以有如此豐富的涵容,又具有如此激越的變化,是與他在時運遭際中展開的道德反思密切相關的。杜甫正是立足於自己的實際境遇,將時代的困厄與自身的道義思辨緊密聯繫起來,使得世情與心情,世態與心態,交感互動,與時俱變,爲長篇詠懷詩的寫作確立了基本範式。

二

杜甫的長篇詠懷詩,從詩體上看,有五古和五排兩種體式,各自的功能有所不同。相對來説,五古是自語性的作品,是寫給自己的,而五排是交際性的作品,是寫給他人的,寫給自己的作品更見本色,寫給他人的作品更富才調。但因爲交際的對象不同,作者在作品中的訴求不同,五排作品所體現的詠懷功能並不一致。大體在移居秦州之前,詠懷的内容多以五古的形式表現,五排則用於仕途干謁的技術型寫作,秦州之後,直到杜甫辭世,五古長篇側重表達一些意味深長的雜感,詳密周至的詠懷之作較爲少見,而五排則在兼具交誼的同時,逐漸成爲詠懷的主要體式。這種現象和杜甫仕途的變遷有關,因爲棄官之後就不需要大量寫作求官的作品了,使得前期用來干謁的詩體逐漸回歸到詩人自己的情感世界中,而原來用以述懷的五古,在表現功能上也自然出現了調整。

杜甫長篇詠懷詩中的五古之作,當以《自京赴奉先縣詠懷五百字》和《北征》兩篇最爲雄傑,雖然這樣篇幅和内容的五古,在杜甫本人的詩集中也不能多見,但它們所標誌的詩歌成就却是極具典範意義的。前人指出,杜甫之前的長篇古詩,漢末有《孔雀東南飛》和蔡琰的《悲憤詩》,南朝有劉孝綽《酬陸長史倕》和荀濟《贈陰梁州》,這些作品對杜甫的長篇詠懷是有啓迪之意的,甚至張謙宜以爲"《北征》,此正是善學《孔雀東南飛》"。[22] 陳僅提到劉孝綽詩時説:"唐人諸長古實從此出。"[23] 實際上,杜甫在這些前代古詩的篇制基礎上,又有自己的詩法。《孔雀東南飛》是叙述體,因爲故事曲折,叙述婉轉,篇幅自然遷延擴展,[24] 杜詩雖有叙述,但並不以完整的記叙一事之本末爲體。《悲憤詩》以個人經歷爲主,記錄漢末世亂及其入胡歸漢之遭際,與杜甫詠懷之體略近。但此詩依然是叙體,没有杜詩表現手法之多樣、章法結構之多變,尤其是作爲"詠懷"的自我反思,更須讓杜甫出一頭地。南朝詩人的長篇寄贈之作,繼承了謝靈運、謝惠連互相酬唱時叙述交往經歷的寫法,在此基礎上變本加厲地展開鋪陳,使得篇幅容量有所擴展。如《酬陸長史俚》全詩六十一韻。前二十四韻,寫分手後得到陸俚的來章,盡悉其旅況,並向陸俚詳細描繪了自己"守故林"的清寂生活,及對故人的思念。以下三十韻,筆調一轉,叙寫自己暢遊廬山一帶名勝名刹的經歷,再以懷望故人爲結。全詩主題集中,意脈連貫,有開有合,洵爲難得,但内容僅至於交誼而已。再如《贈陰梁州》一詩五十九韻,前十韻以議論爲陰子春左遷鳴不平,以下三十五韻回顧二人交往聚散的過程及陰子春的仕途榮辱,表達對世態炎凉的不滿和對故人遭遇的同情,結尾自叙不遇以書憤。從内容上説,荀濟詩可以看作是杜甫之前最成功的長篇詠懷,用典屬對,甚爲精切。但作者存詩僅此一篇,有片玉之珍,無昆山之富,牢騷滿卷,與個人遭際有關,但却與時代危難無涉。從這個角度來説,前人對五言長篇的探索和杜甫長篇詠懷詩的創製,不完全是篇幅大小的"量"的差異,而是"詠懷"内容的"質"的差異。[25]與杜甫長篇詠懷的創作精神更爲接近的作品,當屬曹植的《贈白馬王彪》,此詩將寄贈、紀行、叙事、寫景、詠懷、議論貫通爲一體,展開爲七章,蟬聯而下,曲折深沉,王世貞稱其"悲婉宏壯,情事理境,無所不有"。[26]方東樹指出,"此詩氣體高峻雄深,直書見事,直書目前,直書胸臆,沉鬱頓挫,淋漓悲壯",與"空論泛詠者不同,遂開杜公之宗"。[27]但前人常將此詩看作聯章體,並不完全從五言長篇的整體性上去把握它,[28]所以對此詩與杜甫長篇詠懷之間的關係論之不深。曹植此詩是就任城王之死、白馬王之别而發,但詩歌本身並不叙述此事之始末,僅於詩序中略作交代而已,詩歌則另外以"紀行"爲框架,根據所見景物渲染氛圍,引發對近來遭遇的反思。這種"借題發揮"的做法,將所經歷的事故作爲心中的隱情,在詩中因受其他事物的觸動而成爲詩人思緒的一個個發端,於是全詩則"以意爲主"展開議論和抒情。爲了維護作品的完整性,詩人通過蟬聯之法,將前後章勾連起來,既見出"一氣貫穿"之妙,又能在斷續頓挫、曲折回環中表現他俯仰難言的悲痛和挣扎。杜甫的五言長篇也以議論抒情爲主,以叙事和紀行、寫景爲輔,不用聯章體,而以意貫穿,斷續相生,開合照應,便將千頭萬緒打成一片,自出面目。

《自京赴奉先縣詠懷五百字》一詩作於天寶十四載(755)冬。經過長期的努力,杜甫終於在這一年的十月獲得了右率府胄曹的職位,緩解了困居旅食的艱難生涯。回家省親,給家人一個交代,給自己四十餘年生命歷程,尤其是近十餘年長安生活一個交代。此詩一百韻五百字,篇幅已長,但與詩人四十多年的經歷、十餘年的艱辛相比,又是高度凝練壓縮的"小詩"。從題目看,此詩是在紀行中詠懷,而在詩歌中,詩人却將紀行後置,詠懷前置。這個章法讓詠懷成爲全詩的主體,紀行成爲詠懷的落脚,可以説全詩唯一的宗旨就是詠懷。這樣布置不是爲文之便所致,而是詩人那積鬱已久的愁苦,隨着現實境遇的變化而自然展開的深刻反思。因爲在過去的歲月裏,杜甫的生活經歷了嚴峻的考驗,杜甫的精神和思想也經歷了嚴峻的考驗,現在這一切隨着他的任職有可能出現階段性的緩解,於是多少年壓抑的痛苦便一下子湧流出來。陳貽焮先生説,詩歌一開始的一大段,並不是"向人們彙報自己的思想",而是向自己彙報,"是緬懷往事百感交集時內心深處痛苦的獨白",可以看作"詩人旅食京華十年中遭遇、思想以及創作活動的全面總結"。這個"總結性"的篇章,是詩人在稍稍緩解了精神苦難之後療救心靈創傷的需要。因此,詩人一開始就以認真、嚴格的態度展開反思,對自己的人生和思想進行檢討。他的思想檢討從兩個方面展開:一個是他的人生志向和現實之間的矛盾,另一個是如何在人生的磨難中堅持自己的志向。杜甫明確表達自己的志向是"竊比稷與契",它的內涵有兩個方面:一是憂念百姓,即"窮年憂黎元";二是依戀堯舜之君,即"生逢堯舜君,不忍便永訣"。這兩個方面結合起來,也可以説成"致君堯舜上,再使風俗淳"。爲了實現這個志向,杜甫必然要追求仕途的出路,所以,他曾説"自謂頗挺出,立登要路津",然而在現實中,爲了置身廟堂,他求官多年,一無所成,人已老大,年過四旬,以致有"白首""蓋棺"之憂。爲此,他一方面不斷干謁,陳情於長者,獻詞於權貴,隨公子納涼攜妓,陪駙馬池臺宴飲,朝出暮返,茹苦銜悲;另一方面又説"獨恥事干謁",既恥之,又不得不行之,既行之,又不能不恥之,這裏有矛盾,有無奈,此中的痛苦祇可爲知者言,不可爲俗人道。如今,有了右率府胄曹參軍的賤職,真可謂聊勝於無,但對詩人來説也是一點菲薄的慰藉。就在置身廟堂的計劃連連失敗的困厄處境中,杜甫對他的志向也有了更深刻的理解,那就是戀君、憂民和置身廟堂,沒有必然的聯繫,身在廟堂,可以戀君、憂民,不在廟堂,也可以戀君、憂民。戀君、憂民並不以"廊廟"爲條件。所以,他放棄了隱退的計劃,説是不忍弃君,否認"戀君"是出於現實的需要,而認爲這是出於自己的"物性"之誠。這就是杜甫在歷練、反思中覺悟了的道德主體,對"進"與"退"兩方面進行了理性思量之後,他真正認識到"戀君"對他來説是無條件的,是來自主體内部的自覺選擇,而"憂黎元"便成爲道義的自覺承擔。因此,困頓的生活經歷讓他更能體會"黎元"的苦難,"窮年憂黎元"的"窮年"表面看是指"終年",而深層的意思可以説是"窮困之年",所以他對"黎元"的憂念,也不是停留在儒家的義理上,而是感同身受的一體之痛,"歎息腸内熱"一句的深沉意味就在這裏。如果説在政治上實現"致君堯舜"需要實際的機遇,那麼在道義上戀君、憂民便不需要任何條件,正是從這一點上,杜甫把他"求官"的成敗得失放到了次要的位置上,在作品中對率府冑曹的事情隻字未提,而把對"志"的思辨當作重點,在回憶中反思,在反思中總結,最終以覺"物性""悟生理"爲結論,找到了自己的立身之本。此前,由於出仕的努力連遭失敗而屢受打擊,天災頻發導致一家人缺衣少食,杜甫感到時運否塞,自己沉鬱難出,常和鄭虔等一幫窮朋友相互沉吟,憤懣的情緒讓他也常常發出一些過激的言詞,放言"瀟灑送日月"的大話,如"欲浮江海去","浩蕩乘滄溟"。他也説一些懷疑儒術,鄙薄德性的憤辭,如"紈綺不餓死,儒冠多誤身","儒術誠難起","德尊一代常坎坷,名垂萬古知何用","儒術於我何有哉,孔丘盜跖俱塵埃"。這些話出自以"奉儒守官"的家風爲驕傲的杜甫口中,表現出他此時在人格精神上出現了危機,然而,這些懷疑、激憤在《自京赴奉先縣詠懷五百字》這首詠懷詩裏得到了徹底的清算和總結,他也堅定了自己的道德信念,㉙終生以老儒、腐儒自居,即使面對更大的困頓也不改其衷。詩歌後面的兩大部分便從"窮年憂黎元"展開,途經驪山,有感於温泉宫一墙之隔,内熱而外冷,熱者沉醉而冷者斷魂的極端差異,情感激憤,從自己切身的"寒冷"體驗出發,筆調一轉寫到"寒女"織作之勞、民夫徭役之苦。最後,寫到自己一家人凍餓的處境,筆調再一轉寫到平人騷屑。兩次轉筆,其實是詩人的道義轉身,這個轉身不是捨己從人,而是推己及人。以"憂端"結尾,回應"憂黎元"之意。全詩寫自己行路艱辛及道路所見,由京城而驪山,而渭橋,而奉先,換境不換意,換筆不換意。第一大段從自己的人格精神中窮究出一個"憂黎元"的本心,後二大段則從此行所見所感表現這一本心的效驗,結合照應,渾然一體。㉚

時隔二年,杜甫又作了《北征》,這是對戰亂以來自己所經歷的家事、國事的反思和總結。剛剛過去的兩年,時間雖然不長,但是發生的事情却異常重大。一方面,漁陽反叛,兩京失守,天子播遷,百姓流離;另一方面,杜甫和家人逃難移居,生死離別。在這首詩中,"乾坤含瘡痍"是時運遭際,"憂虞何時畢"是詩之本旨。但杜甫對自己個人離家陷賊、奔赴行在、授官任職、言事忤旨的詳細經歷並沒有説,而在"戀君"與"問家"的矛盾中,從國事安危和家人安危兩個方面展開對乾坤瘡痍的"憂虞"。全詩以"省家"爲門面,在紀行敘述中進行細緻的描寫,以戀君憂國爲神髓,在追憶總結中發表正大的議論。

此前,杜甫擔任了左拾遺一職,或許是拾遺、補闕一類官職特殊的要求,㉛杜甫此時變得敏感而又心細,在大問題上思慮深重,在小問題上一絲不苟,所以詩歌受其影響,也從細小處切入。如首段説將去而懷慚,欲出而怵惕,立朝雖無所補,身退恐君有失,區區之意,拳拳之誠,細微深沉。後文寫路上所見之"幽事"可悦,不嫌瑣屑。鍾惺云:"當奔走愁絶時,偏有閒心清眼,看景入微。"㉜此數句實是以喜寫悲,並非真有"閒心",但"看景入微",的確如是。眼細實則是心細,心細實緣心小,任職於戰亂之時,訪家於喪亡之際,心豈能不小,氣豈能不沉。尤其是到家一段,寫妻兒生活之窮困,全是細節,似乎讓人看到詩人一眼一眼仔細打量、耐心驗看家人子女生活時那熱切的眼神,他把妻兒生活的每一個細節似乎都要看到眼裏,又要把每一個細節都寫到詩中。如果聯繫杜甫這一時期思念家人的其他詩作,這一段描寫便是對兩年來日夜牽腸掛肚的情思的總回答。自從他將家人安置在鄜州羌村之後,自己便陷落長安,家人的生命安全和生計,他都不能盡知,所以朝思夜想。《月夜》中詩人愁望閨中的妻子和兒女,《憶幼子》中詩人叫着兒子的小名,誇他"聰慧與誰論"。《遣興》中詩人得意地説兒子剛會説話時,就能叫出客人的姓氏,還能背誦詩人自己的詩句。"世亂憐渠小,家貧仰母慈",説盡了對孩子的愛,對妻子的愧。"天地軍麾滿,山河戰角悲。倘歸免相失,見日敢辭遲",表現出離亂之世對重逢的期待,因此楊倫説這是"真情苦語"。

《一百五日夜對月》寫寒食節思家，"有淚如金波"，羨慕牛女"秋期猶渡河"，而自己不知何時能與家人重逢。《雨過蘇端》中"妻孥隔軍壘，撥棄不擬道"，說自己吃飽了肚子，不管妻子兒女了，是故作達觀的錐心之辭。不能親自探問家人，便寫信問訊，所以《春望》中說"家書抵萬金"，然而戰事方殷，寄信也不是那麼容易的，所以他說"雁足繫難期"（《遣興》），好不容易"去憑遊客寄"（《得家書》），送出了一份家信，然而時隔十月，家人毫無消息回饋。在這漫長的等待中，他聽說叛軍到處屠殺百姓，"寄書問三川，不知家在否。比聞同罹禍，殺戮到雞狗"，除了戰禍，還有天災，家人住在茅屋裏，存歿如何，"山中漏茅屋，誰復依戶牖"，"幾人全性命，盡室豈相偶"，更讓他揪心，以至於"反畏消息來"（《述懷》），當自己脫險來到行在，意外地得到了妻子的回信，杜甫有"今日知消息，他鄉且舊居"一句詩，《杜臆》云："'他鄉''舊居'，不相屬，而連說最妙。"③"熊兒幸無恙，驥子最憐渠"二句，當是妻子寫在家書中的話，說"宗文他們一切都好，老二宗武最想念你了"，這個"渠"是指杜甫本人。㉞讀到這裏，杜甫恨不能馬上回到家人身邊，無奈身不由己，"傷時會合疏"就寫出了他此時思家、憂國不能兩顧的矛盾。雖說家人有了消息，但畢竟戰亂還在繼續，誰又能保證她們母子始終無虞呢？所以《北征》一開始又有"蒼茫問家室"一句，金聖歎說："'蒼茫'二字，便將一時胸中為在為亡，無數狐疑，一併寫出。"㉟從鳳翔到鄜州的路上又常常遇到"人煙眇蕭瑟"的村落，看到的都是流血呻吟的難民，也使他更加確信一半以上的平民都已死於非命了。

將這些作品一路讀來，深悉杜甫心中深重的憂慮之後，我們再看詩中紀行的一段，就知道杜甫在回家的路上，整個心靈被畏懼和憂思緊裹著，所以，他埋怨僕從的緩慢，感慨道路的艱危，而希圖通過山間幽物來疏解心中的壓抑。"幽事亦可悅"一句中，"亦可"二字見出詩人調節心情的勉強之意。而那些秋後殘存的野果幽芳，或紅或黑，或酸或苦，頑強地生長在貧瘠的山崖谷道之中，與他到邠州去尋訪家人在戰後倖存的生涯，是多麼一致。他所期待的，不也是那一群顏色欠佳的小生命，在他鄉得到母愛的潤澤而暫保平安嗎？終於，沉重的旅途結束了，重逢的願望實現了，可怕的流言過去了，夢魘一般的日子到頭了。在這樣的心理背景下，再來看"經年至茅屋"以下一段，就能理解這一部分內容在杜甫心中的分量，就能理解這是兩年以來一家人離居之苦的大結穴。當妻子、兒女俱在眼前時，他怎能不一個一個從頭到脚、從前到後看個真切，看個着實，並將看到的一切，詳細地寫到詩中，不厭其煩，不藏其醜，雖然没有一句抒情的話，而情在其中。《羌村三首》首章同樣寫亂際生還的幸運，妙在以虚寫實，面對家人團聚的情景，不敢信以爲真，此詩反過來，眼見爲實，妙在以實見虚。隨着詩人的視線在兒女們的身上移動，詩人的心裏湧動着愛的激流。這裏有慰藉，有喜悦，又有憂傷，有蒼凉。妙在詩人還能用戲謔的口吻來調侃那些憨癡的兒女，而每一個字又浸透了父親慈愛的眼淚，飽含着苦澀的氣息、辛酸的滋味。寫家中生活瑣事凌亂的狀態，充滿温柔的情意。前人以爲，"叙兒女事可悲可笑，乃從《東山》詩果羸瓜苦等得來，故不嫌瑣屑傷雅"。[36]實則，何必以經典爲據，方可爲雅？字字句句，皆從實歷中煎熬飲淚得來，真情透發，悲喜交感，苦樂雜糅，詩之至境。

自從喪亂以來，杜甫每每將家人離散和戎馬生郊打併在一起，這是他對自己的生活現實的概括。如今，對家人的憂思隨着他省親歸來得到了緩解，而對國難的憂患還在繼續。如果説安史之亂以前，杜甫對國事的憂思主要圍繞着"黎元"展開，那麽現在他對國事的憂思主要圍繞着軍事措置和政治謀劃展開，這不是出於左拾遺的職事要求，而是出於他憂君的道義之誠。關中失陷後，他就到處打聽天子下落，"行在僅聞信"（《避地》），心中便暫得慰藉。聽到馬嵬事變，他便感慨帝妃的生死離别。看到落難的王孫，詩人便告訴他時局好轉的要聞，"竊聞天子已傳位，盛德北服南單于"。聽説陳陶兵敗，四萬義軍遇難，他悲傷不已，又怕官軍倉促復仇，竟然打算寫信勸慰，替他們分析軍機。聽説蘆子關無人把守，其地又居咽喉之要，這是廟算的疏忽，杜甫情急之下，竟然打算獻計天子，遣將防禦。這些都是他任職之前的作品，可見他的心情與時難息息相關。任職之後，他可以直接參議軍政，有什麽謀謨計慮，都可以向當局建言，所以此類内容在詩中反而消失了。衹在送人赴鎮入幕的篇章中，他對天子之憂、方鎮之重、判官之權，殷殷致意。當省親歸來，家中閑居的時候，他對軍事的憂慮又潛生於心。因爲"兵革既未息"，所以他"撫事煎百慮"。"百慮"之中，尤其是對朝廷借兵回紇，最讓杜甫顧慮重重，所以他在詩中告誡君王應以官軍爲主，外援爲補，先收京洛，再廓海岱，最後直搗叛軍巢穴，澄清天下。説完自己心中深思熟慮的一道軍機，再進而討論皇綱政理,這一點在杜甫看來,纔是最根本的政治問題。北征的路上,杜甫專門憑弔了麟遊縣的九成宮、宜君縣的玉華宮,前者是貞觀時在隋仁壽宫的基礎上翻修的,後者是貞觀時新建的,雖說早已廢弃,但太宗舊制宛在,杜甫到這兩地瞻仰,寫詩記懷,其中他低迴躑躅的態度,大有深意,但他此時並未在詩中論及,等到最後途經昭陵時,纔將他一路上的政治憂思和心事説出。"文物多師古,朝廷半老儒。直詞寧戮辱,賢路不崎嶇。"楊倫説這四句概括貞觀治要,"亦暗對當日言之",㉜甚爲有見。在太宗墓前,緬懷太宗"師古"、崇儒、納諫、任賢的高風,反省太宗由此而興邦立極的功德,詩人的思想慢慢顯現出來。聯想到杜甫剛剛因"直詞"諫諍而遭遇"戮辱",那麽在太宗的山陵前的這一番追思,他内心的苦衷可見。但杜甫不是爲自己鳴冤叫屈,而是爲肅宗能否繼承太宗的優良政風、完成靖亂的重任而懷憂,與《北征》中"恐君有遺失"的句子暗中呼應。高祖太宗的社稷是否還能存在下去,皇綱的基礎是否還在,這個意思成爲《北征》一詩的落脚點。所以他從玄宗罪己、肅宗中興、志士用命、民心尚存四個角度論述了"國猶活"的原因,對"煌煌太宗業,樹立甚宏達"抱以堅定的信心。後來,長安光復,杜甫返京,再經昭陵,寫下了"聖圖天廣大,宗祀日光輝"(《重經昭陵》)的句子,可以看作是對他這一時期思考皇綱問題的回應。總之,從落難陷賊到奔赴行在,再到北歸省親,家計、軍事、政理三個方面的問題,構成了他的思想重點。隨着戰時局勢的變化和他與家人的會合,情感的憂慮有所緩釋,於是《北征》便用長詩的形式,將這一切作爲一個整體進行了全面的、深刻的總結,再次實踐了他自己創立的長篇詠懷詩的體制。

綜上所述,杜甫的這兩首長篇詠懷詩分別表現了旅食京華和遭亂爲官兩個階段的思想經歷,和這兩個時期內創作的其他記懷詩歌之間形成呼應和回饋,充分表現出詠懷詩的反思性和總結性。同時,在内容的組織上,這兩首詩都以"憂"爲中心,通過道路行止的空間變换,構建出"憂"端觸發的心理過程,將眼前所見、現實所歷、心中所思交融爲一體,形成詠懷詩觀照現實的道義自覺。

三

　　從移居秦州到客死湖湘，杜甫的政治參與意識經歷了一個由疏離到回歸的轉變過程。隨着杜甫弃官西行，他逐漸遠離了政治中心，擺脱了權利鬥争的漩渦，這種距離感的出現，使他有可能以沉潜的態度，對朝局政事冷静地尋思，而不再像以前那樣，深陷事態矛盾之中，又不得不就事論事來表達自己對政治軍事的見解。詩歌創作也以近體短篇爲主，描寫邊城的蕭條冷寂，寄託他在政治的邊緣漫步的愁緒。

　　入蜀以後，邊城的愁緒變成了異域的牢騷，草堂成了他安置家人物質生活的場所，也是他自蔽幽獨的私人空間。但這種疏離隨着嚴武鎮蜀，和他自己的入幕爲郎逐漸發生了轉變，回歸廟堂再次成爲他的人生願望，[38]於是，他登上了東歸京洛的孤舟。雖然這次回歸之旅歷盡艱難，最終也因爲現實的原因未能成功抵達終點，但杜甫的精神和思想却不受現實的阻隔，早已面對世難滄桑，再次承擔了檢討和反思現實人生的任務。長篇詠懷詩的創作機制被再次啓動，杜甫對入蜀以前的經歷進行追憶，對入蜀以來的生活進行總結，成爲其夔州以後詩歌的重要内容。如果説《自京赴奉先縣詠懷五百字》和《北征》作爲詠懷詩包含了更多的現實性思考，那麽後期的長篇詠懷詩在現實性思考的基礎上，引入了深沉的歷史性思考，這是杜甫思想深化的自然趨勢，也是他在詠懷詩歌方面的更高追求。同時，如果説《自京赴奉先縣詠懷五百字》和《北征》是杜甫面對紛擾的生活創作的自語性的作品，那麽後期的長篇詠懷詩則是面對孤獨的生活，向兩三個故舊知己傾訴内心憂煩和痛苦的作品，因此，朋友之間暌違離合的經歷及同聲相求的情意，取代了"紀行"的格局，成爲詠懷詩的基本框架，這就形成了和劉孝綽、荀濟的詩歌類似的結構模式，但杜詩的時代内容更渾茫豐富，思想感情更加沉鬱深厚。

　　五言排律是沈宋體的一種類型，"大抵以對仗精嚴，聲格流麗爲長"，[39]初唐詩人嘗試此體，句數從十數韵到二三十韵不等，因爲它"鎔鑄最精，音韵更切，不容一字不入格"，[40]所以因難見巧，愈長愈難。杜審言所作《和李大夫嗣真》四十韵是初唐五排中最成功的作品,初步確立了五排以鋪叙地理歷史資料和時代訊息爲主的創作模式。[41]杜甫承其家法,傾盡學力精研此體,但他又並非完全按照乃祖的寫法進行寫作,而是師其意不師其法,壓縮了空泛的橫向鋪陳,引入長篇詠懷詩的創作機理,以交誼爲紐帶,叙述自己與朋友不同的政治際遇和人生處境,在聯繫和對比中展開一幅時局矛盾的變遷圖像,從而表達他對朋友的關切和對時代的沉思,這就將原本一味炫富博采的詩體,轉變爲抒情言志的詩體,不但内容更爲深厚,而且篇幅更加擴展,結構更爲複雜,以至於出現了長達百韵的極品排律。

以寄贈友人的五排來言志述懷,在秦州時期就已經略具規模,其中有寄薛據、畢曜三十韵,寄高適、岑參三十韵,而尤以《寄岳州賈司馬六丈、巴州嚴八使君兩閣老五十韵》爲典範。薛畢二人遷官,杜甫作詩祝賀,高岑二人典郡,杜甫作詩慰問。賈至和嚴武本有"列大賢""升元輔"的可能,不料"秉鈞方咫尺,鎩翮再聯翩"。朝廷上這些人事變動,是肅宗調整廟堂勢力的舉動,杜甫有感於此,既爲賢者慮,又爲時局憂,所作詩歌便藴涵着深沉的政治内涵。寄贈賈、嚴二人的長詩,所涉及的時代内容與《北征》相接,由自己和兩位朋友的仕途經歷切入,對肅宗即位返京以來的政治風氣進行反思,將當初文武衣冠之盛,與如今群小妨賢猜忌的境況進行對比,既對"榮枯雨露偏"深懷不滿,又對"開闢乾坤正"和"如公盡雄俊,志在必騰騫"充滿自信。詩人對兩位朋友的告誡落脚在"志在"二字上,這是富有深意的。杜甫認爲,故人仕途之升沉,和自己旅泊異方的境遇,都是在喪亂未寧,軍政動盪的背景下產生的,故以"濟世宜公等,安貧亦士常"來綰結客主雙方。以時世爲憂,以情意爲重,以志向爲貴,構成這首詩的内在信念。杜甫立足於士的自覺,砥礪固窮的節操、敦厚的友道和濟世的大義,這是他對自己的"懷"的本色的保持,也是五排作爲詠懷詩最本質的精神。當杜甫指斥叛亂,直面世難的時候,他多用直筆,而當他私議朝政的時候,就艱深其辭,隱晦其意,這種做法正好和五排精切的對仗格律相結合,成爲詠懷詩的新形態和新風貌。

夔州時期是杜甫創作長篇詠懷的又一個高峰。[42]此時,杜甫已經取得了檢校工部員外郎的職位,尋求機會返回長安。滯留夔州是出於客觀上的無奈,夔州時期的詩歌體現了他在回歸道路上的煎熬和掙扎。因爲對他來說,這不僅是客子對故鄉的回歸,而且是從異域向京國的文化回歸,從關塞向廟堂的政治回歸。在夔州的五排詠懷中,他將自己近幾年飄零瑣屑的生活進行仔細的整理,又將其放置到自己一生政治遭際的大框架中去,於是,這些年的漂泊沉潛成爲早先政治失意引發的精神放逐,更重要的是,這段生涯將成爲他重返仕途的精神基礎,因此,通過懷念往昔、反思當前、希冀前路這三個環節,我們看到他再一次仔細編織了自己的人生綱目,歷史、現實與希望在這裏結合,總結、反思與理想在這裏交融。對於已過"知命"之年的老人來説,往事已經變得非常強勢,現實的生活凌亂不堪,將來的際遇若隱若現,所以,他寫往事用重筆,寫當前用細筆,寫來日用虛筆,但無論如何,杜甫是向着希望而去的,用他寫給朋友的詩來説,就是"志在必騰驤",這是杜甫最終都没有消沉頹唐的根本原因,也是他能鼓起勇氣,再次把詠懷的精神氣度貫注在長篇詩歌寫作中的根本原因。

《壯遊》《往在》和《夔府述懷四十韻》可以看作一組,大概是大曆元年(766)秋所作,這是杜甫來到夔州的第一個秋天,"每依北斗望京華"的心情甚切。《壯遊》放開筆墨回憶了自己青年時期快意漫遊的經歷,簡要概括了自己喪亂以來爲官得罪的經歷,結到"小臣絶議論,老病客殊方。鬱鬱苦不展,羽翮困低昂"的現實處境。《往在》則從漁陽反叛起筆,詳叙風塵之際,君臣相遇的經歷,結到眼前代宗臨朝以來的吐蕃之憂,提出君王罪己,百官奉職,將校聽命,農夫歸田的治安之策。將這兩首作品結合起來看,就能瞭解杜甫雖未歸朝,但已經擔當起了郎官的責任,將中斷多年的政治生涯再次續寫。蔣弱六評論《壯遊》詩"題目妙,只説得上半截",而"後文説到極淒涼處,未免衰颯,却正是烈士暮年壯心不已之意",楊倫也順承此意,説"結處壯心消盡,仍是壯心消不盡",[43]真是善於體會作者之心。如果説這些作品還是隨感而發的"記懷"之作,那麽《夔府書懷四十韻》則是對這種心情的全面省察。"昔罷河西尉,初興薊北師。不才名位晚,敢恨省郎遲。扈聖崆峒日,端居灩澦時。萍流仍汲引,樗散尚恩慈。遂阻雲臺宿,常懷湛露詩,翠華森遠矣,白首颯淒其。"天寶十四載(755),杜甫曾被任命爲河西尉,雖然他没有赴任,但在他的個人履歷中,這是他授職之始。詩人總結一生的仕途經歷,便從此落筆,對左拾遺的經歷一語帶過,便把注意力落到眼前的省郎之職上。一方面感戴朝廷的"恩慈"和"汲引",不敢以"名位晚""省郎遲"爲恨,另一方面爲自己漂泊峽中,未能履職而感到慚愧,用"湛露詩"的典故表達他赴闕的願望。接下來切入肅宗在鳳翔的故事,引出代宗時河北藩鎮的歸附,在回憶中對朝廷平息"安史之亂"的過程和策略簡要評述,這纔寫到詩歌的重點内容:如何應對靖亂之後的政局,開創中興的功業。杜甫提出的籌策是休甲兵、復農田、薄賦斂、恤民病、興文教、整吏治,基本原則是從亂時的軍事爲重,轉變爲亂後民生爲重,這種政理被杜甫概括爲"貞觀是元龜",也就是説以太宗的貞觀之治爲鏡鑒。而根據杜甫在江峽一帶目睹的情景來看,眼下朝廷的廟算還没有把握到"中興"的關鍵問題,所以他深以爲憂,但出於"傾陽逐露葵"的本性,他堅信中興的盛業會實現。浦起龍説,"首末兩段著自身説,所懷在己,居中兩段著時事説,所懷在國",[44]章法井然,貫穿其中的是報國效命的歷史感和責任感。

　　大曆二年秋,杜甫作一百韵長詩詠懷,贈送給夷陵的李之芳和江陵的鄭審。這首詩是對移居夔州以來思想情感的總結,"飄零仍百里,消渴已三年"是他對自己處境的概括,説明離亂仍在繼續,"幕府初交辟,郎官幸備員"是他對自己的身份的確定,説明歸朝的願望還未實現,這兩點是全詩的總背景。詩人對三年峽中的精神生活和物質生活進行了仔細的整理。精神生活總結爲兩個方面:一是覽物作詩,所以"登臨多物色,陶冶賴詩篇"一段就對峽中的物色展開描摹;二是憶舊懷鄉,"弔影夔州僻,回腸杜曲煎"二句指出此地的幽獨愁悶,引出了對開元舊事的追憶,和對戰伐喪亂的悲憤。物質生活方面他向朋友詳細介紹了自己飲食住行、水米果蔬等各個方面的情況,茅屋、竹籬、柴門、水筒、漁具、坐具、果園、芋田、蓮池、紫梨、栗子、黄魚等瑣細的日常生活用品羅列了不少,寫出來似乎還算豐富,實際上顯示了他們一家臨時度日東拼西凑的拮据生活。出於寄贈之作的需要,詩中又贊頌了李郭二人的才具之美,並將其看作國難日深的時局中不可多得的賢良,希望他們及時努力,匡輔社稷。而自己筋力疲苶,不堪重用,祇能許身沙門之教,淹泊江湖之間。杜甫身爲郎官,却發出歸心佛陀的論調,是他此時歸朝無計的情況下懊惱心緒的表現。他擔心自己老死於江潭,汨没於人生的迷途,所以以此自釋。當他真正放舟出峽的時候,擺脱了夔州隱晦消沉的愁苦歲月,便又唱出了"朗詠劃昭蘇""意遣樂還笑"(《大曆三年春白帝城放舟出瞿唐峽》)的輕鬆之感,"此生遭聖代""蒙恩早廁儒"的使命感又回到了他的内心。

崎嶇的人生道路考驗了他,洗去的祇是對浮名的計較,留下的永遠是聖哲的道義。"喜近天皇寺,先披古畫圖",似乎老杜要履踐他"許身雙峰寺"的前言了,實則詩下自注:"此寺有晋王右軍書,張僧繇畫孔子及顔子十哲形像。"杜甫在這裏故作狡獪,高高興興地跑到天皇寺,爲的是瞻仰前代藝術家畫的孔子聖像,他依然保持着儒者的本旨。所以,他鄙薄禍國亂政的驕兵悍將,而以窮途憂民的書生自居。

如果説夔州時期的這些長篇詠懷詩還夾雜着不少瑣碎的感興,是總結反思和時感雜念相互交錯的作品,那麽《秋日荆南述懷三十韻》則是一首思想凝練、文辭妥帖的作品。李子德曰:"此詩沉雄高渾,行藏之本末,喪亂之源流,皆略具篇中,有鯤鵬運海之才,兼羚羊掛角之妙,其語多奥屈,則定哀之微辭。"[45]所論最精。雖然以"秋日荆南"爲題,但荆南風物祇是一個詩意的觸發,全詩是對蜀中六年,峽中三載,共計九個寒暑的艱難歲月的反顧,又是入仕以來十餘年對政事的探研、對道義的履踐的總結。前十八韻檢討自己一生的榮枯得喪,對仕途和生計作了總括式的評判,直面這慘澹的人生,認可了慘澹的結局。以下的内容,則對臺閣上文武衣冠的賢愚及其政治舉措的得失進行概論,寄寓自己的隱憂。這是他對幾十年治亂滄桑進行反思之後得到的警示,而偃武修文、封建任賢,則是他留給當政者的老成之言。從"自古江湖客,冥心若死灰"之句來看,杜甫大概料定自己不可能生還廟堂,這首詩簡直可以看作是他的臨終上表。在思想精神和藝術手法上,和《自京赴奉先縣詠懷五百字》的首段遥遥呼應,是杜甫全其始終的深意寄託。當然,杜甫轉入湖湘以後,還寫過《詠懷二首》等作品,而尤以《風疾舟中伏枕書懷三十六韵奉呈湖南親友》一詩爲傑出,是他結束湘潭之遊回舟洞庭時的反顧之作,是對他最後生命遭際的總結。杜甫在病體即將不起的危難之時,仍然伏枕舟中,精研詩律,鎔煉語詞,寫出這樣的長篇五排以詠懷,從容地面對死亡,給自己一生的道德文章一個圓滿的結局。

杜甫創制長篇詠懷這一詩體的基礎,是他對個人精神苦難與時代遭際之間矛盾關係展開深刻思考的結果。正是因爲杜甫認識到了個人與時運之間的本質關聯,認識到了個人命運的窮通與時代政治的盛衰之間的種種矛盾,最終必然會導致道義困惑,詠懷詩就是要分析各種矛盾,反思這種困惑,最終指明精神的歸宿。祇有從道義出發,將倫理職責和時運遭際進行本質化的結合,纔有可能將過往與現實、政治與家庭、世情與親情、大義與幽興、全域與細節,打成一片,熔煉成一個整體,由此而產生的長篇詠懷詩,纔能達到紛然雜陳而不亂、跌宕開闔而不離、波瀾壯闊、元氣淋漓的高超境界。

注 釋

① 胡應麟《詩藪》:"張子壽首創清澹之派。盛唐繼起,孟浩然、王維、儲光羲、常建、韋應物,本曲江之清澹,而益以風神者也。"(中華書局 1958 年版,第 34 頁)

② 葛曉音《簡論陳子昂〈感遇〉和李白〈古風〉對阮籍〈詠懷〉詩的繼承和發展》,《漢唐文學的嬗變》,北京大學出版社 1990 年版,第 75—84 頁。

③ 葛曉音《杜甫詩選評》中《自京赴奉先縣詠懷五百字》評語,上海古籍出版社 2002 年版,第 41 頁。

④ 葉夢得《石林詩話》卷上,《歷代詩話》,中華書局 2004 年版,第 411 頁。

⑤ 沈德潛《唐詩别裁》卷二,中華書局 1981 年影印,第 29 頁。《説詩晬語》云:"五言長篇,固須節次分明,一氣連屬。然有意本連屬,而轉似不相連屬者。叙事未了,忽然頓斷,插入旁議,忽然聯續,轉接無象,莫測端倪,此運《左》《史》法於韵語中,不以常格拘也。千古以來,且讓少陵獨步。"(人民文學出版社 1998 年合印本,第 206 頁)與正文所引相近,可參看。

⑥ 楊倫《杜詩鏡銓》卷一六,上海古籍出版社 1998 年版,第 808 頁。

⑦ 浦起龍《讀杜詩説》發凡,中華書局 2000 年版,第 9 頁。

⑧ 趙翼《甌北詩話》卷四,人民文學出版社 1963 年版,第 39 頁。

⑨ 同上書,第 42 頁。

⑩ 同上書,卷三,第 33 頁。

⑪ 方世舉《蘭叢詩話》,郭紹虞主編《清詩話續編》,上海古籍出版社 1999 年版,第 774 頁。

⑫ 吴喬《圍爐詩話》,《清詩話續編》,第 518 頁。

⑬ 葛曉音《唐詩宋詞十五講》第四講"杜甫":"除了反映時事、言志述懷等重大題材的作品之外,他也寫了許多以日常生活爲題的抒情小品……強調生活中活潑潑的生機……比較注重描寫新奇的意趣。"(北京大學出版社 2005 年版,第 106 頁)

⑭ 盧藏用《右拾遺陳子昂文集序》,《全唐文》卷二三八,中華書局 1983 年版,第 2402 頁。

⑮ 成倬語,見陳伯君《阮籍集校注》卷下,中華書局 2006 年版,第 209 頁。

⑯ 同上。

⑰ 管世銘《讀雪山房唐詩序例》,《清詩話續編》,第 1545 頁。

⑱ 楊倫《杜詩鏡銓》卷四,第 163 頁。

⑲ 《杜詩鏡銓》卷一六,第 808 頁。

⑳ 朱庭珍《筱園詩話》,《清詩話續編》,第 2335 頁。

㉑ 張謙宜《絸齋談詩》卷二,《清詩話續編》,第 807 頁。

㉒ 《絸齋談詩》卷四,《清詩話續編》,第 827 頁。

㉓ 陳僅《竹林答問》問:"古詩至盛唐始有長篇,六朝以前不多見,未知有可取者否?"答:"劉孝綽《酬陸長史倕》詩六十一韵,爲六朝第一長篇,踔厲風發,舒卷淋漓,唐人諸長古實從此出,次則荀濟《贈陰梁州》五十九韵,雖不逮劉,而纏綿離合,亦言情之傑作也。"(《清詩話續編》,第 2229 頁)

㉔ 王世貞《藝苑卮言》:"《孔雀東南飛》質而不俚,亂而能整,敍事如畫,敍情若訴,長篇之聖也。"(《歷代詩話續編》,第 980 頁)喬億《劍溪說詩》:"《廬江小吏詩》,敍次似衍而複,然情事曲折,盡在是矣。筆墨天成,不假造作。"(《清詩話續編》,第 1092 頁)

㉕ 潘德輿《養一齋李杜詩話》卷二:"以杜之長篇論,《北征》一作,謂與風雅相表裏可也,況漢以下乎?《奉先詠懷》一作,非即蔡文姬《悲憤》之規模,而又超出其上者乎?"既贊同"杜之長篇敍事,有漢人遺意"(胡應麟語)的説法,又指出其"超出其上",表裏風雅的境界。(《清詩話續編》,第 2194 頁)

㉖ 王世貞《藝苑卮言》卷三,《歷代詩話續編》,第 988 頁。

㉗ 方東樹《昭昧詹言》卷二,人民文學出版社 1984 年版,第 73 頁。

㉘ 沈德潛《説詩晬語》:"《文王》七章,語意相承而下,陳思《贈白馬王》詩、顏延之《秋胡行》,祖其遺法。"(第 194 頁)"一首有一首章法,一題數首,又合數首爲章法,有起,有結,有倫序,有照應,若闕一不得,增一不得,乃見體裁。陳思《贈白馬王》、謝家兄弟酬答、子美《游何將軍園》之類是也。"(第 247 頁)

㉙ 陳巖肖《庚溪詩話》:"《赴奉先詠懷》五百言,乃聲律中老杜一篇心迹論也。"(引自仇兆鰲《杜詩詳註》卷四,中華書局 1979 年版,第 274 頁)

㉚ 張上若:"此五百字,真懇切至,淋漓沉痛,俱是精神,何處見有語言。"(《杜詩鏡銓》卷三,第 112 頁)

㉛ 《唐會要》卷五六記載,大和三年,左拾遺舒元褒上書論事,有"事雖小而關分理者,不可失也,分理一失,亂由之而生"。此語雖就事而發,但可見拾遺、補闕之類"供奉諷諫"的官職的思維方式,既要通識大體,又要察舉幽微,尤其以"事小"而又關乎"分理"者爲重。

㉜　見仇兆鰲《杜詩詳注》卷五所引,第 398 頁。

㉝　王嗣奭《杜臆》卷二,中華書局 1963 年版,第 51 頁。

㉞　楊倫《杜詩鏡銓》上海古籍出版社排印本中,此二句前用冒號,即以此二句爲信中語句。

㉟　金聖歎《杜詩解》卷二,上海古籍出版社 1984 年版,第 67 頁。

㊱　楊倫《杜詩鏡銓》卷四,第 161 頁。

㊲　同上書,第 164 頁。

㊳　見拙文《杜甫兩依嚴武事迹發微》,《文學遺産》2013 年第 5 期。

㊴　施閏章《蠖齋詩話》,《四庫全書》本。

㊵　喬億《劍溪説詩》卷下,《清詩話續編》,第 1095 頁。

㊶　可參看拙著《初盛唐時期的盛世理想與文學》(中國社會科學出版社 2008 年版)第三章"盛世氛圍的營造"的部分論述。

㊷　程千帆、張宏生《晚年:回憶和反省——讀杜甫在夔州的長篇排律和聯章詩劄記》,《中國社會科學》1986 年第 1 期。該文後收録在《被開拓的詩世界》,上海古籍出版社 1990 年版。

㊸　楊倫《杜詩鏡銓》卷一四,第 700 頁。

㊹　浦起龍《讀杜心解》卷五之三,第 765 頁。

㊺　楊倫《杜詩鏡銓》卷一九,第 927 頁。

晚唐詩學和詩風的轉變

唐 婷

【提要】 晚唐詩學理論由中唐的高蹈政教轉向對"人情"的關注,大量"詩格""詩式"類著作產生,藉重新定義"六義"解構傳統詩學"政教"説,表明晚唐詩學譜系由《詩》轉軌入《騷》的發展趨勢。晚唐前期,以李商隱、杜牧爲代表,主張"反道緣情"的創作觀念;後期,以皮日休、陸龜蒙爲代表,祖述"詩教",實慕"楚騷",整個晚唐文學的發展特徵是,在儒家傳統觀念的遮掩下,宣揚抒發個人情感,印證了晚唐詩學譜系"由《詩》入《騷》"的事實。

中國古典文學有《詩》《騷》兩大譜系,裴子野云:"古者'四始六藝(義)',總而爲詩,既形四方之風,且彰君子之志,勸美懲惡,王化本焉。後之作者,思存枝葉,繁華蘊藻,用以自通。若悱惻芳芬,'楚騷'爲之祖;靡漫容與,相如扣其音,由是,隨聲逐影之儔,弃指歸而無執,賦詩歌頌,百帙五車。"[①]《詩經》以"四始六義"爲精髓,建立起以反映王政教化爲主的文學傳統;"楚騷"發源於南方,形成以"美人香草"、發憤抒情爲主的另一個文學傳統。清儒紀昀云:"風人騷人,邈哉邈矣,非後人所能擬議也,而流别所自,正變遞乘,分支於《三百篇》者爲兩漢遺音,沿波於屈、宋者爲六朝綺語。"[②]明確指出《詩》《騷》構成了文學發展的兩大譜系,《詩》所確立的是爲政教而作的文學譜系,將經學維繫世道人心的理念代入文學創作中,後世乃稱之爲功利文學;而《騷》所確立的是爲個人情懷而作的文學譜系,後又發展爲極盡"風雲月露"的美學追求,是爲藝術而作的文學。縱觀由漢至唐整個古典文學發展的歷史軌迹,大體趨勢很明瞭,即在國家草創之

唐 婷 成都大學文學與新聞傳播學院

初或國勢由强轉衰之際,文人儒士有强烈的政治參與意識,這時詩文所承續的多是《詩經》傳統;而在國家極盛時刻或大勢已去之時,詩文作家被排擠到政治的邊緣,如同俳優伶人,這時詩文所承續的則多是"楚騷"傳統。唐朝走過貞觀、開元那樣的盛世,又歷經安史之亂的浩劫,最終在愈演愈烈的内憂外患中走向衰敗。到了晚唐,詩文在理論研究及創作實踐上都不同於之前的氣象。"詩格"類著作對"六義"的重新詮釋就是一個明顯説明。

一 由《詩》入《騷》的發展趨向

在傳統《詩》學研究中,"六義"與"四始""五際""六情"共同構成解構《詩經》的核心概念。尤其是"六義",《詩序》云"《詩》之至",孔穎達釋云:"《詩》之至者,《詩》理至極,盡於此也。"程子云:"學《詩》而不分六義,豈能知《詩》之體也。"③朱熹認爲"六義"乃"三百篇之綱領管轄",④又細論云:"本之《二南》以求其端,參之列國以盡其變,正之於雅以大其規,和之於頌以要其止。此學詩之大旨也。於是乎章句以綱之,訓詁以紀之,諷詠以昌之,涵濡以體之,察之情性隱微之間,審之言行樞機之始,則修身及家,平均天下之道,其亦不待他求而得之於此矣。"⑤"六義"對於理解《詩經》的奥義微旨有提綱挈領的作用,是傳統《詩》學研究的鋼筋骨架。同時,"六義"也是我國詩論發展史上,繼"詩言志"之後所出現的較早的詩學理論,且成爲了傳統詩學的精髓。《詩序》發其端,之後裴子野云:"古者四始六藝,總而爲詩。"⑥此"六藝"即"六義",劉勰云:"詩文弘奥,包韞六義。"⑦庾信云:"四始六義,實動性靈。"⑧可見,"六義"是傳統詩學理論架構的核心。對於"六義",後世詩論與傳統詩論明顯不同,它有意在祖述傳統的同時尋求突破。如鍾嶸云:"故詩有三義焉,一曰興,二曰比,三曰賦。文已盡而意有餘,興也;因物而喻志,比也;直書其事,寓言寫物,賦也。宏斯三義,酌而用之,幹之以風力,潤之以丹彩,使味之者無極,聞之者動心,是詩之至也。"⑨"三義"的提出,致使"六義"由之前經學研究的重"風、雅、頌"轉而變爲詩學研究的重"賦、比、興"。其實,後世對整個"六義"的詮釋都有着和傳統《詩》學不大一樣的説法。特别是中晚唐時期,"詩格"類著作格外增多,此時雖《詩》學主流依然堅守著"六義"關乎政教的傳統,但詩歌批評、詩學理論早已在傳統詩學的範疇外謀求新的發展。中晚唐時期詩格對於"六義"的闡説,就直接反映了當時詩歌理論的發展新動向。

(一)"詩格"對"三體三辭"的背離

所謂"三體三辭",是孔穎達在《詩序》的啓發下提出的。《詩序》闡釋"風、雅、頌",云:"上以風化下,下以風刺上,主文而譎諫,言之者無罪,聞之者足以戒,故曰風……是以一國之事,繫一人之本,謂之《風》。言天下之事,形四方之風,謂之《雅》。《雅》者,正也。言王政之所由廢興也。政有小大,故有《小雅》焉,有《大雅》焉。《頌》者,美盛德之形容,以其成功,告於神明者也。"《詩序》的表述,明顯"風、雅、頌"在内容上是有區别的,受此啓發,孔穎達在解釋"六義"的過程中,便提出了"三體三辭"説,云:

> 風、雅、頌者皆是施政之名也。上云:"風,風也,教也。風以動之,教以化之。"是風爲政名也。下云:"雅者,正也,政有小大,故有《小雅》焉,有《大雅》焉。"是雅爲政名也。《周頌譜》云:"頌之言容,天子之德,光被四表,格于上下,此之謂容。"是頌爲政名也。人君以政化下,臣下感政作詩,故還取政教之名,以爲作詩之目。風、雅、頌同爲政稱,而事有積漸。教化之道,必先諷動之,物情既悟,然後教化,使之齊正。言其風動之初,則名之曰風,指其齊正之後,則名之曰雅。風俗既齊,然後德能容物,故功成乃謂之頌。先風後雅、頌爲此次故也……然則風、雅、頌者,詩篇之異體。賦、比、興者,詩文之異辭耳。大小不同,而得並爲六義者,賦、比、興是詩之所用,風、雅、頌是詩之成形。用彼三事,成此三事,是故同稱爲義,非别有篇卷。⑩

孔穎達着重強調兩點,一則風、雅、頌之稱都與政教有關;二則風、雅、頌是詩之異體,賦、比、興是詩之異辭,賦、比、興用來創作風、雅、頌,即"三體三辭"説。"三體三辭"的提出將"六義"分爲兩類,之後的《詩》學研究沿着這種思路,又有"三情三用"⑪"三經三緯"⑫兩説。值得注意的是,孔穎達首次提出"三體三辭"其意義何在。輔廣闡釋"六義"爲《詩》之綱領管轄,云:"風、雅、頌者,三百篇之節奏實統於是而無所遺,故曰綱領;賦、比、興者,三百篇之體製實出於是而不能外,故曰管轄。"⑬雖節奏、體制之説與孔穎達所謂的"體""辭"不同,但孔穎達之所以分"三體三辭"的緣由應如輔廣所言。將風、雅、頌確定爲三種體裁,故有諸侯之政、天子之政、天子之德三種關乎政教的定義,所以,"三體三辭"是詮釋《詩經》政教意義的"綱領管轄",是《詩》之"機要"所在。

而在"詩格"中,對"六義"的闡釋幾乎一致地背離了"三體三辭"。如王昌齡的《詩格》云:

> 一曰風。天地之號令曰風。上之化下,猶風之靡草。行春令則和風生,行秋令則寒風殺,言君臣不可輕其風也。二曰賦。賦者,錯雜萬物,謂之賦也。三曰比。比者,直比其身,謂之比假,如"關關雎鳩"之類是也。四曰興。興者,指物及比其身説之爲興,蓋託喻謂之興也。五曰雅。雅者,正也。言其雅言典切,爲之雅也。六曰頌。頌者,讚也。讚歎其功,謂之頌也。⑭

王昌齡認爲風、雅、頌是與賦、比、興同性質的三種表述風格。中唐時,賈島亦贊同此説,《二南密旨》云:"歌事曰風。布義曰賦。取類曰比。感物曰興。正事曰雅。善德曰頌。"⑮賈島更簡練明確地概括了"六義"是具有不同特徵的六種表述風格,"六義"之間是並列關係。又云:"風者,風也。即與體定句,須有感。外意隨篇自彰,内意隨入諷刺。歌君臣風化之事","雅者,正也,謂歌諷刺之言,而正君臣之道。法制號令,生民悦之,去其苛政","頌者,美也,美君臣之德化"。據此而言,賈島對風、雅、頌的解釋明顯受到傳統《詩》學注重諷刺教化的影響,但在表達上賈島又極力要回避風、雅、頌是三種詩體的説法,主張三者是三種表述方式。晚唐時,詩格對"六義"的解説,就與傳統《詩》學漸行漸遠,如齊己《風騷旨格》談"六詩"與"六義",分别云:

> 六詩。
> 一曰大雅,詩曰:"一氣不言含有象,萬靈何處謝無私。"
> 二曰小雅,詩曰:"天流皓月色,池散芰荷香。"
> 三曰正風,詩曰:"都來消帝力,全不用兵防。"
> 四曰變風,詩曰:"當道冷雲和不得,滿郊芳草即成空。"
> 五曰變大雅,詩曰:"蟬離楚樹鳴猶少,葉到嵩山落更多。"

六曰變小雅,詩曰:"寒禽黏古樹,積雪占蒼苔。"⑯

詩有六義。

一曰風,詩曰:"高齊日月方爲道,動合乾坤始是心。"

二曰賦,詩曰:"風和日暖方開眼,雨潤煙濃不舉頭。"

三曰比,詩曰:"丹頂西施頰,霜毛四皓鬚。"

四曰興,詩曰:"水諳彭澤闊,山憶武陵深。"

五曰雅,詩曰:"捲簾當白晝,移榻對青山。"

六曰頌,詩曰:"君恩到銅柱,蠻款入交州。"⑰

在齊己這裏,"六詩"用來指六種不同氣象的詩體,"六義"則是六種不同的表述方式,無論"六詩"還是"六義"都沒有刻意強調詩歌與政教的關係,而是個人情志的抒發。汪祚民先生也認爲以齊己爲代表,"是唐人試圖將《詩經》'六義'等經學說解轉換爲一種意象式的詩意言說,使人們在意象興喻之中感受正《大雅》、正《小雅》、變《大雅》、變《小雅》的整體風格意韵。這種詩意的言說解構了經學政教的理性直陳,重在個體朦朧的審美感悟"⑱。

關於"六義"的詮釋,從賈島到齊己,反映了中晚唐詩學理論逐漸突破、背離傳統詩學的發展軌迹。中唐時,詩歌理論在強調"政教"的傳統詩學與主張"緣情"的六朝詩論之間徘徊,這與當時的社會背景及此背景下文人儒士的心態緊密相關。安史之亂後,從代宗到憲宗在位的近六十年裏,唐王朝處於休養生息階段,其間德宗行姑息之政,朝廷勢弱而方鎮愈强;憲宗即位之初尚剛明果斷,而晚年則任用非人,在這樣的政治環境下,文人本着兼濟情懷,則傷歎滿目蒼夷、民生維艱;順從獨善之志,則吟詠山河歲月、閑情逸致,白居易在給元稹的書信中就談到這一點,這應該是當時文人普遍的創作狀態,所以,這時的詩歌批評遊離於"緣情"與"緣政"之間也是自然。至晚唐,朝廷内外局勢堪憂,"唐衰矣",絕大多數文人不再有"致君堯舜上"的信念與勇氣,這時詩歌多傾向於個人情懷的抒寫,辭氣卑弱、格調亦不高,此時的詩歌理論自然不熱衷於關心政治教化。所以,晚唐詩格並列"六義",將"風、雅、頌"釋爲三種表述風格,解構附加其上的政教意義,轉換爲創作方法上的不同特徵,致使作爲傳統詩學政教標誌的"六義",轉變爲詩歌創作中的不同技法。

詩格並列"六義"的詩學觀念對宋代《詩》學研究有一定影響。如程子云："《國風》、大小《雅》、三《頌》,詩之名也;六義,詩之義也。一篇之中有備六義者,有數義者。"[19]呂祖謙云:"詩舉有此六義,得風之體多者爲《國風》,得雅之體多者爲大、小《雅》,得頌之體多者爲《頌》,《風》非無《雅》,《雅》非無《頌》也。"[20]唐仲友云:"'其風肆好''穆如清風',《大雅》亦有《風》;'雖則如燬,父母孔邇',《周南》已有《雅》;'有匪君子,終不可諼兮',《變風》猶有《頌》。《采蘩》,賦之屬也;《關雎》,興之屬也;如燬如玉,比之屬也。有賦比興以爲《風》,亦有以爲《雅》《頌》。一篇而二義者有之,《鶴鳴》專於興也,其意達於《風》矣;有一句而二義者,'王室如燬',比而雅者也。觸類而求之,不可以悉數。"[21]宋儒闡釋"六義"多強調一詩之中兼有數義,這在漢儒以政教區分詩體的觀念裏是不可能發生的。祇有突破了詩歌與政教的捆綁關係,從詩學或音樂等角度來理解,纔可能出現"兼有數義"的詮釋。中晚唐詩格並列"六義",背離了政教闡釋的傳統,這便啓發了宋儒從文學等角度來理解"六義",故有"《風》非無《雅》,《雅》非無《頌》"這樣看似離經叛道的新解。因此,中晚唐詩格並列"六義"、突破"三體三辭"的意義就在於,從傳統《詩》學的"綱領管轄"處滌除其政治教化意義,將《詩》作爲詩歌創作的源頭來研究,凸出了對個人情志的關注。

(二)"詩格"對"比興"的重新詮釋

中晚唐"詩格"詮釋"六義"注重個人情志的特徵,更顯著地體現在對"比興"的解說上。"比興"是詩歌創作中爭議較多的兩個概念,從漢儒開始就有不同的定義,鄭衆云:

> 比者,比方於物也。興者,託事於物。[22]

又,鄭玄云:

> 比,見今之失,不敢斥言,取比類以言之;興,見今之美,嫌於媚諛,取善事以喻勸之者。[23]

劉熙云:

> 興物而作謂之興,敷布其義謂之賦,事類相似謂之比。[24]

三者説法各一，其中鄭玄從美刺上來區別比、興，顯然是出於詩歌關係政教的觀念。孔穎達釋云："比云'見今之失，取比類以言之'，謂刺詩之比也。興云'見今之美，取善事以勸之'，謂美詩之興也。其實美刺俱有比興者也……《詩》皆用之於樂，言之者無罪。賦則直陳其事，於比興云'不敢斥言''嫌於媚諛'者，據其辭不指斥，若有嫌懼之意。其實作文之體，理自當然，非有所嫌懼也。"其實，此處孔穎達已偏向於從文學的角度來解釋，而鄭玄是從經學的角度，其重點不外乎是詩"主文而譎諫"，有"温柔敦厚"之教，這正是《詩》作爲儒家經典所擔負的維繫人倫道德、世道人心的歷史使命。而唐代"詩格"並不都熱衷於漢儒所附加的政教意義，多直接將比、興釋爲詩歌創作的兩種表述方式。

王昌齡《詩格》云："三曰比。比者，直比其身，謂之比假。如'關關雎鳩'之類是也。四曰興。興者，指物及比其身說之爲興，蓋託喻謂之興也。"[25]又，皎然《詩議》云："比者，全取外象以興之，'西北有浮雲'之類是也。興者，立象於前，後以人事諭之，《關雎》之類是也。"[26]王以《關雎》爲"比"，皎然則以爲"興"，雖意見不同，但二者在比、興的定義上很相近。換作現今的闡釋方式來說，即皆認爲"比"祇出現喻體，"興"則喻體和本體同時出現。關鍵在於，皎然所謂的"立象於前，後以人事諭之"，《詩式》中有更詳細地說明，云："取象曰比，取義曰興，義即象下之意。凡禽魚草木、人物名數，萬象之中義類同者，盡入比興。《關雎》即其義也。如陶公以孤雲比貧士，鮑照以直比朱絲、以清比冰壺。"[27]在皎然看來，比、興皆取象表義，最終都譬喻人事，在定義上本不甚分明；且從其所舉的例子來看，此人事指人情，並非政教，其云："語與興驅，勢逐情起，不由作意，氣格自高。"[28]"興"亦指情興，這表明皎然的"比興"其實並不源於《詩》，而是源於《楚辭》，這是一個很值得關注的轉變。

朱自清先生針對王逸所云"《離騷》之文，依《詩》取興"，談到《九歌·湘夫人》"沅有茝兮醴有蘭，思公子兮未敢言"句，王逸解茝蘭異於衆草，"以興湘夫人美好亦異於衆人"，此"興"其實是"不遠人情的譬喻"。[29]《楚辭》此"不遠人情的譬喻"即是中晚唐"詩格"中"興"的本源。六朝詩論對"興"的闡釋也關涉"人情"。摯虞云："比者，喻類之言也，興者，有感之辭也。"[30]劉勰云："比者，附也；興者，起也。附理者切類以指事，起情者依微以擬議。起情故興體以立，附理故比例以生。"㉛鍾嶸云:"文已盡而意有餘,興也;因物喻志,比也。"㉜此"意有餘"則情也在其中。要知道,六朝詩論强調"興"與"情"相關之時,正是詩學理論"緣情"説勝於"言志"説之際,朱自清先生云:"六朝人論詩,少直用'言志'這詞組的。他們一面要表明詩的'緣情'作用,一面又不敢無視'詩言志'的傳統;他們没有膽量全然撂開'志'的概念,徑自採用陸機的'緣情'説,只得將'詩言志'這句話改頭换面,來影射'詩緣情'那句話。"㉝六朝詩學是以"緣情"爲主。所以,皎然關注"人情"(指一己私情)反映了中晚唐詩學在發展過程中回溯"楚騷"傳統、歆慕六朝詩學的趨勢。

皎然之後,賈島詮釋"賦、比、興"頻繁出現"情"字,云:

> 賦者,敷也,布也。指事而陳,顯善惡之殊態。外則敷本題之正體,内則布諷誦之玄情。比者,類也,妍媸相類、相顯之理。或君臣昏佞,則物象比而刺之;或君臣賢明,亦取物比而象之。興者,情也,謂外感於物,内動於情,情不可遏,故曰興。感君臣之德政廢興而形於言。㉞

賈島云"顯善惡之殊態",刺"君臣昏佞","感君臣之德政廢興"等,幾乎都是照搬《詩序》的説法。正如上文釋風、雅、頌,賈島詳細闡釋"六義"的含義時都受到了傳統《詩》學的影響,此"布諷誦之玄情",玄情即幽情,是指一種政治情感,即"國史明乎得失之迹,傷人倫之廢,哀刑政之苛,吟詠情性,以風其上"之"情性";又所謂"興者,情也,謂外感於物,内動於情,情不可遏,故曰興",這完全是"情動於中,而形於言"的翻版。誠然,從表面上看來,賈島是依據漢儒對《詩》的經學闡釋來分析"六義",那"情"字的反復出現又有何必要?在針對"六義"的闡釋中,賈島首次提出"興者,情也",拋開之後所附加的"君臣德政"説,賈島認爲"興"這種表述方式即"情來",㉟此"情"絶不祇關係到政治民生,應如鍾嶸所云:"若乃春風春鳥,秋月秋蟬,夏雲暑雨,冬月祁寒,斯四候之感諸詩者也。嘉會寄詩以親,離羣託詩以怨。至於楚臣去境,漢妾辭宫,或骨横朔野,魂逐飛蓬;或負戈外戍,殺氣雄邊;塞客衣單,孀閨淚盡;或士有解佩出朝,一去忘返;女有揚蛾入寵,再盼傾國:凡斯種種感蕩心靈,非陳詩何以展其義?非長歌何以騁其情?"㊱是這樣種種與萬物古今偶遇切合而觸動的情感。所以,賈島多次提及"情",正如六朝學者故作影射一般,表明對詩歌抒發個人情感的肯定,延續了皎然回溯"楚騷"傳統的詩學趨向。

晚唐時,司空圖云:"清澗之曲,碧松之陰。一客荷樵,一客聽琴。情性所至,妙不自尋。遇之自天,泠然希音。"㊲此出自《詩品》"實境",清人許印芳認爲司空圖強調"情性所至",表明"詩文所以足貴者,貴其善寫情狀。天地人物,各有情狀"。㊳萬物有情,人莫不然,司空圖在意詩歌對個人情懷的自然表達,又云:"大風捲水,林木爲摧,適苦欲死,招憩不來,百歲如流,富貴冷灰,大道日喪,若爲雄才,壯士拂劍,浩然彌哀,蕭蕭落葉,漏雨蒼苔。"㊴這段"悲慨",有"子在川上"之歎,又有"時不利兮"之悲,滿目蒼涼,都是詩人傷時感事的情懷。忽而又云:"生者百歲,相去幾何,歡樂苦短,憂愁實多,如何尊酒,日往煙蘿,花覆茆簷,疏雨相過,倒酒既盡,杖藜行歌,孰不有古,南山峩峩。"㊵此"曠達"語緊接"悲慨"而來,都是表達一己之情。朱東潤先生即云,在二十四韻中"悲慨"爲全篇張本。又談到,司空圖之時,"太阿倒持,大亂已成,無論黃巢,即朱溫李克用李茂貞等諸人,亦無在而非盜賊。生民無時不在水火之中,昭宗嘗舉諺云:'紇干山頭凍殺雀,何不飛去生處樂?'其語固不特爲昭宗一人寫照也。於時,哀歌楚調,匪惟不能蒙群盜之一聽,或反而促其見禍,故表聖論詩,不得不抹殺現實,而另造一詩人之幻境,以之自遣。"㊶這應該就是晚唐衆詩人的寫照,所以,此時詩論不再高蹈政治教化之説,而是轉回對詩歌藝術風格、詩歌精神境界的關照,灌注於其中的情感也從兼濟天下的大我轉回獨善其身的小我。孟榮云:"詩者,情動於中而形於言。故怨思悲愁,常多感慨。抒懷佳作,諷刺雅言,雖著於群書,盈廚溢閣,其間觸事興詠,尤所鍾情,不有發揮,孰明厥義?"㊷晚唐詩歌這種熱衷於個人私情的趨勢,近於六朝而遠風雅,昭顯了晚唐之際,在詩歌理論、詩歌創作方面,所秉承的文學傳統其實已發生改變。

(三)由《詩》入《騷》的詩學譜系

詩樂與政治相通,所謂"治世之音,安以樂,其政和;亂世之音,怨以怒,其政乖;亡國之音,哀以思,其民困"。晚唐時,君王昏庸無能,宦官操縱政權,朝臣派系鬥爭,藩鎮割據分裂,外患擾邊侵襲,讓所有生活在這個政治氛圍中的世人都喪失了最後的期望與信心,正如羅宗強先生所云:"在這樣的政局中,地主階級的知識份子的心理狀態發生了新的變化。他們與他們的上一輩,如韓、柳那些人已經有些不同了。他們雖仍眷念着朝廷,懷抱希望,但已經失去了信心;他們雖仍關心朝政,有些抱負,但已經没有貞元末元和年間他們的前輩那種改革的鋭氣;他們中的有些人也時或希望有所作爲,但已失去朝氣。而且,他們中多數人的處境,也並不具備干預朝政的條件。這個時期的差不多所有重要作家,都並没有進入權力中心。他們多數人寄身幕府,在政治生活中實際上處於無足輕重的地位。這也是與貞元末元和年間那批重要作家不同的地方。"[43]在這樣的創作心理下,晚唐時期的這批詩人自然無力顧忌市井民生、社會瘡痍,他們多回觀自身,顧影自憐之態比比皆是;或埋首歷史煙波,躲在昔日的繁盛晏寧中自我麻痹,他們關注的是自己"剪不斷、理還亂"的愁緒,他們描寫的是獨善其身的閑適樂趣,此時,由陳子昂、李、杜、元、白所接續的傳統"詩道",並不被詩學評論、詩歌創作青睞,在亂世中生活的衆人,"淒淒不似向前聲",他們回向個人情懷的創作實踐和批評理論,使唐朝詩風又一大變。嚴羽云:"大曆以前,分明别是一副言語,晚唐,分明别是一副言語。"[44]如斯言,晚唐表現出近於六朝而遠《風》《雅》的獨特風格,依上文紀昀之論,晚唐所承續的正是"楚騷"傳統,上文從"詩格"對"三體三辭"的背離,及對"比興"的重新詮釋兩方面已作説明,現再從晚唐詩歌的創作實踐來分析。

朱自清先生談道:詠史、遊仙、豔情、詠物,"這四體的源頭都在王注的《楚辭》裏"。[45]而晚唐詩風發展最典型的特點就是,"懷古、詠史之作的大量出現",[46]及"大量寫閨閣生活,愛情主題,以至歌樓舞榭"的創作湧現。[47]所以,從詩歌體裁的好尚來説,晚唐詩人表現出回溯"楚騷"系統的强烈意願。還有一點,晚唐五代"詞"的趨於成熟和定型,這也是當時詩風近於六朝、遠溯騷體的佐證。唐代詞乃"唐代詩歌的一個支流",[48]清人吳梅云:"唐至温飛卿,始專力於詞。其詞全祖風騷,不僅在瑰麗見長。陳亦峰曰:'所謂沈鬱者,意在筆先,神餘言外。寫怨夫思婦之懷,寓孽子孤臣之感。凡交情之冷淡,身世之飄零,皆可於一草一木發之。而發之又必若隱若現,欲露不露,反復纏綿,終不許一語道破。匪獨體格之高,亦見性情之厚。'此數語惟飛卿足以當之。"[49]吳梅認爲温詞沉鬱含蓄,尚有風騷餘韻。吳熊和先生認爲,温詞多效齊、梁,直到後主李煜淪爲階下囚,一時哀傷身世、自訴衷曲,纔真正恢復了詞抒情言志的功能。⑤⁰總歸而言,"簸弄風月,陶寫性情,詞婉於詩"⑤¹,詞更專注於個人情懷的表達,詞到晚唐成熟,説明在當時的社會政治背景下,整個文學創作都是偏向於愉悦耳目、傾訴衷情,此時是爲藝術而作,非爲政治而作的文學;是爲個體而言,非爲衆生而言的文學,故晚唐實際上步的是"楚騷",乃至"齊梁"的後塵。承晚唐之風,五代學者云:"近代唯沈隱侯斟酌二《南》,剖陳三變,擄雲、淵之抑鬱,振潘、陸之風徽。俾律吕和諧,宫商輯洽,不獨子建總建安之霸,客兒擅江左之雄。"⑤²是不貴建安風骨,而寶沈約之四聲八病,完全是出於對詩歌形式的追求。又云:"詩之旨遠矣,詩之用大矣,先王所以通政教、察風俗。故有采詩之官,陳詩之職,物情上達,王澤下流。及斯道之不行也,猶足以吟詠性情,蕭藻其身,非苟而已矣。若夫嘉言麗句,音韵天成,非徒積學所能,蓋有神助者也。"⑤³前段還因襲詩歌政教之説,後段則已完全是一副"緣情"論調。

中晚唐詩學歆慕"楚騷"及六朝,又表現在對屈、宋及六朝風物的青睞,尤其是屈、宋。中唐時,劉禹錫、柳宗元即在仕途困頓失意之時不由然地想起屈原。史載,"憲宗立,叔文等敗,禹錫貶連州刺史,未至,斥朗州司馬。州接夜郎諸夷,風俗陋甚,家喜巫鬼,每祠,歌《竹枝》,鼓吹裴回,其聲傖儜。禹錫謂屈原居沅、湘間作《九歌》,使楚人以迎送神,乃倚其聲,作《竹枝辭》十餘篇。於是武陵夷俚悉歌之。"⑤⁴柳宗元則在貶爲永州司馬時,"自放山澤間,其堙厄感鬱,一寓諸文,《離騷》數十篇,讀者感悲惻"⑤⁵。蓋文人在理想抱負受挫之際,往往都會想起澤畔沉吟的屈原。晚唐一大批文人志士受困於時世亂離,涉及屈、宋的作品就更多地湧現出來。如劉蜕作《弔屈原辭三章》《古漁父四篇》《哀湘竹》《下清江》《招帝子》;⑤⁶李群玉"以居住沅、湘,宗師屈、宋",⑤⁷摇蕩思情而作詩;徐寅之《歌賦》引宋玉《高唐賦》開端;⑤⁸等等。如果説祖述屈、宋,是古今失意的文人墨客在文學創作過程中的心理共鳴,不能作爲中晚唐承傳"楚騷"傳統的又一佐證,那麽,晚唐代表詩人直接表示要追溯"騷人",是最直接的證明。杜牧爲李賀詩集作序云:

> 元和中,韓吏部亦頗道其歌詩,雲烟綿聯,不足爲其態也;水之迢迢,不足爲其情也;春之盎盎,不足爲其和也;秋之明潔,不足爲其格也;風檣陣馬,不足爲其勇也;瓦棺篆鼎,不足爲其古也;時花美女,不足爲其色也;荒國陊

殿,梗莽丘壠,不足爲其恨怨悲愁也;鯨吽鼇擲,牛鬼蛇神,不足爲虛荒誕幻也,蓋《騷》之苗裔,理雖不及,辭或過之。《騷》有感怨刺懟,言及君臣理亂,時有激發人意。乃賀所爲,無得有是……賀生二十七年死矣,世皆曰:"使賀且未死,少加以理,奴僕命《騷》可也。"[59]

杜牧認爲李賀詩歌的藝術成就確實很高,算是"《騷》之苗裔",但"理"不及"辭"。這個"理"該如何理解,王運熙先生認爲,是指"内涵包容了作家關心國家大事,在作品中有所表現"[60]。今認爲,杜牧談到《騷》言及君臣之事,感怨刺懟能激發人意,這就是"理"的内涵:是忠於君却不受用於君的犬臣心理,也是怨懟多過譏刺的人臣軌範,更重要的是這份忠貞不二、終歸於義的精神對之後身處亂世、時遇庸君的文人墨客有感發的力量。這纔是杜牧所謂的"理"。不難發現,杜牧是借作序來表達自身對《騷》的崇尚。之後,裴延翰爲杜牧文集作序,譽贊其文章,甚至有過"騷人之辭"的説法,云:"採古作者之論,以屈原、宋玉、賈誼、司馬遷、相如、揚雄、劉向、班固爲世魁傑,然騷人之辭,怨刺憤懟,雖授及君臣教化,而不能霑洽時論。"此論"騷人"有所短,後又評杜牧文章:"包詩人之軌憲,整揚馬之牙陣,聳曹劉之骨氣,掇顔謝之物色,然未始不撥㩻治本,緄幅道義,鈎深於經史,觝禦於理化也。"[61]雖爲作序,但不免有過譽之嫌。可見,晚唐詩學將"楚騷"作爲評價詩文的價值尺規,已完全不同於李杜、元白奉"風雅""六義"爲圭臬。

中晚唐詩學轉向"楚騷"系統,除以上所論,"楚騷"的忠君怨懟切合了晚唐詩人的創作心理外,還有一點,即由時代的混亂而滋生出的文學生態,晚唐是文學創作自然走向"休息"的階段。聞一多先生談到"幾乎每個朝代的末葉都有回向賈島的趨勢",晚唐五代學賈島的人很多,簡直可以稱爲"賈島時代"。那麽,賈島的詩是怎樣的一種風格?文學史上通稱"郊寒島瘦",但"瘦"字並不能形神具備地傳遞賈島的特色。此處亦取聞一多先生的精彩論述,"初唐的華貴,盛唐的壯麗,以及最近十才子的秀媚,都已膩味了,而且容易引起一種幻滅感。他們需要一點清涼,甚至一點酸澀來換換口味……賈島來了,他們得救了。他們驚喜得像發現了一個新天地。真的,這整個人生的半面,猶如一日之中有夜,四時中有秋冬,——爲什麽老被保留着不許窺探?這裏確乎是一個理想的休息場所,讓感情與思想都睡去,只感官張着眼睛往有清凉色調的地帶涉獵去。"⑫賈島以静、瘦、冷的色調,成就了唐朝詩壇的那點"酸澀"。這種文藝中的"休息"狀態,正是中唐後期及晚唐詩人所追求、所適應的。晚唐詩學由《詩》入《騷》的文學系統也正是因爲這份"休息"狀態。高蹈詩歌反映政治,以維繫世道人心的傳統《詩》論,實際上,幾乎完全失去了市場;而感歎個人生命,抒發怨懟悲慨、寄情湖光山色的《騷》體文學,正博得衆人歡心。末世之下,《詩》作爲儒家經典,其規範人倫道德、宣揚王政教化的引導力量已經黯然失色,晚唐詩學由《詩》入《騷》的文學系統也是自然。

二 "反道緣情"的詩學觀念

詩歌反映政教是傳統《詩》學的核心内容,受此影響,漢魏詩學秉承"詩言志",以"風雅興寄"爲價值標尺,趨向於由内容決定形式的詩歌美學;至陸機提出"詩緣情而綺靡",周顒、沈約提出"四聲八病",梁簡文帝大倡"宫體詩",齊梁詩學務在"發乎情"而不必"止乎禮義",以致傳統詩教被擱置一旁。從漢魏到齊梁,詩學觀念經歷了從"言志"到"緣情"的變化,也是傳統文學思想承傳譜系的巨大變異。"言志"産生於先秦兩漢的《詩》學知識譜系,"緣情"説則是源於《楚辭》譜系。《詩》《騷》兩大文學譜系在之後的詩學發展中輪迴更迭,隨着唐朝國勢的由盛轉衰,詩學從"言志"轉到"緣情",由《詩》入《騷》變軌發展。

唐初,齊梁詩風縈繞不去,陳子昂提出要修復"詩道",之後李、杜大倡"古風""比興體制",元、白創作"諷諭詩",主張文學"爲君、爲臣、爲民、爲物、爲事而作,不爲文而作",有詩論云:"貞觀末,標格漸高。景雲中,頗通遠調。開元十五年後,聲律風骨始備矣。"⑬唐朝詩學能革除齊梁餘韵、漸趨風雅,很大程度上是因爲詩學譜系重新回到了《詩經》傳統。安史之亂後,唐朝的輝煌如煙花易散,在整個國勢不斷走下坡路的過程中,另一種文學譜系開始萌發。大曆時期,以錢起、盧綸等"十才子"爲代表的詩人,刻意追求"體格新奇,理致清贍";⑭以李嘉祐、李希仲爲代表的詩人,"往往涉於齊梁";⑮貞元年間,以權德輿爲中心,形成的"新臺閣詩人群","他們逐漸走到遊戲化的路子上去,以各種遊戲體形式來争奇鬥勝";⁶⁶元和期間,以白居易、元稹爲代表,創作"纖豔不逞"的"元和詩",⁶⁷以上詩人皆追求詩歌形式、注重抒發個人情感,呈現出延續"楚騷"傳統的趨勢。發展至晚唐,時局亂離,詩人更熱衷於排遣幽懷,明顯表達出對詩歌維繫世道人心、詩歌承載儒家倫理道義的抵觸情緒,羅根澤先生在總結李商隱的詩歌特色時用了"反道緣情"四字,⁶⁸這正是晚唐前期以李商隱、杜牧爲代表的詩人的共同點,也是詩學發展深入"楚騷"譜系的必然趨勢。

(一)"反道"論的出現

回溯文學理論、文學批評的發展歷程,即使在大倡詩歌形式、詩歌韵律的南北朝時期,也並未明確提出反對詩教之説。劉勰著《文心雕龍》,開篇即"原道",後繼以"徵聖""宗經",完全是貫串了儒家的文學思想,以文以載道、文以明道、文以傳道設教爲理論核心。鍾嶸《詩品序》開端,云:"動天地,感鬼神,莫近於詩。"又云:"感蕩心靈,非陳詩何以展其義,非長歌何以騁其情?故曰:'《詩》可以群,可以怨。'使窮賤易安,幽居靡悶,莫尚於詩矣。"⁶⁹融貫《詩序》及《論語》,鍾嶸强調詩歌可以洩導人情、感化人心,這也不出"詩教"的範圍,依然延續着儒家傳統的文學觀念。

唐初,"四傑"、陳子昂反對齊梁詩風,提倡"風雅興寄",宣導復興"文章之道",明確地表示要踵繼儒家傳統。至中唐,復興"文章之道"的觀念達到高潮。貞元中,柳冕在與友人的論書中頻繁提及文與道的關係,《答荆南裴尚書論文書》云:"王澤竭而《詩》不作,騷人起而淫麗興,文與教分而爲二,以揚、馬之才則不知教化,以荀、陳之道則不知文章,以孔門之教評之,非君子儒也。夫君子之儒必有其道,有其道必有其文,道不及文則德勝,文不知道則氣衰,文多道寡,斯爲藝矣。"⁷⁰《與徐給事論文書》云:"文章本於教化,形於治亂,繫於國風,故在君子之心爲志,形君子之言爲文,論君子之道爲教。"⁷¹《答衢州鄭使君論文書》云:"聖人道可企而及之者,文也。不可企而及之者,性也。蓋言教化發乎性情,繫乎國風者,謂之道。故君子之文,必有其道。"⁷²柳冕所謂"文教爲一"是君子作文必有之"道",文章絶非雕蟲小技、風雲月露而已;强調"文道""復古",實開"古文運動"之先,韓愈、柳宗元等步其後塵,大倡"文以明道"。韓愈主張文章要以秦漢散文爲典範,要以"道"爲文章的精神内核。柳宗元主張"文以明道",云:"始吾幼且少,爲文章以辭爲工,及長,乃知文者以明道。"㊆其所謂"道"乃本乎"六經",又云:"夫道也,本之《書》以求其質,本之《詩》以求其恆,本之《禮》以求其宜,本之《春秋》以求其斷,本之《易》以求其動,此吾所以取道之原也。"㊆韓、柳之後,李翱揚"古文"餘波,仍然以"文以明道"爲創作宗旨,其云:"汝勿信人號文章爲一藝。夫所謂一藝者,乃時世所好之文,或有盛名於近代者是也。其能到古人者,則仁義之辭也,惡得以一藝而名之哉?仲尼、孟子歿千餘年矣,吾不及見其人,吾能知其聖且賢者,以吾讀其辭而得之者也。"㊆自柳冕之後,以韓、柳爲代表,堅持以秦漢散文爲楷模的文人,大都秉持着"文以明道"的觀念。在柳冕看來,"道"是君子習性之中兼濟天下的情懷;發展到韓、柳,則強調"道"是從堯、舜傳自孔、孟一貫而下的"古道",它包含了更久遠、更宏大的内容,總之,中唐時期無論是元白的"諷諭詩""新樂府",還是韓柳等的"古文運動",關於詩文的創作理論都一致地強調對"古道"的繼承與發揚。而晚唐之際,李商隱、杜牧等對此却是另一種態度。

詩歌散文是創作主體情感志意的流露表達,創作主體所秉持的觀念成就了詩文的特色。若創作主體師法古道,則言詩必祖述《三百篇》,言文必憲章秦漢;反之,不以古道爲然,則多旁流屈、宋,好尚騈儷。李商隱與杜牧是晚唐前期的代表詩人,此時,中唐推崇"文以明道"的"古文運動"餘溫尚熾,而李商隱、杜牧在亂離悲觀的時局中,早已不像韓、柳那般對道統延續、文化承傳、大業復興等充滿信念與熱情。所以,李商隱、杜牧不約而同地表達了對"文以明道"的抵觸。李商隱在早年的書信中,云:

> 愚生二十五年矣,五年誦經書,七年弄筆硯,始聞長老言,學道必求古,爲文必有師法。常悒悒不快,退自思曰:"夫所謂道,豈古所謂周公、孔子者獨能邪?蓋愚與周、孔俱身之耳,以是有行道不繫今古,直揮筆爲文,不愛攘取經史,諱忌時世。百經萬書,異品殊流,又豈能意分出其下哉!"㊆

李商隱認爲,"古道"並非僅限於周公、孔子之道,更大言其與周公、孔子俱是天地之中的人而已,故其作文不必師法古道,而是師其心、任其情,揮筆之間無關於"經史",不忌諱時世,明確地表示對"文以明道"的排斥,對"師法古道"的淡然。⑰李商隱敢冒天下之大不韙,在儒家文化仍是統治思想的中堅力量時,言可與古聖人比肩,這是在之前的文人儒士的思想中絕對不會產生的觀念。甚而,李商隱更直接地批判了必師法孔聖的時論,云:

> 次山之作,其綿遠長大以自然爲祖,元氣爲根,變化移易之。太虛無狀,大賁無色,寒暑攸出,鬼神有職,南斗北斗,東龍西虎,方嚮物色,欻何從生,啞鐘復鳴,黃雌變雄……而論者徒曰次山不師孔氏爲非。嗚呼!孔氏於道德仁義外有何物?百千萬年,聖賢相隨於塗中耳。次山之書曰:三皇用真而恥聖,五帝用聖而恥明,三王用明而恥察。嗟嗟此書,可以無書。孔氏固聖矣,次山安在其必師之邪。⑱

李商隱這段針對世人論元結詩文的反駁,情辭激烈地表明其離經叛道的創作觀念。所云"孔氏於道德仁義外有何物",又"百千萬年,聖賢相隨於塗中","孔氏固聖矣,次山安在其必師之邪",反覆地説明今人不必師法孔子,認爲作文不必非要關涉仁義道德。從詩文創作的角度出發,李商隱並不奴從周孔之道,就連儒家祖述的"三皇五帝"也不必敬畏,其肯定元結論三皇五帝之文就是出於這樣的思想。所以,李商隱反對"文以明道",主張文章抒發個人情懷,這是文學理論由宗《詩》過渡到宗《騷》的反映。李商隱之所以"反道"、妄言比肩聖人,因其在觀念上由"兼濟"走向"獨善",不再大談文人儒士於民族文化、於社會歷史的道義擔當,不再以教化天下蒼生爲己任,而是關注個體自身的情感、生命,故聖人與"我"皆是天地間的人而已。當儒家關於倫理道德的説辭,在亂世失去制衡社會的力量,失去安撫人心的慰藉時,無怪乎有"孔氏於道德仁義外有何物"的質疑。這份對周孔之道的"反叛",也凸顯在杜牧的文字中。

杜牧在《書處州韓吏部孔子廟碑陰》中,云:

> 天不生夫子於中國,中國當如何?曰不夷狄如也。荀卿祖夫子,李斯事荀卿,一日宰天下,盡誘夫子之徒與書坑而焚之,曰:"徒能亂人,不若刑名獄吏治世之賢也。"彼商鞅者,能耕能戰,能行其法,基秦爲強,曰:"彼仁義,蠹官也,可以置之。"自董仲舒、劉向皆言司馬遷良史也,而遷以儒分之爲九,曰:"博而寡要,勞而無功,不如道家者流也。"……有天地明爲之主,陰

陽鬼神爲之佐,夫子巍然統而辯之,復引堯、舜、禹、湯、文、武、周公爲之助,則其徒不爲劣,其治不爲僻,彼四君二臣,不爲無知,一旦不信,背而之他,仍族滅之。儻不生夫子,紛紜冥昧,百家鬭起,是己所是,非己所非,天下隨其時而宗之,誰敢非之。縱有非之者,欲何所依擬而爲其辭。是楊、墨、駢、慎已降,百家之徒,廟貌而血食,十年一變法,百年一改教,横斜高下,不知止泊。彼夷狄者,爲夷狄之俗,一定而不易。若不生夫子,是知其必不夷狄如也。⑦

杜牧假設"天不生夫子",大有《胠篋》云"聖人生而大盜起""聖人不死,大盜不止"⑧之義,認爲夷狄之所以爲夷狄,是因爲天生夫子,大興禮樂教化之故;百家之所以紛争,也是因爲夫子以儒道統而辨之之故;所以,杜牧認爲若夫子不生,天下冥昧,隨時制宜,則無夷夏之辨、百家争鳴。杜牧所要闡述的内在思路與《老子》云"絶聖棄智,民利百倍;絶仁棄義,民復孝慈;絶巧棄利,盗賊無有"⑧同理。當儒家的倫理道德、禮樂教化失去對社會政治的牽制力量時,杜牧開始反思,以"天不生夫子"這種烏托邦的方式來假想、重塑歷史,並借老、莊的"無爲""自然"來歸咎儒家學説。顯然,杜牧對儒家道義是充滿懷疑的,故特以焚書坑儒、商鞅變法、司馬重道三個例子來表明,儒家思想自身存在一些潛在的問題。出於這樣的理解,因此在文學觀念上,杜牧也並不支持儒家歷來所主張的"詩教"説。

杜牧著《唐故平盧軍節度巡官隴西李府君墓誌銘》,曾引用一段李戡對元、白詩文的看法,云:

> 詩者可以歌,可以流於竹,鼓於絲。婦人小兒,皆欲諷誦,國俗薄厚,扇之於詩,如風之疾速。嘗痛自元和已來有元、白詩者,纖豔不逞,非莊士雅人,多爲其所破壞,流於民間,疏於屏壁,于父女母,交口教授,淫言媟語,冬寒夏熱,入人肌骨,不可除去。⑧

杜牧同意李戡的觀點。學者多有論及。有意思的是,這段評論從追述詩歌傳統開端,以詩歌反映政治風俗、播於絲竹爲詩學正統,確立了以儒家詩學爲準的評價體系。進而,掊擊元、白作詩纖豔,有傷風雅,並痛惜民間受此影響,以致風俗淫靡。當然,元、白不祇有"豔詩",更有大量的爲君、爲臣、爲民的"諷諭詩",但

137

這段評論中絲毫沒有提到元、白繼承風雅的一面。羅宗強先生認爲,這時詩人普遍"輕元、白",如李商隱爲白居易作墓誌銘而不及其詩文,顧陶編《唐詩類選》不選元、白詩等,"這個時期的不取元、白,似非如李戡所說的因其'纖豔不逞','淫言媟語',因爲事實上這時的詩歌創作,並未廢齊、梁。真正無取於元、白的,主要原因恐因其尚實、尚俗、務盡的創作傾向。這個傾向與大和至大中間詩人們的普遍的藝術追求是格格不入的"。[83]也就是說,這時期詩人所反對的是元、白淺切直白的表述方式,以及宣導詩歌反映政教的創作觀念。所以,李商隱、杜牧等不推崇元、白的"諷諭詩",正是由於反對"詩教"。杜牧不推崇白居易,也還有私人原因在,[84]但總歸而言是因爲文學觀念的不同。其反對詩文關涉政治教化,也就是反對"文以明道"。

以上,從對儒家思想的理解來看,李商隱與杜牧一致地表達了對周孔之道的質疑,這種"反道"意識直接作用於文學創作,便導致了李商隱與杜牧抵觸儒家歷來所主張的詩文創作要反映政教並輔助政教的文學觀念。李商隱、杜牧等不熱衷於"正得失、動天地、感鬼神"的《詩》學傳統,而是青睞更關注個人情懷的"楚騷",這說明此時文學思想的承傳譜系已由《詩》入《騷》。

(二) 以"緣情"爲主的詩歌創作

歷代詩學評論中不乏對晚唐詩的評價,羅大經云:"晚唐詩綺靡乏風骨。"[85]胡應麟云:"杜荀鶴、李山甫委巷叢談,否道斯極,唐亦以亡矣。"[86]胡震亨云:"咸通而後,奢靡極,釁孽兆世衰而詩亦因之氣萎語偷,聲繁調急。"[87]諸如此類,宋以來的學者多以傳統詩學的"風雅興寄""風骨氣格"爲評價標準,故認爲晚唐詩綺靡格卑,是"衰世之音"。較之初、盛唐乃至中唐詩而言,晚唐詩的氣格辭氣的確卑弱了很多,蔣寅先生指出,"在情感内涵上,晚唐詩很少展現開闊而超越的精神氣局和富於理想氣質的激情,更多地轉向了對日常人情、男女情愛這些一般精神世界内容的表現,抒情基調以感傷低回爲主,呈現出幽微細膩、沉迷綺豔、清麗淡遠、怨刺譏彈等主要表現風格"。[88]

晚唐詩伴隨着唐末烏煙瘴氣的社會政治而產生、發展,自然無法呈現如盛唐般開闊激昂的氣象,但也並非完全重蹈六朝綺靡輕豔的舊轍。晚唐前期,大部分詩人並不好尚傳統《詩》學所宣揚的政教論,他們更關心個人情感的抒發,"日常人情、男女情愛"這類題材成爲了創作的主要內容。無疑,晚唐前期的詩歌創作是以"緣情"爲主,但此"緣情"並不都"綺靡",這就與晚唐時文學思想源於"楚騷"大有關係。

晚唐時詩人多借效仿前賢、歆慕餘風的方式來表達自己的觀點,晚唐前期推崇"楚騷"的詩學觀念正是以這樣的方式呈現出來。李商隱多次提及宋玉即是代表。李商隱在詩歌中三次談到宋玉及其辭賦,其《席上作》云:

> 淡雲輕雨拂高唐,玉殿秋來夜正長。料得也應憐宋玉,一生惟事楚襄王。⑧⑨

馮浩注引錢良擇云:"意狂語直,詩家惡品。"這首詩的好壞倒是其次,關鍵在於詩中表露了李商隱對宋玉及《高唐賦》的獨特解讀。《高唐賦》本是宋玉爲楚襄王描繪高唐之狀,因序中有先王遇巫山神女自薦枕席之事,故學者多將《高唐賦》《神女賦》《登徒子好色賦》三篇作爲描繪女子容色與雲雨之事的作品,宋玉也被視爲文學弄臣。而李商隱却另闢蹊徑,他用"淡雲輕雨""玉殿秋夜"這樣清愁淡遠的氛圍來感受《高唐賦》,對於宋玉終其一生效忠於襄王,更是用了一個"憐"字。唐代詩人中,李白也曾以"憐"字來形容襄王對宋玉的器重,《寄上吳王三首》(其三)云:

> 英明廬江守,聲譽廣平籍。灑掃黃金臺,招邀青雲客。客曾與天通,出入清禁中。襄王憐宋玉,願入蘭臺宮。⑨⓪

所謂"襄王憐宋玉,願入蘭臺宮",此典出自《風賦》:"楚襄王遊於蘭臺之宫,宋玉景差侍。"⑨①"憐"字指宋玉與襄王同遊蘭臺,備受襄王禮遇,李白借此吐露自己想得到吳王賞識的心聲。⑨②李商隱云"料得也應憐宋玉",其實也透露了他對"君使臣以禮,臣事君以忠"的期待。李商隱一生並沒有擔任過要職,又因牽涉牛、李兩黨,終不得志。他沒有機會如宋玉那般陪同君王左右,故因宋玉而引發的感傷多是就君臣關係而言,也是排遣自身不得器重的幽情。李商隱認爲《高唐賦》是諷諫淫惑,但這不是重點,李商隱更在意地是因忠貞諷諫而引發襄王應憐宋玉的設想,他不強調"諷諫",更關注君臣之情。對"情"看重,是李商隱從"楚騷"的

· 139 ·

文學精神裏得到的。《宋玉》云：

> 何事荆臺百萬家，惟教宋玉擅才華。《楚詞》已不饒唐勒，《風賦》何曾讓景差。落日渚宫供觀閣，開年雲夢送烟花。可憐庾信尋荒徑，猶得三朝託後車。[93]

詩中感歎宋玉才華橫溢，有幸得君王賞識。又《有感》云："非關宋玉有微辭，却是襄王夢覺遲。一自《高唐賦》成後，楚天雲雨盡堪疑。"[94]此詩可與《席上作》參看，是李商隱借宋玉自况，説自己的詩猶如《高唐》《神女》有所寄託，字裏行間充滿了幽怨。清人馮浩即指出李商隱多託事言情，得"楚騷"餘韵，其云："余嘗謂韓致光《香奩詩》當以賈生憂國、阮籍途窮之意讀之。其他詩云：'謀身拙爲安蛇足，報國危曾捋虎鬚。'乃一腔熱血也。既以所丁不辰，轉喉觸忌，壯志文心，皆難發露，於是託爲豓體，以消無聊之況……義山所遭之時，大勝於致光，而人品則大不如致光。至於託事言哀，纏綿悽楚，一而已矣。義山詩法，冬郎幼必師承，《香奩》寄恨，彷彿《無題》，皆'楚騷'之苗裔也。"[95]後世往往認爲李商隱的詩多是關於男女愛情，從表面看來，這樣的論斷並不爲過。但即如馮浩所云，《無題》也好，《香奩》也罷，這類詩的詩義在定性上很難有確切的説法。因將幽情寄寓人事，繼承"楚騷"的傳統，男女之情、君臣之義彼此相通，於是這類詩闡釋起來便模棱兩可。值得注意的是，代表李商隱創作特色、創作觀念的《無題》詩乃"'楚騷'之苗裔"。

李商隱的《無題》詩難解，馮浩云："自來解《無題》諸詩者，或謂其皆屬寓言，或謂其盡賦本事，各有偏見，互持莫决。"[96]程夢星云："義山無題諸作，世多以豓語目之，不知義山豓語轉皆有題，凡無題者皆寄託也。楊孟載能知其爲寓言是矣。但皆以爲感歎君臣之遇合未免郛郭，須分別觀之。各有所爲，乃得耳。"[97]李商隱前後共創作了十六首《無題》詩，多是抒發個人情懷，其中以"昨夜星辰昨夜風"一首争議較多，或認爲乃豓語，或非之。詩云：

> 昨夜星辰昨夜風，畫樓西畔桂堂東。身無彩鳳雙飛翼，心有靈犀一點通。隔座送鈎春酒暖，分曹射覆蠟燈紅。嗟余聽鼓應官去，走馬蘭臺類轉蓬。[98]

"身無彩鳳雙飛翼,心有靈犀一點通",後世常用來形容男女情意相投。而這首詩真的是在表白愛情嗎?詩中"隔座送鈎"取典鈎弋夫人之事,"昭帝母鈎弋夫人,手拳而有國色,先帝寵之,世人藏鈎法此也"。^㉘因此,或認爲:"此義山在王茂元家,竊窺其閨人而爲之。"^⑩或認爲:"此定屬豔情詩,因窺見後房姬妾而作。"而另一種觀點就"走馬蘭臺"説起,認爲:"此詩第一首有'蘭臺'字,當是初成進士,釋褐秘書省校書郎調補弘農尉時作。蓋歎不得立朝,將爲下吏也。起用'星辰'字,用'風'字,非泛泛寫景。自漢有郎官上應列宿之語,後代多以入朝爲郎者爲上星辰……風則莊子所謂'吹萬不同之物',而失意者,有如藥山禪師之對李翺所言'黑風吹墮者'也。此詩之起意謂昨始得爲校書郎,方有列宿之榮,無端而出於外,乃如風吹飄落也。次句畫樓桂堂比秘書省之華貴,以足上文之意。三四言身今不得復至而心未能忘情。五六句時賢之在秘書省者,風流情事當有送鈎射覆、酒暖燈紅之樂,結二語謂已不能與此樂事,以作尉而去,回思校書郎能無繫戀,故明撼其慨歎曰'嗟予',曰'應官',曰'蘭臺''斷蓬',詞旨皆豁然也。"^⑪今以爲,第二種理解或許更合義山本意。若祇作愛情詩來講,則尾聯"應官""蘭臺"當作何解釋?李商隱以描繪曖昧情愫的寫法來表達對往昔出入禁中的眷戀之情,這種"借豔情以寓慨"^⑫的方式,正與"楚騷"的表述方式如出一轍。

　　羅宗强先生認爲,李商隱在藝術上追求細美幽約,代表了晚唐前期詩歌思想的主要特徵。^⑬李商隱詩中這種"細美幽約"的風格,又與其朦朧、不甚分明的情感表達有關。李商隱另一首頗令人費解的《錦瑟》也是如此。這首詩,朱彝尊認爲是"悼亡",何焯認爲是"自傷",姜石曾認爲"自況"等,^⑭古今學者的闡釋莫衷一是,因詩中所云全是意象,全在於情,並沒有任何確定的、可以依據的寫實。羅宗强先生認爲,"錦瑟中的一弦一柱,中有無限悵望;莊生夢蝶,中有迷惘慨歎;杜宇啼血與滄海珠淚,交錯糾結。這些鎔鑄於喻體中的濃重情思,其實也可以把它看作没有出現的、没有清晰輪廓與明晰圖像的本體……《錦瑟》一詩,所着意要表現的,就是這多層次的朦朧境界與濃重的悵望、迷惘、感傷的朦朧情思"。^⑮誠如此,李商隱的大部分詩,都是以豐富的意象來表達朦朧複雜的情感,故前人注其詩有歎:"余細讀全集,乃知實有寄託者多,直作豔情者少,夾雜不分,令人迷亂耳。"^⑯

李商隱的詩,除《韓碑》《行次西郊作一百韵》《明神》等數十首關乎諷刺外,其餘幾乎都是抒發個人幽情的作品。一方面,晚唐的政治局面並不滋養詩人擁有"爲天地立心,爲生民立命"的豪情壯志;另一方面,在這樣的大環境中,文人對儒家積極進取、禮定褒貶的那套理論產生了懷疑,他們更青睞佛、老的避世無爲,此時文人或遁迹於山野,或大隱隱於市。李商隱作爲身在朝野却無法施展才華的代表,他的詩歌自然多是描寫人情交往、風景山水以及傾訴寶劍在匣的鬱悶等,因此,李商隱的詩"緣情"而不"綺靡",更多的是感傷凄美,這是取道於"楚騷"的一種創作基調。這也是整個晚唐前期詩歌發展的大趨勢,羅宗强先生即云:"這個時期輕詩教、重抒情,宗屈、宋,尚凄艷之美者,不止義山一人。"[107]又如與李商隱齊名的杜牧。

杜牧乃杜佑之孫,史書云其"剛直有奇節,不爲齷齪小謹,敢論列大事,指陳病利尤切至","於詩,情致豪邁,人號爲'小杜',以別杜甫云"。[108]對於之前的詩人,杜牧明顯表達出對李賀的欣賞,如前引杜牧《李長吉歌詩叙》。杜牧引韓吏部之辭,稱賞李賀詩歌之態、情、和、格、勇、古、色、恨怨悲愁及虛荒誕幻,凡此種種皆是關於李賀詩歌的風格藝術、情感色彩,也是李賀詩歌最典型的特徵。由此,乃言"蓋《騷》之苗裔",杜牧崇尚"楚騷"之心昭然若揭。又云"理雖不及,辭或過之",前文已有討論。杜牧躡"楚騷"之後塵,汲汲追尋的正是這種"感怨刺懟""激發人意"的情理。在與莊充的書信中,杜牧詳細談道:

> 凡爲文以意爲主,氣爲輔,以辭彩章句爲之兵衛,未有主强盛而輔不飄逸者,兵衛不華赫而莊整者。四者高下圓折,步驟隨主所指,如鳥隨鳳,魚隨龍,師衆隨湯、武,騰天潛泉,橫裂天下,無不如意,苟意不先立,止以文彩辭句,繞前捧後,是言愈多而理愈亂,如入闤闠,紛紛然莫知其誰,暮散而已。是以意全勝者,辭愈樸而文愈高;意不勝者,辭愈華而文愈鄙。是意能遣辭,辭不能成意,大抵爲文之旨如此。[110]

所謂"文以意爲主",王運熙先生認爲,此與陸機《文賦》曰"理扶質以立幹,文垂條而結繁";摯虞《文章流别論》曰"古詩之賦,以情義爲主,以事類爲佐";范曄《獄中與諸甥姪書》曰"常謂情志所託,故當以意爲主,以文傳意";劉勰《文心雕龍·情采》曰"故情者文之經,辭者理之緯。經正而後緯成,理定而後辭暢,此立文之本源也",皆乃同一路數。⑪總而言之,杜牧所謂的"意"就是"情",認爲作文要以情爲主,情真而意切,方能氣格自高,辭采合宜;若情僞而意亂,則辭藻越華麗,文章的格調越低迷,故情意決定了辭采,辭采並不能彌補情意的不足,這就是他所主張的"爲文之旨"。

杜牧主張"緣情",但又與六朝之"緣情"不同,其《獻詩啓》云:

> 某苦心爲詩,本求高絶,不務奇麗,不涉習俗,不今不古,處於中間。即無其才,徒有其奇,篇成在紙,多自焚之。今謹録一百五十篇,編爲一軸,封留獻上。⑫

杜牧説自己作詩,並不拘於今古,不關涉"習俗",也不務求"奇麗"。則杜牧並没有恪守傳統《詩》學"移風易俗"的理論,也没有遵從"詩緣情而綺靡"的主張,這與前文李商隱所謂"以是有行道不繫今古,直揮筆爲文,不愛攘取經史,諱忌時世。百經萬書,異品殊流,又豈能意分出其下哉"出於同一文學觀念,即以"情"爲主的觀念。此"緣情"遠祖"楚騷",是一種悲涼感傷、凄美悵望的情感。

杜牧的作品,裴延翰編爲《樊川文集》,並作《序》,歷叙其文章之高妙,在盛贊之辭中有一點須辨明,裴延翰云:"探採古作者之論,以屈原、宋玉、賈誼、司馬遷、相如、揚雄、劉向、班固爲世魁傑。然騷人之辭怨刺憤懟,雖援及君臣教化,而不能霑洽持論;相如、子雲,瑰麗詭變,諷多要寡,漫羨無歸,不見治亂;賈、馬、劉、班,乘時君之善否,直豁己臆,奮然以拯世扶物爲任,纂緒造端,必不空言,言之所及,則君臣禮樂教化賞罰,無不包焉。"後又云杜牧"有意趨賈、馬、劉、班之藩墙","包詩人之軌憲,整揚馬之銜陣,聳曹劉之骨氣,掇顔、謝之物色,然未始不撥劘治本,緷幅道義,鈎深經史,觝䤋於理化也"。⑬

杜牧的文章中多有涉及政治時論、治亂興亡的作品,但並非如裴延翰所譽贊的,杜牧的詩也完全以政教道義爲主要內容,但在詩歌創作中,杜牧並没有趨《詩》之藩墻,而是近騷人之感傷。

蔣寅先生將晚唐詩風分爲四類,一是苦吟清淺;二是清麗感傷;三是深婉綺豔;四是反思怨刺。並指出杜牧、張祜、李群玉等正是蕭瑟感傷風格的代表。杜牧詩多感傷,尤見於其懷古傷今、感歎盛衰的一類詩。如《過勤政樓》:"千秋令節名空在,承露絲囊世已無。唯有紫苔偏稱意,年年因雨上金鋪。"[114]乃以物是人非的對照,凸出心中的感傷。《江南春絕句》云:"千里鶯啼綠映紅,水村山郭酒旗風。南朝四百八十寺,多少樓臺煙雨中?"[115]這類懷古詩,向歷史的深處看去,所有的成敗興衰都被這延伸的歷史鐫刻,回溯靜靜流淌而過的歲月,期間風起雲湧、山川變幻、物換星移,作者眼及之處,情動於中,在今非昔比的強烈反差下,不由得發出"古往今來只如此"的慨歎。天地悠悠,時世亂離,杜牧也常自遣鬱結,云:

> 四十已云老,况逢憂窘餘。且抽持板手,却展小年書。嗜酒狂嫌阮,知非晚笑蘧。聞流寧歎吒,待俗不親疏。遇事知裁翦,操心識卷舒。還稱二千石,於我意何如?[116]

又:

> 落魄江南載酒行,楚腰腸斷掌中輕。十年一覺揚州夢,贏得青樓薄倖名。[117]

杜牧自我排遣的方式比較放浪形骸、隨性而爲,又因創作過數十首閨情香豔的詩,導致有人以創作豔詩來定位杜牧。實際上,杜牧詩更多的是繼騷人之辭,傳達了鬱悶感傷的情懷。總之,李商隱與杜牧都是晚唐前期"緣情"作詩的代表,二者無論在詩學思想上,還是創作實踐上都一致地表現出崇尚"楚騷"的特徵。而詩學發展至晚唐末期,又是另外一番景象。

三 祖述"詩教"與崇尚"楚騷"

唐朝末期王權政治衰落,以皇帝廢立之權盡歸北司爲明證,史書云:"唐自穆宗以來八世,而爲宦官所立者七君。然則唐之衰亡,豈止方鎮之患?蓋朝廷天下之本也,人君者朝廷之本也,始即位者人君之本也。其本始不正,欲以正天下,其可得乎?"[118]唐朝至"甘露之變"後,"自是天下事皆決於北司",[119]陳寅恪先生云:"皇帝居宫中亦是廣義之模範監獄罪囚。"[120]皇帝失去實權淪爲傀儡,爲政昏庸無能。懿宗時,翰林學士劉允章上書言國家政治之弊端,以"八入""九破""八苦""五去"對當時的任官制度、政治現狀、民生疾苦作了全面的概述,云:"人有五去而一歸,有八苦而無一樂,國有九破而無一成,官有八入而無一出,凡有三十餘條,上古以來未之有也。天下百姓哀號于道路,逃竄于山澤,夫妻不相活,父子不相救,百姓有冤訴于州縣,州縣不理;訴于宰相,宰相不理;訴于陛下,陛下不理。何以歸哉?"又云:"士卒蕩盡于中原,玉帛多亡于道路,嶺外仍令節度四面討除,蒼生嗷嗷何負陛下令?"[121]這樣一個從朝政到邊患,從民生到兵役,從皇帝到群臣都令人絕望、無可救藥的末世,身處其中的詩人是怎樣的心境,他們或心灰意冷,"不共諸侯分邑里,不與天子專隍陴。静則守桑柘,亂則逃妻兒";[122]或透徹悲涼,"寧爲宇宙閒吟客,怕作乾坤竊禄人";[123]或絕望諷刺,"西北鄉關近帝京,煙塵一片正傷情。愁看地色連空色,静聽歌聲似哭聲"。[124]這是他們詩歌中所流露的真切的末世情感。當時的詩人縱有鴻鵠之志、平步青雲之心,在這樣的時局中也不過是折斷羽翼,癡人說夢罷了。他們時而也作"囈語",如"深知造化由君力,試爲吹嘘借與春";[125]"誰能借與摶扶勢,萬里飄飄試一飛";[126]"對此空慚聖明代,忍教纓上有塵埃",[127]在這大黑暗中欲明志進取,都是帶着一種死而後生的悲壯與荒誕,屢次出現的"試"字表明詩人在"囈語"中也清醒地帶着屠弱的情感。如果,此時的詩人就是毫無懸念地表現出這種生不逢時的悲苦鬱悶、憤恨絕望,那也不足爲奇。然而,令人費解的是,在文學觀念的闡述上,此時的詩人表達出要"上剥遠非,下補近失"的積極態度。這種文學觀念與創作實踐之間的不一致,或許也正是詩人在大絕望中作"囈語"的原因。

(一) 祖述"詩教"的詩學理論

文學理論、文學批評認爲文學是反映人内心情感、寄託人情思的載體,號召"文學自覺"的學者也多認爲文學"獨立",要努力挣脱傳統政治文學、功利文學的拘囿,然而有一點是文學血脈裏根深蒂固存在的,是無論如何也斷不了的聯繫,即文學是源於人情感思想的流露,那麼又如何能擺脱社會政治、歷史環境、文化思潮的影響?陷入絕望的詩人筆下也有風雲月露,而這與和平時代的風雲月露没有區别嗎?身在盛世的人也歎仕途失意,那這與末世文人的仕途失意是一樣的情感嗎?文學若祇是一門堆砌辭藻、講究聲律、好尚形式的技藝,那麼它可以通過修飾、模仿來掩蓋文字之下的詩人真情,而一旦文學講究氣韵、靈魂,那支撐其格調的必然是詩人的思想與情感,也就必然離不開歷史背景與社會現實。這與文學理論主張反映政治並没有直接關係,故所謂"治世之音,安以樂,其政和;亂世之音,怨以怒,其政乖;亡國之音,哀以思,其民困",並不完全是從政教的角度而言。與文學自身的表現形態相比,文學理論、文學批評則更具有主觀性,這大部分是由詩人的主觀意願來左右。人的情感總會受到社會環境、歷史背景等因素的影響,而思維却是相對自由的。所以,在腐朽敗壞的黑暗時期,也有詩人大談詩歌裨補時政的功用。

晚唐前期,王朝政治就已逐漸走向衰落,此時以李商隱、杜牧爲代表,已開始懷疑儒家那套人倫政治、禮義道德的説辭,進而也並不熱衷儒家所倡導的"文道"與"詩教"。反而到了無可救藥的後期,以皮日休、吴融、黄滔等爲代表却重新拉起了"文道"與"詩教"的大旗。

皮日休生平的資料,兩《唐書》中均無明確記載。據皮日休自述,祖上有因武功而封王者,有因賢良而官至大夫者,雖唐時多湮没無聞,惟其從祖舉進士有名,累官至刺史;其從翁明經及第,累官至項城令。至皮日休之世,定居於襄陽竟陵,"或農竟陵,或隱鹿門,皆不拘冠冕",[⑫]皮日休亦居於鹿門山,《全唐文》有小傳云:"咸通八年登進士,授著作佐郎,遷太常博士。乾符中,爲毗陵副使。黄巢之亂,陷賊中,僞署學士使爲讖文,疑其譏己,遂害之。"[⑫]皮日休的仕宦經歷對於那個動亂的時代來説並不足爲奇,而重點是皮日休在祖輩或農或隱之後却選擇了積極出世,並且在歷數族譜時以祖上對社稷有功爲榮,這説明皮日休的價值觀深刻受到儒家影響,在他的著述中也有鮮明地體現。

皮日休著《鹿門隱書》六十篇,務在闡發"聖人之道",序云:"醉士隱於鹿門,不醉則遊,不遊則息,息於道,思其所未至;息於文,慚其所未周,故復草《隱書》焉。嗚呼!古聖王能旌夫山谷民之善者,意在斯乎?"[⑬]皮日休雖隱於山林草野之間,却心慕古道,憂慮時世;提到賢人在野終得明主賞識蓋因此,這與孟子所云"傅説舉於版築之間,膠鬲舉於魚鹽之中"同理,説明皮日休是懷着被君王重用的期待,而這於當時的政治時局來説,無疑有種癡人説夢般壯烈的傷感。《隱書》中,皮日休皆用儒家的觀念來分析,其云:

  民之性多暴,聖人導之以其仁;民性多逆,聖人導之以其義;民性多縱,聖人導之以其禮;民性多愚,聖人導之以其智;民性多妄,聖人導之以其信,若然者,聖人導之於天下,賢人導之於國,衆人導之於家。後之人反導爲取,反取爲奪,故取天下以仁,得天下而不仁矣;取國以義,得國而不義矣;取名位以禮,得名位而不禮矣;取權勢以智,得權勢而不智矣;取朋友以信,得朋友而不信矣。堯舜導而得也,非取也,得之而仁;殷、周取而得也,得之亦仁。吾謂自巨君、孟德已後,行仁義禮智信者,皆奪而得者也,悲夫!⑬

皮日休認爲儒家的"仁義禮智信"是教化民衆、統治天下的最佳方式。此五德本是儒家用來養成"君子人格"的一套理論,皮日休融合《大學》修身、齊家、治國、平天下之道,延伸爲推行仁政的道理。至此可見,其骨子裏仍是以儒家道義爲核心思想。

  皮日休推崇韓愈,主張文章裨補時闕,其創作實踐以此爲準則,云:"賦者,古詩之流也。傷前王太佚,作《憂賦》;慮民道難濟,作《河橋賦》;念下情不達,作《霍山賦》;憫寒士道壅,作《桃花賦》。"⑬關於皮日休的文章,魯迅先生在《小品文的危機》中談道:"皮日休和陸龜蒙自以爲隱士,別人也稱之爲隱士,而看他們在《皮子文藪》和《笠澤叢書》中的小品文,並沒有忘記天下,正是一榻胡塗的泥塘裏的光彩和鋒鋩。"⑬在黑暗陰鬱的時代,皮日休等如一束微光,帶着並不切實的信念與夢想,堅定地追溯古道,他們在文章中批判社會現實、指斥政治腐朽、憂歎民生疾苦,就像皮日休《桃花賦》自序云:"日休於文,尚矣,狀花卉,體風物,非有所諷,輒抑而不發。"⑬故其云:

  古之官人也,以天下爲己累,故己憂之;今之官人也,以己爲天下累,故人憂之。

  古之決獄,得民情也,哀;今之決獄,得民情也,喜。哀之者,哀其化之不行;喜之者,喜其賞之必至。

  古之置吏也,將以逐盜;今之置吏也,將以爲盜。⑬

時代不堪如此,曾經主明臣賢的唐王朝早已是強弩之末,皮日休等對腐朽的現實

有清晰的認識,却並未停下諷議之筆:

> 今之愚民,謂己肉可以愈父母之病,必剸而飼之。大者邀縣官之賞,小者市鄉黨之譽。訛風習習,扇成厥俗,通儒不以言,執政不以禁,昔墨氏摩頂至踵。斷指存脛,謂之兼愛。今之愚民如是,其兼愛邪?設使虞舜糜節,曾參隳肢體,樂正子春傷足不愛,漢景吮癰無難,今之有是者,吾猶以爲不可,況無是理哉?[138]

此論孝義風俗,又論兵戎民命:

> 古之取天下也以民心,今之取天下也以民命。唐、虞尚仁,天下之民從而帝之,不曰取天下以民心者乎?漢、魏尚權,驅赤子於利刃之下,争寸土於百戰之内,由士爲諸侯,由諸侯爲天子,非兵不能威,非戰不能服,不曰取天下以民命者乎?由是,編之爲術,術愈精而殺人愈多,法益切而害物益甚。嗚呼!其亦不仁矣。蟲蟲之類,不敢惜死者,上懼乎刑,次貪乎賞。民之於君,由子也,何異乎父欲殺其子,先給以威、後啗以利哉?[137]

皮日休從儒家的仁義出發,批判窮兵黷武無異於草菅人命。以上,無論是風俗還是時政,皮日休都用犀利的筆觸直指君王權臣,在《祝瘧癘文》中,更毫不避諱地將叛臣逆子、篡權恃威者、媚顔亡國者、佞言惑君者皆比作癘疾,[138]情辭激烈地痛斥一番。這對於晚唐末期而言,名副其實地是"一槊胡塗的泥塘裏的光彩和鋒鋩"。

晚唐末期,除皮日休外,陸龜蒙、羅隱也有不少諷刺時病的作品,[139]皆是憤世疾邪之情充溢於字裏行間。以皮、陸爲代表形成了一種以諷刺時政、抨擊現實爲主的文章風格。蔣寅先生談道:"小品文在晚唐文壇上突放光輝,未免出人意料,然而也是時勢使然。時代在没落,豪情已消退,有的祇是冷眼與憤激,一些關注現實的文士,最想表達的是諷刺,短小精悍的小品文恰能適合這種需要,他們的小品文屬於雜文式諷刺小品,詞鋒鋭利,批評深刻,與明代的情韻小品又自不同,可以算是中唐古文的變徵之音。"[140]確切地説,皮日休等承續古文運動的餘風,在創作理論的闡述上因襲了古文運動的精髓,但實際上却與古文家的作品並不相同。羅宗强先生云:"從皮日休、陸龜蒙、羅隱的短篇散文的傾向中,可以清楚地看出,散文文體文風改革又有了進一步的發展。這個發展,就是從文明道説發展到直接指陳時病。他們雖然仍以元次山、韓愈爲榜樣,但着眼點已不在於明古聖先王之道,挽救弊政,與朝廷合作;他們的主要傾向,是把什麽都看透了,是一種冷眼旁觀、與朝政不合作的態度。"⑭從"文以明道"到"諷刺批判",是古文派與皮、陸等最主要的區別。皮、陸諷刺當局,正説明他們並没有完全放弃,他們並不是不與朝政合作,而是大勢所趨,當時的政治條件並没有爲他們提供這樣的機會,他們衹好帶着失望冷眼旁觀,帶着不甘諷刺批判。總之,關於散文創作,晚唐文人在理論上主張"下補近失",創作實踐上却以辛辣地諷刺爲主,呈現出並不一致的特徵,這種理論與實踐之間的差異在詩學發展上更加明顯。

與"文道"論同步,皮日休、吴融、黄滔等主張詩歌創作要以"美刺比興"爲旨要,"詩教"説在晚唐末期又再度興起。皮日休云:

> 詩有六藝,其一曰"比",比者,定物之情狀也。則必謂之才,才之備者,於聖爲六藝,於賢爲聲詩。噫!春秋之後,《頌》聲亡寢,降及漢氏,詩道浡作,然《二雅》之風,委而不興矣……建安以降,江左君臣得其浮豔,然詩之六藝微矣。逮及吾唐開元之世,易其體爲律焉,始切於儷偶,拘於聲勢。《詩》云:"覯閔既多,受侮不少。"其對也工矣。《堯典》曰:"聲依永,律和聲。"其爲律也甚矣。由漢及唐,詩之道盡矣。⑭

這段評論與白居易在《與元九書》中所云極爲相近,皆是感歎"詩道"之寖亡。皮日休認爲工於儷偶、拘於聲律之風興起,使得詩歌創作沉迷於形式,則"詩之道盡矣",他所主張的"詩道"以《雅》《頌》爲典範,以頌美與諷刺爲主,云:

> 樂府,蓋古聖王採天下之詩,欲以知國之利病,民之休戚者也。得之者,命司樂氏人之於塤篪,和之以管籥。詩之美也,聞之足以觀乎功;詩之刺也,聞之足以戒乎政。故《周禮》,太帥之職掌教六詩。小師之職掌諷誦詩。由是觀之,樂府之道大矣。今之所謂樂府者,唯以魏、晋之侈麗,陳、梁之浮豔,謂之樂府詩,真不然矣。故嘗有可悲可懼者,時宣於詠歌,總十篇,故命曰"正樂府詩"。⑭

皮日休效仿白居易作《正樂府詩》,但其所謂"詩道"及"樂府詩"又並非照搬白居易的理論。白居易在《與元九書》中云:"洎周衰秦興,採詩官廢,上不以詩補察時政,下不以歌洩導人情;乃至於諂成之風動,救失之道缺,於時,六義始刓矣。國風變爲騷辭,五言始於蘇、李。蘇、李,騷人,皆不遇者,各繫其志,發而爲文。故河梁之句,止於傷別;澤畔之吟,歸於怨思。彷徨抑鬱,不暇及他耳。然去《詩》未遠,梗概尚存。故興離別,則引雙鳧一雁爲喻;諷君子小人,則引香草惡鳥爲比;雖義類不具,猶得風人之什二三焉。於時,六義始缺矣。晉、宋已還,得者蓋寡。以康樂之奧博,多溺於山水;以淵明之高古,偏放於田園。江鮑之流,又狹於此。如梁鴻《五噫》之例者,百無一二焉。於時,六義寖微矣。"[144]一則白居易同樣以"六義"爲詩道之旨要,而特別注重《國風》,而皮日休多言《雅》《頌》;二則白居易強調"比興"及其背後"温柔敦厚"的詩教,而皮日休惟強調"比",認爲比乃"定物之情狀",並未領會"比"對於詩教的意義;三則白居易認爲詩歌用於洩導人情、裨補時闕,皮日休認爲詩歌重在抒發人情,即所謂"言之者無罪"。因此,白居易提出"新樂府"理論是"爲君、爲臣、爲民、爲物、爲事而作,不爲文而作也",[145]而皮日休言"嘗有可悲可懼者,時宜於詠歌,總十篇,故命曰'正樂府詩'",很明顯一者是爲時政而發,一者是爲内心鬱悶而發,羅宗强先生説皮日休"把白居易在新樂府中的以概念寫詩的缺點,都接受過來了,而白居易突破概念而寫出實生活的地方,他却並没有學到"。[146]究其根本,還是因爲皮日休的"詩教"説、"詩道"論,從表面上看還是沿襲着傳統的那套説法,但其實是空架子,有一點即可簡要證明,在《論白居易薦徐凝屈張祜》中,其云:

> 樂天方以實行求才,薦凝而抑祜,其在當時,理其然也。令狐楚以祜詩三百篇上之,元稹曰:"雕蟲小技,或獎激之,恐害風教。"祜在元、白時,其譽不甚持重。杜牧之刺池州,祜且老矣,詩益高,名益重。然牧之少年,所爲亦近於祜,爲祜恨白,理亦有之。余嘗謂文章之難,在發源之難也。元、白之心,本乎立教,乃寓意於樂府,雍容宛轉之詞,謂之"諷諭",謂之"閑適"。[147]

從這段辯白之詞,可見皮日休雖尊崇元、白,但其實元、白的詩學理論他並没有仔細領會。白居易在定義"諷諭"與"閑適"時,云:"僕志在兼濟,行在獨善,奉而始終之則爲道,言而發明之則爲詩。謂之'諷諭詩',兼濟之志也。謂之'閑適詩',獨善之義也。故覽僕詩,知僕之道焉……至於'諷諭'者,意激而言質;'閑適'

者,思澹而詞迂。"⑱"諷諭"和"閑適"正是滲透了儒家"達則兼濟天下,窮則獨善其身"的道義,本是兩種不同的詩歌範式,且無論是"諷諭"還是"閑適"都不是皮日休所謂的"雍容宛轉之詞",白居易的"新樂府"包含在"諷諭詩"之中,這類詩字字都包含著諷勸時政的目的,皮日休之所以會認爲"雍容宛轉"是"諷諭",且用此來模糊"諷諭"與"閑適"的界限,就在於他的詩教理論表面雖是主張諷刺的老調,實際上是以排解個人情緒爲主。正如散文創作,皮日休尊崇韓愈,提倡"文道",而實際也是以犀利的諷刺來抒懷而已。所以,皮日休的"詩教"說不同於傳統"詩教"說的是,皮日休不是以"正得失、美教化、移風俗、厚人倫"爲主,而是以抒發個人憤懣爲主。因此,他也認爲諷刺勸誡,不過這祇是附帶排解個人情緒罷了。

再如吳融、黃滔等也主張"詩教"說,吳融云:"夫詩之作者,善善則詠頌之,惡惡則風刺之。苟不能本此二者,韵雖甚切,猶土木偶不生於氣血,何所尚哉?自風雅之道息,爲五言七言詩者,皆率拘以句度屬對焉。既有所拘,則演情叙事不盡矣。且歌與詩其道一也。然詩之所拘悉無之,足得於意,取非常語,語非常意,意又盡,則爲善矣。"⑭又論國朝詩人惟李白、白居易不失詠頌風刺之道,最後認爲:"君子萌一心,發一言,亦當有益於事,矧極思屬詞得不動關於教化?"⑮吳融與皮日休一樣從反對聲律形式談起,宣導"風雅之道"。此處吳融提出詩以盡意,此意要益於事、關乎教化,這是源於傳統詩教說的理論。而吳融的創作實踐却並沒有踐行他所主張的這套說法,今所存吳融詩很難看到一首是關乎教化的。黃滔也是如此,其云:

> 言爲心師,志之所之,以爲詩,斯乃典謨訓誥也。且詩本於國風,王澤將以刺上化下,苟不如是,曷詩人乎?今以世言之者,謂誰是如見古賢焉?况其籠絡乎天地日月,出沒其希夷恍惚,著物象謂之文,動物情謂之聲,义不正則聲不應,何以謂之不正不應?天地籠萬物,物物各有其狀,各有其態,指言之不當則不應,由是聖人删詩,取之合於韶武,故能動天地、感鬼神,其次亦猶琴之舞鶴躍魚,歌之遏雲落塵,蓋聲之志也。琴之與歌尚爾,况惟詩乎?且降自晋宋梁陳已來,詩人不可勝紀,莫不盛多猗頓之富,貴疊隋侯之珍,不知百卷之中、數篇之内,聲文之應者,幾人乎?大唐前有李、杜,後有元、白,

信若滄溟無際、華嶽於天。[151]

黄滔提出"文不正則聲不應",並將聖人"删詩"解釋爲删去不當之言以得萬物之應,故合於天地鬼神。借此"聲文之應"的理論,他認爲詩歌要以反映萬物民衆的情狀爲主,不能堆砌辭藻、務求華麗,也就是主張詩歌要寫實以起到規諷教化的作用。這也是忠於詩教説的表達。而黄滔的詩歌中仍然找不到涉及教化的作品。

可見,晚唐末期的詩人,他們在詩文的創作理論上,熱情地追溯儒家傳統的文學觀念,高蹈諷刺興詠以正時政之得失,故在腐朽絶望的時代末期,"文道"論與"詩教"説再度興起。然而,此時的理論雖源於傳統觀念,但與傳統觀念並不同,散文創作從"文以明道"到"諷刺批判";詩歌則從"裨補時闕"到"洩導人情",傳統觀念中關於規勸教化的部分都消失了。這時文學發展的總體特徵是,在儒家傳統文學觀念的遮掩下,彌漫着一種以抒發個人情感爲主的"楚騷"崇拜,此時的詩歌創作實踐及詩學批評理論可印證。這便吻合了整個晚唐詩學"由《詩》入《騷》"的發展走向。

(二) 崇尚"楚騷"的詩學實踐

晚唐末期的文學理論中,隱含着崇尚"楚騷"的訊息。在皮日休集中闡述文論的幾篇文字中都能找到相關資料。《松陵集序》云:"古之士窮達必形於歌詠,苟欲見乎志,非文不能宣也。"這個"志"是指因個人窮達而生發的情感,並非"詩言志"中關乎政教的"志"。又《文藪序》云:"《離騷》者,文之菁英。"皮日休認爲《離騷》有宏奧之旨,其仿《離騷》而作《九諷》,《序》云:

> 在昔屈平既放,作《離騷經》,正詭俗而爲《九歌》;辨窮愁而爲《九章》;是後詞人,擬而爲之。皆所以嗜其麗詞,擇其逸藻者也。至若宋玉之《九辨(辯)》,王褒之《九懷》,劉向之《九歎》,王逸之《九思》,其爲清怨素豔,幽抉古秀,皆得芝蘭之芬芳,鸞鳳之毛羽也。然自屈原以降,繼而作者,皆相去數百祀,足知其文難述,其詞罕繼者矣,大凡有文人不擇難易,皆出於毫端者,乃大作者也。揚雄之文,丘、軻乎?而有《廣騷》也;梁竦之詞,班、馬乎?而有《悼騷》也,又不知王逸奚罪其文,不以二家之,爲《離騷》之兩派也?昔者聖賢不偶命,必著書以見志,況斯文之怨抑歟?[152]

這段序言中,皮日休稱爲《離騷經》,王逸也曾稱爲《離騷經》,云:"離,別也。騷,愁也。經,徑也。言己放逐離別,中心愁思,猶依道徑,以風諫君也。"⑬宋代學者洪興祖云:"古人引《離騷》未有言'經'者,蓋後世之士祖述其詞,尊之爲經耳,非屈原意也。逸説非是。"⑭今按,洪説爲是,後人加"經"是出於尊崇,並不是指"依道徑"云云。晚唐前期文人引《騷》均未見加"經"字,至皮日休則加之,是何緣由?從皮日休一貫的理論主張來看,這與他表面上尊崇儒家傳統的文學觀念有關。皮日休以儒家設立經典系統的思維範式來回應"楚騷",骨子裏本是尊《騷》,並非要將《騷》納入經典系統來作闡述,這不正與其宣導"文道""詩教"而又有別於傳統是同一路數嗎?皮日休用政教論來包裝"楚騷",所以,《九歌》本是屈原哀歎自傷之詞,皮日休云"正詭俗";《九章》乃屈原發憤抒情之作,皮日休云"辨窮愁",這都是用儒家傳統的文學觀念來生搬硬套,惟有最後其云"昔者聖賢不偶命,必著書以見志,況斯文之怨抑歟",這纔是"楚騷"的特徵,即以抒發個人情懷爲主。

皮日休作詩以閑適題材爲主,多記遊賞、尋訪、漁樵、酒具、茶具、平常什物等,具有代表性的是他與陸龜蒙之間的唱和之作及詠茶、詠酒的組詩,如《奉和魯望漁具十五詠》《添漁具詩》(五首)、《奉和魯望樵人十詠》《酒中十詠》《奉和添酒中六詠》《茶中雜詠》(十首),共有 56 首之多。在國家板蕩之際,皮日休大部分詩裏完全展現的是閑云野鶴般的生活,這與他之前頻繁主張文章"上剝遠非,下補近失",主張詩歌"諷頌勸誡",可以説是背道而馳。羅宗強先生即云:"大量的詩人,在亂離的生活環境中,追求一種平静的心境。他們好像是在尋求精神寄託,尋求一種精神的避風港。這種心境的追求,與他們所處時代的氣氛是格格不入的。因此,他們的詩中,便常常表現爲精神的空虚。即便是這時在散文創作中敢於指陳時病的作者,在詩歌中也未能免於此弊。皮日休和陸龜蒙的大量唱和詩就都是這樣的作品,幾乎無一可讀。皮日休的二十首《太湖詩》也如此。他們大量寫閑居、垂釣、茶具、酒具、漁具,反映他們的閑逸生活,追求一種冲淡的無拘束的精神境界,但是處處反映出的却是空寂與無聊,可以説是心如死水。"⑮這寄情山水、不問世事的淡泊,不就是皮日休、陸龜蒙等抒發鬱悶窮愁,表達冲淡隱逸之志的方式嗎?正如皮日休所謂:"昔者聖賢不偶命,必著書以見志,況斯文之怨抑歟?"

以皮日休、陸龜蒙爲代表,"追求淡泊情思與淡泊境界",[156]這是晚唐詩歌的發展趨勢之一;二是"追求綺豔清麗的詩風",[157]以韓偓、韋莊爲代表。總歸而言,晚唐末期的詩歌創作並沒有遵從"詩教"説,而是走向了以抒情爲主的"楚騷"傳統。

韓偓詩乃"'楚騷'之苗裔",清人馮浩云:"余嘗謂韓致光《香奩詩》當以賈生憂國、阮籍途窮之意讀之。其他詩云:'謀深拙爲安蛇足,報國危曾捋虎須。'乃一腔熱血也。既以所丁不辰,轉喉觸忌,壯志文心,皆難發露,於是託爲豔體,以消無聊之況……義山所遭之時,大勝於致光,而人品則大不如致光。至於託事言哀,纏綿悽楚,一而已矣。義山詩法,冬郎幼必師承,《香奩》寄恨,彷彿《無題》,皆'楚騷'之苗裔也。"[158]而其指出韓偓詩乃"楚騷"之苗裔,很有見地。之後,吴闓生亦云:"韓致堯爲晚唐大家,其忠亮大節,亡國悲憤,具在篇章,而含意悱惻,詞旨幽眇,有美人香草之遺。"[159]故韓偓詩不祇是綺豔,更多的是帶着家國興亡的悲涼,寓意深遠,有"楚騷"之遺韻。史書云:"懿、僖以來,王道日失厥序,腐尹塞朝,賢人遁逃,四方豪英,各附所合而奮。天子塊然,所與者惟佞愎庸奴,乃欲鄣橫流、支已顛,寧不殆哉!觀縈、朴輩不次而用,捭豚臑拒貙牙,趣亡而已。一韓偓不能容,況賢者哉?"[160]韓偓曾在昭宗欲勵精圖治時,竭力效忠於左右,後朱全忠陰篡大權,韓偓知國祚衰微、大勢已去,乃輾轉至福建,隱居不出。一生的仕宦經歷如此,有着大失望、大悲憤的韓偓,其筆下的詩歌是如何呈現"楚騷"的"美人香草之遺"的呢?

韓偓詩歌創作的特色,繆鉞先生云:"他感憤時事,報國無從,唐亡之後,常懷鬱結。但是當他發爲詩篇時,不是以爽朗之筆直抒激壯之懷,而是以深微、沉鬱、低回、掩抑的筆法與情調以寓其隱痛。"[161]韓偓常寓情於物、借物言情,深隱鬱悒,如《春盡》:

惜春連日醉昏昏,醒後衣裳見酒痕。細水浮花歸別澗,斷雲含雨入孤村。人閑易得芳時恨,地迥難招自古魂。慚愧流鶯相厚意,清晨猶爲到西園。[162]

詩中全是景語,而家國罹難、身世無寄的悲哀却深藏在酒痕、斷雲、孤村之間。又如《夜船》:

> 野雲低迷煙蒼蒼,平波揮目如凝霜。月明船上簾幕卷,露重岸頭花木香。村遠夜深無火燭,江寒坐久換衣裳。誠知不覺天將曙,幾簇青山雁一行。⑯

也全是寫景,而流離輾轉的悲凉從雲煙蒼蒼、村社無光、露寒衾薄瀰漫而出。又如:

> 職在内庭宫闕下,廳前皆種紫薇花。眼明忽傍漁家見,魂斷方驚鳳闕賒。淺色暈成宫裏錦,濃香染著洞中霞。此行若遇支機石,又被君平驗海槎。⑯

此詩詩題即如該篇的小序,云:"甲子歲夏五月,自長沙抵醴陵,貴就深僻,以便疏慵。由道林之南,步步勝絶去,緑口分東入南,小江山水益秀,村籬之次忽見紫薇花,因思玉堂及西掖廳前皆植是花,遂賦詩四韻,聊寄知心。"韓偓寫詩當時已辭官,在取道湖南去福建的途中。韓偓乃以紫薇花言表對朝廷的感念,及自身沉浮的傷感。諸如此類,韓偓的詩大多籠罩着濃鬱的失望與悲凉,正因爲這份寓情於物、不直抒胸懷,纔讓鬱結在其心中的情感更深微沉鬱。

再看,晚唐末期清麗詩風的代表韋莊。韋莊在《又玄集序》中云:"謝玄暉文集盈編,止誦'澄江'之句;曹子建詩名冠古,唯吟'清夜'之篇。是知美稼千箱,兩歧爰少;繁弦九變,大濩殊稀。入華林而珠樹非多,閱衆籟而紫簫惟一。所以擷芳林下,拾翠岩邊,沙之汰之,始辨辟寒之寶;載彫載琢,方成瑚璉之珍。故知頷下採珠,難求十斛;管中窺豹,但取一斑。自國朝大手名人,以至今之作者,或百篇之内,時記一章,或全集之中,唯徵數首,但掇其清詞麗句,録在西齋;莫窮其巨派洪瀾,任歸東海。總其記得者,才子一百五十人,誦得者,名詩三百首。"⑯韋莊提到,選詩的標準不外乎"清詞麗句"四字,這正是韋莊所主張並踐行的詩歌美學。其實,"清詞麗句"杜甫就曾云:"不薄今人愛古人,清詞麗句必爲鄰。竊攀屈宋宜方駕,恐與齊梁作後塵。"⑯王運熙先生認爲,韋莊的"清詞麗句"當從杜詩,"可知清詞麗句,可以涵蓋屈宋辭賦之豔逸,南朝詩歌之婉麗。屈宋辭賦與南朝詩歌風格雖有不同,但詞句都有麗的一面"。㊀韋莊主張"清詞麗句",其實也是沿襲着"楚騷"之餘韵。他的詩多作於入蜀前,以"清麗"見長,如:

> 傍水遷書榻,開襟納夜凉。星繁愁晝熱,露重覺荷香。蛙吹鳴還息,蛛羅滅又光。正吟《秋興賦》,桐影下西墻。㊀

> 早霧濃於雨,田深黍稻低。出門鷄未唱,過客馬頻嘶。樹色遥藏店,泉聲暗傍畦。獨吟三十里,城月尚如珪。㊀

> 章華臺下草如煙,故郢城頭月似弦。惆悵楚宫雲雨後,露啼華笑一年年。㊀

在韋莊的詩裏,隱去了政治黑暗的痕迹,也淡化了人世深沉的苦痛,就連懷古傷今也是雲淡風輕,這種清麗的風格隱藏着詩人一種看透時局的清醒與平淡。韋莊的"山水清音"有種幻滅之後的隨性與曠達,有怡然自得的樂趣,這與有意追求淡泊的皮日休、陸龜蒙等並不一樣。

晚唐末期的詩學理論與創作實踐相背離,前者屬於《詩經》譜系,而後者則屬於"楚騷"譜系。就晚唐文學整體的發展趨勢而言,明顯呈現出由《詩》入《騷》的轉軌。關於《詩》《騷》兩大譜系,蕭華榮先生曾詳細論及二者在形成之初的區別,兹引於下:

> 詩、騷之辨的實質就是情禮衝突。詩指《詩三百》,騷指以屈原爲主的楚辭作品,二者皆是真正的審美詩篇,是不同時代的詩人抒情言志的真誠歌唱,雖風格有明顯差異,却不存在什麽矛盾衝突。但是第一,由於楚騷具有濃厚的南方文化色彩,與當時的中原文化有所不同,帶有一定的異端色彩,其强烈的抒情性既不很合於儒家的"以禮節情""温柔敦厚",其"驚采絶艷"的詞采也不很合於"文質彬彬"的原則。第二,更重要的是,《詩三百》在漢代上升爲"經",楚騷則因"未經聖人手",没有獲得此項殊榮。漢儒用解釋《詩經》所抽象出來的比興諷喻、美刺時政的原則衡量楚騷,認爲它們不合乎這些詩學原則,但也有人以此爲標準對它們加以肯定。㊀

總歸而言,這兩大文學思想譜系的區别,即如紀昀所謂,一者"發乎情,止乎禮義",一者"發乎情而不必其止乎禮義"。具體説來,也就是二者對詩歌的内容及作用定位不同,《詩經》譜系以《詩》爲圭臬,遵從"經夫婦、成孝敬、厚人倫、美教化、移風俗"的傳統,以國家政教爲觀照對象,最終詩歌要"溫柔敦厚"地實現裨補時政的作用;"楚騷"譜系以《楚辭》爲典範,主張"發憤以抒情"的傳統,以個人的情懷志意爲内容,最終以排解自身的鬱悶爲主,故宗《騷》則多不言政治,無關教化;尊《詩》則心懷社稷,憫念蒼生。

這兩大思想譜系乃隨着漢唐歷史的演進而更迭,"治世"之人,一面耽於享受、一面又憂心隱患,即如初唐文學所呈現的,詩歌正步齊梁聲色之後塵,詩學理論已舉起革新的大旗,此時的詩學理論是以《詩》爲宗;"亂世"之人,多懷揣着清君側、安天下的信念,故中唐文學在實踐與理論上都一致地尊奉着《詩》的傳統;至"亡國"之際,大勢已去,人多心灰意冷、自顧不暇,所以,最終晚唐文學並没有順着中唐的路子,而是轉到了"楚騷"的譜系上來。"在心爲志,發言爲詩",詩歌是情志外化爲言語的表達方式,兩大文學思想譜系的更迭,其實也體現着儒家"達則兼濟天下,窮則獨善其身"的價值追求。

注　釋

① 裴子野《雕蟲論》,《文苑英華》卷七四二,中華書局1966年版,第3873頁。
② 紀昀《雲林詩鈔序》,《紀文達公遺集》卷九,嘉慶刻本。
③ 呂祖謙《呂氏家塾讀詩記》,《景印文淵閣四庫全書》第73册,臺北,臺灣商務印書館1986年版,第334頁。
④ 劉瑾《詩傳通釋・詩傳綱領》所引,《景印文淵閣四庫全書》第76册,第268頁(今朱熹《詩集傳》及《朱子語類》均未載)。
⑤ 朱熹《詩經集傳原序》,《景印文淵閣四庫全書》第72册,第749頁。
⑥ 同注①。
⑦ 劉勰著,范文瀾注《文心雕龍注》,人民文學出版社2008年版,第601頁。
⑧ 《謝趙王示新詩啓》,《庾子山集》卷八,《景印文淵閣四庫全書》第1064册,第556頁。
⑨ 鍾嶸著,周振甫譯注《詩品譯注・詩品序》,中華書局2013年版,第19頁。
⑩ 孔穎達《毛詩正義》,《十三經注疏(附校勘記)》,中華書局1980年版,第271頁。
⑪ 成伯璵提出"三情三用",云:"風、賦、比、興、雅、頌謂之六義,賦、比、興是詩人製作之情,風、雅、頌是詩人所歌之用。"(《毛詩指説》,《景印文淵閣四庫全書》第70册,第173頁)

⑫ 朱子曰:"三經是賦、比、興,是做詩底骨子,無詩不有,才無,則不成詩。蓋不是賦,便是比;不是比,便是興。如《風》《雅》《頌》却是裏面橫弗底,都有賦、比、興,故謂之三緯。"(《朱子語類》卷八〇,中華書局1981年版,第2070頁)而劉瑾《詩傳通釋》所引與此正相反,三經爲《風》《雅》《頌》,三緯爲賦、比、興。(《詩傳通釋》卷首,《景印文淵閣四庫全書》第76册,第269頁)朱右曰:"《古詩》三百篇,以風、雅、頌爲三經,賦、比、興爲三緯。"(據朱彝尊《經義考》所引,臺北,"中研院"中國文哲研究所儲備處1999年版,第688頁)

⑬ 劉瑾《詩傳通釋·詩傳綱領》引輔廣云,《景印文淵閣四庫全書》第76册,第268頁。

⑭ 張伯偉《全唐五代詩格彙考》,江蘇古籍出版社2002年版,第159頁。

⑮ 同上書,第373頁。

⑯ 同上書,第400頁。

⑰ 同上。

⑱ 汪祚民《詩經文學闡釋史》,人民文學出版社2005年版,第361頁。

⑲ 轉引自吕祖謙《吕氏家塾讀詩記》"六義"條,《景印文淵閣四庫全書》第73册,第334頁。此未見於今《二程集》。

⑳ 同注③。

㉑ 唐仲友《詩解鈔》,《續修四庫全書》第56册,上海古籍出版社2002年版,第287頁。

㉒ 《周禮·大師》鄭注引,《十三經注疏(附校勘記)》,中華書局1980年版,第796頁。

㉓ 同上。

㉔ 畢沅疏證《釋名疏證·釋典藝》卷六,《續修四庫全書》第189册,第630頁。

㉕ 同注⑭。

㉖ 同上書,第219頁。

㉗ 皎然著,李壯鷹校注《詩式》卷一《用事》,人民文學出版社2010年版,第31頁。

㉘ 同上書,第110頁。

㉙ 朱自清《詩言志辨》,商務印書館2011年版,第88頁。

㉚ 摯虞《文章流別論》,《全上古三代秦漢三國六朝文》,中華書局2000年版,第1905頁。

㉛ 同注⑦,第601頁。

㉜ 同注⑨。

㉝ 同注㉙,第41頁。

㉞ 同注⑭,第372頁。

㉟ 殷璠曰:"夫文有神來、氣來、情來。"(《唐人選唐詩新編[增訂本]》,中華書局2014年版,第156頁)

㊱ 同注⑨,第 20—21 頁。

㊲ 司空圖著,郭紹虞集解《詩品集解》,人民文學出版社 2005 年版,第 33 頁。

㊳ 據《詩品集解》所引許印芳《詩法萃編》(同上書,第 49 頁)。

㊴ 同注㊲,第 35 頁。

㊵ 同上書,第 41 頁。

㊶ 朱東潤《司空圖詩論綜述》,《中國文學史論文選集》,臺北,學生書局 1978 年版,第 1143—1144 頁。

㊷ 孟棨《本事詩序》,《歷代詩話續編》,中華書局 1983 年版,第 2 頁。

㊸ 羅宗强《隋唐五代文學思想史》,中華書局 2011 年版,第 224 頁。

㊹ 嚴羽著,郭紹虞校釋《滄浪詩話校釋》,人民文學出版社 2012 年版,第 139 頁。

㊺ 同注㉙,第 89 頁。

㊻ 同注㊸。

㊼ 同上書,第 226 頁。

㊽ 吴熊和《唐宋詞通論》,浙江古籍出版社 1985 年版,第 30 頁。

㊾ 吴梅《詞學通論》,上海古籍出版社 2006 年版,第 37 頁。

㊿ 同注㊽,第 173 頁。

(51) 劉永濟《詞論》,上海古籍出版社 1981 年版,第 81 頁。

(52) 《舊唐書・文苑傳序》,中華書局 1975 年版,第 4982 頁。

(53) 徐鉉《騎省集》,《景印文淵閣四庫全書》第 1085 册,第 146 頁。

(54) 《新唐書》,中華書局 2013 年版,第 5129 頁。

(55) 同上書,第 5132 頁。

(56) 此五篇文章皆載於《全唐文》卷七八九,上海古籍出版社 1990 年版,第 3663—3664 頁。

(57) 同上書,第 3687 頁。

(58) 同上書,第 3880 頁。

(59) 杜牧著,陳允吉校《樊川文集》,上海古籍出版社 1978 年版,第 149 頁。

(60) 王運熙《中國文學批評通史・隋唐五代文學卷》,上海古籍出版社 1996 年版,第 623 頁。

(61) 同注(56),《全唐文》卷七五九,第 3493 頁。

(62) 聞一多《唐詩雜論》,生活・讀書・新知三聯書店 2012 年版,第 55—57 頁。

(63) 殷璠《河嶽英靈集序》,《唐人選唐詩新編(增訂本)》,第 156 頁。

(64) 高仲武《中興間氣集》,同上書,第 265 頁。

(65) 同上書,第 271 頁。

(66) 蔣寅《百代之中》,北京大學出版社 2013 年版,第 14 頁。

(67) 元稹《白氏長慶集序》,《元稹集》,中華書局 1982 年版,第 554 頁。

(68) 羅根澤《中國文學批評史》,古典文學出版社 1957 年版,第 170 頁。

(69) 同注⑨,第 21 頁。

(70) 同注(56),第 2372 頁。

(71) 同上。

(72) 同上書,第 2373 頁。

(73) 同上書,第 2575 頁。

(74) 同上。

(75) 同上書,第 2844 頁。

(76) 李商隱《上崔華州書》,《樊南文集》,上海古籍出版社 1988 年版,第 441 頁。

(77) 李商隱自身創作經歷了由古文轉向駢文的過程,《樊南甲集序》云:"樊南生十六能著《才論》《聖論》,以古文出諸公間。後聯爲鄆相國、華太守所憐,居門下時,敕定奏記,始通今體。後又兩爲秘省房中官,恣展古集,往往咽噱於任、范、徐、庾之間。有請作文,或時得好對切事,聲勢物景,哀上浮壯,能感動人。"(《樊南文集》第 426 頁)《新唐書》亦載:"商隱初爲文瑰邁奇古,及在令狐楚府,楚本工章奏,因授其學。商隱儷偶長短,而繁縟過之。時温庭筠、段成式俱用是相夸,號'三十六體'。"(《新唐書・李商隱傳》第 5793 頁)可見,李商隱早期是工於古文,後又轉以創作四六文爲主。此正印證了他給崔戎的書信,也就是從創作實踐上,李商隱明顯地表達出對"文以明道"的冷淡。

(78) 同注(76),第 433—435 頁。

(79) 同注(59),第 105—106 頁。

(80) 方勇譯注《莊子》,中華書局 2010 年版,第 150 頁。

(81) 王弼注,樓宇烈校釋《老子道德經注校釋》,中華書局 2008 年版,第 45 頁。

(82) 同注(59),第 137 頁。

(83) 同注㊸,第 229—230 頁。

(84) 范攄《雲溪友議・錢塘論》載,白居易在錢塘時令徐凝、張祜賦詩,以徐爲首,張次之。之後,杜牧守秋浦,與張祜爲詩酒交,喜吟張祜之宫詞,知前歲錢塘時白公有非之之論,乃懷不平之色,且爲詩二首褒贊祜詩。故杜牧輕白居易,似有以也。(《白居易研究資料彙編》,古典文學出版社 1958 年版,第 32 頁)皮日休也提到,"牧之少年,所爲亦近於祜,爲祜恨白,理亦有之"。(《皮子文藪・論白居易薦徐凝屈張祜》,第 240—241 頁)

(85) 羅大經《鶴林玉露》,中華書局 1997 年版,第 226 頁。

⑧⑥ 胡應麟《詩藪·內篇》,中華書局1958年版,第82頁。

⑧⑦ 胡震亨《唐音癸籤》,上海古籍出版社1981年版,第286頁。

⑧⑧ 蔣寅《中國古代文學通論·隋唐五代卷》,遼寧人民出版社2005年版,第113頁。

⑧⑨ 李商隱著,馮浩箋注《玉谿生詩集箋注》,上海古籍出版社1979年版,第288—289頁。

⑨⓪ 王琦注《李太白全集》卷一四,中華書局1981年版,第702頁。

⑨① 蕭統編,李善注《文選》卷一三,上海古籍出版社1986年版,第581頁。

⑨② 關於李白對宋玉及其辭賦的理解,見唐婷《李杜對宋玉辭賦的接受》,《湖北社會科學》2016年第1期。

⑨③ 同注⑧⑨,第304頁。

⑨④ 同上書,第459頁。

⑨⑤ 同上書,第460頁。

⑨⑥ 同上書,第135頁。

⑨⑦ 程夢星《重訂李義山詩集箋注》,廣陵書社2011年版,第52頁。

⑨⑧ 同注⑧⑨,第133頁。

⑨⑨ 《辛氏三秦記》,《玉谿生詩集箋注》馮浩注引,第134頁。

⑩⓪ 趙臣瑗《山滿樓唐詩七律箋注》,《玉谿生詩集箋注》馮浩注引,第135頁。

⑩① 同注⑨⑦。

⑩② 同注⑧⑨,第395頁。

⑩③ 同注㊸,第233頁。

⑩④ 同上書,第245頁。

⑩⑤ 同上書,第237頁。

⑩⑥ 同注⑧⑨,第135—136頁。

⑩⑦ 同注㊸,第240頁。

⑩⑧ 同注㊾,第5097頁。

⑩⑨ 同注㊾,第149頁。

⑩⑩ 同上書,第194—195頁。

⑪⑪ 王運熙《中國文學批評通史·隋唐五代卷》,上海古籍出版社1996年版,第619頁。

⑪⑫ 同注㊾,第242頁。

⑪⑬ 同上書,第1—3頁。

⑪⑭ 杜牧著,馮集梧注《樊川詩集注》,上海古籍出版社1978年版,第130頁。

⑪⑮ 同上書,第201頁。

⑯ 同上書,第163頁。

⑰ 杜牧《遣懷》,《全唐詩》,中華書局1979年版,第5998頁。

⑱ 同注㊄,第281頁。

⑲ 司馬光《資治通鑒》,中華書局1956年版,第7919頁。

⑳ 陳寅恪《唐代政治述論稿》,商務印書館2012年版,第319頁。

㉑ 同注㊉,第3745頁。

㉒ 陸龜蒙《散人歌》,《甫里先生文集》卷一七,《四部叢刊》本。

㉓ 杜荀鶴《自叙》,《全唐詩》,第7975頁。

㉔ 司空圖《淅川二首》之二,《司空表聖詩集》卷一,《四部叢刊》本。

㉕ 李山甫《風》,《全唐詩》,第7361頁。

㉖ 李咸用《投所知》,《全唐詩》,第7408頁。

㉗ 羅隱《漢江上作》,《全唐詩》,第7552頁。

㉘ 皮日休《皮子文藪·皮子世錄》,上海古籍出版社1981年版,第117頁。

㉙ 同注㊉,第3697頁。

㉚ 同注㉘,第91頁。

㉛ 同上書,第92頁。

㉜ 同上書,第2頁。

㉝ 魯迅《南腔北調集·小品文的危機》,《魯迅全集》第四卷,人民文學出版社2005年版,第591頁。

㉞ 同注㉘,第9頁。

㉟ 同上書,第94、97、99頁。

㊱ 同上書,第80頁。

㊲ 同上書,第62頁。

㊳ 同上書,第45頁。

㊴ 如陸龜蒙作《記稻鼠》《禽暴》《蠹化》等,都是以比喻的形式來批判社會現實;羅隱《越婦言》《荆巫》《屏賦》等也是揭露政治風俗鄙惡。羅宗强先生對此有詳細分析,參見《隋唐五代文學思想史》,第252頁。

㊵ 同注㊇,第170頁。

㊶ 同注㊸,第253頁。

㊷ 同注㉘,第235頁。

㊸ 同上書,第107頁。

⑭ 白居易《白居易集》,顧學頡點校,中華書局1979年版,第960—961頁。

⑮ 同上書,第52頁。

⑯ 同注㊸,第256頁。

⑰ 同注㉘,第240—241頁。

⑱ 同注⑭,第964—965頁。

⑲ 同注㊶,第3831頁。

⑳ 同上書,第3831頁。

㉑ 同上書,第3843頁。

㉒ 同注㉘,第11頁。

㉓ 洪興祖《楚辭補注》,中華書局2014年版,第2頁。

㉔ 同上。

㉕ 同注㊸,第261頁。

㉖ 同前注。

㉗ 同上書,第258頁。

㉘ 同注㊽,第460頁。

㉙ 吳闓生《韓翰林集跋》,《韓翰林集》,《叢書集成續編》第164冊,臺北,新文豐出版公司1988年版,第976頁。

㉚ 同注㊾,第5390頁。

㉛ 繆鉞《論韓偓詞》,繆鉞、葉嘉瑩《靈谿詞說》,上海古籍出版社1987年版,第45頁。

㉜ 同注㉙,第962頁。

㉝ 同上書,第966頁。

㉞ 同上書,第965頁。

㉟ 韋莊《又玄集》,《唐人選唐詩新編(增訂本)》,第773頁。

㊱ 杜甫《戲爲六絕句(其五)》,《杜詩詳注》,中華書局1999年版,第898頁。

㊲ 同注⑪,第704頁。

㊳ 韋莊《韋莊詩集箋注》卷一,上海古籍出版社2002年版,第31頁。

㊴ 同上書,第31—32頁。

㊵ 同上書,第108頁。

㊶ 蕭華榮《中國詩學思想史》,華東師範大學出版社1996年版,第12頁。

敦煌遺書 P.3963、P.3259 與張承奉、曹議金政權的關係

——兼論曹議金爲粟特後裔説

鍾書林

【提要】 敦煌歸義軍高僧悟真擔任都僧統長達三十多年,在當時敦煌影響很大。今敦煌遺書 P.3963、P.3259 兩份悟真紀念文集,是紀念悟真去世三十周年而作。它們反映了悟真晚年與張承奉政權的微妙複雜關係,以及敦煌僧界悟真衣鉢傳承之爭和曹議金政權建立初期佞佛的政治背景。曹氏一方面藉助悟真在敦煌地區的廣泛影響力,確立曹氏政權的地位和威望;另一方面將曹法鏡與悟真並尊,抬升曹法鏡的僧界地位,這無意間透露出曹議金的粟特曹國後裔身份。

敦煌歸義軍高僧悟真一生年壽甚長,閱歷豐富,經歷了吐蕃統治敦煌、歸義軍光復敦煌、歸義軍內亂等重要的歷史時段。他作爲洪辯弟子,成長於吐蕃統治敦煌時期,效力於敦煌光復後的歸義軍張議潮、張淮深、張淮鼎、索勳、張承奉等統治,先後經歷過六次政權更迭;他曾隨同敦煌使團,覲見大唐天子,與京都名流切磋文藝,成爲敦煌歸義軍時期宗教界、文化界的代表人物。

曾任河西節度掌書記試太常寺協律郎蘇擇的《都僧統唐悟真邈真贊並序》開篇説"英靈神假,風骨天資。夙彰聰敏,志蘊懷奇",道盡了悟真的"神""奇";"趨庭者若市,避席者風追。不呼而來,不招而歸",寫盡了悟真頗受敬仰和愛戴的人格魅力;"入京奏事,所請無違""受恩三殿,聲播四維",寫盡了敦煌人的驕

鍾書林　武漢大學文學院

傲與自豪。悟真"六和御衆,三十餘期",擔任都僧統三十多年,始終秉持公正祥和的作風,"懷瑾握瑜,知雄守雌。其直如弦,其平如砥",不僅深受人們愛戴,而且禽獸頗得感化,"湊飛禽而戀就,萃走獸而群隨"。蘇惲的這篇邈真贊,作於廣明元年(880),時值悟真七十多歲高齡,繪生前畫像,故蘇惲爲此作文。但此後悟真又生活了十五年,直到乾寧二年(895),以八九十歲的高齡圓寂。① 如此高壽的年齡,更加促進他人生傳奇的書寫。在他去世後,《唐和尚百歲書》《緇門百歲篇》等將悟真一生事跡編成文學作品,得到廣泛傳播。悟真一生創作的許多佳作,更成爲當時及後世人們學習的範文。直到今天,在敦煌莫高窟的窟銘中,仍然多處可見其創作的作品。

一 敦煌遺書 P.3963、P.3259 紀念悟真文集的文本比較

悟真去世後,人們用各種形式表達對他的懷念。現存敦煌遺書中發現 P.3963、P.3259 兩件紀念悟真的文集,② 引起學術界的共同關注,但一直以來研究不夠深入。僅有鄭炳林先生所做初步校錄,③ 其餘學者多祇提及篇名。這兩件抄本,均有殘缺,字跡總體有些模糊,但鄭炳林先生在當年條件十分有限的情況下,加以細心校錄,厥功甚偉。茲以《法國國家圖書館敦煌西域文獻》刊布的圖版爲底本,在吸收和借鑒鄭先生成果基礎上,新校如下(凡因當年圖版模糊而導致校錄不佳的地方直接加以校訂,不再一一出注,因爲這祇是得力於現在圖版品質較爲清晰,不敢自以爲高明)。

由於這兩件文書在內容上略有差別,《法國國家圖書館敦煌西域文獻》刊布時,在命名上也略有不同,P.3963 爲《唐曹和上傳文》(按:和上,即和尚,下文逕改),而 P.3259 爲《都僧政紀念文》。爲了方便比較,筆者校錄時,也分別予以整理,省稱甲卷、乙卷。

P.3963 爲《唐曹和尚傳文》(簡稱甲卷),存十九行,每行約二十字,前三行下部殘闕,書法較好。其文曰:

  ☐竊以釋教象玄,非愚莫☐能比諭。某自雖晚學☐監,偷光於槐市,先生分教,總☐端,騰波瀾於大浸;五乘妙慧,湍流千門。適談空而不取,

戲論俱亡;涉有而靡湎,原河不二,終日言無說,體寂猷如,顯有知空。法山自峻,孰能洞曉。直盡無依渡,六度於愛河,指迷津於彼岸者,茲誠有我大師曠公,誕迹人間,繼斯洪論,得雙林之奧旨,流法乳于閻浮。永(承)古傳文,於茲不泯。爾後麻尊闡教,理迹(即)俱同導引,並得居深源,指諭輻湊於大麓。

敦煌勝地,累代高僧,非唯李、宋、石、王之明公,近復唐、曹之大哲。我先師唐、曹和上(尚),此郡人也。學該今古,識遠通仁。指一言而萬流得源,談三空而千門領會。遂留浩汗,宗示後來。

某乙之徒,謬承嚴訓。太保崇善,受付囑於今時。欲使大教分流,光揚不絕,抑登高座,戰汗交並。旬月以來,相依簡讀(牘)。今晨告訴,魂[魄]罔然。④辭二郊于慈顏,⑤交漣雨泣;別檀越于金容,俄而涕泗。未知後會,早晚相逢。再萃談空,⑥誰能可定。珍重珍重,勉自克修。三會禪法,同登覺路。⑦

P.3259 爲《都僧政紀念文》(簡稱乙卷),存十一行,每行約十九字,書法有些潦草。其文曰:

▢蒙前賢大師曠公,誕迹人間,繼斯洪論,得雙林之奧志,流法乳于閻浮。永古楷文,於茲不絕泯。爾後麻宗大闡,理即俱同導引,敦煌英傑,得其深源,指諭輻湊於大[麓]。

敦煌勝地,累代高僧,非唯李、宋、石、王之明公,⑧近復唐、曹之大哲。蒙先師都僧統和尚、河西管內敕授賜紫都僧政和尚,深慈普洽,命一凡語,則示誨之恩,若子之憐。其和尚等龍堆雙寶,間代之模。學該今古,識達通仁。指一言而若流得源,談三寶而千門領會。遂流浩汗,宗示後來。

況厶强保(緥褓)入四(寺),謬承嚴訓,萬審知一,白是泥人,焉能救弱。⑨

仔細比較以上兩件文書,大約有一半以上的篇幅並不相同。甲乙卷內容相同之處,主要集中在兩個地方:

1. 從"大師曠公"到"近復唐、曹之大哲",甲乙卷內容大致相同。
2. "學該今古"到"宗示後來",甲乙卷內容大致相同。

但是,這兩處也有些細微的差別,值得注意。爲方便閱讀,試用表格比較如下。

表一　甲乙卷異文對照表

甲卷	乙卷	異文説明
得雙林之奧**旨**	得雙林之奧**志**	甲卷作"旨",乙卷作"志"。按,甲卷是。
永古**傳**文	**承**古**楷**文	甲卷作"永",乙卷作"承"。按,乙卷是。 甲卷作"傳",乙卷作"楷"。按,甲卷是。 所以,本句應爲"承古傳文"。
於茲不泯	於茲不**絶**泯	乙卷"絶",從句式看,當爲衍文。乙卷"泯"字缺末筆,甲卷未缺筆,這兩件當抄於晚唐時期無疑,由此可以看到唐代行文有的避諱,也有的不避諱。因此單純以避諱與否來判定敦煌抄本出現的年代,説服力不强。
麻尊闡教,理**迹**俱同導引	麻宗大闡,理**即**俱同導引,敦煌英傑	甲卷作"迹",乙卷作"即"。按,乙卷是。 又,乙卷"敦煌英傑"四字,甲卷脱。
並得**居**深源	並得**其**深源	甲卷作"居",乙卷作"其"。按,乙卷是。
指諭輻湊於大麓	指諭輻湊於大[麓]	乙卷"麓"字脱,據甲卷補。
識**遠**通仁	識**達**通仁	甲卷作"遠",乙卷作"達"。按,甲卷是。
指一言而**萬**流得源	指一言而**若**流得源	甲卷作"萬",乙卷作"若"。按,甲卷是。
談三**空**而千門領會	談三**寶**而千門領會	甲卷作"空",乙卷作"寶"。按,甲卷是。
遂**留**浩汗	遂**流**浩汗	甲卷作"留",乙卷作"流"。按,甲卷是。

從表一的比較可以看出,甲乙卷各有短長,可以相互校補。甲乙卷内容不同的地方,主要有三處:

1. 乙卷"蒙前賢大師曠公"以上殘闕,但甲卷此處比乙卷多出將近七行的内容。

2. 從"近復唐、曹之大哲"至"學該今古"之間,甲乙卷内容差別較大。

　　甲卷　我先師唐、曹和上(尚),此郡人也。

　　乙卷　蒙先師都僧統和尚、河西管内敕授賜紫都僧政和尚,深慈普洽,命一凡語,則示誨之恩,若子之憐。其和尚等龍堆雙寶,間代之模。

對比可以發現,甲卷内容相對簡單。僅提"先師唐、曹和尚",唐和尚指唐悟真,俗姓唐。曹和尚,即中和三年(883)病逝的曹法鏡和尚。乙卷没有提曹和尚,而對先師都僧統悟真多有讚譽感恩之詞。最後"其和尚等龍堆雙寶,間代之模",參校於甲卷,既然稱"龍堆雙寶",可能除唐和尚外,還有曹和尚,但由於作者没有明提,祇能存疑。

3. 從"宗示後來"到卷末,甲乙卷内容差别更大。

  甲卷 某乙之徒,謬承嚴訓。太保崇善,受付囑於今時。欲使大教分流,光揚不絶,抑登高座,戰汗交並。旬月以來,相依簡讀(牘)。今晨告訴,魂[魄]罔然。辭二郊于慈顔,交漣雨泣;别檀越于金容,俄而涕泗。未知後會,早晚相逢。再萃談空,誰能可定。珍重珍重,勉自克修。三會禪法,同登覺路。

  乙卷 况厶强保(繦褓)入四(寺),謬承嚴訓,萬審知一,自是泥人,焉能救弱。

如果説,前面的比較,我們還不足以區分這兩件文書的話,那麽從"宗示後來"以下,甲乙卷的内容差異,就爲我們判定作者身份提供了一些依據。

甲乙卷作爲紀念唐和尚的文書,有些内容出現重複,並且高度相似,但它們又分屬於兩個不同的作者,可以據此推測,當時可能流行有可供參考的模本。這兩件文書中,高度相似的内容,可能都是從參考模本中傳播開來的。

在這些重複相似的内容中,都涉及"我(前賢)大師曠公",其中"曠公",即明公,是古代對有名位者的尊稱。下文又有"敦煌勝地,累代高僧,非唯李、宋、石、王之明公,近復唐、曹之大哲",即是此義。悟真任都僧統三十多年,名位尊貴,又是佛教高僧,故文中尊爲"大師曠公"。結合上文所述及甲乙卷的其他内容,筆者小結如下:這兩卷文書,創作於同一時期,同爲紀念悟真而作,但分屬於兩個不同的作者;這兩個作者,都是曾經跟隨悟真學習的重要弟子。

二 悟真紀念文集與張承奉、曹議金政權之關係

甲卷稱"某自雖晚學","偷光於槐市",説他拜入悟真門下求學,雖然時間較晚,但他刻苦勤奮,略得悟真之法。"偷光",用匡衡鑿壁偷光,刻苦好學,終有所成就的典故。"槐市",本義指漢代長安讀書人聚會、貿易之市,因其地多槐而得名。後來借指學宫、學舍。這裏指悟真講學場所。

乙卷稱"某繈褓入寺",因此他拜入悟真門下求學,比甲卷作者要早。兩人都聲稱"謬承嚴訓",親炙於悟真。但從兩卷比較來看,甲卷作者似乎成爲悟真圓寂後官方公認的衣鉢傳人。其文曰:"太保崇善,受付囑於今時。欲使大教分流,光揚不絕,抑登高座,戰汗交並。"悟真卒於乾寧二年,時歸義軍政權首領爲張承奉,之後從曹議金起,轉爲曹氏政權。據榮新江先生《歸義軍史研究》,張承奉的尊號有尚書、司空等職,但未曾有過太保一職;而到同光三年(925),曹議金出任"檢校司空兼太保"(P.3805《同光三年六月一日歸義軍節度使牒》)。⑩據此推測,此處甲卷中的"太保"應當很可能是指曹議金。同光三年,時值悟真去世(乾寧二年),剛好三十週年。悟真以其在當時敦煌的威望及影響力,受到曹議金的重視。曹議金爲之確定衣鉢傳人,"欲使大教分流,光揚不絕",將悟真的精神法脈傳承下去。甲卷作者被曹議金看重,委以重任,故文中説"太保崇善,受付囑於今時",而"抑登高座,戰汗交並",僅是作者的謙虛客套之詞。

曹議金繼掌歸義軍政權後,崇信佛教,對僧侶禮待有加,甲卷稱"太保崇善",洵非虛譽。P.3718《程和尚(政信)邈真贊並序》説:"自太保統握河隴,國舉賢良,念和尚雅量超群,偏錫恩榮之秩。"其中的太保,據榮新江先生考證,也指曹議金。又,P.3556《大唐敕授歸義軍應管內外都僧統充佛法主京城內外臨壇供奉大德兼闡揚三教大法師賜紫沙門氾和尚(福高)邈真贊》説:"洎金山白帝,國舉賢良,念和尚以(與)不群,寵錫恩之秩,遂封內外都僧統之號,兼加河西佛法主之名。五郡稱大師再生,七州闡法主重見。爰至吏部尚書秉政敦煌,大扇玄風。和尚請座花台,倍敬國師之禮,承恩任位,經法十五餘年。"又P.3556《歸義軍應管內都僧統陳和尚(法嚴)邈真贊》説:"洎山白帝,國舉賢良,念和尚雅望超群,寵錫恩榮之秩。爰至吏部尚書秉政蓮府,封賜內外都僧統之班,兼加河西佛法主之號。"以上"吏部尚書",據榮新江先生研究,也都是曹議金無疑。⑪曹議金崇信佛教,封賜本朝都僧統之餘,敦煌歷代都僧統也成爲時人關注的話題。所以,上文甲乙卷都説:

> 敦煌勝地,累代高僧,非唯李、宋、石、王之明公,近復唐、曹之大哲。

擔任都僧統長達三十多年的唐和尚悟真,便受到人們的熱議。因此,同光四年,時值悟真去世三十周年的重要年份,唐和尚悟真受到了隆重紀念。於是,便有了以上甲乙兩件文書。因此,結合上述史實看來,甲乙兩件文書的寫作時間,應該就在同光四年。這兩件文書,是應紀念悟真去世三十周年醞釀產生的重要紀念作品。

悟真於乾寧二年去世後,中經張承奉政權,其影響力及社會聲譽有所下降和消歇。這其中的原因,應大致與悟真晚年無意中捲入歸義軍的內部鬥爭,有一定關係。乾寧元年,悟真應李明振妻張氏之約,爲莫高窟第148窟撰寫碑記,即《大唐宗子隴西李氏再修功德記》(又稱乾寧碑)。張氏是張議潮第十四女,又是率李氏諸子誅殺索勳的功臣。大順元年(890),張淮深死於非命,關於張淮深之死,歷史謎團較多,一説死於其族弟張淮鼎之手,一説死於索勳之手,關於索勳的歷史功過,也衆説紛紜。但無論哪種説法,索勳在張淮深去世之後,竊據歸義軍政權,則是事實。悟真與張議潮、張淮深情感深厚,而張氏作爲張議潮之女,又率衆除掉索勳,立侄男張承奉爲節度使,所有這些,悟真無疑都是具有好感的。所以,他在《大唐宗子隴西李氏再修功德記》中對於張氏力挽狂瀾的平亂之舉,表示歡欣鼓舞:

> 夫人南陽郡君張氏,温和雅暢,淑德令聞,深遵陶母之人(仁),至切齊眉之操。先君歸覲,不得同赴于京華;外族留連,各分飛於南北。於是先兄亡弟喪,社稷傾淪,假子(手)托(託)孤,其幾勤于苟免。所賴太保神靈,幸恩剿黻,重光嗣子,再整遺孫。雖手創大功,而心全弃致。見機取勝,不以爲懷。乃義立侄男,秉持旄鉞。總兵戎於舊府,樹新勳於新墀。內外肅清,秋毫屏迹……間生神異,誠(成)太保之徽猷。雖處閨門,實謂丈夫之女。

碑文中,悟真多次談及"太保"張議潮,表明他之所以答應張氏爲李家窟撰寫碑銘,很大程度上是源於悟真對於張氏父輩張議潮的感念和追懷。加之張氏在張議潮、張淮深等張氏子孫衰敝凋零的情況下,在"社稷傾淪"之際,援手相助,"重光嗣子,再整遺孫",擁立侄男張承奉,承繼大業,確實是深明大義之舉。至於李氏擁兵自重,架空張承奉,由此引發內訌,這是乾寧元年悟真撰寫碑文時所始料未及的。

據榮新江先生所蒐集的有限的史料記載,張氏之子架空張承奉、實掌歸義軍政權,在乾寧二年三月之後,[12]而此時悟真已經圓寂。P.2856乾寧二年三月十一日《營葬都僧統榜》記載:

> 營葬榜。僧統和尚遷化,今月十四日葬。准例排合葬儀,分配如後:
>
> 靈車,仰悉殉潘社慈音律師、喜慶律師。香輿,仰親情社法惠律師、慶呆律師。邀輿,仰子弟慶□律師、智剛律師。鐘車,仰中團張遠□、李鵲鵲、朱神□。鼓車,仰西團史興子、張興盛。九品往生輿,仰當寺。紙蟠,紹通。納色,喜寂律師、道濟。大蟠兩口,龍、蓮各一口,净土、開元各蟠一對。
>
> 右件所請諸色勾當者,緣葬日近促,不得疏慢,切須如法,不得乖格者。乾寧二年三月十一日。僧政、都僧錄賢照。

悟真死後,在都僧統康賢照的安排下,喪葬辦得很隆重,除靈圖寺外,開元寺、净土寺、悉殉潘社、親情社、中團、西仰等僧俗團體都參與辦理悟真送葬活動。[13]

根據榮新江先生鈎沉的史料發現,乾寧三年,張承奉等發動政變,奪回歸義軍實際大權,這便是悟真身後發生的事情了。但由於可能受到乾寧元年這篇碑記的牽連,悟真的地位,在張承奉政權時期不免受到一定的影響。

另外,還有個很重要的原因,即與張承奉對待佛教的態度有密切關係。據榮新江先生研究,從宗教信仰來看,張承奉不能算是一位佛教徒,他大概更迷信於陰陽五行讖緯之説。[14]據S.1604連續書寫的《天復二年(902)歸義軍節度使張承奉帖》《都僧統賢照帖》記載:

> 使帖都僧統等
>
> 右奉處分,蓋緣城隍或有數疾,不净五根,所以時起禍患,皆是僧徒不持定心,不虔經力,不愛貳行。若不興佛教,何虧乎哉。從今已往,每月朔日前夜、十五日夜,大僧寺及尼僧寺燃一盞燈。當寺僧衆,不得欠少一人,仍須念一卷《佛名經》,與滅狡猾,嘉延人輪,豈不於是然乎。仍其僧統一一鈐轄,他皆放(仿)此者。四月年八帖。
>
> 都僧統帖請僧尼寺網管、徒衆等

奉尚書(張承奉)處分,令諸寺禮懺不絕,每夜禮《大佛名經》壹卷。僧尼夏中,則合勤加事業,懈怠慢爛,故令使主嗔責,僧徒盡皆受恥。大家總有心識,從今已後,不得取次。若有故違,先罰所由網管,後科本身,一一點檢……天復二年四月廿八日帖,都僧統賢照。⑮

從帖文反映,張承奉將當時敦煌出現的疾病禍患等,歸咎於僧徒,並要求都僧統對僧衆嚴加管束。都僧統賢照接到帖文後,即下帖給各寺僧官徒衆,要求嚴格遵照執行。"我們從敦煌文書中瞭解到,自吐蕃統治時期開始,由於佛教勢力的增强,最高僧官握有極大的權力,往往與其地方統治者一同治理敦煌社會,如摩訶衍與吐蕃節兒,吳洪辯與張議潮,都是如此。直到張承奉時期,我們首次看到節度使如此向都僧統發號施令,表明歸義軍的政權已完全凌駕於教權之上。"⑯張承奉對待佛教的態度的改變,可能有三個方面的原因。

第一,當時敦煌佛教勢力日益强大,給歸義軍地方統治者帶來了極大的壓力。正如榮新江先生指出的:"敦煌是一座佛教城市,特別是在吐蕃統治時期,新建了幾座寺院,僧尼人數大增,在張議潮率衆推翻吐蕃統治的過程中,沙州都教授洪辯及其弟子悟真也率僧尼大衆回應起義,對歸義軍的建立給予了極大的支援。統治瓜沙僧尼大衆的河西都僧統及其下屬各級僧官,也是歸義軍節度使手下的釋吏。"也正是因爲這樣的原因,自歸義軍政權建立伊始,佛教最高僧官都僧統便與歸義軍政權的最高領導人,共同治理敦煌。但是,由於大唐天子對於歸義軍政權領導人的缺乏信任,迫使張議譚、張議潮等領導人先後委身入朝,嚴重削弱了歸義軍政權的統治力量。緊接着,張淮深遇害,張淮鼎、索勳等先後篡位,李明振家族執政,一連串的内訌,更將歸義軍政權推向了覆滅的邊緣。而相比之下,佛教都僧統一直傳承有序,穩步發展。早在張議潮起義時期,悟真等便已創立了不少功勳;到大中五年(851),悟真、曹法鏡等一行高僧,又受到天子極高的禮遇,衣錦還鄉,備受敦煌百姓崇信。特別是自悟真任都僧統以來,三十多年間,佛教地位及個人威望日益提升。所有這些,對本已搖搖欲墜的歸義軍政權造成了極大的擠壓,形成一種潛在的威脅。因此,張承奉一意孤行,以自己的政治力量凌駕於都僧統之上,有意打壓日益興盛的敦煌佛教力量。

第二,悟真晚年無意中捲入張承奉與李明振家族政治鬥爭的漩渦,這成爲張承奉動輒將災殃禍患歸咎於僧徒的直接誘因。如前文所示,乾寧元年,悟真應張議潮第十四女李明振妻邀請,爲李家窟撰寫碑銘。儘管當時悟真在碑文中詳細交代了作碑記的緣由,但這件事情,在張承奉看來,是以悟真爲首的敦煌佛教力量支持李明振家族執政的一個鮮明信號。因此,在張承奉剷除李明振家族勢力,實際掌握大權後,便開始整頓佛教,動輒歸咎僧徒。上文所引,張承奉發帖文給都僧統賢照,賢照是悟真的繼任者,如前文所論,悟真隆重的喪葬活動就是他一手操辦的。因此,從這個意義上看,張承奉整頓、打壓佛教,實際上是對支持李明振家族的佛教力量的一次大清算,是將剷除李明振家族勢力從政治軍事領域延伸、擴大化到宗教領域的一大體現。

第三,張承奉個人宗教信仰的影響。據榮新江先生等研究,張承奉很可能是張淮鼎之子,而張淮鼎又很可能就是大順元年殺害張淮深夫婦及六子的兇手。雖然現存史料還没有明顯的證據證明張淮鼎是否因爲宗教信仰的原因殺害張淮深等人,從而奪取政權,但從張承奉熱衷信奉的陰陽讖緯之説看來,在當時敦煌地區,在歸義軍執政者的周圍,除以悟真爲代表的佛教僧團外,應該還聚集着一批重視陰陽讖緯學説的儒士。[17]這批儒士的存在,很大程度影響並掌控了張承奉的個人宗教信仰。

從張議潮起義開始,敦煌僧團一直充當着歸義軍執政者的重要謀士,從洪辯到悟真,尤其是到張淮深統治時期,對悟真更是禮遇有加,頗爲器重。而這樣的情形,必然遭到反對勢力的忌恨。這股反對勢力的強大,從他們以迅雷不及掩耳之勢剷除李明振家族勢力,並且不給後世留下任何的蛛絲馬迹,[18]可以窺見一斑。這股反對勢力的強大,從張承奉金山國政權時期人才濟濟,湧現出的一批出色的文學作品,如《白雀歌》《龍泉神劍歌》等,[19]從他們野心勃勃,擁戴張承奉自號"金山白衣天子",建立金山國,開疆拓土,意欲奪取五凉全境,可以窺見一斑。

總之,在當時佛教盛行的敦煌地區,其潛在的反佛教力量,也是不容小覷的。由於這股反佛力量的干預與影響,張承奉便弃用佛教,轉而迷信陰陽讖緯之説。這種從東漢開始被陰陽讖緯改頭換面的儒家末學,成爲張承奉金山國時期的主流思潮,主宰着一切。因此,上述諸多因素的存在,必然導致張承奉對佛教的反感與冷落,導致佛教的被管束、打壓。

三 悟真衣鉢傳承之爭與曹議金政權建設

從甲乙卷記載的內容來看,甲乙卷這兩個作者,都是曾經跟隨悟真學習的入室弟子。一個入學雖然偏晚,但由於刻苦用功,深得悟真的思想精髓;另一個襁褓入寺,自幼跟隨悟真學習,朝夕相處,與悟真感情深厚。

這次悟真衣鉢傳承的册封儀式,很可能是與紀念悟真去世三十周年的活動一起舉辦的。因爲在甲乙卷的作品中,既明確地表達了對先師唐和尚悟真的懷念之情,又含蓄地傳達了作者有關衣鉢傳承的態度。從甲乙卷比較來看,甲卷作者無疑是勝利者,而乙卷作者是失敗者。因爲根據甲卷内容,"某乙之徒"("某乙"是作者自稱的代詞),接受太保曹議金"欲使大教分流"的委任,奔赴任所,辭親别友,情感依依,雖然外示傷感悲戚,却很難掩飾得住内在的歡欣;而乙卷不免怨艾,甚至尖酸刻薄。

僅從甲乙卷内容判斷,這場悟真衣鉢傳承之爭的勝負,很大程度上取决於甲乙卷作者自身的性情。從兩卷的文本内容上看,甲卷作者情感奔放,其離別之語,温情脈脈:"今晨告訴,魂[魄]罔然。辭二郊于慈顔,交漣雨泣;别檀越于金容,俄而涕泗。未知後會,早晚相逢。再萃談空,誰能可定。珍重珍重,勉自克修。三會禪法,同登覺路。"無論對慈顔雙親,還是檀越同修,言辭敦厚,頗具君子風範。而乙卷作者"況厶繦褓入寺,謬承嚴訓",儼然擺出老資歷的架勢,似乎有意與甲卷"某自雖晚學"針鋒相對,糾纏於甲卷作者的進入師門晚、資歷淺;又説"萬審知一,自是泥人,焉能救弱",以泥菩薩過江自身難保爲藉口進行推諉,從其推諉的口氣中不難看出還夾雜着一種憤激和不滿。乙卷的這種負氣情緒,與甲卷形成鮮明的對比,形成一定的相互呼應。因此,倘若深入閲讀甲乙卷,悟真衣鉢傳承之爭,僅在情緒上,勝負高下立判。

當然,這場悟真衣鉢傳承的册封儀式,遠非上述這麼簡單。這場儀式的身後,藴含着深刻的政治背景。簡單説來,即曹議金政權對於張承奉政權佛教態度的撥亂反正。曹議金上臺後,改弦更張,又開始大興佛教,不僅抄寫大批佛經,開鑿巨大佛窟,而且將瓜沙僧尼的代表人物、歸義軍的文臣武將統統繪入他的功德窟中,體現了他的良苦用心,從而成功地實現了歸義軍政權從張氏到曹氏的平穩過渡,奠定了曹氏政權的基業,使之延續了一百多年。[20]因此,有鑒於此,這場悟真衣缽傳承的册封儀式,實際應該源於曹議金的精心策劃,也是他良苦用心、廣結善緣的體現之一。所以,甲卷作者説"太保(指曹議金)崇善,受付囑於今時"。

因此,在悟真去世三十周年紀念之際,以官方的名義確立悟真的衣缽傳承,是曹氏政權釋放出的又一個佞佛信號。曹議金藉助於悟真在敦煌地區的廣泛影響力,贏取廣大僧尼大衆的支持,確立曹氏政權的地位和威望。

當然,爲了提高曹氏家族的聲望,聚攏人氣,他們還抬出了一位曹姓的高僧大德:曹法鏡。甲乙卷都説:"敦煌勝地,累代高僧,非唯李、宋、石、王之明公,近復唐、曹之大哲。"將曹法鏡與唐和尚悟真列於同等重要的地位,這應該是曹氏政權輿論宣傳的需要。

(一)曹法鏡與曹議金族屬推論

結合有限的敦煌史料來看,這位曹法鏡大師雖然也頗有建樹,但與唐和尚悟真相比,畢竟還有些差距。鄭炳林先生根據P.2134《瑜伽隨聽手鏡記》、S.1154《瑜伽論》、P.2061《瑜伽師地論分門記》等敦煌遺書中,都署有"法鏡"或"法鏡和尚",推斷出曹法鏡是吳法成的弟子,曾跟隨吳法成學習《瑜伽師地論》。曹法鏡(804—883)與悟真(801?—895),在出生時間上相近,曹法鏡卒於中和三年(883),時年八十歲,悟真作《都僧政曹僧政邈真贊》(P.4660),以示紀念。曹法鏡與悟真,同赴長安,敕賜紫衣,悟真文中回憶説:"入京進德,明庭校劣。敕賜紫衣,所思皆安。旋歸本群(郡),誓傳講説。"曹法鏡一生,主要有兩件大事,一是隨使團入京;二是講授佛經,祛疑解惑,水準較高。悟真稱譽説:"瑜伽百法,净名俱徹。敷演流通,傾城懌悦。後輩疑情,賴承斬決。"因此,相較於唐和尚悟真而言,"曹法鏡在歸義軍時期主要以講授佛經爲己任,從有關敦煌文獻記載來看,曹法鏡除了講授《瑜伽論》《百法論》《净名經》《維摩經疏》等,没有發現他在其他方面有任何作爲"。[21]儘管也可以認爲,"曹法鏡的入朝事迹主要不在歸義軍政權的政績上,而在於敦煌與中原地區佛教的交流上",他與悟真"是兩種類型的代表",[22]但相比較而言,他的影響畢竟十分有限。

那爲什麽會將曹法鏡的地位抬升至與悟真並尊呢?顯然是當時曹氏政權建

設的需要。曹議金家族,之前在敦煌並不顯赫,影響力也相當有限。關於曹氏郡望及來源的討論,學術界至今並未形成一致的看法。明確記載曹議金家族的郡望及來源的,目前僅見於 P.4638《曹良才邈真贊並序》:

> 公諱厶乙,字良才,即今河西一十一州節度使曹大王之長兄矣。公乃是亳州鼎族,因官停徹(轍)于龍沙;譙郡高原,任職已臨於西府。

序文稱曹議金長兄曹仁裕(字良才)出自亳州譙郡曹氏,是中原的漢族大姓。因爲做官來到了敦煌。此處"龍沙""西府"都是敦煌的別稱。但有關這段史料記載的真實性,肯定者與否定者均持之有據,分歧較大。[23]持否定意見者,以榮新江、馮培紅等先生爲代表,他們認爲"敦煌的譙郡曹氏一族在曹議金出現以前沒有見到任何記載,所以曹議金的來歷是個謎";[24]序文有關"譙郡曹氏先祖於何時到敦煌做官,語焉含糊,不足徵信","自曹魏迄宋,在傳世史籍中找不到譙郡曹氏徙居敦煌的記載",這一切"説明了曹議金這一支曹氏的來歷不明",[25]從而一致得出曹議金爲粟特後裔的結論。

在討論中,榮新江先生還推測曹法鏡也可能是出身曹國的粟特後裔,他推測説,估計曹法鏡不是出身中原大姓,否則贊文中一定會提到。[26]榮先生的這一推測,頗有道理。可惜他囿於篇幅,沒有展開論述,茲略作補充。

悟真《都僧政曹僧政邈真贊》開篇説:"丕哉粹氣,歷生氂節。"氂節,指古代使者所持的竹節,以氂牛尾作飾,這裏指外交使者。氂,通"旄"。全句大意是説,天地聚生靈氣,不斷湧現出一批批優秀的外交使者。這樣的開篇寫法,後來被《曹良才邈真贊並序》的作者全盤借鑒。曹良才,即上文所説的曹議金長兄,也是唯一一篇交代曹議金家族來歷的作品。《曹良才邈真贊並序》開篇説:"蓋聞河嶽降靈,必應傑時之俊;星辰誕質,爰資護塞之勳。是以極邊神府,千載降出於一賢;英傑奇仁,五百挺生於此世。"倘若仔細比較,這兩篇作品寫法頗爲相似。前者寥寥八字,後者洋洋灑灑五十餘字,但表述的含義,基本一致,都説天地聚生靈氣,英傑應時而生,但英傑誕生於何處,則都語焉不詳。後者雖然下文補述説"公乃是亳州鼎族",但由於顯露的破綻太多,反而導致學者疑竇叢生,窺破馬脚。

像《都僧政曹僧政邈真贊》這樣開篇的寫法,很不符合悟真的行文風格。綜觀悟真的邈真贊或碑銘作品，爲人作碑贊，開篇必先誇耀贊主的家族或郡望。如P.4640《翟家碑》開篇："總斯美者，其唯都僧統和尚。本起自陶唐之後，封子丹仲爲翟城後，因而氏焉。其後柯分葉散，壁（璧）去珠移，一支徙官流沙，子孫因家，遂爲敦煌人也。"又 P.4640（S.0530 同）《沙州釋門索法律窟銘》："和尚俗［姓索］，香號［義辯］。其先商王帝甲之後，封子丹于京索間，因而氏焉……以元鼎六年，自巨鹿南和徙居於流沙，子孫因家焉，遂爲敦煌人也。"P.4660《金光明寺索法律邈真贊並序》開篇："巨鹿律公，貴門子也。丹之遠流，撫徙敦煌。"《陰法律邈真贊並序》開篇："敦煌令族，高門上户。"《閻英達邈真贊並序》開篇："鏘鏘君子，濟濟豪猷。"《索義辯和尚邈真贊》開篇："軒皇之流，龍堆鼎族。"《陰文通邈真贊》開篇："門承都護，閥閲暉聯，名高玉塞，禮樂雙全。"《梁僧政邈真贊》開篇："釋門龍像，俗管豪宗。森森枝流，落落花叢。"儘管每篇作品的創作角度並不一致，但在內容上比較一致。這與《都僧政曹僧政邈真贊》開篇隻字不提郡望或家族，形成了鮮明的差别。此其一。

其二，《都僧政曹僧政邈真贊》相鄰的一篇是另外一位曹僧政的邈真贊《敦煌管内僧政兼勾當三窟曹公邈真贊》，儘管這位曹公，其香號已經不可考，但其開篇説："武威貴族，歷代英雄。陳王流息，猶繼仁風。"陳王，即曹參，明確指出這位曹僧政的曹氏家族是"武威貴族"，漢丞相曹參之後。這篇作品，同樣出於悟真之手。而這位香號不詳的曹僧政，論社會功績和個人威望，明顯不如都僧政曹法鏡。但悟真在贊文中反而對這位香號不詳的曹公家族贊譽有加，而對曹法鏡的家族或郡望隻字不提，這其中必有蹊蹺。

其三，在三篇非中原人士的邈真贊作品中，悟真也對於他們的家族或出身加以美贊。這三篇作品的贊主，雖然都不是中原人士，不像中原文化那樣講究郡望、門第，也没有中原人士那樣深厚的家族背景，但是悟真仍然按照他的寫作慣例，對他們的家族或出身予以誇贊。在 P.4660《沙州釋門勾當福田判官辭弁邈生贊》中，贊主辭弁，單從他的姓氏就可以知道，他的家族不是中原人士。但悟真在贊文中説："先尊鐫窟，奇功有殘。子能繼紹，修飾俱全。功成九仞，慶設皆圓。助修大像，勾當厨筵。"追溯辭弁先尊鐫窟善舉，稱贊子承父業，功德圓滿。在 P.4660《康通信邈真贊》中，康氏非中原家族，悟真也不避言其出身："番和鎮將,刪丹治人。先公後私,長在軍門。"當然,從本篇題署"從弟沙門法師恒安書"來看,這位康通信是恒安的從兄,恒安與悟真交往過密,故很可能通過恒安得知康通信的籍貫和出身。P.4660《康使君邈真贊並序》開篇:"偉哉康公,族氏豪宗。"這位康公是康國人,以康爲姓,所以不言其族源和郡望,但康國人作爲昭武九姓之一,魏晉以來就開始大量在河西定居,《唐康陵墓志》記載:"東晉失圖,康國跨全涼之地……寵駕侯王,受茅土而開封,業傳枝胤。"[27]雖然這一説法不免誇大,但也體現出康國人自魏晉以降在涼州的發展勢頭。加之這位康公作爲瓜州刺史"領郡晉昌,四岳諸侯",地位樞要,所以悟真開篇便稱"偉哉康公,族氏豪宗",對其人其族加以贊歎。

其四,悟真作爲經歷過吐蕃統治的敦煌漢族人,有着很深的中原情結,而在宗法觀念濃厚的農耕文明時代,最能夠體現他們與中原紐帶關係的便是他們的姓氏。所以,從青年時代起,悟真就很重視敦煌氏族與中原的源流關係。中國國家圖書館藏位字七十九號(新8418)《貞觀八年五月十八日高士廉等條舉氏族事件奏抄》題署"大蕃歲次丙辰後三月庚午朔十六日乙酉魯國唐氏蕏苾悟真記",[28]丙辰歲,即唐文宗開成元年(836),時年悟真二十餘歲。[29]這份奏抄,實際上是一份天下氏族的名録,過去關於這件文書的定名及成書時間,有不少分歧,鄧文寬先生在前賢成果基礎上,認爲這是一份貞觀八年(634)有關天下氏族的奏抄文書。[30]文書結尾有皇帝敕令云:"敕令臣等定天下氏族,若不别條舉,恐無所憑,准令許事。訖。件録如前。敕旨依奏。"這份天下氏族録便頒布,二百多年後,時值陷蕃的敦煌人還在傳抄這份天下氏族録,其中意義非同尋常。

鄧文寬先生指出,這份姓氏録的實際用途,一是寫邈真贊或傳記時,需要辨別某人是何處氏族;二是因習尚看重氏族、郡望,故用以對僧徒進行譜學知識的教育。[31]除鄧先生所説的寺院實際用途外,悟真抄寫這份氏族録,恐怕更多的還有他個人方面的因素。關於這層深刻的意義,鄧先生在文中也是表示贊同,並有過不少論述的。[32]它從側面傳達出青年時代悟真的個人抱負和志向。這在悟真的"大蕃""魯國唐氏"等題署中,反映得非常強烈。文末署名"大蕃",表明悟真身處吐蕃統治之下,以抄寫《姓氏録》的形式,以表明心迹,毋忘華夏正統,同時對民心的凝聚與引導,起到了極好的作用。

在這樣特殊的時代環境中,敍祖、認祖歸宗,是最好的血緣紐帶。按照常理,悟真既然已經出家,便以釋家爲姓,但他題署曰:"魯國唐氏蒭苾悟真。"一面是俗姓,另一面是釋家,二者合成在一起,有些不倫不類,這體現出青年時代的悟真頗具個性的形象。蒭苾,又作苾蒭,即比丘,爲受具足戒者之通稱。唐玄奘《大唐西域記·僧訶補羅國》:"大者謂苾蒭,小者稱沙彌。"悟真既然已經受具足戒,便已經具備釋家身份,但他仍然不肯捨棄俗家的身份,將"魯國唐氏"冠於"蒭苾"之上。這既是悟真的個性使然,也是時代的必然。

據敦煌遺書 S.2052《新集天下姓望氏族譜一卷并序》,魯國郡二十姓,唐氏居其首。這應該是當時敦煌比較通行的説法。因此,悟真是頗以爲自豪的。而且,他對自己"魯國唐氏"俗姓的認同和題署説明,無論他是青年比丘,還是資深都僧統,都不影響他對"唐氏"俗姓的鍾愛。正因爲如此,現存敦煌遺書中,尤其是本文重點探討 P.3963、P.3259 兩件紀念文集中,人們也都習慣稱呼他爲"唐和尚"。如 P.4640《翟家碑》署名"唐僧統述",P.4640《沙州釋門索法律窟銘》署名"唐和尚作",P.2748V、S.0930V 有《唐和尚百歲書》,這些作品中的題署,有些是他自己題的,有些是後人補題的。無論是哪一種情形,都反映了悟真眷念"魯國唐氏"的執著的世俗情懷。這份執著,實際體現了他濃厚的中原文化情結和對大唐的摯愛,具有鮮明的時代色彩。正因爲這份摯愛,悟真幾乎會在他所有的碑銘贊作品中,在爲每一位贊主作贊時,都會溯其源流,以明其氏族傳承、家族譜系。

綜上所述,悟真《都僧政曹僧政邈真贊》筆下的這位都僧政曹法鏡,其族源應該不是來自中原,否則,按照悟真的行文習慣,必然會有所交代,並且稱譽一番。因此,按照這一邏輯推論,曹法鏡族源衹可能來自西域,而且他們在敦煌定居的時間不是很長,否則,按照悟真的行文習慣,也必然會有所交代,如他稱贊康使君那樣。因此,鑒於以上考慮,筆者贊同榮新江先生所提出的曹法鏡爲粟特人的説法。

據池田温、榮新江等先生研究,河西地區的非中原曹姓,即來自中亞粟特地區的曹國人,他們和康國、石國等昭武九姓一樣,以國爲姓。池田温先生在《八世紀中葉敦煌的粟特人聚落》一文中指出,西魏大統十三年(547)瓜州(敦煌)計帳樣文書中,就有曹匹智拔、曹烏地拔,推測是出自曹國的粟特人。㉝此後曹姓粟特人不斷内遷,自吐蕃統治敦煌以後,他們和中原漢族人雜居在一起,相互通婚,與土著居民没有太多分别。

(二) 曹議金抬升曹法鏡在佛教界的地位

從 P.3963、P.3259 兩件紀念文集來看,曹議金將曹法鏡在佛教界的地位抬升到與悟真比肩,可能有兩種動機。第一個動機是抬升粟特高僧在敦煌佛教界的地位,借機抬高粟特人在敦煌政治、宗教生活中的社會地位。P.3963、P.3259 同時記載説:"敦煌勝地,累代高僧,非唯李、宋、石、王之明公,近復唐、曹之大哲。"值得特别注意的是,這裏所提的六位高僧中,除曹法鏡外,還有一位姓石的粟特高僧。石姓,其族源爲中亞粟特地區的石國,屬昭武九姓之一。如果説,祇有曹法鏡一位粟特高僧,恐怕這一現象還不值得足够關注。但是,六居其二,那就不由得讓人想到這恐怕是有意抬高粟特高僧的地位了。從曹議金時代往前追溯,數十年間敦煌湧現的名僧很多,以 P.4660《敦煌名人名僧邈真贊彙集》最爲典型,它集中了吐蕃統治敦煌後期到歸義軍政權初期的許多重要高僧。從 P.4660 卷早期的文獻記録來看,這裏提到的四位早期高僧,其中的李、宋、王三位,似乎應當指擔任過吐蕃時期最高僧官的都教授李惠因(P.4660 善來《李教授和尚贊》、李顒《沙州緇門三學法主李和尚寫真贊》、洪辯《敦煌都教授兼三學法主隴西李教授闍梨寫真贊》),以及李惠因之後繼任都教授的宋正勤(P.2770《釋門文範》)、敦煌三藏法師王禪池(P.4660 善來《敦煌三藏法師王禪池圖真贊》、利濟《法和尚贊》)三人。其中這位姓石的高僧,筆者在現存敦煌遺書中還没有發現他的資料。僅從這一點判斷,大約他在當時的名氣和影響比較有限,與曹法鏡相似,都是被曹議金有意拔高、抬升起來的。在這一時期,兩位吴和尚,吴法成、吴洪辯,也都是著名高僧,其個人著述、生平事迹在同時期的敦煌遺書多有記載,却被排除在上述六人名僧之外,這多少有些讓人匪夷所思。

之所以會出現這樣的情形,很可能與曹議金的官方輿論引導具有一定的關係。這從 P.3963、P.3259(爲叙述方便,仍分别簡稱甲卷、乙卷)兩件文書的比較中,大約可以發現一些端倪。甲卷記載説:

> 敦煌勝地,累代高僧,非唯李、宋、石、王之明公,近復唐、曹之大哲。我先師唐、曹和上(尚),此郡人也。

而乙卷却記載：

> 敦煌勝地，累代高僧，非唯李、宋、石、王之明公，近復唐、曹之大哲。蒙先師都僧統和尚、河西管内敕授賜紫都僧政和尚，深慈普洽，命一凡語，則示誨之恩，若子之憐。其和尚等龍堆雙寶，間代之模。

兩件文書，第一句記載相同，這可能是當時通行的一般説法。但到了第二句，兩件文書的記載，就迥然不同了。甲卷"我先師唐、曹和尚，此郡人也"，緊承上句"近復唐、曹之大哲"而來，同時尊唐、曹爲先師。乙卷却祇提先師都僧統唐和尚，不提曹和尚。乙卷第三句"其和尚等龍堆雙寶，間代之模"，模糊言之，仍然不願意提曹和尚。

這是什麼原因呢？表明乙卷作者對唐、曹並稱，頗有微詞。即不願意將唐、曹並提，實際上是不承認曹法鏡與唐悟真比肩的宗教地位，也不滿意曹議金有意抬升曹法鏡地位的做法。由此可以判斷，曹議金的這一做法，遭到一些以乙卷作者爲代表的悟真門徒的反對。究其根本，是源自於他們對悟真的真誠愛戴，乙卷作者襁褓入寺，與悟真感情甚爲深厚，他最不願意看到唐悟真與曹法鏡並尊的情形。如前所述，按曹法鏡在當時敦煌的貢獻和地位，是遠不能與唐悟真比肩的。曹議金的這一做法，無疑是變相地降低了唐悟真的形象和地位，讓他屈尊與曹法鏡並肩，這是悟真門下最親信弟子所不能接受的。而甲卷作者，入門較晚，雖然自稱用功勤奮，"偷光槐市"，但畢竟對於悟真的感情可能相對要淡一些，故能積極地回應曹議金，配合曹議金，按照他的政治意圖，將唐、曹並尊，並同時奉唐、曹爲先師，並順利地奪得了衣鉢傳承之位。所以，筆者認爲 P.3963、P.3259 兩件唐和尚紀念文集，背後不是一件簡單的宗教事件，它集中體現了曹議金藉助於宗教輿論、佛教力量來進一步鞏固曹氏政權而做出的諸多努力。這是曹議金抬升曹法鏡在佛教界的地位的第二個動機。

而曹議金的上述動機及其努力，恰恰從某些方面證明了曹議金家族是出自曹國的粟特人的現實。儘管爲了政權統治的需要，他會極力以漢族譙郡曹氏大姓的面貌出現，但通過 P.3963、P.3259 這樣的文書，我們還是可以發現掩藏於他内心深處的粟特人的宗族情懷。我們也期待發現更多的敦煌文獻資料來進一步證明他的上述情懷。

　　總之,不論是何種原因導致這種唐、曹並尊的現象,都不會影響悟真在當時及其後世的廣泛而深遠的影響。青山遮不住,畢竟東流去。悟真生平及其詩文集作品的研究,必將伴隨敦煌學研究的深入,而不斷被人們所熟知。他在敦煌文學史、文化史上的地位,也必將隨着研究的深入,而不斷被人們所深知。

　　(本文係武漢大學人文社會科學青年學者學術團隊建設計劃資助[項目批准號:Whu2016005]、武漢大學2016年自主科研[人文社會科學]青年項目的階段性成果。)

注　釋

① 一説悟真享年九十五歲,據《緇門百歲篇》"五十恩延入帝京"推算,悟真於大中五年(851)入京奏事,則其生年爲801年。
② 敦煌遺書中現所發現的兩件紀念悟真的文書(P.3963、P.3259),都是殘卷,不完整。鑒於悟真在當時的社會地位和後世影響,這次去世三十年的紀念活動應該是一次集體的大型活動,揆之常理,當時的紀念文章似不應該僅有這兩篇作品,有鑒於此,本文將這次紀念活動的作品統稱爲紀念文集。
③ 鄭炳林《敦煌碑銘贊輯釋》,甘肅教育出版社1992年版,第137頁。
④ 本句脱一字,似爲"魄"字。
⑤ 二郊:指南郊、北郊。
⑥ 談空:玄談,清談。此處指談論佛教義理。空,佛教以諸法無實性謂空,與"有"相對;此處泛指佛理。談空,爲唐人慣用語。孟浩然《游明禪師西山蘭若》詩:"談空對樵叟,授法與山精。"高適《同群公宿開善寺贈陳十六所居》詩:"談空忘外物,持誠破諸邪。"皆其例。
⑦ 《法國國家圖書館藏敦煌西域文獻》第30册,上海古籍出版社2003年版,第291頁。
⑧ 李,原卷作"奈",似爲"李"字誤書。
⑨ 《法國國家圖書館藏敦煌西域文獻》第22册,上海古籍出版社2002年版,第321頁。
⑩ 榮新江《歸義軍史研究——唐宋時代敦煌歷史考索》,上海古籍出版社2015年版,第101頁。
⑪ 同上書,第97—98頁。
⑫ 同上書,第203—207頁。
⑬ 參考齊陳駿、鄭炳林《河西都僧統唐悟真作品和見載文獻繫年》,鄭炳林主編《敦煌吐魯番文獻

研究》,蘭州大學出版社 1995 年版,第 639 頁。

⑭ 同注⑩,第 274 頁。

⑮ 録文參考注⑩,第 275 頁。

⑯ 同上。

⑰ 張承奉僚屬,今天可考的不是很多,從金山國時期作品的署名來看,主要有"大宰相江東吏部尚書"張文徹、"三楚漁人臣張永進"等。從"江東""三楚"等來看,兩人可能是來自南方的中原漢人士族。他們是金山國時期張承奉的重要謀臣。

⑱ 榮新江先生説:"乾寧三年初,正當李氏家族力圖拋開張承奉,獨攬大權的時候,沙州出現了一場倒李扶張的政變。雖然關於這種自相殘殺的醜聞没有明確的史料記載,但從前後的史料對比中不難發現這一變化。"(同注⑩,第 207 頁)

⑲ 詳細請參閲顏廷亮《敦煌西漢金山國文學考述》,甘肅人民出版社 2009 年版。

⑳ 同注⑩,第 241—243 頁。

㉑ 鄭炳林《北京圖書館藏〈吴和尚經論目録〉有關問題研究》,段文傑、茂木雅博主編《敦煌學與中國史研究論集紀念孫修身先生逝世一周年》,甘肅人民出版社 2001 年版,第 130 頁。

㉒ 鄭炳林《晚唐五代敦煌歸義軍政權與佛教教團關係》,《敦煌歸義軍史專題研究三編》,甘肅文化出版社 2005 年版,第 51 頁。

㉓ 詳細請參閲馮培紅《敦煌曹氏的族屬問題》,《敦煌的歸義軍時代》,甘肅教育出版社 2013 年版,第 251—258 頁。

㉔ 榮新江《敦煌歸義軍曹氏統治者爲粟特後裔説》,《歷史研究》2001 年第 1 期。

㉕ 同注㉓,第 84 頁。

㉖ 同注㉔。

㉗ 敦煌康氏的發展,詳細請參閲注鄭炳林《敦煌碑銘贊輯釋》,第 152—153 頁。

㉘ 向達《敦煌叢抄貞觀氏族志殘卷補注》,《北平圖書館館刊》1932 年 6 卷 6 號。

㉙ 鄧文寬認爲悟真享年約八十歲,故時年二十歲左右;筆者認爲悟真享年可能八十多歲,故時年應二十多歲。

㉚ 鄧文寬《敦煌文獻〈唐貞觀八年高士廉等條舉氏族事件奏鈔〉辨證》,《敦煌吐魯番耕耘録》,臺北,新文豐出版有限公司 1996 年版,第 233—252 頁。

㉛ 同上書,第 258 頁。

㉜ 同上書,第 254—256 頁。

㉝ 參考同注㉔。

二程的禮哲學思想

王巧生

【提要】 二程禮哲學思想包括四個重要方面,其一,禮的實質根據與起源,在於人之性情;其二,禮的本質是理("禮是理");其三,禮須隨時損益和義起;其四,禮義以養心,所謂"養"統攝了禮的規範性成就與正面性生發作用。其中,"禮是理"之說是其他三方面思想的樞紐與基礎。二程的禮哲學思想既是在已有相關儒家思想基礎上的重大進展,也是對某些相對隱晦的儒家禮哲學思想的新重視和點醒,包含着新動向和價值。

在人類社會中,禮是一種無往不在的文化現象,它有三個特點:第一,起源甚古,可以追溯至原始社會。第二,普遍性。禮普遍存在於古今中外的所有文明之中,並一直發揮着它的社會功能。第三,變化性,這主要表現於兩個方面。其一,後世的許多禮在遠古並不存在,其二,所有的禮都經歷着程式上的變化。作爲這樣一種廣泛存在、充滿活力的重要文化現象,它吸引着歷代思想家們的關注與思考。

作爲一個禮樂文明蔚爲大觀的文化,中國古代思想家又是如何對禮加以反思的?簡言之,中國古代對禮的論述主要可以分爲三種。第一是主流儒家學派的理論。他們認爲,作爲一種社會性或團體性的規範,禮的基本功能是對人之性情的表達與節制。第二是道家學派的觀點,他們認爲禮是人類社會衰敗以後,爲了穩定社會而人爲制定的產物。雖然制定禮的本意是好的,但是施用的結果却很糟糕,社會狀況不僅没獲改善,反而惡化,尤其大大增加了虛僞之風。第三是

王巧生　湖北省社會科學院哲學所

荀子的理論,他認爲人性本惡,禮是聖人爲了克制人性之惡、管理社會而制定的規範、制度,與那種道家的反禮論相比,他恰恰極力主張禮是社會生活和諧安定的必要條件。

衆所周知,儒家學派的發展,孔子爲創始人,在先秦時代,孟子達到了一個高峰,其後儒學的發展,主要從根本義理的遵從上講,其次從整體規模的繁榮講,宋明理學又興起了另外一個具有創造性的高峰。在宋明理學之中,二程是其理論典範的代表性奠基人。因此,他們的禮哲學思想值得認真考察。在這方面,已有學者作出了相當的努力,獲得了初步的成果,然而目前的研究無論在系統性還是深刻性上皆有可以推進的餘地。①

一 禮之本始,出於性情

禮作爲一種群體性的規範,其起源難以準確地斷定,然而十分古遠,並且經歷着不斷的演變,是顯著的事實,從此出發我們自然可以追問這一社會現象生發的根據。關於此問題,先秦儒家有一著名的理論,爲學者所耳熟能詳。那就是,禮的基本功能是表達和節制人的感情。禮的作用是表達人的感情之義,最早可以追溯至孔子。孔子與宰予關於三年之喪的著名辯論,便透露了孔子把禮歸本於對人的真情實感的表達的思想。孟子也説"辭讓之心,禮之端也",把辭讓之心視爲禮的發端之處,换言之,也就是把禮歸本於辭讓之心。因此,從另一個角度,便可以説禮是辭讓之心的表達工具。在剖析喪祭禮上,荀子也認爲它們是人類對親人哀傷思慕之情的文飾,也就是説爲了表達和合理節制這種深厚無盡的感情,先王聖人據其感情的輕重來創立禮制,此所謂"稱情而立文""案爲之立文"(《荀子·禮論》)。祭禮的内在根據是人的情感的觀點,《禮記·祭統》説得尤其明白:"禮有五經,莫重於祭。夫祭者,非物自外至者也。自中出,生於心也。心怵而奉之以禮,是故唯賢者能盡祭之義。"《祭統》的寫作年代雖不可確知,但就此思想來説,當是對前述思想的發展。總而言之,禮的起源和基本功能是表達和節制人的感情屬於是先秦儒家的傳統學説。

二程對於禮的起源持何種看法?在這個問題上,他們的思想與先秦儒家的上述思想大體一致。請看下面的文獻：

> 禮之本，出於民之情，聖人因而道之耳。禮之器，出於民之俗，聖人因而節文之耳。聖人復出，必因今之衣服器用而爲之節文。其所謂貴本而親用者，亦在時王斟酌損益之耳。②
>
> 又問：祭起於聖人之制作以教人否？曰：非也。祭先本天性，如豺有祭，獺有祭，鷹有祭，皆是天性，豈有人而不如物（一作鳥）乎？聖人因而裁成禮法以教人耳。③

二程認爲，禮起源於人的性情，即所謂"禮之本，出於民之情"，"本"在此是"本始"義。然而說禮起源於人情到底是何意？這其中包含着的一套道理是：人之性情是天生的，具有共通和恒定的特點。聖人因循人之性情，並對其加以引導或裁制，禮由是而生。換言之，禮就是聖人引導或裁制人之性情過程中的產物或規範。禮雖然有人爲制作的成分，但不是憑空撰出，人之性情是其實質內容，而禮則是性情的社會化形式。以祭禮爲例來說，連鳥獸都有祭的活動，這是出於它們的天性，何況"天地之性（生）人爲貴"（《孝經·聖治》），人是萬物之靈，人的祭祀活動又豈無天性的根據？所以，祭祀之禮乃是聖人順適人的這種天性與本於此天性的自然祭拜活動，調整、損益出來以教化人民的。二程講的這一套道理，我們可以用治水來做比喻。水往低處流，歸於海而後止。這是水的本性。人之治水，一般是順其往下流動之本性，利用一些人工的管道、堤壩、水庫等水利設施對水流加以引導和調控，讓它在往海洋流動的過程中處於一種相對安全或有益的狀態。人的性情就如同水流，其所具有的一些共通的、永恒的特徵就如同水必往下流的性質，而禮就像人們爲引導和調控水流而建造的諸多設施。禮之於人的性情，就譬如水利設施之於水流，治水是順應水性來治，禮儀也是順應性情而制定，沒有水流也就無所謂水利設施，禮儀也必以性情爲實質的內容或對象。這一套道理並不是什麼創新，其實它與前面所說先秦儒家禮爲人情的表達和節制的觀點是一致的。

二 "禮即理"之說的分析

　　上述二程認爲禮是根源於人性並對之加以引導和裁制的觀點,乃是把禮視作一客觀的、對象性的社會文化現象,就其真實的歷史起源和現實作用,按照其實然的狀況作一描述性的叙述。簡言之,這祇是對禮的一種歷史的、現象的、描述性的解釋,雖然在一定程度上揭示了禮的性質,然而這種觀點的理論深度顯然是不够的。但二程尚有另一種理論,即是説禮是理(理則、規律),其中還包含了不同層次的意義。與前述那種歷史的、現象的或實然的、描述性的解釋相比,這種解釋就更加抽象,是在最爲一般的層次上把握禮的本質,無疑也深刻得多。

　　然而單就"禮是理"這一表述而言,並非二程首先提出。在《禮記·樂記》和《仲尼燕居》中已有此種表述,《樂記》説:"樂也者,情之不可變者也。禮也者,理之不可易者也。"按鄭玄的解釋,這裏"理"是"事"的意思。根據這個注釋,孔穎達認爲《樂記》此言是説禮是表現於外在容貌儀態之上的,依禮而行則能够體現恭敬的態度,所以此事當常行而不可改易。其實,鄭注、孔疏並不合古訓傳統,也不得此文真義。此"理"在先秦是"文理"之"理",與禮之本或實質相對而言,是指禮之外在形式,即禮之威儀節文。《荀子·禮論》説:"凡禮,始乎梲,成乎文,終乎悦校。故至備,情文俱盡;其次,情文代勝;其下,復情以歸大一也。"又説:"文理繁,情用省,是禮之隆也。文理省,情用繁,是禮之殺也。文理情用,相爲内外表裏,並行而雜,是禮之中流也。"兩者聯繫起來不難看出,所謂"文理"即是言禮之文,相對於禮之實("情"或"情用")而言,因此先秦有以"文理"指言禮之節文威儀者。《禮記·樂記》"禮也者,理之不可易者也"之"理"便取此義。這是因爲《樂記》中有一義,是把樂和禮分別從内、外的角度相對而言。内外相對,其實是情感和文理(禮儀)的相對。《樂記》説:"樂由中出,禮自外作。"這是説樂由人心之動而生發,人心之動就是情感。禮是威儀節文,須表現在外貌行動之上,故説"外作"。《樂記》在别處説"樂也者,動於内者也;禮也者,動於外者也"便可看作是對此句的最佳解釋。由此可以看出《樂記》有把樂和禮分別偏重於從情感和儀文的方面對待而言之義,故回顧前述《樂記》"樂也者,情之不可變者也。禮也者,理之不可易者也",則以爲此處"理"是"文理"(儀文)的意思是十分合理的。除上述《樂記》中表述之外,《仲尼燕居》中也有"禮是理"的表述:"禮也者,理也。樂也者,節也。君子無理不動,無節不作。"孔穎達把這裏的"理"解釋爲"道理","禮也者,理也""言禮者使萬物(事)合於道理也","君子無理不動"是說君子"若無禮之道理,不妄興動"。④他一方面說行禮可使萬事合乎道理,另一方面又把"無理不動"解釋爲無禮不動。這顯然包含着禮即是理或者禮是合乎道理之義。但就此義的表述而言,比較曲折也屬顯然。這說明了孔氏對於禮和理的關係的認識,畢竟還没有達到下文二程那樣的深度。但不論《仲尼燕居》原文之義如何,不論孔氏認識和表述如何不透徹,他能脱離禮的文理(儀文)之義,將"禮"和道理關聯起來,仍然是有開創之功的。

(一)"禮即理"之説的具體内涵

二程所謂"禮是理"到底有何具體的内涵?這必須先通過他們針對具體的禮所作的解釋纔能獲得清晰的展示。在具體分析之前,有必要指出二程"禮即理"之論有分説和概説兩種方式。分説者,在對一些具體的禮(如婚禮、喪禮、祭禮等)的闡釋中體現了"禮是理"的觀點。因就不同的禮而言,故展現的"理"是某種具體領域之理。概説者,不就某種具體的禮加以闡釋,而是總括性地言"禮是理"。總説中的"理"與分説中的"理"並無異質、異層,或形上形下的區別,而祇是同一層次的具體説和一般説的不同。下面先展示分説中體現的"禮即理"的觀點,後展示總説的"禮即理"之論,因爲先分析二程關於具體的禮的闡釋,易於把握"禮即理"説的内涵。

1. 分説中體現的"禮即理"的觀點

這裏就二程對婚禮、喪禮和祭禮等的一些具體論述來舉例説明。

(1)婚禮。首先以伊川論婚姻之義加以分析。《語録》記載:

又問:"再娶皆不合禮否?"曰:"大夫以上無再娶禮。凡人爲夫婦時,豈有一人先死,一人再娶,一人再嫁之約?只約終身夫婦也。但自大夫以下,有不得已再娶者,蓋緣奉公姑,或主内事爾。如大夫以上,至諸侯天子,自有嬪妃可以供祀,禮所以不許再娶也。"⑤

《公羊傳》説"諸侯一聘九女,諸侯不再娶",何休認爲"不再娶"是爲了"節人情,開媵路"。"節人情"容易理解,是説節制諸侯的色欲。"開媵路",《疏》的解釋是"(媵)亦有爲嫡之望也",意思是諸侯不再娶,可以把媵女升作嫡夫人。於是,媵女也有爲嫡的希望了。諸侯不再娶是爲了節色欲之説,《白虎通義·嫁娶》持相同主張。⑥這裏伊川對於"諸侯不再娶"之禮作了獨特的分析,其觀點具有理想主義的光彩。人們當初約爲婚姻,必然是懷着極其誠敬、美好之心,要終身作夫婦的。哪有剛開始結婚,就想着一人先死,再娶或再嫁的事?换言之,情感的、關係的赤誠性、永恒性是婚姻的本質或本性。既是赤誠性和永恒性的,則是超越的(transcendent),因此也可以説婚姻的本質具有超越性。與伊川的解釋相比,"節色欲"之説,完全從男性色欲的角度立論,男性中心主義的顔色明顯,對婚姻本質的超越性没有絲毫覺察。

從伊川的上述分析可以看出,他認爲"不再娶"的禮制規定,是以婚姻的本質或本性爲根據的。婚姻的本質或本性,也就是婚姻之理。故换言之,"不再娶"之禮,有其理據。關於此點,這裏再舉出一個他分析婚禮的例子加以説明。按照周代婚禮的規定,在通過媒人交接、介紹,女家同意男家所提婚事之後,男家要派使者到女家"納采"。"納采"之儀,男家要以雁爲禮物。用雁作禮物的原因,鄭玄注説是"取其順陰陽往來",《疏》對注的解釋是雁,是候鳥,秋天來了南飛,春天來了又北飛,這即是順陰陽往來。换言之,也可以説就是順陽往來,因爲夏至一過,太陽在黄道上便開始南行,陽氣消退,秋天逐漸來臨。冬至一過,太陽在黄道上開始北行,陽氣漸長,春天逐漸來臨。所以順陰陽往來,可以一言以蔽之,就是順陽往來。送禮用雁,所取的關鍵意思便是雁之順陽,所要表達的意義就是婦要從夫,因爲婦屬陰,夫屬陽。上述這種解釋反映出婚禮納采用雁的規定是有其特定的含義和目的。但伊川不認可這種解釋,而提出了自己的解釋,貫徹了其婚姻赤誠性和永恒性的觀點。他説:

> 昏禮執雁者,取其不再偶爾,非隨陽之物。⑦

雁形目鳥,一般是一雄一雌配對。其中,天鵝、雁等種類的一一配對可能是終身的。⑧由此,伊川認定婚禮執雁是根據雁不再偶之性,並表達婚姻不再娶之義的。

這遵循了前述他對婚姻具有赤誠性和永恒性的看法。

在上述論婚禮的兩個例子中,伊川雖然沒有明言婚禮是理,但是這種觀念通過具體的禮學評論展現出來了。一方面,婚禮的規定和節文本身有其道理的根據,或者説其設置是根據了某些客觀的道理,比如不再娶、執雁,另一方面,也正因爲這些規定和節文有其客觀理據,所以它們的設置是有特定目的的,即是要傳達某種"義"(意義、義理)。

(2)喪禮。再來看二程對喪禮的詮釋。首先舉出的例子是二程論當時焚屍之禮不合道理。所謂焚屍,就是火葬。火葬在人類社會中有悠久的歷史。在歐洲,古希臘和羅馬人爲陣亡的英雄舉行隆重的火葬儀式。在印度,印度教徒和佛教徒死後必須火葬,把骨灰撒入恒河。⑨先秦時期,在華夏民族周邊的民族,如儀渠、氐羌,也有火葬的風俗。儀渠人的風俗,火葬親戚纔能算作孝子。⑩氐羌民族的人以死而不得火葬爲憂。⑪可見,雖然土葬"是世界上各民族普遍採用的一種葬式",⑫火葬未必是不好的喪葬方式。但是,對於華夏民族而言,火葬自古被視作大逆不道,遑論孝子了。然而受到諸多因素,主要是佛教思想的影響,五代以後火葬開始傳播,到了宋代愈發流行。⑬對此二程(可能是明道)甚感悲哀,説:

> 古人之法,必犯大惡則焚其屍。今風俗之弊,遂以爲禮,雖孝子慈孫亦不以爲異。更是公方明立條貫,元不爲禁,如言:軍人出戍,許令燒焚,將骨殖歸;又言:郊壇須三里外方得燒人。則是別有焚屍之法。此事只是習慣,便不以爲事。今有狂夫醉人妄以其先人棺槨一彈,則便以爲深仇巨怨。及親拽其親而納之火中,則略不以爲怪,可不哀哉!⑭

正如前面指出的,火葬對有些民族並非是離經叛道,甚至是他們最爲認可的喪葬方式。從各民族具有不同的禮俗的角度來看,或對於二程所言不以爲然。但是我們應該透過禮俗這表面的形式,去追問其背後的原則或道理。二程的批評,其根本的理據在於孝道。孝道的精神在於愛親。愛親是合乎自然的人性、人情的。出於自然而然的愛親之心,必然要妥善處置亡親之屍。既然出於此心,連狂夫醉人妄擊其先人棺槨都以爲是深仇大恨,何況自己親手焚毁親人之屍? 所以,他們的批評固然是站在華夏民族的傳統之上做出的,但是我們要看到這種對現實禮俗的批評是有其理據的,即出於人們自然愛親的人性、人情。反過來說,他們顯然認爲禮必須合乎人性、人情。合乎人性、人情,其實質是合乎人性人情之常或人性人情之理。

關於喪禮,這裏再舉一例。按周禮士喪禮,親人死後的第三天要進行"大斂",簡單地說就是給亡親穿衣入棺,⑮然後封棺,把棺放置於堂上當西階處挖好的坑中,然後用木板覆蓋,塗上泥,在這裏停屍待葬。⑯從喪禮的實質意義來看,"大斂"的關鍵在於放置屍體入棺,然後封棺。爲何要在第三天入棺、封棺呢?二程提出了一種解釋:

> 有死而復蘇者,故禮三日而斂。然趙簡子七日猶蘇,雖蛆食其舌鼻猶不害。唯伏地甚者,遂致並腹腫背冷。故未三日而斂,皆有殺之之理。⑰

喪禮規定第三日入棺、封棺,是爲了預防死者復蘇。死而復蘇雖然少見,但是畢竟存在,比如極端的情況,趙簡子昏迷七日之後仍然復蘇。當然,七日復活的情況極爲罕見,不必考慮,但是死而復活的可能性還是要預防。所以,喪禮規定第三日入棺、封棺,是爲防止死者復活預留充足的時間。不然,若不到三日便封棺,就有殺人之可能。與前面所舉的例子相同,二程指出"大斂"的時間設定是有道理的,或者說有道理根據的。這個道理根據是存在"死而復蘇"的客觀現象。換言之,既是客觀現象,說明有其內在的客觀原理。這是一種人體生理學上的道理。所謂禮是理,即是說禮有其客觀的理據,或者說禮的設定乃是依據了某種客觀的道理或原理。二程對"大斂"禮的具體解釋,是其"禮是理"之說的很好說明和展現。

(3)祭禮。對於祭禮,二程也有不少論述,體現了其"禮是理"的思想的具體內涵,略舉例言之。

①宗法是順應自然之理勢。

周代禮制,可以概括爲尊尊、親親兩大方面。而其實質原則,是設定尊卑,統繫社會和親戚關係,爲整個社會安排一個基本的、有機有序的骨架。宗法是周禮中居於核心地位的制度。宗法,也就是宗子法,簡言之,是以嫡長子繼承制爲關鍵的維繫親戚關係的制度。這套制度把大宗、小宗區分得十分清楚,把親人在族群中的地位及其相應的權利和義務分配得十分清楚,因此把親戚族群安排得井然有序。宗法制度是祭祀制度、喪服制度、宗廟制度的根本。二程論述宗法制度不少,這裏爲説明主題僅舉一例,故放在祭禮中論述。

周代宗子法,區分大宗和小宗。始祖之後,其嫡子孫代代傳承,百世不遷,這是大宗。始祖的庶子不得繼承始祖,當以始祖的嫡子爲大宗子。但庶子本身可以由其嫡子孫相傳,此相對於始祖嫡子孫的大宗來説,是小宗。這個所謂"小宗",不是始祖嫡子孫那樣百世不遷、永受族人宗奉的大宗,而是五世而遷之宗,故謂"小宗"。五世而遷的意思是,雖然庶子的庶子都以庶子的嫡子爲小宗,共同宗奉這個小宗子,但是他們的後人也可以自然繼承自己的父親而開另外的小宗,而對此小宗子的宗奉,以五世爲限。五世之後,他們可以不再宗奉這個小宗子了。這樣一來,宗族就展現出一個幹支分明、幹永不遷、支以五世爲單位的各自分化、層層展開的樹狀結構。[18]

以嫡長子繼承制和五世則遷爲核心原則組織起來的宗法制度,似乎人爲制定的成分多,而未必有多少必然性,但伊川認爲這種宗子法包含着天理,或者説是天理的體現。他説:

> 且立宗子法,亦是天理。譬如木,必從根直上一榦如大宗,亦必有旁枝。又如水,雖遠,必有正源,亦必有分派處,自然之勢也。然又有旁枝達而爲榦者,故曰:古者天子建國,諸侯奪宗云。[19]

觀察自然現象,凡從一個源頭發育、發展者,必然有一個可以追溯至源頭處的主流,在此主流流衍壯大的過程中,必然會分出許多岔支來。也有岔支而後發展壯大,成爲一主幹的。這些都是常見的自然現象,體現了自然之理勢。舉例來説,最明顯的莫過於樹木與河流了。伊川所説就是這種道理,完全屬於事實。然而宗子法,即是宗法,何嘗不是如此?以血緣或基因關係爲天然紐帶的宗族發展過程,從一始祖開始,逐漸繁衍,恰如樹木的生長與河流的發源流衍,自然而然會有主幹與旁支,也有旁支發展爲主幹者的。簡言之,宗族的發展過程有其自然之理勢。而宗法所立正是順應這種自然之理勢,有其必然性。這裏我們可以再次看到二程所謂"禮是理"的一種真實涵義。

②人類爲何要祭父、祭祖？

前面曾指出，二程認爲祭先是出於人類天性，連鳥獸都有祭祀活動。他們有另一種觀點，主張自己雖然爲父母所生，但祭祀不能衹限於祭父，必須及於祖。其理由如何呢？二程説：

> 凡祭祀須是及祖。知母而不知父，狗彘是也。知父而不知祖，飛鳥是也。人須去上面立一等，求所以自異始得。[⑳]

> 凡物，知母而不知父，走獸是也。知父而不知祖，飛鳥是也。惟人能知祖，若不嚴於祭祀，殆與鳥獸無異矣。[㉑]

按周禮宗廟之制，天子立七廟，父祖曾高始皆月祭之。諸侯立五廟，其中父祖曾月祭之。大夫立三廟，父祖曾不月祭，但舉行四時祭。適士（上士）二廟，即父廟和祖廟，衹舉行四時祭。官師（諸侯之中士下士爲一官之長者）衹立父廟一廟，雖無祖廟也須祭祖，在父廟祭之。庶士（鄭玄説是"府史之屬"）庶人無廟，祭於寢。可見，自天子至於官師，皆須祭祖。但庶士庶人祭於寢的對象有哪些，所言不明。父是最親之人，必祭之，但父之上祭到哪裏爲止没有説明。據上述周禮推測，庶士庶人雖無廟而祭於寢，恐也及祖。二程更是明確主張祭祀必須及祖，他們提出了一種理論支持該主張，其要點在於人禽之辨。不少哺乳動物，如狗和豬都是由雌性單獨撫育後代，而鳥類動物不少是雌雄共同撫育後代，無論哺乳動物還是鳥類當然都不存在對"祖"的認知和在此基礎上的相互聯繫，因此可以説前者知母不知父，而後者雖然父母皆知，但不知"祖"。在有生命的物種中，當然衹有人類存在對父母、祖的認知與聯繫。人禽之辨是人類之所以爲人類，人類社會之所以爲人類社會的必涵之義。我們完全可以説，人類文明的發展高度在於其超越動物性的高度。動物的天性是以保證其生存和生育後代爲唯一目的，罔顧其他，實則它們天生也不能顧及其他。而人之可貴正在於其超越生物本能，超越唯己是圖，簡言之即是超越動物性。動物界的現象是弱肉強食，而人類社會以仁愛爲尚，古今中外的文明概莫能外。在中國古代，孟子便反復強調人禽之辨，以人淪爲禽獸爲懼。總之，人禽之辨是人類及其社會必然之理。二程對祭祀必須及祖的解釋就是以此理爲根據。在他們看來，祭祀之禮體現了此理，也就是所謂

"禮是理"。

③冬至祭天,季秋祭帝,分別以父、祖相配的道理。

《孝經·聖治》説:"昔者周公郊祀后稷以配天,宗祀文王於明堂,以配上帝。"這裏提到郊祀和宗祀。郊祀以后稷配享,其他文獻有佐證,殆無疑義。[22]但周代禮制,尚有冬至在圜丘祭天之禮,鄭玄認爲與郊祀非一禮,而王肅接受董仲舒、劉向之説,以爲二者一指。[23]至於《孝經》言宗祀文王之禮,鄭玄認爲即是《月令》季秋的大饗。[24]二程解釋《孝經》此言謂:

> 郊祀配天,宗祀配上帝,天與上帝一也。在郊言天,以其冬至生物之始,故祭於圜丘,而配以祖,陶匏稿鞂,掃地而祭。宗祀言上帝,以季秋成物之時,故祭於明堂,而配以父,其禮必以宗廟之禮享之。此義甚彰灼。[25]

> "萬物本乎天,人本乎祖",故冬至祭天而祖配之。以冬至者,氣至之始故也。萬物成形於地,而人成形於父,故以季秋享帝而父配之。以季秋者,物成之時故也。[26]

二程説《孝經》的郊祀是冬至祭於圜丘而以祖配之,這與董仲舒、劉向、王肅相同,又説《孝經》的宗祀是在季秋舉行,這與鄭玄相同。他們對冬至祭天以始祖配之、季秋享帝以父配之的緣故作了深刻的、創造性的闡釋。冬至祭天爲何要以始祖相配呢?第一,按中國古代的宇宙論,有萬物是陽創始之、創生之(天是陽之積),而陰配合陽而成就之之説(地是陰之積),因此可以説"萬物本乎天",就是説萬物的生發都是本原於陽(或天)。而按照周代宗法制度,宗族都有一個確切的始祖,該宗族的世世代代都根源於這個始祖。另外,冬至之時,一陽來復,陽氣初萌,是生物之始。冬至是陽之始,也即是生之始,"天"即是陽之代表,而始祖是宗族的生發的原點,故綜合起來看,在冬至之日祭天,與以始祖配享,都是十分合理的。在二程看來,《孝經》所謂"天"和"上帝"同義。季秋祭帝就是祭天。秋天萬物成熟,故於季秋祭帝就自然突出了生物之遂的意義,所以要以父配享。原因在於,人都是直接發生於其父親的,這個"直接"的意義可以相對於本原於始祖來理解。雖然人本原於始祖,但是直接使其獲得生命的,畢竟是其父。所以,季秋成物之時祭天,就當以其父配之。這也是非常合理的。總之,可以説

《孝經》中的郊祀、宗祀之禮乃是按照自然之理設置的,或者説處處體現着自然之理。這種深刻的、創造性的闡釋,再次充分展示了所謂"禮是理"的具體内涵。

④廟制義起的道理根據。

按周禮,廟制是祭祀制度的一部分。廟制的核心要義是確定祭祀的對象和主要方式,並區分不同的社會等級。廟制是以嫡長子繼承制和"五世則遷"(《禮記·喪服小記》)的規定爲基礎的,因此當爵位的繼承不能實現父子相傳之時,廟制的執行就可能出問題,而實際上這種現象並不少見。伊川就討論過廟制問題,其中體現了其"禮是理"的思想。《語録》記載:

> 問:祧廟如何?
>
> 曰:祖有功,宗有德,文武之廟永不祧也。所祧者,文武以下廟。
>
> 曰:兄弟相繼如何?
>
> 曰:此皆自立廟。然如吴太伯兄弟四人相繼,若上更有二廟不祧,則遂不祭祖矣,故廟雖多亦不妨祧。只祧得服絶者,以義起之可也。如本朝太祖太宗皆萬世不祧之廟,河東閩浙諸處皆太宗取之,無可祧之理。[21]

伊川這樣説是什麽意思?語言雖然簡單,却以複雜的周代廟制爲論説背景。按《禮記·祭法》所説與鄭玄的解釋,周禮天子立七廟,即始祖廟和高、曾、祖、父四親廟,還有永不遷毁的文武二祧。五廟、二祧,總共是七廟。文武以上先公之主藏於始祖廟,文武以下、高祖以上先王之主按昭穆分别藏於文武廟。五廟每月祭之,二祧不月祭,祇舉行四時祭。其他疏遠之主都無與月、四時常祭。諸侯立廟殺於天子,立五廟,即始祖廟和高、曾、祖、父四親廟,没有天子那樣的二祧。因此,高祖以上之主皆藏於始祖廟。五廟之中,父、祖、曾廟月祭之,高祖、始祖廟不月祭,祇舉行四時祭。其他更加疏遠之主皆無月、四時常祭。

以上所説的廟制和祭法,是按照父子相繼而設置,因爲無論就天子七廟還是諸侯五廟來説,除了永不毁的廟之外,其他四廟的設立顯然是與周代宗法制度的"五世則遷"的原則一致。簡言之,無論是另立宗族,服喪還是祭祖,都以高祖或玄孫爲斷。然而當王位、君位的傳承不是父子相繼,而是其他情況,比如兄弟相繼之時,可能就會出現問題。這裏就以伊川所説的吴國兄弟四人相繼爲例來説明。吴國的這兄弟四人是指吳王壽夢的四個兒子:謁、餘祭、夷昧和僚,他們四人相繼繼承王位。㉘按照禮家的一種理論,兄弟相繼要視作父子相繼,區分昭穆。㉙另外,兄弟相繼也要各自立廟(伊川即持這種主張)。若此,吳是諸侯國,當立五廟,不可逾越,因此就僚而言,除始祖廟外,他所立的廟應當祇是夷昧廟(父)、餘祭廟(祖)、謁廟(曾)和壽夢廟。僚之祖是去齊,他須毀去齊廟,遷其主於始祖廟中。對僚來說,祇有所當立這五廟有常祭,而遷主去齊無常祭。於是一個令人驚奇的情形出現了:去齊是僚之祖,尚且屬於"至親"(按鄭玄對《三年問》"至親以期斷"的解釋),反而要毀廟遷主,不得常祭了。這當就是伊川所謂"則遂不祭祖矣"的意思。

這個問題的一個簡單解決思路就是突破諸侯祇能立五廟的限制,設置更多的廟。比如,參考天子廟制,另外設置昭穆二祧。把祖、曾祖、高祖之主依昭穆分別遷於此昭穆二祧,如同周天子把文武以下先王之主遷於文武二祧一樣。或者直接為高、曾二祖設立二祧,把祖之主藏於高祖之祧。既然或藏於祧,或本身即是祧主,參考周天子之制,至少可以舉行四時祭了。㉚如此一來,吳太伯兄弟四人相繼導致的立廟祭祀的奇怪問題便解決了。這當即是伊川所謂兄弟皆自立廟,"然如吳太伯兄弟四人相繼,若上更有二廟不祧,則遂不祭祖矣"的真實含義。由此也可以看出,對於兄弟相繼,伊川認為他們是昭穆不同的。把伊川所説與孔穎達《左傳·文公二年》疏相比較,則此點更加清楚。《左傳·文公二年》説:"躋僖公,逆祀也。"孔穎達疏曰:"若兄弟相代,即異昭穆。設令兄弟四人皆立為君,則祖父之廟即以從毀。知其理必不然,故先儒無作此説。"這是從兄弟四人為君之後的那個繼位者的角度來説的,若兄弟異昭穆,又各自立廟,按照諸侯廟制,他的祖和父的廟就要毀去了。回顧伊川所説,他説吳太伯四人云云,顯然是主張兄弟異昭穆的。

對上述的兄弟相繼引發的立廟、祭祀問題,伊川總結道:"故廟雖多,亦不妨祧。只祧得服絕者,以義起之可也。"廟雖多,是順着前面舉例的情況説,諸侯除當立的五廟之外,又設置二祧,這是不合禮制的。但是情況畢竟極其特殊,所以説雖然立廟會多出常制之數,也不妨立祧。立祧的原則,是要讓服絕以內的亡親都得常祭。這便是"義起"。這個突破常規禮制的"義起"顯然遵循了兩個原則,

197

其一,周代宗法制度"五世則遷"的根本原則。"五世則遷"是宗法制度的一條貫通性的原則,無論別立宗族、喪服服制、立廟祭祀都以此爲準。它是宗法制度的一條綱領。當出現無法用現有禮制處置的新情況,合理的辦法當然是根據貫通性、綱領性的原則來加以調整。其二,是伊川的看法,父祖是不可不祭的。此説前文已經做過説明。二程從人類之所以爲人類必然要與禽獸相區別之理出發,指出祭祀必須及祖。所謂"義起"之"義"就是這二條原則。第一條原則,看似是人們隨意設定的,未必有什麽客觀的道理依據,但稍作更深入的反思,便可知道"五世則遷"的原則其實反映了血緣關係及以此爲基礎的感情紐帶隨着世代的增加必然逐漸疏遠的人情之常或現實。雖然何以必須要以五世而斬,而不是其他世,如六世、七世等,未必有什麽必然的道理,但隨着關係的疏遠,各種社會性的活動需要做個截斷、截止是有其自然的道理的。至於第二條原則,前面已經指出,它的基石是人類社會所以爲人類社會必然要做人禽之辨這一必然之理。因此,總而言之,伊川在此例中所謂"義"就是指人性的、人類社會的具有客觀性的原則或道理。他對廟制的義起,體現了"禮是理"的思想。

　　以上列舉分析了二程對婚禮、喪禮、祭禮和宗法制度的一些論述、闡釋,在他們的上述言論中,其"禮即理"之説得到了具體而充分地展示,在此可以作個小結了。"禮即理"的具體含義是,禮是合乎客觀的道理的,或者説禮體現了客觀的道理,從另一角度也可以説禮的設置乃是依據客觀的道理的。這是一些什麽道理?我們一一來看。婚禮不再娶所依據的是夫妻感情(也是人類感情)的赤誠性和永恒性之理,不限於夫妻,所有的人類感情不都是内在地要求其赤誠與永恒的嗎?這是人性、人情之客觀的理。説焚屍不合理,這是出於人對父母的天生之情,出於人的天性,其中的理也是人性、性情之理。對喪禮三日而斂的解釋,是依據人體生理學之理。指出宗法合乎自然之勢,這是指出了事物由一個起源而傳承發展自然會有主幹和分支的分化現象,這當屬於自然界之理。祭祀必須及祖,這是根據人類所以爲人類之理,或者説是人類社會必然之理。冬至祭天以祖配,季秋祭帝以父配的道理,是宇宙生成之理(可謂之一種尚未科學化的、前近代的物理學)與人類生育之理。廟制義起之例,則依據的也是人性、人情和人類社會之理。所以,總而言之,禮所依據的、所體現的這些客觀道理,是人性人情的、人類社會的、自然界的、生理學、物理學等的客觀之理。

2. 總説"禮即理"

上述二程在闡釋一些具體的禮中表露的"禮即理"的觀點屬於"分説",他們尚有概論禮是理的言論,可視作是對上述"分説"的概括、總結。伊川説:

> 然推本而言,禮只是一個序,樂只是一個和,只此兩字含畜多少義理!又問:禮莫是天地之序?樂莫是天地之和?曰:固是。天下無一物無禮樂,且置兩隻椅子,才不正便是無序,無序便乖,乖便不和。又問:如此,則禮樂却只是一事。曰:不然。如天地陰陽,其勢高下甚相背,然必相須而爲用也。有陰便有陽,有陽便有陰,有一便有二,纔有一二,便有一二之間,便是三,已往更無窮。老子亦言三生萬物。此是生生之謂易,理自然如此。㉛

> 人往往見禮壞樂崩,便謂禮樂亡,然不知禮樂未嘗亡也,如國家一日存時,尚有一日之禮樂,蓋由有上下尊卑之分也。除是禮樂亡盡,然後國家始亡。雖盜賊至爲不道者,然亦有禮樂,蓋必有總屬,必相聽順,乃能爲盜,不然則叛亂無統,不能一日相聚而爲盜也。禮樂無處無之,學者要須識得。㉜

以上兩段文字的要點有二。其一,就其本質而言(此本質是相對於禮樂之節文而言,而非是説禮樂之超越的本質),禮祇是秩序,樂是事物之間的和諧,故"天下無一物無禮樂,禮樂無處無之"。禮何以是序?自然界存在客觀的秩序自不待言,人類豈非如此?伊川所舉的"盜亦有道"的例子就是很好的説明。祇要人類過着一種社會生活,必然就有社會組織、運轉的秩序,即便亂世也如此。有社會生活便有秩序,無秩序便不可能有社會生活,因此甚至可以説二者根本就是一物。秩序的實質,是原則、條理,一言以蔽之,是理。言秩序無處無之,就是言理無處無之,此説自然是真理。言禮是序,其實就是言禮是理,二説同義。但這不再是就某種禮來説,而是作一般的表述。其二,禮與樂不同,而其内涵相反、對立,但這是一個系統不可缺少的兩個方面。實際上,禮、樂皆是理,但所指有偏重。相對而言,禮的内涵主要在分別一面,樂的内涵主要在配合、合作的一面。以孟子所言社會分工加以説明,合理的分工和協作是社會高效、穩定運行的必要條件。勞心者(管理者)和勞力者(勞動者)的分工是不可避免的,然而又彼此依靠,彼此需要。合理的分工和協作之必須,便是社會運行之理。而禮主要言分工、區別的一面,樂指其相互配合的一面。禮樂二者一言分一言合,義涵相反,而又相須爲用。顯然,差異和配合不僅是人類社會的現象,而且是整個宇宙的普遍現象。上述禮是天地之序,樂是天地之和的説法,是沿襲《樂記》之論而發,强調禮、樂的分別。其實,若把伊川禮樂無處無之的思想予以推理,同時不注意區分禮、樂和强調禮作爲分別、差異的一面,而擴展禮是序的涵義,將之推擴到最廣泛的範圍,完全可以用禮來涵蓋樂,祇言"禮是序"即可。此種意義上的"禮是序"意即禮是宇宙萬物之序,已經包涵了"樂"(配合)之義在内。

相對於二程所謂禮是天地之序、樂是天地之和、禮樂無處無之這種最一般的"禮是理"之説的表述,他們尚有另一種表述,直接説"禮即是理",但其實質的意思並没有"禮是天地之序"云云涵蓋得廣,反而是在有限的範圍中説。二程説:

> 禮者,理也,文也。理者,實也,本也。文者,華也,末也。理是一物,文是一物。文過則奢,實過則儉。奢自文所生,儉自實所出。故林放問禮之本,子曰:禮,與其奢也寧儉。言儉近本也。㉝

> 視聽言動,非理不爲,即是禮,禮即是理也。不是天理,便是私欲。人雖有意於爲善,亦是非禮。無人欲即皆天理。㉞

第一條指出禮有理和文二層次,其實即傳統的社會生活之禮有文質二層次之説,非是在本體論上説宇宙萬物皆可分析爲體用二層次。自本體論上以體用來分析世界,唯一無對之理或道是世界之本,而一切有限的、經驗的爲用。從這個意義上來説,人類社會之外的自然世界,嚴格循理而行,是體用不二的。在人類社會,則用常常不能充分地體現體(理或道),即是所謂過與不及,非絶對嚴格的體用不二。在第一條的語境中,理是文之體,文是理之表現,但文之表現理,有過與不及("不及"即是所謂"實過",意爲"實"過"文",也就是"文"不及),是以知這裏所謂理和文皆就人類生活之禮而言,另外,傳統上也無以"文"言本體論上"體用"之"用"者。故總而言之,把它們理解爲本體論上的體用是不恰當的。第二條的語境特徵更加明顯,乃是在詮釋孔子所謂非禮勿視聽言動。故此所謂"禮"也祇是人類社會之禮,而非無一物不有的天地之序的"禮"。綜上所述,以上二條中所謂"禮是理"之"禮"是人類社會之"禮",或者說是有限之禮,而非前面所論禮是天地之序,禮樂無一物不有之普遍意義之"禮"。此普遍意義之"禮"是在最廣泛的範圍上說,而言其爲天地之序,是對各個具體領域內"禮是理"的現象的總的概括。而上面二則引文中"禮是理"之說僅是在有限的範圍中說,而非最普遍意義上的禮是理之說。

(二)"禮是理"之"理"到底是何種理?

二程"禮是理"之說已在上面作了仔細的、現象的、描述的分析,但鑒於二程是儒家哲學史上具有里程碑意義的、返本開新的詮釋者和理論體系的建構者,他們有較爲完整、自洽的形上學體系,因此必須將其"禮是理"之說置於其形上學體系之中,以判斷其所謂"理"的涵義與層次。此項工作將分三步來展開,首先說明"存在之理"和"形構之理"的不同,其次說明二程所謂"理"有自體上言的"理"(實說的理)和虛說的"理"二種,最後指出"禮是理"之"理"乃是二程所謂虛說的理。衆所周知,前面第一點和第二點,是牟宗三提出並做過仔細論述的。以下所言凡屬牟先生之說,祇是概括性的敘述,並未原文引用。㉟

第一,"存在之理"與"形構之理"。牟宗三所謂"形構之理"是說就現象本身或內部的本質、規律、趨勢而言的一種"理"。比如,液態水在一定的壓力和溫度之下,會凝結成冰,就是所謂固態化,這種現象具有一定的必然性和客觀性,因此可謂其中有一種"理"。這是就現象本身或內部的本質、規律、趨勢等而說一種"理"。顯然,"形構之理"是內在性的、描述性的,也即是說,它是就現象內在的結構、關係、規律和性質等加以歸納的結果,因此從根本上講,它內在於現象,是對現象的描述。另外,"形構之理"是多,而非一,因爲針對不同的現象便可言不同的"形構之理",比如從大的方面來說,便有物理學、化學、生物學等等之理。所謂"存在之理"是形而上學之"理",它是超越的、絕對普遍的、永恒的、唯一無對之"理",舉例而言,二程所謂形而上之"道"或"理",所以一陰一陽之道,此道相對於形而下之氣言,"氣"可以統言一切形而下者。形而下者是多,是有限的,而"道"是無限的,故"道"是超越的,也是唯一無對的。

第二,二程所言之"理"有實、虛二種說法。在二程的形上學體系中,祇有超越的、唯一無對之"理",即是所謂形而上之道,天地萬物一理之理。二程的一些說法,如說"蓋'上天之載,無聲無臭',其體則謂之易,其理則謂之道,其用則謂之神,其命於人則謂之性",㊱所謂"易""理""道""神""性"皆就此唯一的超越之本體而言,此超越之本體即"道"或"理",又如說"所以謂萬物一體者,皆有此理。只爲從那裏來。'生生之謂易',生則一時生,皆完此理",㊲此"理"顯然就是那超越的、唯一無對之"理"。二程此類之語甚多,皆是指言此超越之理或道,此理或道是一實體或本體(substance),故這些説法皆可謂之**實言**之"理"。不難看出,此理也就是第一點所説的"存在之理"。在二程的形上學體系中,在本體論意義上説,祇有此唯一無對之實體或本體之"理",並無其他理。然而他們還有一些説法,如説"事有善有惡,皆天理也。天理中物須有善惡,蓋物之不齊,物之情也",㊳又如説"天地萬物之理,無獨必有對",㊴又如説"近取諸身,百理皆具……生生之理,自然不息"等等,㊵這些地方所用的"理"並非指那超越無對的理體或道體,而是言現象界的一種自然的、必然的趨勢。就此自然而必然的趨勢而言,似乎也可以言一種"理"(理則)。此"理"非是一,而是多。這些地方雖然二程也用"理"字言之,但它們非指那超越的理體或道體,且如上所言,二程的形上學體系中除超越理體或道體之外,也並無其他所謂"理"(當然,在其他的哲學系統中,可以實有此種理,比如唯物論可以承認內在於現象之理或"形構之理"是實在的),因此,上述所言之理都是"**虛言**"的理,虛言者既非指言實在的超越理體,也非謂實有此種種之理。然而這些虛言的"理"究竟當如何理解?它們可以視作超越理體或道體相應具體的現象而有的一種"相"。超越的理體("存在之理")或創生(牟先生認爲明道等人是如此體認),或靜態地定然(牟先生認爲伊川、朱子是如此)某種現象,比如氣之闔闢;相應於氣之闔闢,可謂有闔闢之理,但須知非真有所謂闔闢之理,這祇是虛說或姑且如此說,祇是借此虛說而指向那背後超越的理體。或者我們也可以説,這是超越理體相應於特定現象的一種理之"相"。但須知,超越理體非真有相,因凡相都屬於形而下者,超越理體之"相"是無相之相,如同周子説誠體是動而無動,靜而無靜。

第三,二程"禮是理"之説之"理"是虛説的"理"。前文指出,"禮是理"之説的實質內涵是,禮是符合客觀的道理的,或者説禮是體現客觀的道理的,從另一角度也可以説,禮的設置乃是依據客觀的道理的。這些客觀的道理有人性人情之理,有人類社會之理,有自然界之理,有生理學之理,有物理學之理等等。顯然這些"理"是就不同的現象而言的不同的"理",是多而非一。這些"理"顯然就是第一點中所言"形構之理",故置於二程的形上學體系中說,就是第二點所謂虛說的理。如前所述,所謂"虛"的一個意思是在他們的體系中並無這種屬於現象本身的或形而下的、多而非一的"理"的實體性存在。"禮是理"之說的體現,有分說和總說二種。分說中所言之"理"固是此多而非一之虛說的"理",總說的表述僅是對分說的概括、歸納,其所謂"理"與分說之"理"是同層次的,故也是此虛說的"理"。

　　總而言之,二程"禮是理"的觀點中所謂"理",是虛說的"理",而非那唯一的、超越的理體或道體。

三　"禮,時爲大,須當損益"與"禮可以義起"

　　根據上面的分析,可以進一步斷言,在二程"禮是理"的理論中,"理"是"禮"之本質(essence),而"禮"是"理"的表象或表現形式。蓋"理"是相對而言客觀的、穩定的,甚至是絕對不變的,而由具體的器物、儀節、程式等構成的"禮"卻因時因地存在差異和變遷,而不管後者如何變遷,總是不悖其"理"或總是體現其"理"的。即以婚禮爲例說明,《禮記·昏義》說:"(壻)降出,御婦車,而壻授綏(登車時手所攀援之繩),御輪三周。先俟於門外,婦至,壻揖婦以入;共牢而食,合卺而酳;所以合體、同尊卑,以親之也。"周禮之士婚禮規定新郎接新娘回家,新娘登車之際,新郎要親自把車中的綏授予新娘,又須親自爲新娘御車,行駛車輪三周長的距離,然後讓御者代御;到家,必須先在自己寢門外等待,揖讓新娘入門;二人還要同食一牲,把瓠瓜一分爲二,各持一半盛酒以飲。這些婚禮的規定,《昏義》認爲目的是讓夫婦一體、尊卑相同、相互親近。換言之,也可謂是認爲上述儀式包涵或表達了夫婦須有一體相親之義或理。此說顯然是正確的,抓住了婚禮的本質屬性之一,即表達夫婦必須相互親愛的道理。從古至今,婚禮的儀式發生了很大的變化,但萬變不離其宗,無論儀式如何,皆爲體現或表達此理。也恰因爲此,新舊的儀式具有很大的相似性,比如說周禮要求新郎親自御輪三周,現在的婚俗雖然沒有親御了,但常常要求新郎要把新娘背入或抱入車中;又如説"揖婦以入",現在也變成了背入或抱入了;又如説"合卺而酳",現在則是行所謂"交杯酒",瓠瓜一分爲二所要表達的一體之義,變作交杯來表達。這些儀式雖然變化了,但明顯是異曲同工的,也即是説其本質或精神未變。故説"理"是"禮"之本質,而"禮"是"理"的表象或表現形式。

從上述道理出發,自然可以推出這樣的結論:相對於變化的、作爲表象或表現形式的"禮"而言,作爲本質的"理"更加重要。或者説,"禮"以體現"理"爲要。既然"禮"的變化不可避免,且雖然變化而不礙其表現本質,則人們面對這些變化,不當拘泥於過去的禮儀形式而拒絶改變,而恰須順應變化,把表現其本質之理作爲關鍵。這種思想,就是由來已久的禮須隨時損益之説。在孔子,已有此種思想。子曰:"麻冕,禮也,今也純。儉,吾從衆。拜下,禮也,今拜乎上。泰也,雖違衆,吾從下。"(《論語·子罕》)麻冕是周代在宗廟舉行祭祀時所戴之冠,用三十升(二千四百縷)麻織的布做成。此麻布用麻太多,太過細密,故較難織成。宗廟祭祀戴麻冕雖是周禮,是傳統禮儀,但在孔子的時代,實際流行的是用"純"(從鄭玄説,當爲"緇",一種黑色的帛)作的冕。[41]"純冕"較麻冕易於制作。相對於禮之表現形式而言,孔子更重禮之本或精神,故他選擇從衆,使用純冕。這便是關於禮的因時制宜的思想和做法。

雖然前述思想可溯之源甚早,但首先將之論述詳盡的似爲伊川。這是他對儒家理論的一種貢獻。《語録》記載:

> 或曰:正叔所訂婚儀復有堉往謝之禮,何謂也?曰:如此乃是與時稱。今將一古鼎古敦音隊用之,自是人情不稱,兼亦與天地風氣不宜。"禮,時爲大",[42]須當損益。夏商周所因,損益可知,則能繼周者亦必有所損益,如云"行夏之時,乘殷之輅,服周之冕,樂則韶舞",是夏時之類可從則從之。蓋古人今人自是年之壽夭、形之大小不同。古之被衣冠者魁偉質厚,氣象自別。若使今人衣古冠冕,情性自不相稱。蓋自是氣有淳漓。正如春氣盛時,生得物如何,春氣衰時,生得物如何,必然別。今之始開荒田,初歲種之,可得數倍,及其久,則一歲薄於一歲,此乃常理。觀三代之時,生多少聖人。後世至今,何故寂寥未聞?蓋氣只是有盛則必有衰,衰則終必復盛……聖人主

化,如禹之治水,順則當順之,治則須治之。古之伏羲豈不能垂衣裳,必待堯舜然後垂衣裳？據如此事,只是一個聖人都做得了。然必須數世然後成,亦因時而已……徇流俗非隨時,知事可正,嚴毅獨立,乃是隨時也。舉禮文却只是一時事,要所補大,可以風後世,却只是明道。㊸

必井田,必封建,必肉刑,非聖人之道也。善治者,放井田而行之而民不病,放封建而使之而民不勞,放肉刑而用之而民不怨。故善學者,得聖人之意而不取其迹也。迹也者,聖人因一時之利而制之也。㊹

禮儀、(政治經濟等的)制度、刑法這些都是"迹",是外在的表現形式,而其本質或核心是"聖人之意",也就是道或理。從另外一個角度説,"迹"是爲了貫徹、表現理而制定的。然而爲了實現此目的,"迹"不得不隨"時"改變。何以故？蓋宇宙在不停地往復演化(即所謂氣之盛衰往復),導致人之生理性質(壽夭、形體)不斷變化,導致出類拔萃者(聖人)出現的數量也發生很大變化。另外,社會的風俗、經濟政治法律制度從古至今也在不停變動,此點伊川雖然未有明説,但有此意,這也是不爭的事實。總之,宇宙演化的階段不同,人類社會的時代不同,人的生活方式、人類社會的組織和運作模式必然有很多的差異。因此,必須對過去的流行的而現在行不通的"迹"(禮樂、制度)加以損益,使之合乎當前時代的形勢,從而更好地貫徹、表現"理"。此之謂"隨時"。"隨時"之"時"指特定時期之形勢、狀況。然言"隨時"非衹是隨順時勢而已,毋寧説"隨時"是手段、過程,而體現"理"或追求合"理"是目的、結果。換言之,"隨時"非被動的、非理性的,反而是主動的、理性的、有價值取向的。是故,伊川説"徇流俗非隨時,知事可正,嚴毅獨立,乃是隨時也"。正如前面指出的,當時火葬流行,但二程據理反對；又如,前面所引孔子所説"拜下,禮也,今拜乎上。泰也,雖違衆,吾從下"。與"隨時"的智慧相反的,就是那種死板地守"迹"而不通達"聖人之意"或"理"的作法,此即孟子所謂"執中無權"。這是刻舟求劍。難道在21世紀的今天我們還必須要用古代禮器、穿古人衣服、行封建井田之制,纔能實現大道？此固不足辯也。

與前述"禮,時爲大,須當損益"之説具有内在一致性的二程的另一種主張是"禮可以義起"。"義"即理也,即禮之本質。時代變化了,個人和社會的生活方式變化了,加之一些其他的緣故,過去的禮儀已然不再流行,而新的形勢又呼喚新的禮儀出現,面對這種情形,二程主張積極地"義起",即謂根據禮的本質或精神之"理"來制作新禮。這種主張也非他們首創,而是早已有之。《禮記·禮運》説:"故禮也者,義之實也,協諸義而協,則禮雖先王未之有,可以義起也。""義之實"的"之"相當於"其"。"禮也者,義之實也"即是説,"義"是"禮"之實質或本質。禮須合於義,雖傳統上無此禮,但可根據義理來制作。二程是此説的積極主張者與實踐者。前文已舉出了一個伊川論廟制如何義起的很好的例子,下面對他們此類言論再略加考察。

據周禮,自天子至於士皆有宗廟,庶人無廟祭於寢。伊川在世之時,宋朝廷未頒布士大夫廟制,[45]於是如何適宜地祭祀祖先自然成爲一個問題。有弟子就此問伊川:"今士庶家不可立廟,當如何也?"伊川説:"'庶人祭於寢',[46]今之正廳是也。凡禮,以義起之可也。如富家及士,置一影堂亦可,但祭時不可用影。"[47]按周禮,庶人雖無廟,可祭於寢,古已有此禮的規定,故不成問題。官方未頒布士大夫廟制,嚴格説來,依照古禮的祭祀便無法施行。然而正如前文已經指出的,二程認爲祭祀祖考出於人天生的對親人的真情,是出於人之天性,也是人類與禽獸的一種區別。故根據人性、人情之理,人是必須祭祀祖考的,不行祭祀就是違背了人之所以爲人的人性、人情之理,是荒謬絶倫的。思慕其親、感恩其親的天性、真情,就是祭禮的"義"或本質。過去的祭禮今天已無法施行,"義起"就是不可避免的了。他的解決辦法是建議富人與士大夫設置影堂,以類古之宗廟。影堂是指放置紀念或祭祀對象的畫像之室,最初爲唐代僧人紀念圓寂高僧所用,後來在民間也偶見,主要爲紀念某人而建。在唐代,除紀念某人的作用之外,影堂用作祭祀祖先的場所,不是被普遍認可的行爲。宋初民間也存在影堂祭祀祖先的現象。[48]司馬光正式把影堂設計爲祭祀祖先的場所。總而言之,在伊川其時,影堂祭祖祇是民間的一種做法,也未必已成爲流行的風俗。在古禮已廢、官方規定缺失的形勢下,爲了能夠保存祭祀祖先的大義,伊川主張用民間影堂祭祀的做法權且代替宗廟祭祀制度,這自然是一種義起。[49]

再來看伊川論義起的另外一例。按周禮,大宗子是祖先爵位、財產的唯一合法繼承人,承擔着主持全族合祭等責任,故大宗不可絶。若其無後,則族人選本族支子爲之後。而雖相對於大宗爲支子,但又是小宗的適子不得爲人後,因爲適子爲小宗子,在本小宗内也擔當着主持本小宗祭祀等責任,不可缺少。[50]另外,大宗不可絕,但小宗若無後則絕之。[51]蓋大宗是周代宗法制所設定的整個"別子爲祖,繼別爲宗"的宗族的嫡傳和統領,必不可絕,而小宗絕不絕則重要性相對較低。在此我們可以推想一種更加特殊的情形,即大宗無後,而小宗之中衹有適子,而無庶子。大宗不可絕,但若以小宗適子爲後,則小宗絕。本來周禮規定"適子不得爲人後"是爲了避免小宗絕後,但現在大宗、小宗的繼嗣成了兩難。此問題看似棘手,周禮也未有規定,但根據大宗不可絕、小宗可絕之理,自然可以推出即便小宗適子爲大宗後而小宗絕,也必須爲大宗後的結論。這也屬於"義起"了。對此問題,伊川便主張"義起"的辦法,他說:"禮,長子不得爲人後。若無兄弟,又繼祖之宗絕,亦當繼祖。禮雖不言,可以義起。"[52]此所謂"繼祖之宗絕"就是指"別子爲祖,繼別爲宗"的大宗絕,小宗的支子雖爲適長子,而又無兄弟,也當爲大宗之後,繼大宗。這就是前述那種特殊情形。其實,此問題在漢代石渠會議上已有討論,戴聖持此說,並得到了漢宣帝的認可。[53]

前面詳細論述了二程的"禮,時爲大,須當損益"與"禮雖不言,可以義起"之說。關於此二說,有三點要義須加以強調。其一,"禮是理"之說是此二說的更深層的依據或原則。或者換言之,它們皆是"禮是理"之說的發用或推導。何以故?其實,在前文已經展示得較爲清楚了。正因爲禮的本質是理,禮以體現理爲要,故禮須隨時損益。也正因爲此,當遭遇新的時勢,某種道理或精神無法適宜地體現出來時,就必須根據此道理或精神,結合當時的條件,制定相對較新的禮,此即所謂"義起"。其二,禮須隨時損益和禮可以義起二說具有內在一致性,但二者所論的情形有所不同。前者重在說明隨時調整舊禮,而後者則重在說明如何處理過去未曾規定過的新情況。其三,兩種觀點雖然皆非二程首先提出,但他們似爲最早做出比較詳細論述的儒家學者,這是他們的重要貢獻。

四 禮義以養心:規範與生發的統一

雖然二程說"禮是理",意爲禮遵循或體現了多種領域的具體道理,最一般地說,禮是天地之序,無處無之,但是中國古代哲學的傳統,包括二程本人通常更多地是就人類社會來探討禮的本質、結構和功能等禮哲學問題,而這些探討最終又歸本爲禮與人之性情的關係問題。在中國哲學的主要流派中,儒家學派對此問題認識得最爲真切,也因此最爲深刻。簡言之,在儒家學派看來,禮與性情的關係有以下要點。第一,禮(亦包括樂)起源或根源於性情,並本質上是順應性情之理的(而非如告子、荀子所設想的那樣是徹底扭曲人之性情的,這也是荀子被後儒批評爲大本已失的原因),但對於非天生氣質純正的人而言,禮又對人情有相反的或規範作用。從後一層意義來説,規範或約束雖然與人情存在一定的衝突,但是恰恰因此而成就了人情。換言之,禮的規範對於人情的成就、人之本性的彰顯具有積極的,甚至是關鍵的作用。雖然荀子的人性論受到後儒的嚴厲批判,他那裏並没有禮成就人之本來善性之義,但他對禮的規範對於人情成就的關鍵作用這一點看得最清楚,故他説"禮者,養也"(《禮論》)。此言極爲簡要精闢。所養者何?即是人情。養,就是成全、成就之義。又説"若人一之於禮義,則兩得之矣。一之於情性,則兩喪之矣"(《禮論》),這是從負面的角度説明此理。《樂記》對此道理認識得也非常深刻,故説"以道制欲,則樂而不亂。以欲忘道,則惑而不樂"。這是非常深刻,也十分淺顯的道理。謂之深刻者,人們常常把二者對立起來,看不到正是規範成就了情欲,無規範則情欲必自取滅亡。謂之淺顯者,日常生活中隨處可見對於此理的表述、勸教,然而許多人祇是"視而不見,聽而不聞"。第二,禮(亦包括樂)雖然是從性情生發出來的,然而一旦産生,相對於性情又具有一定的獨立性,即是説已有的禮樂又可以激發、養育相應的人情和心意。所謂相應的,具體而言爲,慝禮淫樂激發、養育邪情私心,正禮德音激發、養育善情善心。就前者來説,人情和心意有過、不及和邪正之分,對人之本性的彰顯有所阻礙,如同浮雲蔽日,故可以激發人邪情私心的慝禮淫樂就須嚴加提防,此所謂"慎所以感之者"(《樂記》)。這種思想,《樂記》的一段言論可爲代表:"凡奸聲感人,而逆氣應之;逆氣成象,而淫樂興焉。正聲感人,而順氣應之;順氣成象,而和樂興焉。倡和有應,回邪曲直,各歸其分,而萬物之理,各以類相動也。是故君子……奸聲亂色不留聰明,淫樂慝禮不接心術,惰慢邪辟之氣不設於身體。"萬物之普遍的道理,是"各以類相動",意即同類事物會相互感通,比如《易傳》所舉的例子:"水流濕,火就燥,雲從龍,風從虎。"這實屬不爭之事實。就禮樂與人情、心意的關係而言,道理也是如此。姦聲感人,則生逆氣。淫樂感人自然更生逆氣。慝禮感人也將動人之邪情邪心,誘人傷風敗俗。所以要"慎所以感之者",要"姦聲亂色不留聰明,淫樂慝禮不接心術"。就後者來說,聞德音可使人油然而生和平善良之心,故《樂記》說:"致樂以治心,則易直子諒之心油然生矣。"至於禮的生發善情善心的作用,在二程之前,《樂記》雖已蘊涵此義,但言之不甚明朗。比如,《樂記》說要慎防奸聲慝禮之感人,雖不言正禮之感人,但顯然可以推知其義。儘管如此,但《樂記》對此義的表達並不直接和顯明。上述注重禮樂對人情人心的感發作用的思想,對於個人修身、社會治理(小到社團,大至邦國)無疑都有重要的實踐價值。綜上所述,若專注於禮對於性情的作用而言,可作以下簡約的定性,即禮對於性情有兩種相反的成就作用,第一是制約性或辯證性的成就作用,第二是生發性或直接性的成就作用。

有以上之鋪墊,現在來省察二程"禮義以養心"之論。他們所謂"禮義以養心"之"養",非如荀子那樣實質重在強調禮之規範或制約作用,而是既包涵了規範或制約具有積極價值這一意義,更包涵了禮具有生發善心善情的直接作用這一意義。簡言之,二程此所謂"養"是規範和生發二義的統一。當然,不能說在荀子那裏,"養"完全沒有生發之義,不然荀子何以要使用"養"字?但顯然他所要表達的實質重在禮之規範或制約作用上。下面看二程如何說:

> 古人爲學易,自八歲入小學,十五入大學,舞勺舞象,有弦歌以養其耳,舞干羽以養其氣血,有禮義以養其心,又且急則佩韋,緩則佩弦,出入閭巷,耳目視聽及政事之施,如是則非僻之心無自而入,今之學者只有義理以養其心。[54]
>
> 射中鵠,舞中節,御中度,皆誠也。古人教人以射御象勺,所養之意如此。[55]
>
> 和平依磬聲。玉磬,聲之最和平者,養心。[56]
>
> 古之人,耳之於樂,目之於禮,左右起居,盤盂几杖,有銘有戒,動息皆有所養。今皆廢此,獨有理義之養心耳。[57]

他們提出了"禮義以養其心"之說,且與"義理以養其心"有所區別,顯然"禮義"

不能理解爲泛言之的"義理"。其實,"禮義"就是指"禮",因強調凡禮必須有義,故特謂之"禮義"。伊川説:"大凡禮,必須有義。禮之所尊,尊其義也。失其義,陳其數,祝史之事也。"㊳是爲明證。"禮義以養其心"之"養"的第一個意義,後面二則引文反映得很清楚。射、舞、御有特定的規矩,這些都屬於禮。它們的目的是爲了滋養行禮者之誠意。《詩·商頌·那》説"既和且平,依我磬聲",古樂何以要依磬聲?因爲玉磬之聲最爲和平。聽磬聲可以興發、滋養人和平之心。因此,"禮義以養其心"的"養"有興發、滋養之義,此是其第一個意義。至於荀子所説的禮之規範或節制作用以成就性情之義,二程所謂禮之養也必涵之,此不待言,蓋此是常識,也是悠久的傳統,如孔子便説"克己復禮爲仁"。克己復禮是非禮勿視聽言動,就是用禮來規範自身,以成就仁德或德性。這便是規範以成就之義。二程所謂"禮義"之"養"兼具二義的特點,在前面引文中的最後一則中獲得了充分的展現。樂、禮、銘戒對於修養的作用,他們皆以一個"養"字名之。樂可以興發人之善心,這是儒家的傳統之説,故所謂樂之"養",自然是興發、養育之義。禮和銘戒之作用,則顯然不限於興發、養育,也有規範作用。而三者的作用皆以一"養"字名之,則"養"兼具興發、規範二義蓋已明矣。

與荀子和《樂記》相比,二程以"養"來統言"禮"之規範與生發作用,其思想實質與特色是對"禮"之生發作用的重視。荀子雖然使用"養"字來言禮之作用,但其實質是對禮之規範性的高度強調,而似未見其用"養"字統攝禮之生發性成就作用之義。《樂記》雖然有禮之生發善情善意之義,但言之不甚明朗,也未用"養"的表述方式。故比較之下,二程用法的思想實質就顯明出來了,即是對禮之正面的生發作用的突顯或新的重視。對此新的態度,我們可以得出兩個重要認識。其一,這是繼承儒家性善論而來的必然之義。按照理學家的體會,《中庸》言"天命之謂性",孟子言盡心知性知天,言仁義禮智是"我固有之也"(《孟子·告子上》),都主張一種先天的性善論。至善之性是人之天生的本性。從本體論上説,此先天本性圓成無缺,但從工夫論或表現上説,未必充盡地、全體地表現,故孟子説良心如同"泉之始達,火之始然",需要擴充,又提倡存心養性,總而言之就是要在工夫上或表現上滋養壯大之。既有先天的根本,又要求在表現上逐漸地壯大之,這就類似栽培樹木,既有根本,又要長養壯大之。這即是興發、養育之義之所以成立,因爲有根有本,且又要順適此根本之性質加以培育和壯大,纔有所謂順適的養育、長養之義。無根無本,又須違逆其性質,則難以有順適地養育、長養之義。於是,對於這種心性論,"長養"是必涵之義。我們看到二程屢次提及存養、涵養的工夫。他們對於禮之生發作用的強調,應當看作是此種道理在禮哲學問題上的貫徹。其二,他們強調禮之生發作用有特別的價值。現象地、描述地言之,禮是一些社會性的、相對穩定的規定或規範。因此,它的制約性十分明顯。制約性意味着對被規範的對象具有一種相反的力量和趨勢,即是所謂"克己復禮"之"克"。是故,言及禮常常會喚起人們的制約感或約束感,而容易遺忘其也具有與被作用對象相順應的生發、養育作用。這或將導致對禮之修身、治群功用的偏頗認識和錯誤實踐。二程對禮之生發作用的重視對於避免這種問題具有積極的意義。

五 結語:二程禮哲學思想的特色與貢獻

前面論述了二程禮哲學思想的主要內容,可以看出這些思想豐富而深刻,具有鮮明的特色。如何論斷和評價他們的思想呢? 至少可以得出以下幾點認識。

第一,二程禮哲學的重要方面或內容,皆以"禮是理"之説爲樞紐、核心或根基,或者换言之,它們皆可由"禮之理"之説統一起來。禮歸本於、起源於性情之説,以性情爲禮之實質,以禮爲性情之表現形式,歸根到底也祇是"禮是理"。蓋在二程及主流儒家學者看來,性情有其內在、恒定的特徵,禮之表現性情無非是表現這些特徵,比如愛親、敬長出於天性,此即是人之性情的特徵,故親人亡逝,哀傷之情無窮已。喪祭之禮,無非是表現或文飾此天性天情。性情的這些特徵,换言之便是性情之理,故説禮歸本於、起源於性情之説,歸根結蒂也祇是説"禮是理"。禮須隨時、義起之説,乃是"禮是理"之説的發用或推理,在前文已論,此不重複。至於"禮義以養心"之説,統合禮之規範性(相反性)成就之義與正面性生發之義,並偏重於後者,其最終的根據又豈非"禮是理"之説? 正是因爲在二程等主流儒家學者看來,性情有其特徵(理),即是《中庸》所謂大本之"中",故過與不及皆失却性情之中或性情之正,因此禮的規範性成就之義纔得以成立。

也正因爲性情有其特徵（理），故與之相應或相類的禮纔能起到正面的生發作用，此所謂"萬物之理，各以類相動"（《樂記》）。"禮義以養心"之說亦可歸根於"禮之理"之說。總而言之，"禮是理"之說是二程禮哲學思想的樞紐或根基，其他方面的思想都可由此有機統合起來。當然，我們可以繼續深挖，把他們的禮哲學思想進一步歸結到其形上學（天道論、心性論）之上。這固然無問題，且事實也是如此，但此屬顯然，似無必要。

第二，他們的禮哲學思想是在已有的相關儒家思想基礎上的重大進展。這首先體現在對"禮是理"之說的闡發上。這種思想先秦已有，孔子對三年之喪的情感化解釋，孟子把禮歸根於內在的辭讓之心，這些論述雖未明言禮是理，然而其理論實質與此說相同。孔穎達雖然首先把禮和道理的關係直接表述出來，但其認識顯然是比較膚淺的。至於二程，"禮是理"之說終於獲得了具體、豐富、深刻的論述和展示，而忽然達到了一個理論高峰，令人歎爲觀止。其次，重大進展也體現在禮須隨時損益和"義起"的思想之上。這二種思想也是古已有之，並且有很恰當的表述方式，比如"義起"就是很好的表述方式了。與"禮是理"的思想相比，在二程之前它們顯得更加成熟。儘管如此，至於二程，論述的深度和豐富度都大爲增加。上述兩方面是重大進展的主要内容，除此之外，二程論禮根源於人之性情也比從前的文獻更加透闢，而以"養"來統攝禮的規範與生發二義尤可謂是一種創新了。這些進步和創新，雖不能稱之重大，但也有相當的理論價值。

第三，二程對禮之本質是理（"禮是理"）的深刻、詳盡揭示，是正本清源的工作，是疏通泉源的工作，大有益於人們透過繁複、變遷的禮之外在形式，認清禮之本質，或者說認清禮之穩定，乃至永恒不變的根源在於理，從而真正開啓禮之理論和實踐創新的永恒原動力。人和社會的生活方式總在變化，禮的外在形式不可能不變，唯有瞭解和緊抓禮之恒定的根本或精神，纔能對於現世的禮學理論和禮的實踐加以評判，纔能對禮加以適宜的創新。若不能認識到禮之本質（體），或者將泥於禮之繁文縟節以至迷失，或者不能對禮之個人和社會的功能（用）有正確全面的體認，而不能充分發揮其作用，更遑論面對新的時代和形勢，制禮作樂了。孟子說"原泉混混，不舍晝夜，盈科而後進，放乎四海。有本者如是"，"苟爲無本,七八月之間雨集,溝澮皆盈,其涸也,可立而待也"(《離婁下》),正是這個道理。所以説,二程的工作是有益於真正開啓禮之理論和實踐創新的永恒原動力。

第四,二程以"養"義統攝禮之規範限制(人情人心的)作用和順適的、直接生發(善情善心的)作用,其思想特質在於對禮之順適的、直接生發作用的新重視或新點醒。在他們那裏,雖然這種新的重視未有通過直言的、詳盡的闡述而展示出來,而是零星有所透露,然而細味其説,不難發現其中的新動向和價值。在先秦儒家那裏,禮之内在性固已顯露無疑,然論述禮之作用,其規範制約之義隨處可見,而順適的、直接的生發之義則晦暗而不顯。這是一種明顯的偏頗,並且一直延續下來,至於二程未見改觀。若對禮之順適的、直接的生發作用不夠重視,則其相應的實踐價值亦或因之而受損。禮之順適的、直接的生發作用固然不如樂之迅速而有力,然而忽視之,無論對於個人還是社會實踐都是大的損失和遺憾。

注 釋

① 就本文關心的問題而言,代表性的論文有王啓發《程顥、程頤的禮學思想述論》,載陳義初主編《二程與宋學:首届宋學暨程顥程頤國際學術研討會論文集》,華東師範大學出版社 2013 年版。此文旨在全面地討論二程的禮學思想。竊以爲,此文論述二程"以人情論禮"一小節材料豐富,闡釋詳細,是其亮點。但總體而言,文章對二程禮哲學思想的分析深度,似尚可提高。另外,劉豐的《宋代禮學的新發展——以二程的禮學思想爲中心》(《中國哲學史》2013 年第 4 期)比較集中地討論了二程禮哲學中的一些問題,然並不全面,分析的深度似亦再可挖掘。在分析二程禮學中的禮和理的關係時,提出了三種觀點和角度,具有一定的啓發性。
② 程顥、程頤《程氏遺書》卷二五,《二程集》,中華書局 2004 年版,第 327 頁。
③ 《程氏遺書》卷二二上,第 285 頁。案:《禮記·月令》並《王制》有"獺祭魚""豺祭獸"之文。
④ 鄭玄注,孔穎達等疏《禮記正義》卷五〇,《十三經注疏》,中華書局 1980 年版,第 1614 頁。
⑤ 《程氏遺書》卷二二下,第 303 頁。
⑥ 《白虎通義·嫁娶》:"必一娶何? 防淫泆也。爲其棄德嗜色,故一娶而已。人君無再娶之義也。"
⑦ 《程氏遺書》卷二四,第 315 頁。

⑧ 鄭作新等《中國動物志·鳥綱》第二卷(雁形目),科學出版社 1979 年版,第 2 頁。

⑨ 參見《中國大百科全書·民族》"火葬"條,中國大百科全書出版社 2002 年版,第 188 頁。

⑩ 《墨子·節葬下》:"秦之西有儀渠之國者,其親戚死,聚柴薪而焚之,燻上,謂之登遐,然後成爲孝子。"

⑪ 《荀子·大略》:"氐羌之虜也,不憂其係纍也,而憂其不焚也。"楊倞注:"纍讀爲纝。氐羌之俗,死則焚其屍。今不憂虜獲,而憂不焚,是愚也。《呂氏春秋》曰:'憂其死而不焚。'"案:《呂氏春秋·義賞》:"氐羌之民,其虜也,不憂其係纍,而憂其死不焚也。"

⑫ 參見《中國大百科全書·民族》"土葬"條,第 435 頁。

⑬ 關於宋代火葬流行,參見徐吉軍《中國喪葬史》第七章第二節"宋代火葬的盛行及其原因",江西高校出版社 1998 年版。

⑭ 同注②,卷二下,第 58 頁。案:本未注明誰語。但伊川《明道先生行狀》說明道任職晉城令時,"晉俗尚焚屍,雖孝子慈孫習以爲安。先生教諭禁止,民始信之"。因此,此爲明道之言的可能性較大。

⑮ 前一天小斂時,已經穿上了一些斂衣。第三天大斂,是再加穿一些。

⑯ 《儀禮·士喪禮》:"掘肂見衽。"《禮記·喪大記》:"君殯用輴,欑至於上,畢塗屋。大夫殯以幬,欑至於西序,塗不暨於棺。士殯見衽。塗上帷之。"鄭玄注:"欑,猶菆也。屋,殯上覆如屋者也。幬,覆也。暨,及也。此《記》參差,以《檀弓》參之:天子之殯,居棺以龍輴,欑木題湊象椁,上四注如屋以覆之。盡塗之。諸侯輴不畫龍,欑不題湊象椁,其他亦如之。大夫之殯廢輴,置棺西墻下,就墻欑其三面,塗之不及棺者。言欑中狹小,裁取容棺。然則天子諸侯差寬大矣。士不欑,掘地下棺,見小要耳。帷之,鬼神尚幽闇也,士達於天子皆然。"案:輴者,載柩的車。《檀弓》:"天子之殯也,菆塗龍輴以椁。"鄭玄注:"天子殯以輴車,畫轅爲龍。"據鄭玄注,知輴爲天子柩車。欑,是聚的意思。天子之棺,置於龍輴之中。龍輴,是畫轅爲龍的輴車。龍輴之外,以木四面包圍,形狀像椁。這種做法和形狀,或可以參考出土漢代王侯墓葬中的黃腸題湊。棺上覆蓋像屋頂那樣的四注之形,注,就是屋檐流水處。四注,就是有四個流水處。"四注如屋",就是有四個流水處,由四面組成的屋頂那樣的形狀。這是古代一種很常見的屋頂形狀。但是這"四注如屋"是什麼組成的? 也是由木頭堆積起來的? 鄭玄未說。所謂"盡塗之",按照孔穎達的解釋,"塗"是塗泥:"上之四注以覆之如屋形,以泥塗之於屋之上。""盡塗"就是全塗,但全塗是把屋形之蓋和椁形之聚木都塗呢,還是祇塗屋形之蓋? 鄭玄和孔穎達說得都不清楚。諸侯殯也用輴車,但不畫龍。並且欑木不題湊像椁形,其他如同天子。大夫之制,不得用輴車。棺依西墻放置,因爲一面是墻,故欑木祇圍三面。上面也沒有"屋形"。所謂"塗不暨於棺",暨,鄭玄訓爲"及"。但什麼是"塗不及於棺",鄭、孔的解釋都很含糊,難知其確切意思。方苞

認爲，"暨"猶"既"，完全之意。"塗不暨於棺"是相對於君畢塗而言。天子諸侯(君)欑木四圍，故是畢塗。而大夫棺一面靠墙，欑木三面，不能畢塗，所以是不遍塗，不全塗。(郝懿行《禮記箋》卷二二轉引，《續修四庫全書》第104冊，上海古籍出版社2002年版，第623頁)至於士殯，祇是掘地爲坑，把柩放入。坑的深度，以柩放入後，連接棺與棺蓋的衽(漢代稱爲"小要")和地面齊平爲準。此是所謂"見(現)衽"。然後在上面蓋上木板，塗上泥。

⑰ 程顥程頤《程氏外書》卷一一，《二程集》，中華書局2004年版，第412頁。

⑱ 周代宗法爲人熟知，故此未詳加解釋。其宗法結構，請參考《中國文化史》(一)所繪"宗法圖"，陰法魯、許樹安主編《中國文化史》(一)，北京大學出版社1989年版，第91頁。

⑲ 《程氏遺書》卷一八，第242頁。

⑳ 《程氏遺書》卷二下，第51頁。

㉑ 《程氏遺書》卷一八，第241頁。案：此爲伊川語。

㉒ 《禮記・郊特牲》和《公羊傳》所說與《孝經》相合。《禮記・郊特牲》："帝牛不吉，以爲稷牛。帝牛必在滌三月，稷牛唯具，所以別事天神與人鬼也。萬物本乎天，人本乎祖，此所以配上帝也。郊之祭也，大報本反始也。"《公羊傳・宣公三年》有文與此相近。《春秋・宣公三年》："三年，春，王正月，郊之牛口傷，改卜牛，牛死，乃不郊，猶三望。"《公羊傳》解釋道："曷爲不復卜？帝牲不吉，則扳稷牲而卜之。帝牲在於滌三月，於稷者唯是視。郊則曷爲必祭稷？王者必以其祖配。"結合《郊特牲》與《公羊傳》來看，則顯然周人郊天以其始祖后稷配享。

㉓ 見《禮記・郊特牲》"郊之祭也，迎長日之至也"和"郊之用辛也，周之始郊，日以至"鄭玄注與孔穎達疏。

㉔ 按：《月令》季秋大饗帝，鄭玄說是遍祭五帝，也即是《曲禮》所謂"大饗不問卜"之"大饗"，而注《曲禮》"大饗不問卜"他說此"大饗"是"祭五帝於明堂"。由此可知，鄭玄認爲《月令》《曲禮》所謂"大饗"之禮是同一禮，是在季秋祭五帝於明堂。又，鄭玄注《祭法》"祭法：有虞氏禘黃帝而郊嚳"云云說"祭五帝五神於明堂曰祖宗"，並引用《孝經》"宗祀文王於明堂，以配上帝"，說明他認爲這二禮所指相同。聯繫他注《月令》和《曲禮》的"大饗"來看，則知他認爲《孝經》所謂"宗祀文王"云云即是《月令》和《曲禮》所謂"大饗"，其禮的主要内容是：季秋祭五帝於明堂，以文王配享。然而關於大饗五帝的時間，孔穎達說鄭玄認爲不一定是在季秋。《詩・周頌・我將》疏："但鄭(玄)以《月令》爲秦世之書，秦法自季秋，周法不必然矣，故《雜問志》云：'不審周爲何月，於《月令》則季秋正可。'"

㉕ 《程氏遺書》卷一五，第168頁。

㉖ 《程氏遺書》卷四，第70頁。

㉗ 《程氏遺書》卷二二下，第301頁。按，此條《諸儒鳴道》作："問祧廟如何。曰：祖功宗德，文武

之廟永不祧也。所祧者,文武以下廟。曰:兄弟相繼如何? 曰:此皆自立廟。然如吳太伯兄弟四人相繼,若上更有二廟不祧,則不祭祖矣,故廟雖異不妨祧,只祧得服絕者,以義起之可也。如本朝太祖、太宗皆萬世不祧之廟。江南、巴蜀諸處皆太宗取之,無可祧之理(江南、巴蜀當作河東、閩浙)。"(《諸儒鳴道》[二],山東友誼書社1992年版,第947頁)

㉘ 見《公羊傳·襄公二十九年》。

㉙ 關於兄弟相繼,昭穆是否相同的問題,自古聚訟紛紜。此可參見《春秋》文公二年"八月丁卯,大事於大廟,躋僖公"三傳文與注疏,以及江永《群經補義》卷二"諸侯立五廟"條,黄以周《禮書通故》卷一六,宗廟通故二,"春秋文公二年躋僖公"條。

㉚ 按《祭法》關於天子廟制又有"去祧爲壇,去壇爲墠。壇墠有禱焉祭之,無禱乃止。去墠曰鬼"之説。孔穎達認爲,"去祧爲壇"是言高祖之父,高祖之父之主藏於祧中,但不能舉行四時祭,若有所禱告,則出祧就壇受祭。壇是封土而成的祭臺。"去壇爲墠"是指高祖之祖,其主也藏於祧中,不能舉行四時祭,若有所禱告,在墠中進行。墠是清除地面而成的祭所。除了特別的禱告,他們更無別祭。"去墠曰鬼"是説隨着天子的變化,其父祖曾高等祖先身份也會變化。上一天子的祭祀高祖之父是"去祧爲壇",祭祀高祖之祖是"去壇爲墠",然而相對於當前的天子而言,這些祭祀方式都要遞遷,於是對於上一天子來説"去壇爲墠"的,就要"去墠爲鬼"了。"去墠爲鬼"的意思是,離開本來的祭祀場所"墠",而藏於石函之中,更不再祭,唯有禘祫纔出而受祭。簡言之,高祖以上雖藏於二祧,也無常祭了。若是按照他的這種解釋,就吳太伯兄弟四人相繼之例説,在上面設置二祧,把祖、曾、高之主藏於二祧的設想,也解決不了不祭祖的問題。因爲祖曾高之主雖藏於二祧,但不與常祭,祇是"有禱焉祭之,無禱則止",乃至於"去墠曰鬼",連禱告也不舉行了。把高、曾設爲二祧,而將祖之主藏於高祖之祧,對於祖之主而言,也祇是"有禱焉祭之,無禱則止"了,同樣無常祭。但是,必須特別注意的是,這祇是孔穎達的解釋,鄭玄並没有這種説法。另外,未見伊川對於"去祧爲壇,去壇爲墠,去墠爲鬼"的論述,他未必接受孔穎達所説的這種祭祀制度。

㉛ 《程氏遺書》卷一八,第225頁。

㉜ 同上。

㉝ 《程氏遺書》卷一一,第125頁。按:此卷爲明道語。

㉞ 《程氏遺書》卷一五,第144頁。按:此卷爲"伊川先生語一",但朱子注曰:"或云明道先生語。"

㉟ 牟先生之説詳見其《心體與性體》。

㊱ 《程氏遺書》卷一,第4頁。

㊲ 《程氏遺書》卷二上,第33頁。

㊳ 同上書,第17頁。

㊴《程氏遺書》卷一一,第121頁。

㊵《程氏遺書》卷一五,第167頁。

㊶鄭玄注孔子此言曰:"績麻三十升以爲冕。純當爲緇,黑繒也。"見劉寶楠《論語正義》卷一〇,上海書店出版社1986年版,第173頁。

㊷《禮記·禮器》語。

㊸《程氏遺書》卷一五,第146頁。

㊹《程氏遺書》卷二五,第326頁。

㊺據《宋史·禮十二》,在大觀二年之前,宋朝廷没有頒定士大夫廟制。至大觀二年,朝廷始議定並施行士大夫廟制。而伊川殁於大觀元年。

㊻《禮記·祭法》:"庶士庶人無廟,死曰鬼。"鄭玄注:"凡鬼者,薦而不祭。"孔疏:"云凡鬼者薦而不祭者,若其薦祭俱爲,則鬼與見廟其事何異?若都不薦祀,何須存鬼?薦輕於祭,鬼疏於廟,故知薦而不祭。"《禮記·王制》:"庶人祭於寢。"鄭玄注:"寢,適寢也。"孔疏:"此祭謂薦物,以其無廟,故惟薦而已。薦獻不可褻處,故之適寢也。"按:據此説,周禮庶士庶人無廟,故薦而不祭。薦,謂薦新,用時新食物祭祀祖考,輕於祭。

㊼《程氏遺書》卷二二上,第286頁。

㊽參見劉雅萍《唐宋影堂與祭祖文化研究》,《雲南社會科學》2010年第4期。

㊾伊川雖然主張可用影堂代替宗廟祭祀,但是他明確反對影祭,認爲須用神主。其理由是,影像難以與祭祀對象無毫釐之差,一旦有之,便是别人,而非自己的祖先了。朱子製定家禮,遵從伊川意見,用主而不用影。對於伊川此説,清人阮葵生認爲影祭的流弊會至於不肖後人隨意篡改祖先畫像,故伊川不取影祭是有道理的。這種解釋有説服力。他説:"淮上一明經病其先代影帳皆庶人裝,不壯觀瞻。一日入肆,見門攤畫片内有舊影像甚多,皆峨冠朱衣作貴者裝。明經流涕曰:'此吾先代老祖也。'捆載而歸。歲時伏臘,裝潢懸供,傳示子孫,而家藏故物付之咸陽一炬。影帳之流弊至是,伊川不取也亦宜。狄武襄不受梁公畫像,有以也夫。"(阮葵生《茶餘客話》卷五,《續修四庫全書》第1138册,第69頁)

㊿《儀禮·喪服傳》:"何如而可爲之後?同宗則可爲之後。何如而可以爲人後?支子可也。"又曰:"爲人後者孰後?後大宗也。曷爲後大宗?……大宗者,收族者也,不可以絶,故族人以支子後大宗也,適子不得後大宗。"

51《儀禮·喪服傳》賈公彦疏引何休曰"小宗無後當絶"。徐乾學説:"古禮,大宗無子則立後,未有小宗無子而立後者也。自秦漢以後,世無宗子之法,凡無子者,即小宗亦爲之置後,彼豈盡爲繼嗣起見哉?大要多爲貲産爾。不知小宗無後者,古有從祖祔食之禮,則雖未嘗繼嗣而其祭祀固未始絶也,又何必立人爲後,始可以永其祭祀哉?"(徐乾學《讀禮通考》卷五,《景印文淵閣四庫全書》本)《欽定儀禮義疏》卷二三:"適子不得後大宗,則小宗亦不可輕絕明矣。小宗無後者不立後,古法也。以支子後之,要亦非聖人之所禁者。"(《景印文淵閣四庫全書》本)

㊞ 《程氏遺書》卷一七,第179頁。

㊝ 《通典》卷九六"總論爲人後議":"漢石渠議:大宗無後,族無庶子,已有一嫡子,當絕父祀以後大宗不?戴聖云:'大宗不可絕。言嫡子不爲後者,不得先庶耳。族無庶子,則當絕父以後大宗。'聞人通漢云:'大宗有絕,子不絕其父。'宣帝制曰:'聖議是也。'"

㊞ 《程氏遺書》卷一五,第162頁。案:卷一五或云爲伊川先生語,或云爲明道先生語。

㊞ 《程氏遺書》卷一,第9頁。

㊞ 《程氏遺書》卷六,第85頁。

㊞ 《程氏遺書》卷一,第7頁。

㊞ 《程氏遺書》卷一七,第177頁。

中國佛教的喜樂精神:以禪宗爲中心

王 坤

【提要】 比之印度,喜樂精神可謂中國佛教尤其禪宗的一大精神特質。禪門行儀、問答靈動活潑、生機一片,具現超聖回凡之姿,這與中國本土思想的人間面向和樂天知命的精神傳統息息相關。不二禪悅、人間歡喜、自然恬愉,中國佛教的這種喜樂精神深具人間性與自然性,消泯了神聖性與世俗化的對立,故而具有了真正圓滿的超越性。中國的文化土壤承載和豐富了佛教,同時佛教也生發和深化了中國的文化土壤,實爲人類文化交流史上之盛事、幸事。

佛教入中國,逐漸本土化並具有了中國的精神特色,特色之一即爲喜樂精神。這種喜樂精神在禪宗中最爲鮮明,禪宗祖師之間、師弟子之間的機鋒問答、隨緣示法十分靈動活潑、詼諧幽默,一派生機氣象。中國本土思想向有濃鬱的人間面向和樂天知命的精神傳統:儒家秉承孔子"未知生,焉知死"的教誡,以始於自身、立於現世的"修齊治平"爲本務,亦有"浴乎沂,風乎舞雩,詠而歸"的悅樂,道家主張自然無爲、少私寡欲、適性逍遥、與道合真,其間的張力讓人進有鐘鼎、退有山林,觸處皆有風光,此生總得安頓。佛教既在這樣的土壤重新紮根,其於世間"苦空無我"的悲歎漸悄,轉而彰顯大乘佛教本具的"心净土净""世出世不二"教義,發出"佛法在世間,不離世間覺""運水搬柴,無非妙道"的絕唱。藉現世因緣而修,唯心現量,即事而真,在行住坐卧中體道,在嬉笑怒駡中存真,無非道用,皆作佛事,無修而修,從容歡喜,消泯掉神聖性與世俗化的對立,中國佛教

王 坤 清華大學哲學系

的這種喜樂精神深具人間性與自然性,故而具有了真正圓滿的超越性。

一　印度佛教的苦樂觀

　　從悉達多到佛,第一步源於知苦。悉達多太子瞭知到一切人我皆有生老病死之苦,遂生出離之心,爲求脱苦之路,出家修道。六年苦行未果,遂弃苦行,發大誓願,趺坐睹明星而悟,成爲佛陀。初轉法輪,爲説四諦,苦集滅道,首即是苦,集而成人生,要得苦滅,需循佛道。又,佛教四法印"諸行無常,諸法無我,一切皆苦,涅槃寂静",所宣亦是世間"苦空無我"之教義。何爲苦?無常無我即是苦。而世間一切莫非如此,故一切皆苦。然畢竟樂在何處?樂在苦滅處,故在佛教有"常樂我净"與"苦空無我"之對待,前者爲佛境界、覺悟境界、出世間境界,後者爲凡夫境界、愚迷境界、世間境界。具體到人生,佛教又有"八苦"之説,即生苦、老苦、病苦、死苦、怨憎會苦、愛别離苦、求不得苦、五陰熾苦,娑婆人生,衆苦煎迫,欲求解脱,需修佛道。總而言之,佛教認爲:無常爲苦,涅槃爲樂,無常爲此岸,涅槃爲彼岸,佛法爲船,乘船渡海,而一旦抵岸,就需捨舟。《金剛經》云:"如筏喻者,法尚應捨,何况非法。"

　　佛教認爲世間苦,應出離,同時又把苦當作助道因緣,知苦即離,藉苦而修。大乘佛教尤其强調這一點,並高倡"不二"之旨,如《維摩詰經》所説,"高原陸地,不生蓮花;卑濕淤泥,乃生此花","世間性空,即是出世間",世出世間不二,因爲性空,苦樂也不二。這種見地已然圓融,然就印度之佛教修行者而言,則仍顯得莊嚴性有餘,落了修行的姿態和痕跡。待佛教傳入中國,逐漸本土化而具有了中國的精神特色,在這種圓融見地指導下的中國修行人,連修行的痕跡也不見了,正應了"太上,下不知有之"這句古評,這一點在禪宗最爲突出。

二　禪宗的歡喜相

　　中國禪宗的祖師,在"獨坐大雄"的孤朗、"一口吸盡西江水"的大量、"高高山頂立,深深海底行"的綿密、"開口三十棒、閉口三十棒"的峻烈之外,其生命風光另有一種與一切無隔的平和、輕靈跳脫的詼諧和令人忍俊不禁的喜樂。在這一點上,最直觀的"形象大使"當推笑口彌勒。"彌勒"意譯爲"慈氏",在大乘佛典中常被稱爲阿逸多菩薩摩訶薩,是釋迦牟尼佛的繼任者,未來將在娑婆世界降生修道,成爲娑婆世界的下一尊佛,故稱"當來下生彌勒尊佛",被唯識學派奉爲鼻祖,其龐大思想體系由無著、世親闡釋弘揚,在中國深受支謙、道安和玄奘的推崇,有其莊嚴的菩薩造像。而大約在五代以後,江浙一帶的寺院中開始出現笑口彌勒佛的塑像,其實這是按照禪宗布袋和尚的形象塑造的。

布袋和尚,或謂長汀人,世不知其族氏,傳爲彌勒菩薩之應化身,體胖腹大,出語無定,隨處寢臥,常用杖挑一布袋入市,見物就乞,供養統統放進布袋,布袋却從來空空。有人問佛法,他即放下布袋;若不會,再問,便提起布袋,掉頭就去;仍不會,即捧腹大笑。其應化事跡不勝枚舉,隨處流露一種喜樂平懷,此處約略舉揚一二。一次,有人問如何纔不墮他人是非,布袋答曰:"是非憎愛世偏多,仔細思量奈我何。寬却肚皮常忍辱,放開泱日暗消磨。若逢知己須依分,縱遇冤家也共和。要使此心無掛礙,自然證得六波羅。"又有人問和尚有法號否,他以偈答:"我有一布袋,虛空無掛礙。打開遍十方,入時觀自在。"問大師有行李否,又以偈答:"一鉢千家飯,孤身萬里遊。睹人青眼在,問路白雲頭。"曾有居士恭請再留齋宿,以盡弟子恭敬之意。翌日一早,其書一偈於居士之門:

> 吾有一軀佛,世人皆不識。不塑亦不裝,不雕亦不刻。無一塊泥土,無一點彩色。工畫畫不成,賊偷偷不得。體相本自然,清淨常皎潔。雖然是一軀,分身千百億。

後示寂於奉化嶽林寺東廊下石凳上,留辭世偈曰:"彌勒真彌勒,分身千百億,時時示時人,時人自不識。"偈畢安然而化,其後在他州有人見和尚亦負布袋而行,於是四眾競圖其像,布袋和尚漸漸成了人們喜聞樂見的大肚彌勒佛。寺院中,大肚彌勒像前最常見的一副對聯是:"大肚能容,容天下難容之事;開口便笑,笑世間可笑之人。"福山湧泉寺有清人王廷諍爲笑口彌勒題句如是:

> 日日攜空布袋,少米無錢,却剩得大肚寬腸。不知眾檀越信心時,用何物供養?

年年坐冷山門，接張待李，總見他歡天喜地。請問這頭陀得意處，是什麼來由？

既述布袋行狀，又直指見聞者心性。又有一贊亦道出許多人心聲："行也布袋，坐也布袋；放下布袋，多少自在。"

表象即表法，布袋和尚之喜樂形象，傳遞的是生命深層之無盡法喜，禪門中具現這種法喜風光的不乏其人。佛光大學藝術研究所所長林谷芳先生有語："本來，宗教修行總有其根柢的莊嚴性，但執於莊嚴，仍如金屑翳目，於是，禪乃以遊戲之姿出入於自家莊嚴。以出入自家莊嚴映照禪林者可說代不乏人，而最爲大家熟知者則屬布袋、普化、隱峰、濟顛、妙普庵主等，他們或含光混世，或特立獨行，或無修無整，或佯狂度日，都無一絲一毫常人眼中的道人莊嚴，但却'異迹饒剩，不勝述也'。而此異迹並不在炫奇鬥異，在'釋結弭災，遊戲三昧'。"①而普化禪師遊戲應世，連死都演上一場，其風趣自在，與死生莊嚴形成鮮明對比，令人動容。《五燈會元》卷四載：

> 鎮州普化和尚者，不知何許人也。師事盤山，密受真訣，而佯狂出言無度。暨盤山順世，乃於北地行化，或城市，或塚間，振一鐸曰："明頭來，明頭打；暗頭來，暗頭打。四方八面來，旋風打。虛空來，連架打。"……唐咸通初，將示滅，乃入市謂人曰："乞我一個直裰。"人或與披襖，或與布裘，皆不受，振鐸而去。臨濟令人送與一棺。師笑曰："臨濟厮兒饒舌。"便受之。乃辭眾曰："普化明日去東門死也。"郡人相率送出城。師厲聲曰："今日葬不合青烏。"乃曰："明日南門遷化。"……自擎棺出北門外，振鐸入棺而逝。郡人奔走出城，揭棺視之，已不見，唯聞空中鐸聲漸遠，莫測其由。②

普化之外，另有隱峰倒立而亡，妙普入水而逝，其自由自在、任性調皮，令常人瞠目。

禪之示法，諧趣中有深意，幽默裏見生殺。禪機諸相，幽默爲其一，而這幽默又與世間的幽默不同。世間的幽默有機巧的一瞬，但在博人一粲之後，便少能發人深省；禪機不同，它旨在要人從生命的顛倒中跳脫，離此原點，幽默就成放逸。禪機既由本心而發，自有超越慣性的躍動，"這躍動並不在要人外馳尋達，反觸動人回歸自性",③"由本真而出的幽默纔能引人回到那本真的世界,這本真,禪叫自性天真。悟者,禪更直接稱之爲自性天真佛。自性天真是禪家生命風光一個顯著的特質,小孩世界没有大人世界的框框"。④

三 "不二""人間"與"自然"

即便是遊戲,世上也依然有狂歌笑孔丘之徒;即便是喜樂,世間也不乏天生愛説笑之輩。禪門之遊戲神通、喜樂自在不同於彼,根本的特質在於本心如鏡,胡來胡現,漢來漢現,不假作意,任運自然;而這自然不是膚淺的順性,衆生習氣既在,順性順的其實就是自己的執着,祇有入於不執之境,與物無隔,纔能謂之自然;是以遊戲絶非疏狂,祇因應緣無住;喜樂已離悲喜,祇是自性天真。《金剛經》"一切賢聖皆以無爲法而有差别",自禪者觀即是賢聖皆能無心,因無心而能應緣,應緣而顯差别相,萬紫千紅春滿園。此間之"應緣"與道家之"自然"頗合機宜,而既曰應緣,自不會離棄"人間",因生當此世,此世即是一大因緣,正好"即此用,離此用";而禪門這種人間的、自然的修行與示法,更根本的見地指導則是大乘佛教之"不二"觀。

(一) 不二禪悦

大乘佛教主張"諸法性空",緣此,《維摩詰經》高倡不二法門,動静、語默種種不二,涅槃世間不二,世間出世間都在涅槃中,涅槃自性,常樂我净,世間即出世間,出世間即世間;又開示心净土净,"若菩薩欲得净土,當净其心,隨其心净,則佛土净"。五代張拙悟道偈云:"隨順世緣無掛礙,涅槃生死等空花。"生死如夢,涅槃亦夢,涅槃生死性空平等;六祖答西方之問時曰:"迷人念佛,求生於彼;悟人自净其心。……凡愚不了自性,不識身中净土,願東願西。悟人在處一般,所以佛言:'隨所住處恒安樂。'"中國禪子所悟解行證乃大乘之旨,與維摩不二法門一脈相承。禪宗將《維摩詰經》作爲宗經之一,將不二法門作爲處世接機方法,泯滅一切對待,從而證取生命之無限自由。

禪宗溯源自印度之靈山法會,據《大梵天王問佛決疑經》所説:"爾時世尊即拈奉獻金色婆羅華,瞬目揚眉,示諸大衆,默然毋措。有迦葉破顔微笑。世尊言:

'吾有正法眼藏,涅槃妙心,即付囑於汝。汝能護持,相續不斷。'時迦葉奉佛敕,頂禮佛足退。"如此而觀,禪宗始自一個微笑,喜樂處以心傳心,直至二十八祖菩提達摩來東土,歷慧可、僧璨、道信、弘忍而至惠能,一花五葉,各成家風,或"是什麽"或"莫妄想",或棒或喝或茶或餅,有寬嚴緩急之異,不離啐啄相應之同,這啐啄相應間之大喜樂,則同濫觴於"拈花微笑",不二禪悦,千古無别。

(二) 人間歡喜

中國人樂天知命,中國文化與宗教的特性亦具鮮明的人間性、人文性。在中國,成聖、成仙和成佛都是在人間,聖、仙和佛也都是由人修成的,是世俗中的人的神聖化,人通過自己的努力去超越自我,而没有神聖性與世俗化的對立。《六祖壇經》説:"前念迷即凡夫,後念悟即佛。"是凡夫還是佛,唯在一念,其決定權在我,人在此間有着最大的自主性;是凡夫是佛,在人間已判,不待在外另設一個彼岸,人間即是道場。如林谷芳先生所論:"中國佛教的人間性一定程度緣於中國文化的人間性。人間性是中國文化較諸其他文明突出的一項基底特質,世間學問的儒家固言'未知生,焉知死',超越哲思的老莊,其縱浪大化在後世也以讓人間欣羡的悠遊林泉面貌出現。對於中國人而言,類如印度的離世苦行、基督教的絶對皈依,即便不直接辟之,也很難相應。"⑤中國人更喜歡以踏實的態度來生活,在多彩多姿的生活體驗中,喜樂自然生起。生活是現成的,喜樂也是本自具足的,生活本身就是至高的喜樂。宋朝無門和尚道:"青天白日,切忌尋覓,更問如何,抱賊叫屈。"人們身在福中不自知,在和尚看來像賊子叫屈一樣好笑。鄭石巖先生在《禪·生命的微笑》中説:"人類追求快樂之道,必須先回歸到生活的本身。生活的本質是實現,而不是佔有。它本身就是一種喜悦,無需向外追求額外的快樂,當我們能珍惜生活上的點滴,欣賞其中的妙悦,快樂也就在其中。"⑥禪家這種重現世生活的人間歡喜,約略有如下幾個特質:

1. 歡喜受,直下承當。禪者接納生命中的一切,所以看得清、敏於行,有偏頗也勇於改正,因此極具承擔力、創造力,而承擔、創造本身就是一種巨大的喜樂。因此禪者無需用任何手段來抑制煩惱,而是在生活的直下承當中獲得心靈的真實、豐足與歡樂。藥山惟儼問高沙彌:"見説長安甚鬧?"師曰:"我國晏然。"山云:"汝從看經得? 請益得?"師曰:"不從看經得,亦不從請益得。"山云:"大有人不看經不請益,爲什麼不得?"師曰:"不道他不得,只是他不肯承當。"如何是直下承當,三祖僧璨道:"至道無難,唯嫌揀擇。但莫憎愛,洞然明白。"馬祖所舉"平常心"概亦不外此。

2. 甘願做,不作不食。禪者非常重視工作,因爲祇有工作纔能將生活落實,否則祇能落空。這種觀念起源於百丈懷海,他創立禪林制度,制定生活規範,揭櫫"一日不作,一日不食"作風。工作生產不祇是生計問題,而是一種道的落實。寺廟裏做飯的師父稱爲"典座",掌管大衆齋粥,典座僧往往是修行很高的僧人。日本的道元禪師來宋參學,逢一典座老僧前來船中買香菇。道元認爲老人往復五六里路,奔走勞苦,不如靜室看經學道,因而問之,老僧答:"此正是辦道,豈能讓與他人代勞?"道元當下有感。因爲所有勞作都是辦道,所以做起來毫不勉強,反成一種"作而無作"的"爲法忘軀"。

3. 愛他者,無緣大慈。禪師接引弟子,無論雲門餅、趙州茶、德山棒、臨濟喝,峻烈還是平和,莊嚴抑或幽默,其間總有一種引人入勝的愛在。這愛極其深切,亦極其細微,具備將人引向一種大自由、大光明的力量。晦堂接引黃山谷,令參《論語》之"二三子,吾無隱乎爾"。山谷作答皆不是,啞口無言,心中苦悶。一時,隨晦堂入山,師回頭問:"汝聞木樨花香麼?"山谷曰然,師曰:"二三子,吾無隱乎爾!"山谷豁然而悟。若無晦堂巧設機宜,何來山谷悟處。而弟子百千,晦堂獨讓飽讀儒書之山谷參這淺近一句,則是因於對弟子之瞭解入於纖毫;又在木樨香處設問而後自說,令弟子一時身心脫落。非對當機弟子關愛深切,對時節因緣把握精準,何能至乎此!這種愛就是慈悲,極其深切、有力而廣大,不惟對弟子、對人如此,亦遍及鳥獸蟲魚、山川大地,盡虛空周沙界;而其生發和流布則又自然而然、不落痕迹,不經意間將自己與一切臨在者充滿,"掬水月在手,弄花香滿衣"。如此,愛在流溢,樂在傳遞。

(三) 自然恬愉

禪者的喜樂是自然流露的,不是造作和強求的結果。"禪者總是以悠遊自在的態度去生活,去披露純真的性情,所以懂得'要眠即眠,要坐即坐'的生活藝術。"[⑦]而這種二六時中恒如是的悠遊自在,則發乎心地的"一段光明,未曾昏昧",即證得了靈明不昧、本自具足的真性。而祇有任運自然,纔能體會到"刹刹見行儀,塵塵見覺知"的喜悅。老子倡自然無爲,曰"百姓皆謂我自然","道法自然",其所謂自然者,自然而然也,所謂無爲者,無妄爲也。《淮南子》"循理而舉事,因資而立功"亦此謂也,即上則合於自然之道,下則善用現有因緣資具,循理而動,順勢而行,如大禹治水,循"水就下"之性,將舊有河道疏通,黃河循經歸海,水患變爲水利。莊子主張適性逍遙,在養鳥上,不要"以己養養鳥",而要"以鳥養養鳥";而在鳥自身,則又有小大之差,不必相嫉相羨,食無非一飽,居無非一安。自知其性,自適其性,逍遙安好。老莊的自然無爲、適性逍遙豐富和激發了禪宗,使中國禪者別具一種隨遇而安、和光同塵的風采,他們身上流布着一種自然恬愉,這種恬愉又約略有如下特質。

1. 綿密清明,直心而行。禪宗重視內觀省思與直覺體驗,明示我心即佛、自性清净,令每個生命個體直心而行、當下證取,一經證取,便清明在躬。《永嘉證道歌》中唱:"窮釋子,口稱貧,實則身貧道不貧。貧則身常披縷褐,道則心藏無價珍。"古德云:"要知本來人,直下須親薦。尋常日用中,不隔一條線。"天皇道悟答龍潭崇信"如何保任"時則説:"任性逍遙,隨緣放曠。但盡凡心,別無勝解。"這"但盡凡心"不是溺於世情的凡心,而是超越凡聖的當下,時時活在眼前,步步行在脚下,這樣的拈提已經遠遠超過了一般意義上的人間性。《景德傳燈錄》載:"問:'光吞萬象從師道,心月孤圓意若何?'師(遇安禪師)曰:'抖擻精神著。'"明明歷歷,清清爽爽,故而此種恬愉也真真切切、實實在在。趙州"有佛處不得住,無佛處急走過"更是不沾不滯,不予自己任何可乘之機,不住於無,亦不住於有,一任花開水流,此綿密清明,既是境界,也是功夫,更是自在樂處。

2. 恬淡安閑,不爲物牽。經云:"心能轉物,即同如來。"莊子"將曳尾於塗中",孔子亦曰"君子役物",語境層次有殊,在強調人不爲物牽的心的主體性上則是一致。李翺贈藥山惟儼詩:"練得身形似鶴形,千株松下兩函經。我來問道無餘説,雲在青天水在瓶。"雲水自在,藥山也如行雲流水般自在。而志芝直陳:"千峰頂上一間屋,老僧半間雲半間。昨夜雲隨風雨去,到頭不似老僧閑。"安閑況味似乎更要勝雲一籌了。諸葛亮誡子淡泊明志、寧靜致遠,道出淡泊寧靜之功用;法雲禪師則教學人:"秋雲秋水,看山滿目。這裏明得,千足萬足。"更引人直徹心源,得個大休歇處。祖師橫説竪説,不離這個,一句"誰家無清風明月",掃盡一切馳逐物累,與物無涉,自然恬愉,即便萬花叢中過,也片葉不沾。常言道"知足者常樂",在禪者,證知本自具足,恬淡安閑、不爲物牽之樂處自是應有之義。

不二禪悅、人間歡喜、自然恬愉,中國佛教的這種喜樂精神深具人間性與自然性,故而具有了真正圓滿的超越性。中國的文化土壤承載了佛教,豐富了佛教,同時佛教也激活和深化了中國的文化土壤,在這一點上,印度和中國兩大文明古國是相互生發和成就的,一如林谷芳先生所論,"人間的儒家也談超越,但這超越畢竟是在社會歷史的脈絡中完成,而直示超越的老莊,哲思的本質也依然大於修行,在中國,要待佛家傳入後,核心的宗教性纔被標舉,到此時,所謂'人間的超越'纔真有其絕待的本質。但相對的,佛教在此也絕對化、人間化了"。⑧"荆棘叢中下脚易,明月簾下轉身難",宗門恐行者執於聖境,乃常舉超聖回凡,強調不落痕迹、人間日用、自然而然;天下盡知佛門四弘誓願:"衆生無邊誓願度,煩惱無盡誓願斷。法門無量誓願學,佛道無上誓願成。"白雲守端禪師四弘誓願則是:"饑來要吃飯,寒到即添衣,困時伸脚睡,熱處愛風吹。"這超聖回凡、喜樂平懷,讓修行和日常打成一片,至此,道纔能須臾不離也。

注 釋

① 林谷芳《諸相非相》,灕江出版社 2015 年版,第 36 頁。
② 普濟《五燈會元》上,蘇淵雷點校,中華書局 2012 年版,第 222—223 頁。
③ 同注①,第 64 頁。
④ 同上。
⑤ 同上書,第 89 頁。
⑥ 鄭石巖《禪·生命的微笑》,遠流出版公司 2012 年版,第 105 頁。
⑦ 同上書,第 106 頁。
⑧ 同注①,第 89 頁。

黃龍慧南投機偈的禪學思想

羅　凌　謝大順

【提要】　在臨濟大德石霜楚圓禪師的開示下,禪宗黃龍派開山之祖黃龍慧南禪師契機開悟,爲展示自己的悟境,作投機偈,後來演繹出兩個版本。從不同文獻的記載進行文本考察,確定黃龍慧南投機偈第二句的原始形式爲"老婆勘破没來由",石霜楚圓予以勘驗,明顯有一個换"没"字爲"有"字的改偈過程。本文對慧南禪師投機偈進行禪學思想的分析,揭示其示偈和改偈的過程,説明黃龍慧南禪學思想的逐漸圓融,即黃龍慧南從雲門宗的無事禪禪法轉向黃龍派平實禪禪法。

禪宗黃龍派祖師黃龍慧南當年在石霜楚圓門下參訪,於石霜楚圓言下大悟,爲展示自己的悟境,作一首投機偈展示自己的禪悟境界。這次交鋒,堪稱一次極富特色的禪法示現。但是這首投機偈傳世有兩個版本,禪宗文獻的記載並不統一。它最初的文本形式究竟怎樣?是否能夠反映出黃龍慧南禪師的禪學特徵?其禪學思想價值應該如何體認?於黃龍慧南的整體禪學思想的建構有什麼樣的架構意義?直到現在,這首投機偈的禪學思想尚没有引起禪宗史家的關注,值得探討。

一　投機偈文本的文獻考察

黃龍慧南禪師投機偈最早的版本《黃龍慧南禪師語録》記載:

羅　凌　三峽大學民族學院　謝大順　三峽大學文學與傳媒學院

傑出叢林是趙州，老婆勘破有來由。而今四海清如鏡，行人莫與路爲讎。①

《黄龍慧南禪師語録》爲"嘉定府九頂寂惺惠泉禪師"所編撰。惠泉禪師是黄龍死心悟新禪師法嗣，爲黄龍派第四代尊宿。故這則投機偈的記載，可謂流傳有序。

第二個版本，《五燈會元》記載：

師（指黄龍慧南）於言下大悟。作頌曰："傑出叢林是趙州，老婆勘破没來由。而今四海清如鏡，行人莫與路爲讎。"呈慈明（指石霜楚圓），明頷之。②

黄龍慧南投機偈的兩個文本實際上祇有一個字的分别，即第二句之"有來由"與"没來由"中的"有"字與"没"字。前者文本相同的文獻有《建中靖國續燈録》《聯燈會要》《釋氏稽古略》《禪宗雜毒海》《禪宗頌古聯珠通集》《宗鑒法林》《偃溪廣聞禪師語録》《禪林類聚》等。後者文本相承的文獻還有《楞嚴經宗通》《祖庭鉗錘録》《禪宗頌古聯珠通集》《五燈嚴統》《五燈全書》《教外别傳》《禪宗正脈》等。

值得注意的是，《禪宗頌古聯珠通集》在卷一八和卷三九分别記載有這兩個不同的文本。也就是説，宋孝宗"淳熙二年（1175）乙未臘八日，編次謹書"的《禪宗頌古聯珠通集》，③對慧南這則投機偈的是非已經混淆不清。尤其是《五燈會元》，作爲較爲經典的燈録文獻，《卍續藏經》版的《五燈會元》中這則偈子記作"没來由"，但中華書局刊行之今通行本《五燈會元》徑改爲"有來由"，④而且没有出校。

"來由"指來歷、緣由。究竟是"有來由"還是"没來由"？儘管禪宗强調不執着於文字，但是白紙黑字，其間之是是非非，也並非没有可以分析的餘地。因爲一則爲表詮，一則爲遮詮。爲什麽會生成不同的文本？值得探討。

後世的研究者在研究黄龍慧南時，不大重視這一則投機偈所反映的禪學思想價值，也没有真正考察其文本的文獻形成過程。除了楊曾文先生有所辨别："楚圓只示意第二句的'没'字還須推敲，他立即將此字更改。"⑤楊先生所引證材料爲黃龍派第三代大德惠洪的《禪林僧寶傳》。另外,惠洪所撰《林間録》,對此有比較詳細的記載：

> 郡以慈明來居之,(慧南)初聞夜參貶剥諸方異解,皆其平生艱難而得者,於是嘆服。即投誠問道,三往,三被罵而退,不勝忿。業已歸之,明日復往,慈明罵如故。因啓曰："某唯以不解故來問,善知識宜施方便,不蒙開示,專以罵爲,豈從上所以授法之式耶？"慈明驚曰："南書記,我謂汝是個人,乃作罵會耶？"黃龍聞其語,如桶底脱,拜起,汗下。從容論趙州因緣,呈偈曰："傑出叢林是趙州,老婆勘破没來由。如今四海清如鏡,行人莫與路爲讎。"慈明閲之,笑曰："偈甚佳,但易一字,曰'老婆勘破有來由'。"其機智妙密又如此。⑥

從惠洪所記,可見黃龍慧南投機偈的最後形成有一個過程：首先慧南呈偈的文字形式是"没來由",而"有來由"則屬慈明禪師閲後所改。

我們再看同樣是惠洪所撰的《禪林僧寶傳》的記載：

> 慈明理前語曰："脱如汝會雲門意旨,則趙州嘗言臺山婆子被我勘破,試指其可勘處？"公面熱汗下,不知答,趨出。明日詣之,又遭詬罵。公慚見左右,即曰："政以未解求決耳,罵豈慈悲法施之式？"慈明笑曰："是罵耶？"公於是默悟其旨,失聲曰："泐潭果是死語！"獻偈曰："傑出叢林是趙州,老婆勘破没來由。而今四海清如鏡,行人莫以路爲讎。"慈明以手點"没"字,顧公,公即易之。⑦

除了接機應機的描述,石霜楚圓對於慧南投機偈的境界,仍有不滿意處,"以手點'没'字顧公"予以點撥。倒是慧南反應快,立刻予以改換,則改偈的主體是黃龍慧南。

而撰著於宋理宗寶祐二年(1254)的《五家正宗贊》,其記載則更顯示出慧南禪師的隨機應變：

> 師(指楚圓)痛叱之,舉趙州勘婆話問龍(指黃龍慧南)。龍無對,至數日方省。呈頌曰："傑出叢林是趙州,老婆勘破没來由。而今四海清如鏡,

行人莫以路爲讎。"仍於掌中書"有"字。師見,謂曰:"好則好矣,中有一字不是。"龍遂開掌示之,師印可。⑧

這一則材料相對較晚,黃龍慧南所呈之偈作"没"字,手掌裏藏一"有"字,進一步弱化石霜楚圓的開示功用。這樣的材料編排,明顯存在禪宗史策略性書寫的痕迹。

上述三則文獻可以相互參證,能確定黃龍慧南呈偈的原初形式爲"没來由",石霜楚圓予以勘驗並開示。因此,慧南這一則投機偈經楚圓勘驗後改定,基本可以構成一個事實。《五家正宗贊》所載,其實有黃龍派後代重新組織材料的痕迹。呈偈即爲示明心迹,所呈文字記載爲"没來由",然而"仍於掌中書'有'字",在"有"與"没"中首鼠兩端,這個行爲本身固然善巧,但是很難表明黃龍慧南事實上的徹悟。

黃龍禪系之外,亦有關於這一則投機偈的記載,宋代寶曇禪師所編《大光明藏》云:

> 師於是默契其旨,失聲曰:"洺潭果是死語。"獻偈曰:"傑出叢林是趙州,老婆勘破有來由。而今四海清如鏡,行人莫與路爲讎。"慈明以手點"有"字,顧師,師即易爲"没"字,而心服其妙。⑨

《大光明藏》記載"有來由"與"没來由"的改換,與惠洪等其他文獻所記恰恰相反。筆者搜索整個禪門文獻,僅僅《大光明藏》記載這種先"有"後"没"的改偈次序。考慮到惠洪本係慧南法孫,《林間録》《禪林僧寶傳》包括其他文獻如《續古尊宿語要》《指月録》《佛祖綱目》《宗統編年》《禪苑蒙求瑶林》等可以互證,故可信度較《大光明藏》要高。

因此,黃龍慧南投機偈的本來形式,第二句應該是"老婆勘破没來由",在呈送石霜楚圓之後,受其點化,最後換"没"爲"有",定型爲"老婆勘破有來由",其定型尚有楚圓禪師之功。

二 投機偈所反映的禪學思想

後世學者對黃龍慧南的投機偈没有引起重視,淵源有自。且不說慧南開悟之時年當三十五,單純這一則偈子本身定型的過程,就很難說明禪門文獻所謂的"南於言下大悟",很難充分顯示出黃龍慧南已大徹大悟而無任何執礙。慧南引起後世關注的是黃龍三關、平實禪等禪法,但是我們似可以注意,黃龍三關等新穎成熟的禪法以及禪學思想體系並非一蹴而就,其形成與慧南早年的思想經歷有緊密的關聯。因此,這一則投機偈,尤其是一則不那麼純熟的投機偈,其"没來由"至"有來由"的進程,顯示出不同的禪悟境界。這種禪悟境界的變化更加能夠顯示慧南禪學思想形成的具體過程,從而具有研究的價值。

惠洪《禪林僧寶傳》和《林間錄》相當細緻地描述了黃龍慧南開悟的過程,儘管各有側重不同,然而種種資訊的彙集,從不同側面展現出黃龍慧南當時的思想變化以及提升心路。慧南早年師出多門,《禪林僧寶傳》卷二二記載:

> 年十一弃家,師事懷玉定水院智鑾。嘗隨鑾出,道上見祠廟,輒杖擊火毁之而去。十九落髪,受具足戒。遠遊至廬山歸宗,老宿自寶集衆坐,而公却倚,寶時時眴之⑩。公自是坐必跏趺,行必直視。至棲賢依諟禪師。諟涖衆,進止有律度,公規模之三季。辭渡淮,依三角澄禪師。澄有時名,一見器許之。及澄移居泐潭,公又與俱,澄使分座接納矣。⑪

黃龍慧南在接觸臨濟宗之前,其參訪之尊宿,可考的有筠州洞山自寶禪師,是蘄州五祖山師戒禪師法嗣,雲門下三世。慧南在自寶門下"坐必跏趺,行必直視",受其鉗錘。隨後游方,師事棲賢諟禪師三年。廬山棲賢澄諟禪師乃洪州百丈山道常禪師法嗣,法眼下二世,"諟涖衆,進止有律度",慧南在持身修行方面受其影響亦不小。後來回頭"依三角澄禪師",即蘄州三角山懷澄禪師,雲門下三世,與自寶禪師為同門師兄弟,慧南再行回到雲門宗,"澄使分座接納",充分說明其所受懷澄禪師的器重。

但是如此豐富的參訪經歷,並没有給黃龍慧南帶來禪悟境界的真正突破,《禪林僧寶傳》云:

> 南昌文悦見之,每歸卧歎曰:"南,有道之器也,惜未受本色鉗錘耳!"會同遊西山,夜語及雲門法道。悦曰:"澄公雖雲門之後,然法道異耳。"公問所以異。悦曰:"雲門如九轉丹砂,點鐵作金;澄公藥汞銀,徒可玩,入鍛即

流去。"公怒以枕投之。明日悦謝過,又曰:"雲門氣宇如王,甘死語下乎? 澄公有法受人,死語也。死語,其能活人哉?"即背去。⑫

"南昌文悦"即雲峰文悦禪師,是臨濟宗筠州大愚山興教守芝禪師法嗣,南嶽下十一世。文悦禪師認爲黃龍慧南是禪林龍象之器,但是所受雲門宗泐潭懷澄的禪法都是死語,並非當初雲門文偃"點鐵成金"的活句。什麽是活句? 周裕鍇先生認爲:"是指一種有語言的形式而無語言的指義功能的句子。"⑬與活句相對應的即是死語,也就是循着語義以及事理邏輯進行言語思辯的語句。雲門宗禪學有所謂活句思想,對語言的形式和内容皆予以完全否定。禪悟的境界本來不能言説,即便要言説,或祇能採取無意義的語言形式作爲善巧方便,以免學人陷入語言名相的執着。黃龍慧南受文悦禪師指點,經過一番周折,到臨濟宗石霜楚圓門下參訪,一度被拒絶。《禪林僧寶傳》記載:

> (慧南)哀懇愈切。慈明曰:"書記學雲門禪,必善其旨,如曰放洞山三頓棒,洞山于時應打不應打?"公曰:"應打。"慈明色莊而言:"聞三頓棒聲便是吃棒,則汝自旦及暮,聞鴉鳴鵲噪、鐘魚鼓板之聲,亦應吃棒,吃棒何時當已哉!"公瞠而却。慈明云:"吾始疑不堪汝師,今可矣。"⑭

"放洞山三頓棒",語出《雲門匡真禪師廣録》:"師問僧:'近離甚處?'僧云:'查渡。'師云:'夏在甚處?'僧云:'湖南報慈。'師云:'甚時離彼?'僧云:'去年八月。'師云:'放你三頓棒。'僧至來日,却上問訊云:'昨日蒙和尚放三頓棒,不知過在什麽處?'師云:'飯袋子,江西湖南便溜麽去?'僧於言下大悟。"⑮雲門文偃三度發問,洞山守初三次句句着實回答,所以文偃不滿意這種没有任何禪意的回答。雲門禪講究活句,因此慈明借雲門宗的經典公案開示慧南,明顯是以子之矛陷子之盾的手法。

《無門關》對這一則公案的分析,則至爲明晰:

> 雲門當時便與本分草料,使洞山别有生機一路,家門不致寂寥。一夜在是非海裏著到,直待天明再來,又與他注破,洞山直下悟去,未是性燥。且問諸人,洞山三頓棒合吃不合吃? 若道合吃,草木叢林皆合吃棒;若道不合吃,雲門又成誑語。向者裏明得,方與洞山出一口氣。⑯

可見慧南回答"應打",還在語義的邏輯性思維中繞圈子,追逐死語,沒有真正弄懂文偃開示洞山的雲門禪法授受,說明其尚未見性。

慈明一擊見效,隨即又是一擊,追問趙州勘婆子這一著名公案,讓慧南"試指其可勘處看"。慧南"面熱汗下,不知答"。"臺山路向甚處去"?既是問路之疑,又是參禪訪道之疑。臺山婆子指點的"驀直去",於臺山之路徑和參訪之悟道,皆是正道可行。但是臺山婆子一句"好個阿師便恁麼去",讓初學的禪僧心中生出無盡疑惑,頓起無盡煩惱,皆構成執着障礙。祇有趙州當下的不疑不惑"是勘破處",本無所疑,自不必受臺山婆子語言名相執礙。《圓悟佛果禪師語錄》云:"什麼處是勘破處?善繫無繩約,善行無轍迹。不戰屈人兵,直面當機疾。老婆勘破五臺山,有誰參透趙州關?"⑰自性清凈,心無疑寶即是勘破處。黃龍慧南參訪慈明,在慈明門下多次遭到詬罵,詬罵中仍然受語言名相牽縛,從慈明詬罵的語義邏輯予以追尋,但渺無所得,直到氣急敗壞地質問"罵豈慈悲法施之式",慈明則微微一笑,回覆他"是罵耶"。"詬罵不已",實爲慈明的苦心鉗錘,對於詬罵,如果執持作死句,追逐語言名相,則執着於詈罵語句,不能生出向上之心。若以活句方式參悟,詬罵即無詬罵,即非非無詬罵,究其本體是空性的。能夠不執着這樣的名相,當下就是解脱境界。慈明罵之與笑的鉗錘,表明詬罵實非詬罵,同樣是慈悲法施,這纔是雲門宗的活句思想。黃龍慧南在慈明這樣的本色鉗錘下,終於明白其所習雲門宗泐潭懷澄的禪法是死語而有所悟,於是有呈偈之舉。

這裏我們可以分析慧南最初投機偈的悟境。楊曾文先生認爲黃龍慧南"在描述自己悟境的偈中回避對上述任何問題作出具體解釋,祇是有意强調世間清平,行人自擇道路,路路相通"。⑱楊先生的闡釋實際上主要回應了投機偈後兩句,但並没有涉及前兩句。尤其是比較關鍵的第二句,本身存在"没來由"和"有來由"禪悟境界的分别。《禪林類聚》卷九記載了慈明對趙州勘破處的一則頌語:"慈明圓頌云:'趙州勘破婆子,葉落便合知秋。天下幾多禪客,五湖四海悠悠。'"⑲從"葉落便合知秋"與"五湖四海悠悠"明顯可以看出,這是臨濟宗道出常情、事事無礙的禪學思想本質。慈明對慧南投機偈比較滿意的地方,也正是"而今四海清如鏡,行人莫與路爲讎"這後兩句,其中再無"好個阿師便恁麼去"

而生發出來的執着,路路皆能通達,皆是解脱之道,不必執以爲仇讎。

慧南投機偈前兩句應該怎樣分析？第一句"傑出叢林是趙州",僅僅是一般描述性或評價性的語句,不涉及禪悟境界的分别。第二句"老婆勘破没來由"則不同,慈明禪師明確表達了不滿。趙州勘破婆子公案,《無門關》這樣闡釋：

> 趙州因僧問婆子臺山路向甚處去,婆云驀直去,僧才行三五步,婆云好個師僧又恁麽去。後有僧舉似州,州云："待我去與爾勘過這婆子。"明日便去,亦如是問,婆亦如是答。州歸,謂衆曰："臺山婆子,我與爾勘破了也。"無門曰："婆子只解坐籌帷幄,要且著賊。不知趙州老人善用偷營劫寨之機,又且無大人相。撿點將來,二俱有過。"[20]

趙州"亦如是問,婆亦如是答",依樣畫葫蘆的動作語言,從表面形式上與學僧的問答並無不同,回寺院即宣告勘破了婆子,然而無門評價説"二俱有過"。禪宗公案一般講求禪機不要説破,趙州"亦如是問,婆亦如是答",即歸告勘破婆子,儘管一方面解了禪僧之惑,另一方面,如何是趙州勘破處？又生禪僧疑惑,故趙州勘婆也屬疊牀架屋。

慈明禪師以趙州勘婆公案包括詬罵不已的形式對黄龍慧南進行開示,黄龍慧南最後界定趙州勘破處爲"老婆勘破没來由"。勘破婆子一事,慧南視作"没來由",頗有雲門宗無事禪禪風的影響。《五燈會元》記載雲門文偃法嗣岳州巴陵新開院顥鑒禪師,"問僧：'遊山來？爲佛法來？'曰：'清平世界,説甚麽佛法？'師曰：'好個無事禪客。'"[21]"清平世界",與慧南"四海清如鏡"一般,即是無事禪。無事禪的特徵在於"看重不造作的自然狀態",[22]趙州勘婆子,本來有因有果,甚至還有畫蛇添足處。如果按慧南"老婆勘破没來由"予以概括,亦有造作之嫌疑。反不如徑説"老婆勘破有來由",平實説禪。當下的一切聲色即佛聲色,運水搬柴,日常妙用即是禪,直接事實,不必執持語言文字上的"没"與"無"。真正的無事禪,並不停留在概念的執着,日常的個别現象中同樣藴含着真理性,當下没有分别、不執着的"有",實際亦是無事禪的真相。從這個角度分析,"老婆勘破有來由"則盡顯平實無事之旨,單純從語言文字角度看,勝過"老婆勘破没來由"的造作不自然狀態。

靈源惟清禪師在《續古尊宿語要》有一段直接評價從"沒來由"到"有來由"轉換的文字：

> 師云："'有'之與'沒'，'全'之與'難'，淆訛在什麼處？有般漢，才被根窮，便道我這裏一物也無，説什麼是與未是；又有般漢，道大用現前，縱橫盡妙，更分付個甚麼？如斯見解，正是尋言逐句，未具衲僧眼在。"㉓

"有般漢，才被根窮，便道我這裏一物也無"，實際上這一節，頗有批評黃龍慧南最初投機偈"老婆勘破沒來由"的意味，當然"道大用現前，縱橫盡妙"亦有尋言逐句的障礙。靈源惟清禪師這裏的分析，應該説鞭辟入裏。

三　投機偈的禪學思想價值

大多數禪宗文獻在描述黃龍慧南開悟時，都提到其投機偈，雖說文字上小有差別，但亦由此顯示投機偈之於黃龍慧南禪悟的重要性。值得關注的是，一些非黃龍派系統禪師所撰文獻的記載，提及黃龍慧南的開悟，其契機或有區別。雲門宗僧人佛國惟白所編撰《建中靖國續燈錄》記載"洪州黃龍山崇恩惠南禪師"：

> 晚造慈明禪師法席，投誠入室。明拒之三四，方諾諮參。遂問："十二時中，吃粥吃飯，即不問汝，拈匙把箸一句，作麼生道？"師即語對，不契其旨。明遂喝出。師擬跨門，豁然大悟，尋以趙州勘婆子因緣成頌呈明。明爲印證，益契玄旨。㉔

"以趙州勘婆子因緣成頌呈明"與黃龍禪系的記載一致，但被弱化，尤其前之石霜"拈匙把箸一句作麼生道"的問和"喝出"的開示，成爲慧南開悟的契機，區別實大。

又《指月錄》記載：

> 黃龍老南禪師昔未見石霜，會一肚皮禪。翠巖憫之，勸謁慈明，只窮究玄沙語，靈雲未徹處，應時瓦解冰消，遂受印可。㉕

慧南受慈明印可，楊岐派宗師圓悟克勤禪師認爲是"窮究玄沙語，靈雲未徹處,應時瓦解冰消",也與惠洪等所述慈明之開示手段不同。

可見,黃龍慧南的投機偈於其禪學思想體系,並非唯一證明他開悟的方式,我們應該充分尊重非黃龍禪系的文獻記載。故黃龍慧南投機偈的重要性,應該有辯證的分析,不必盲從黃龍禪系文獻的記載。因爲宗門文獻的編撰,存在歷史性的書寫策略,在文獻建構過程中,宗門難以避免帶有主觀性的強調,與其客觀真實性會發生一定的偏離。

慧南的投機偈影響較大,《宗寶道獨禪師語錄》云:"我宗門下,大是奇絕。當時黃龍南趙州勘婆頌云:'傑出叢林是趙州,老婆勘破有來由。而今四海清如鏡,行人莫與路爲讎。'只因者頌大了當,後來出許多人,黃龍心、湛堂準、真净文,都是者一支。"㉖《月江正印禪師語錄》記載:"坐斷慈明片舌頭,老婆勘破有來由。草庵未結孤峰住,金錫先從兩府遊。萬仞崖前騎駿馬,千層水上掛燈球。上人智辯難誵對,只借毗耶一嘿訓。"㉗在後代的叢林中,慧南的投機偈亦成爲尊宿開示後學的範例。

此外,從慈明禪師並非完全滿意投機偈的角度予以分析,黃龍慧南當初的所謂"言下大悟",或有誇飾。實際上,他仍然没有完全擺脱語言名相,故留下並不圓滿的偈語。不僅如此,《佛祖綱目》還有補充性的記載:"圓以手指'没'字,南爲易'有'字,圓頷之。遂留月餘,辭去,謂圓曰:'大事畢竟如何?'圓呵曰:'著衣吃飯,不是畢竟?屙屎送尿,不是畢竟?'"㉘意謂黃龍慧南在開悟月餘辭別慈明之時,還在喋喋不休地追問"大事畢竟如何"。慈明"著衣吃飯,不是畢竟?屙屎送尿,不是畢竟"的反問,含有深意。按慈明的開示,"葉落便合知秋""五湖四海悠悠"與"著衣吃飯""屙屎送尿"同一境界,慈明皆以"不是畢竟"進行質問,明言當下日用生活的平實狀態就是大事之畢竟,同時也説明慧南當時仍然有所執着。

至於投機偈產生的禪學思想史意義,特別是從"老婆勘破没來由"向"老婆勘破有來由"的修改,我們以爲正可以觀照出黃龍慧南禪學思想的逐漸圓融,即慧南從雲門宗的無事禪禪法轉向臨濟宗平實禪禪法。後世的研究者不必爲尊者諱,不必因爲黃龍慧南是黃龍派祖師而有意回避投機偈不夠圓滿的禪悟事實。

注 釋

① 惠泉《黃龍慧南禪師語錄》卷一,《大正藏》卷四七,大正一切經刊行會 1922—1934 年版,第 634 頁。

② 普濟《五燈會元》卷一七,《新纂卍續藏經》第 80 冊,河北省佛教協會 2006 年版,第 352 頁。

③ 法應、普會《禪宗頌古聯珠通集》卷一,《新纂卍續藏經》第 65 冊,第 476 頁。

④ 普濟《五燈會元》卷一八,中華書局 1984 年版,第 1106 頁。

⑤ 楊曾文《宋元禪宗史》,中國社會科學出版社 2006 年版,第 314 頁。又,黃鑒齋評價慧南開悟偈說:"趙州勘婆,本無所謂勘破處,一切只是人情執解知見,何必強爲之説,強爲之問？這正是慧南當下所領悟,也是他認爲'老婆勘破没來由'的根源。"(黃鑒齋《論黃龍慧南》,《禪學研究》第三輯,江蘇古籍出版社 1998 年版,第 72 頁)從楚圓指出到更改爲"有來由",黃鑒齋似乎没有注意這種改變,故其所論亦衹是一得之見。

⑥ 惠洪《林間錄》卷上,《景印文淵閣四庫全書》1052 冊,臺北,商務印書館 1986 年版,第 810 頁。

⑦ 惠洪《禪林僧寶傳》卷二二,《新纂卍續藏經》第 79 冊,第 535 頁。

⑧ 紹曇《五家正宗贊》卷二,《新纂卍續藏經》第 78 冊,第 589 頁。

⑨ 寶曇《大光明藏》卷三,《新纂卍續藏經》第 79 冊,第 722 頁。

⑩ 筆者按:"實"疑當作"寶",即自寶禪師。"實""寶"二字,繁體形近易致訛。

⑪ 同注⑦,第 534 頁。

⑫ 同上。

⑬ 周裕鍇《禪宗語言》,浙江人民出版社 1999 年版,第 280 頁。

⑭ 同注⑪。

⑮ 守堅《雲門匡真禪師廣錄》卷三,《大正藏》卷四七,第 572 頁。

⑯ 宗紹《無門關》卷一,《大正藏》卷四八,第 295 頁。

⑰ 紹隆《圓悟佛果禪師語錄》卷一九,《大正藏》卷四七,第 804 頁。

⑱ 同注⑤,第 315 頁。

⑲ 道泰《禪林類聚》卷九,《新纂卍續藏經》第 67 冊,第 58 頁。

⑳ 同注⑯,第 297 頁

㉑ 同注⑤,第 937 頁。

㉒ 〔日〕土屋太祐《北宋禪宗思想及其淵源》,巴蜀書社 2008 年版,第 129 頁。

㉓ 師明《續古尊宿語要》卷一,《新纂卍續藏經》第 68 冊,第 364 頁。

㉔ 惟白《建中靖國續燈錄》卷七,《新纂卍續藏經》第 78 冊,第 678 頁。

㉕ 瞿汝稷《指月錄》卷二五,《新纂卍續藏經》第 83 冊,第 676 頁。

㉖　今釋《宗寶道獨禪師語録》卷一,《新纂卍續藏經》第 72 册,第 735 頁。

㉗　居簡等《月江正印禪師語録》卷三,《新纂卍續藏經》第 71 册,第 150 頁。

㉘　朱時恩《佛祖綱目》卷三六,《新纂卍續藏經》第 85 册,第 709 頁。

高峰原妙的看話禪思想要義

卞 景

【提要】 高峰原妙禪師是宋末元初臨濟宗楊岐派的一代高僧,他大力提倡看話禪的修行,發展和完善了看話禪的思想理論和實踐方法。在大慧宗杲的基礎之上,他將看話禪的核心要義總結爲參禪三要——大信根、大憤志和大疑情,強調三者在參禪開悟中至爲關鍵,缺一不可。針對禪林中盛行參究"無"字話頭,他改爲提倡參究"萬法歸一,一歸何處",豐富了看話禪所參話頭的選擇思路和範圍。

唐宋以後,禪宗在中國歷史上一直延綿不絕,影響深遠,尤其是臨濟宗最爲興盛。高峰原妙(1238—1295)是宋末元初臨濟宗楊岐派的著名禪師,嗣法於雪巖祖欽(1215—1287),提倡看話禪,宣揚臨濟宗風。原妙十五歲出家,習天台教義兩年,後弃教從禪,先從斷橋妙倫(1201—1261)參禪,無所悟入。一年多後,遂拜入雪巖祖欽門下,因參"萬法歸一,一歸何處"的話頭而有所開悟。後在祖欽的進一步指導和錘煉之下,終於大徹大悟。原妙徹悟之後,隱遁於天目山,在山中一石室中閉關修行,吸引大批僧禪前來求法,度人無數,被譽爲"高峰古佛"。[①]原妙禪師注重實修,對看話禪的理論和修行方法作了精要的闡發,頗有創見,其思想主要收錄在《高峰原妙禪師禪要》和《高峰原妙禪師語錄》(以下簡稱《禪要》《語錄》)中。

誠如魏道儒所論,看話禪是通過直觀參究公案中的語句而獲得證悟的禪法,"看"乃參究之意,"話"指的是祖師公案中的語句、話頭,它起源於晚唐時期,至

卞 景 北京大學哲學系

宋代臨濟宗的大慧宗杲(1089—1163)纔形成完備的體系。②然而,在大慧宗杲時期,禪林盛行的是文字禪,其師圓悟克勤(1063—1135)便是文字禪的宗師巨匠,著有《碧巖錄》,爲文字禪的巔峰之作。另外,曹洞宗的宏智正覺禪師(1091—1157)提倡默照禪,在禪林和文人士大夫中也頗爲流行。大慧宗杲看到了文字禪和默照禪的弊端,認爲習文字禪者容易執着於奇言妙語,專於言句上作奇特想,不去做參禪的實際功夫;而習默照禪者則容易諸事不管,流於空寂和靜默,不求妙悟。③於是,宗杲力駁文字禪和默照禪,針鋒相對地提出看話禪,在思想理論和實踐方法上多有闡發,形成了完備的禪法體系。其主要特點和方法是,專就某一祖師公案的話頭而用力參究,排除其他一切心念,升起疑情,抱住話頭不放,於日用中時時提撕,最後驀然衝破疑情而開悟。④看話禪注重真參實悟,簡便易行,經大慧宗杲大力提倡之後,即盛行於禪林,逐漸成爲禪宗的主流。

然而,在大慧宗杲之後的南宋時期,雖然有不少禪師提倡看話禪,但絕大多數都是片斷式、零散式的論述,缺乏系統性和創新性。⑤高峰原妙禪師作爲元代臨濟宗的代表人物,系統詳備地闡發了看話禪的思想理論和修行方法,多有創見,是繼宗杲之後提倡看話禪的又一宗師。他在前人的基礎之上,對看話禪又有所深入和發展,其中有幾點頗具特色。一是總結了看話禪修行的三大必備要素,即參禪三要:大信根、大憤志、大疑情,並論述了信和疑在看話禪中辯證統一的關係,詳細闡發了參扣疑團的方法。二是自大慧宗杲以來看話禪所選的話頭都是公案的答語,對"無"字話頭尤爲推崇,而原妙則改爲提倡參究"萬法歸一,一歸何處"的話頭,所選的是公案的問語。三是深切地闡明了看話禪的參究過程中由迷到悟、經歷無心三昧的狀態,並辨析了無心三昧的準確涵義,強調它是參禪開悟前必備的精神境界。本文即從這三點來闡發高峰原妙禪師的看話禪思想。

一 參禪三要:大信根、大憤志、大疑情

元代之時,許多僧人不明白看話禪的修行要義和證悟境界,止是在祖師的語錄公案做文字上的功夫,胡亂解釋,還未開悟,便盲傳瞎授,甚或不守戒律,誤入歧途,正如高峰原妙所批評的:"往往學道之士,忘却出家本志,一向隨邪逐惡,

不求正悟。妄將佛祖機緣、古人公案,從頭穿鑿,遞相傳授,密密珍藏,以爲極則。便乃不守毗尼,撥無因果,人我愈見崢嶸,三毒倍加熾盛。如斯之輩,不免墮於魔外,永作他家眷屬。"⑥原妙禪師對此佛門亂象深感痛惜,根據他的參禪實踐和對看話禪的理論總結,振聾發聵地提出"參禪三要"的思想:

> 若要著實參禪,決須具足三要:第一,要有大信根,明知此事,如靠一座須彌山。第二,要有大憤志,如遇殺父冤仇,直欲便與一刀兩段。第三,要有大疑情,如暗地做了一件極事,正在欲露未露之時。十二時中,果能具此三要,管取克日成功,不怕甕中走鱉。苟闕其一,譬如折足之鼎,終成廢器。⑦

高峰原妙提出的參禪三要就是大信根、大憤志和大疑情,祇有具足這三點,參禪纔能取得成功。大慧宗杲提倡看話禪,雖然在多處提到了參禪要有決定信、決定志和疑情,但並沒有把這三者形成體系來闡述。而高峰原妙把宗杲的決定信、決定志和疑情改爲大信根、大憤志、大疑情,總結爲參禪三要,概括了看話禪的核心要義,說明他對宗杲的看話禪進行了有意識的系統化,這是他對看話禪思想的一大重要貢獻。⑧原妙禪師在《禪要》和《語錄》中,對大信根、大憤志和大疑情有很多論述,下面分而論之。

(一) 大信根

信根,原爲佛教裏面修行解脫所必備的五根(信根、精進根、念根、定根、慧根)之一,即對佛教的教法教義要有堅定的信心、信念和信仰。⑨高峰原妙將信根的理念運用到看話禪的體系中,稱之爲大信根,其主要涵義有兩點:一是要深信自己本來就具有圓滿清净的佛性,二是對看話禪的修行法門要有堅定的信心。參禪首先要具備此大信根,如同靠着一座須彌山,堅定不移,纔能有所成就。

佛性論是中國禪宗的核心思想,歷代禪師也都主張一切衆生本來具有佛性,祇是被煩惱和妄想所覆蓋而不能顯現,修行的目的就是要破除妄想分別而頓悟心中本具的佛性,即明心見性,見性成佛。正如達摩祖師所講:"深信含生同一真性,但爲客塵妄想所覆,不能顯了。"⑩六祖慧能也強調"菩提自性,本來清净,但用此心,直了成佛"。⑪馬祖道一更是提出了"即心即佛"的思想,要確信人的本心就是佛,心外無別佛,佛外無別心。⑫高峰原妙提倡看話禪,目的也是明心見性,祇是修行方法有所不同。他繼承了禪宗的佛性論思想,認爲佛性不分男女老少、尊卑利鈍,是人人本自圓滿具足、不費絲毫之力的:"若論此一段奇特之事,人人本具,個個圓成。如握拳展掌,渾不犯纖毫之力。"[13]

原妙認爲參禪須具備大信根,首先就是要對此人人本具的佛性有大信心,如他所説:"殊不知有一所無盡寶藏藴在其中,若也拾得,百劫千生,取之無盡、用之無竭。須知此藏不從外來,皆從你諸人一個信字上發生。若信得及,決不相誤;若信不及,縱經塵劫,亦無是處。"[14]無盡寶藏即爲比喻佛性,它不是外來的,而是衆生本具的,祇有對此有大信心,纔能發現它,獲得覺悟,否則累劫不得出離生死。

其次,要對看話禪的修行法門有信心,堅信通過參禪就能夠開悟:"大抵參禪不分緇素,但只要一個決定信字。若能直下信得及、把得定、作得主,不被五欲所撼,如個鐵橛子相似,管取克日成功。"[15]祇要對禪法信得堅定牢固,處處作得主,不被各種各樣的欲望牽引迷惑,努力參究,就能克日成功。原妙還援用佛菩薩、禪宗祖師的事例,闡明他們都是由一個信字而覺悟解脱的:"從上若佛若祖,超登彼岸,轉大法輪,接物利生,莫不皆由此一個信字中流出。故云信是道元功德母,信是無上佛菩提,信能永斷煩惱本,信能速證解脱門。"[16]可見,大信根是一股强大的精神力量,在參禪悟道中起着至關重要的作用。

原妙之所以將大信根放在首位,也與當時僧人對禪宗的修行普遍缺乏信心有關,正如他在《禪要》中所説:"嗟乎末法,去聖時遥。多有一等泛泛之流,竟不信有悟門,但只向者邊穿鑿,那邊計較。直饒計較得成,穿鑿得就,眼光落地時,還用得著也無?"[17]很多人竟然還不相信禪宗裏確實有明心見性、見性成佛的頓悟法門,到處瞎琢磨亂計較,缺乏真參實修,是不能了脱生死的。對看話禪的修行首先要有大信根,纔會走上參禪悟道的道路,而此大信根也要貫穿於參禪的始終,毫不鬆懈,纔能獲得開悟。

(二) 大憤志

佛教認爲,衆生雖然都有成佛的可能性,但是無明煩惱、妄想執着太堅固,總是隨着業力的牽引,造種種惡業,很難脱離生死。因此,高峰原妙指出,參禪要發起大憤志,像遇到殺父仇人一樣,一定要與之一刀兩斷,誓要破除無明煩惱。這種大憤志是一種用盡全力、拼了性命也要追求開悟解脫的精神意志,祇有發起勇猛精進之心,努力刻苦地修行,不懈怠不懶惰,勇往直前,纔有可能在參禪上有所成就。

　　高峰原妙談到了大憤志在參禪中所起的重要性:"若是生鐵鑄就底漢,的實要明,亦非造次。直須發大志、立大願,殺却心猿意馬,斷除妄想塵勞……假使有人取你頭、除你手足、剜你心肝,乃至命終,誠不可舍,到這裏方有少分做工夫氣味。"[18]參禪之人,要像一個生鐵鑄就的大丈夫,發起大憤志,誓要斬斷妄想執着,時時刻刻都不鬆懈,努力參究,就算捨掉性命也不放棄,這纔算是在用功參禪。"若論此事,不假長劫熏修,積功累德,亦不問賢愚利鈍,久習初機。只貴孟八郎漢,不顧危亡得喪,發大憤志,起大疑情。如善財童子,參勝熱婆羅,大火聚中,投身而入。正恁麽時,人法俱忘,心機泯絕。"[19]祇有不顧危亡得失,發大憤志,起大疑情,勇往直前,參禪纔能得力。

　　古德常講無常迅速、生死事大,一般人參禪用功怠惰,祇爲了脫生死之心不切。高峰原妙則指出,要發起大憤志,生出求解脫的真切之心:"若論此事,的的用功,正如獄中當死罪人,忽遇獄子醉酒睡著,敲枷打鎖,連夜奔逃。于路雖多毒龍猛虎,一往直前,了無所畏。何故?則爲一個切字。用功之際,果能有此初心,管取百發百中。"[20]就像罪人急切地要逃出牢獄一樣,修行人也要爲出離生死而勇猛真切地用功,纔可覺悟。他還用關羽百萬軍中直取顏良的故事,來比喻這種大憤志的精神:"若是孟八郎漢,便就下手不得處,用心不及時,猶如關羽百萬軍,不顧得喪,直取顏良。誠有如是操略,如是猛利,管取彈指收功,刹那成聖。"[21]

　　在參禪路上,不是一帆風順的,困難重重,不進則退,高峰原妙用逆水行舟的比喻,來講明參禪者要發起大憤志,猛着精神,迎難直上:"若論此事,正如逆水撐船,上得一篙,退去十篙,上得十篙,退去千篙。愈撐愈退,退之又退,直饒退到大洋海底,掇轉船頭,決欲又要向彼中撐上。"[22]尤其是參禪即將有所突破的時候,却無從用心、難以前進,此時不能退縮,要發起愈加堅强的猛志,奮力向前:"若論此事,如登萬仞之山,一步一步將構至頂,惟有數步壁絕攀躋。到這裏須是個純鋼打就底,捨命弃身,左捱右捱,捱來捱去,以上爲期。縱經千生萬劫,萬難千魔,此心此志,愈堅愈強。"㉓有着這樣的大憤志,參禪纔能突破最後的關卡,頓悟真如本性。

然而,懷有大憤志的參禪者畢竟很少,很多都是意志力不堅定的平庸之輩。高峰原妙認爲像願念輕微、志不猛利、輕浮散漫、因循度日的參訪者,就算把他們全都趕走,也不爲過。他門下所留的都是一些俊鷹快鷂、如龍若虎之輩,個個都志在覺悟、勇猛精進,可見他門庭之高峻。誠如吳立民先生所説,高峰原妙提倡大憤志,是要"試圖由此恢復古來大德古樸謹嚴的禪風,蕩除當時叢林中視參禪爲遊戲的輕浮飄蕩的作風"。㉔

(三)大疑情

起疑情是看話禪獨具特色的用功方法,至爲關鍵,主要指參禪者要對祖師公案裏某個無意味的話頭升起疑惑的心理情緒,不起他念,抱住疑情不放,誓要努力參究明白。自大慧宗杲起,就特别强調疑情在看話禪中的重要性。到了高峰原妙,則詳細的闡述了疑、信、悟的關係,以及起疑情在參禪過程的運用方法和效果,對如何參扣疑團也有了新的闡發。如楊曾文認爲,高峰原妙提倡參疑團的看話禪,與以往的看話禪有所不同,是看話禪的一個新的發展。㉕

高峰原妙闡述了疑、信、悟三者在看話禪中辯證統一的關係:"須知疑以信爲體,悟以疑爲用。信有十分,疑有十分,疑得十分,悟得十分。"㉖疑不是盲目的懷疑,而是以信爲根本,要在對自身本具的真如佛性和看話禪的修行法門有堅固信心的基礎上起疑情,是以開悟爲追求目標的。而悟也要以疑爲用,對祖師公案的話頭升起大疑情,努力參究,纔能啓發開悟。對佛法的信心越堅固,疑情也就越有力量,悟得也會越深,這也就是古德常説的"大疑大悟,小疑小悟,不疑不悟"。㉗

在原妙看來,疑祇是一個修行的手段和途徑,最終的目的是要通過破除疑情而開悟:"西天此土,古今知識,發揚此段光明,莫不只是一個決疑而已。千疑萬疑,只是一疑,決此疑者,更無餘疑。既無餘疑,即與釋迦、彌勒、净名、龐老不增不減,無二無别。"㉘祇要徹底打破看話禪中參究的疑團,就能智慧大開,了無疑慮,獲得與佛菩薩、祖師們一樣的覺悟,達到與他們一樣的解脱境界。

高峰原妙對如何起疑情也多有闡發,常教人於"萬法歸一,一歸何處""盲龜跛鱉"等祖師公案的話頭上升起疑情,奮力參究。他在參疑團的論述上猶有創

見,主張把話頭當作一個疑團去參究,對其方法、狀態和過程作了詳細的說明:

> 先將六情六識、四大五蘊、山河大地、萬象森羅,總鎔作一個疑團,頓在目前。不假一槍一旗,静悄悄地,便似個清平世界。如是行也只是個疑團,坐也只是個疑團,著衣吃飯也只是個疑團,屙屎放尿也只是個疑團,以至見聞覺知,總只是個疑團,疑來疑去,疑至省力處,便是得力處。不疑自疑,不舉自舉,從朝至暮,粘頭綴尾,打成一片,無絲毫縫罅,撼亦不動,趁亦不去。昭昭靈靈,常現在前。如順水流舟,全不犯手,只此便是得力底時節也。㉙

要把整個人的内在身心和外在世界鎔作一個疑團,行住坐卧、穿衣吃飯的時候心裏都升起這個疑團,不用邏輯思維進行推理分析,祇是專心一志地提起這個疑團,掃除其他的一切情識妄念,堅持不懈地疑下去,直到不疑而自動起疑,不起他念,功夫自然打成一片,就是參禪得力的好時節了。

參禪得力之後,還需進一步地疑下去,用功參究,就會出現這般精神狀態:"孤孤迥迥,卓卓巍巍,不動不摇,無來無去,一念不生,前後際斷。從兹塵勞頓息,昏散剿除。行亦不知行,坐亦不知坐,寒亦不知寒,熱亦不知熱,吃茶不知茶,吃飯不知飯。終日呆惷惷地,却似個泥塑木雕底,故謂墙壁無殊。纔有這境界現前,即是到家之消息也。"㉚等到疑情參到一念不生,前後際斷,行不知行,坐不知坐,像一個泥塑木雕的時候,離開悟就不遠了。然而這個時候不能掉以輕心,還得持之以恒,以期打破疑團。

起疑最終是要決疑、破疑的,而對疑團的徹底打破,高峰原妙經常用"爆地一聲""囲地一聲"等來形容,他還具體描述了打破疑團之後的開悟境界:

> 到這裏驀然脚蹉手跌,心華頓發,洞照十方,如杲日麗天,又如明鏡當台,不越一念,頓成正覺。非惟明此一大事,從上若佛若祖,一切差别因緣,悉皆透頂透底。佛法世法,打成一片。騰騰任運,任運騰騰,灑灑落落,乾乾净净。做一個無爲無事出格真道人也。㉛

最終在刹那間頓悟,明心見性,頓成正覺,於佛法世法徹底了悟,圓融無礙,成爲一個灑落自在、無爲無事的道人。這跟慧能以來所倡導的頓悟思想是一脈相承的,祇不過看話禪是通過參究話頭、打破疑團而頓悟的,在修行的方法和途徑上有所不同而已。

綜上所述,此參禪三要——大信根、大憤志和大疑情,是緊密聯繫在一起的整體,構成了原妙看話禪的核心思想和修行體系。原妙之所以在三要之前都加一"大"字,正是欲增強其效用,引人高度重視。參禪首先要樹立起對自身的佛性和看話禪修行的大信根,堅定了信心之後,就要發起大憤志勇猛精進地參究,而參究的方法則是要對禪宗公案話頭升起大疑情,起疑情也需要以大信根爲根本、以大憤志爲推動力纔能堅持不懈地疑下去,直到打破疑情而開悟,這三者是相輔相成、缺一不可的,貫穿於看話禪修行的始終。

二 提倡的話頭:萬法歸一,一歸何處

看話禪的修行需要對祖師公案的話頭起疑情,奮力參究。對於話頭的選擇,在禪宗史上是有變化的,各時期的側重會有所不同。在高峰原妙之前,看話禪都是選取祖師公案中的答語作爲話頭,尤其盛行參究"無"字話頭,它來源於唐代趙州從諗禪師的一則公案:

> 問:"狗子還有佛性也無?"師曰:"無。"曰:"上至諸佛,下至螻蟻,皆有佛性,狗子爲甚麼却無?"師曰:"爲伊有業識在。"[32]

按照大乘佛教的理論,一切衆生皆有佛性,那麼狗子當然也有佛性,而趙州作爲禪門中的一代宗師,却偏偏回答"無",與常理相悖,往往令人百思不得其解。晚唐時期的黃檗希運禪師,便教人去參這個公案裏的"無"字:"但去二六時中看個'無'字,畫參夜參,行住坐卧,著衣吃飯處,屙屎放尿處,心心相顧,猛著精彩,守個'無'字。日久月深打成一片,忽然心花頓發,悟佛祖之機。"[33]此爲看話禪的開端,已初具參究的功夫,但在理論和實踐上還不成熟。到了宋代,大慧宗杲禪師系統地闡發了看話禪的原理和功夫論,形成了一套完備的禪學體系。他主張參活句,即要參究禪宗公案裏用常規思維無法解釋、沒有滋味的話頭,經常舉的話頭有馬祖道一的"一口吸進西江水"[34]、趙州從諗的"庭前柏樹子"[35]、雲門文偃的"乾屎橛"[36]"露"[37]、洞山良價的"麻三斤"[38]等,這些都是公案裏祖師的

答語,非常難以理解,容易截斷參禪者的妄想分別。大慧宗杲尤爲提倡參究趙州從諗的"無"字話頭:

> 但將妄想顛倒的心、思量分別的心、好生惡死的心、知見解會的心、欣靜厭鬧的心,一時按下。只就按下處看個話頭,僧問趙州:"狗子還有佛性也無?"州云:"無。"此一字子,乃是摧許多惡知惡覺底器杖也。㊴

宗杲教人不用去思考公案的涵義,而要在公案的話頭上起疑情,專心參究"無"字話頭,以此話頭破除其他的一切妄想分別,最終打破疑情,獲得覺悟。

高峰原妙嗣法於雪巖祖欽,祖欽作爲臨濟宗的禪師,也是以宗杲所創的看話禪傳授於他。原妙最開始便是參究"無"字話頭,但效果不佳,據他自己所述:

> 前所看"無"字,將及三載。除二時粥飯,不曾上蒲團,困時亦不倚靠。雖則晝夜東行西行,常與昏散二魔輥作一團,做盡伎倆,打屏不去。於者"無"字上,竟不曾有一餉間省力成片。自決之後,鞫其病源,別無他故,只爲不在疑情上做工夫,一味只是舉,舉時即有,不舉便無。設要起疑,亦無下手處。設使下得手,疑得去,只頃刻間,又未免被昏散打作兩橛。於是空費許多光陰,空喫許多生受,略無些子進趣。㊵

高峰原妙參了三年的"無"字話頭,雖也非常用功,但始終擺脫不了昏沉和散亂的干擾,以至於在參禪上沒有什麼進步,耗費了很多時間。究其原因,是因爲沒有在疑情上下功夫,參"無"字不容易引起疑情,即使升起片刻的疑情,也很快被昏沉和散亂打消,白費功夫。

後來,原妙有一次於睡中忽然想到了"萬法歸一,一歸何處"的話頭,疑情頓發,祇連續參了六天的時間就開悟了,他詳細叙述了其過程:

> 忽於睡中疑著"萬法歸一,一歸何處",自此疑情頓發,廢寢忘餐,東西不辨,晝夜不分。開單展鉢,屙屎放尿,至於一動一靜,一語一默,總只是個一歸何處。更無絲毫異念,亦要起絲毫異念,了不可得。正如釘釘膠粘,撼搖不動,雖在稠人廣衆中,如無一人相似。從朝至暮,從暮至朝,澄澄湛湛,卓卓巍巍,純清絕點,一念萬年,境寂人忘,如癡如兀。不覺至第六日,隨衆

在三塔諷經次,擡頭忽覩五祖演和尚真,驀然觸發日前仰山老和尚問拖死屍句子,直得虚空粉碎,大地平沈,物我俱忘,如鏡照鏡。㊶

高峰原妙因參"萬法歸一,一歸何處"的話頭觸發了大疑情,廢寢忘食,不分晝夜,行住坐卧、語默動静處都專心地疑著這個話頭,不起別念,如果如癡,第六日忽然抬頭看到五祖法演和尚的畫像,刹那間物我俱忘而開悟。他於是分析了"萬法歸一,一歸何處"相對於"無"字話頭的優勢:

> 一歸何處却與"無"字不同,且是疑情易發,一舉便有,不待返覆思惟計較作意纔有。疑情稍稍成片,便無能爲之心。既無能爲之心,所思即忘,致使萬緣不息而自息,六窗不静而自静。不犯纖塵,頓入無心三昧。忽遇喫粥喫飯處,管取向鉢盂邊摸著匙筯,不怕甕中走却鼈。㊷

"萬法歸一,一歸何處"與"無"字不同,它本身就是一句問話,很容易引發疑情,一舉話頭就起疑,疑情成片,則妄念俱消,有利於參禪開悟。此話頭也是來自於趙州禪師的一則公案:

> 僧問趙州:"萬法歸一,一歸何處?"州云:"我在青州作一領布衫,重七斤。"㊸

如果是以往的看話禪,則會選取公案中趙州禪師的答語作爲話頭,而高峰原妙截取的話頭却是僧人的問話,確實具有開創性。按照佛教義理的解釋,萬法歸一,指的是宇宙萬法都可以歸爲一心,但一心歸於何處呢?這個問題指向了佛教的第一義,而第一義是無法用語言準確地描述,趙州禪師便用一句看似不相干的話來回答,令其自悟。然而,按照看話禪的修行方法,並不是要在學理上去探討這句話的意思,而是藉助它來引發疑情。原妙提出參禪三要,其中重要的一項便是大疑情,正因爲"萬法歸一,一歸何處"易於起疑,且指向了佛教的第一義,原妙纔會大力提倡參究這一話頭。

原妙從自身參禪實踐中獲得了寶貴的經驗,便將此法傳授與人,常常教人參究"萬法歸一,一歸何處"的話頭,正如他的再傳弟子千巖元長禪師所説:"'萬法歸一,一歸何處',這八個字子是天目高峰老祖自證自悟之後,又將這八個字子

教四海學者,各各令其自證自悟。"㊹原妙詳細地向學人解說了參此話頭的用功方法:

> 尋常教人做工夫,看個萬法歸一,一歸何處公案。看時須是發大疑情,世間一切萬法,總歸一法。一畢竟歸在何處?向行住坐臥處,著衣吃飯處,屙屎放尿處,抖擻精神,急下手腳。但恁麼疑,畢竟一歸何處?決定要討個分曉,不可拋在無事甲裏,不可胡思亂想。須要綿綿密密,打成一片,直教如大病一般。吃飯不知飯味,吃茶不知茶味,如癡如呆,東西不辨,南北不分。工夫做到這裏,管取心華發明,悟徹本來面目,生死路頭,不言可知。㊺

看取"萬法歸一,一歸何處"的公案話頭,要發大疑情。世間萬法都歸於一法,這一法也可以說是心,萬法都統攝於一心,但是一歸何處呢?要在平常生活中的行住坐臥、着衣吃飯處時時升起這個疑情,既不能什麼都不想,也不能胡思亂想,要精神抖擻,專心致志地在話頭上疑下去,把功夫打成一片,以至於吃飯喝茶都不知其味,如同癡呆一般,就可以觸緣而頓悟,親見本來面目,了脫生死。

原妙甚至認爲參禪時不需要另花時間閱讀佛教經典,祇用專心參究"萬法歸一,一歸何處"的話頭就可以了,他說道:"閑時不要看經消遣,工夫不得成一片。只要起身行道,急著精神,討個一歸何處著落,自然不用看經。公案便是一卷不斷頭經,晝夜常轉,何須又要頭上安頭?"㊻看經反而會令人分心,疑情受到中斷,不得成片,參禪難以成就。祇要於話頭上毫不間斷、綿綿密密地起疑,日久功深,最終破除疑情而開悟,也就自然能夠明白經教的真正涵義了。

受到高峰原妙的影響,其弟子中峰明本也是提倡看話禪,對"萬法歸一,一歸何處"的話頭亦屢屢提及,比如在《示規禪人》中就勸禪者參此話頭:"只請向二六時中,參此'萬法歸一,一歸何處'話,參到極則之處,自縛繩豁然而有契悟日在。"㊼

誠然,高峰原妙根據自己的參禪體驗,認爲參"萬法歸一,一歸何處"比參"無"字話頭更容易起疑情,便於成就,因而大力提倡參"萬法歸一,一歸何處"的話頭,並提出了一系列參究的方法和原則,對大慧宗杲的看話禪是一大改進和發展。然而,這並不意味着對於所有人來說都是如此,參"萬法歸一,一歸何處"並不絕對就比參"無"字話頭效果更好,這與每個人的根器和因緣有關,究竟選擇哪一話頭,要因人因時而靈活運用,可以有所不同,不能定執於某一話頭,否則活句又會變成死句。[48]當然,高峰原妙截取公案中僧人的問語作爲話頭,豐富了看話禪話頭的選擇思路和範圍,"萬法歸一,一歸何處"也經常被後代禪師當作重要的話頭來參究,這確實是他對看話禪的一個貢獻。

三 參禪開悟的必經階段:無心三昧

禪宗非常注重心性論和功夫論,如何由充滿妄想執着的煩惱之心,回歸到圓滿清净的真如本性,是歷代禪師都必須探討的問題。看話禪亦是如此,它主張通過參究話頭、打破疑情而回歸清净自性,在這一過程中,人的心識狀態也會發生變化。高峰原妙指出,在看話禪的修行過程中,由疑到悟,要經歷"無心三昧"的重要階段,且須在無心三昧的狀態下驀然打破疑情而開悟。

一般初學參禪的人,總是妄念紛飛、攀緣執着,即使學習經教、參悟禪理,也常常拘泥於語言文字,不明白真正的經義和參禪的方法,由此而形成的錯誤知見,反而會成爲參禪悟道的障礙,這就是佛教裏常説的所知障。高峰原妙指出,參禪學道首先應猛着精神,把平生所見所聞之物,包括世俗的種種知見和是非觀念,甚至是佛教的義理和禪宗的語錄公案,統統都要摒棄乾净,毫不存於胸中:"先將平日胸中所受一切善惡之物,盡底屏去,毫末不存,終朝兀兀如癡,與昔嬰孩無異。然後乃可蒲團静坐,正念堅凝,精窮向上之玄機,研味西來之密旨。"[49]奮力掃除虛妄知見,念頭會越來越少,内心也越來越清净,就可以漸至無心的狀態,如同嬰孩無思無慮,纔能進一步參禪。

高峰原妙認爲,像達摩心如墙壁、夫子三月忘味、顏回終日如愚、賈島取捨推敲,都是一種無心的狀態,在這一狀態下,内心非常專注寧静,忘掉了自我,不起其他的心念和情感活動。按照原妙的看話禪修行方法,禪者需要在話頭起疑情,以此破除其他的一切妄想,如果持續地專注於話頭,祇升起疑情,不起其他的念頭,就能達到無心的狀態。而無心三昧,主要是指疑情的功夫越來越深,打成一片,不再需要用話頭來與妄念對抗,達到不除妄念而妄念自然不起,不提疑情而

自動起疑,身心俱忘,妄念全無,並能夠自然、長久、持續地安住在這一境界中。原妙用自己的參禪體驗來闡述無心三昧的狀態:

> 疑情稍稍成片,便無能爲之心。既無能爲之心,所思即忘,致使萬緣不息而自息,六窓不靜而自靜。不犯纖塵,頓入無心三昧。㊿

參禪時疑情成片,心中自然而然不起一念,無思無爲,萬緣自息,就能頓時契入無心三昧的境界,這個時候"吃茶不知茶,吃飯不知飯,行不知行,坐不知坐,情識頓净,計較都忘。恰如個有氣底死人相似,又如泥塑木雕底相似",㊿"從朝至暮,從暮至朝,澄澄湛湛,卓卓巍巍,純清絕點,一念萬年,境寂人忘,如癡如兀"。㊿這種情識頓净、人境皆忘、如癡如呆、似泥木塑雕的狀態,就是無心三昧的境界,它是參禪開悟的必經階段。原妙認爲:"設有毫釐待悟心生,纖塵精進念起,即是偸心未息,能所未忘。此之一病,悉是障道之端也。若要契悟真空,親到古人地位,必須真正至於無心三昧始得。"㊿祇有將妄心熄滅,能所雙泯,連精進修行、希求覺悟的念頭也都不再升起,真正地做到無心三昧,纔能夠在某一因緣之下,刹那間契入真空實相,頓悟本來面貌。

歷來禪師大德也講"平常心是道""無心是道",而一般人在參禪過程中,往往會錯誤地理解平常心、無心,從而偏離了正確的修行道路,高峰原妙於是感歎道:"此平常心、無心之語,成却多少人,誤却多少人。往往不知泥中有刺,笑裏有刀者。"㊿馬祖道一講的平常心,是"無造作,無是非,無取捨,無斷常,無凡無聖",㊿並非沒有心識活動,而是遠離了是非、取捨、斷常、凡聖等二元對立的分別情識,是一種沒有執着和滯礙的解脱境界。黃檗希運提倡"無心是道",他講的無心是"無一切心也,如如之體,内如木石不動不搖,外如虚空不塞不礙,無能所、無方所、無相貌、無得失",㊿和馬祖説的平常心一樣,消除了妄想執着和分別對立,回歸於清净自性,也是一種覺悟的境界。而一般的人理解平常心、無心,類似於外道的無想定,什麽都不想,或者刻意壓制住一切念頭,像木石一樣不起念,並把它當作究竟,認爲回歸了清净本性,這正是高峰原妙所要批評的。他所主張的無心三昧是要經過刻苦的修行和心性上的磨煉,久久純熟,大死一番,達到一種自然而然的清净明瞭、妄念俱消的狀態。

高峰原妙指出了自然的無心三昧與一般的無心之間的差别,教人不能停滯在頑石般的無心裏面:"古云:'莫道無心云是道,無心猶隔一重關。'何止一重,更須知有百千萬重在。苟不發憤志精進,下一段死功夫,豈與木石之有異乎?凡做工夫到極則處,必須自然入于無心三昧,却與前之無心,天地相越。"(57)像木石一樣不起念,這種無心的狀態離悟道還很遠,要再勇猛精進地下一番功夫,自然而然地契入無心三昧,這要遠勝於之前的無心狀態。"到這裏能舉所舉、能疑所疑,雙忘雙泯,無無亦無。香嚴聞聲,靈雲見色,玄沙竪指,長慶捲簾,莫不皆由此無心而悟也。"(58)在這種自然的無心三昧狀態下,能舉能疑的心識和所舉所疑的話頭,都已泯滅消除,徹底打破了二元對立,連想要破除無心的心念也没有了。像香嚴、靈雲、玄沙、長慶這些禪師大德們,都是經過長期精進地禪修,達到了這種無心三昧的狀態,忽然碰到外緣而悟道。可見,參禪衹要勇猛精進地下功夫,疑情成片,物我兩忘,是可以契入無心三昧而開悟的。

然而,需要指出的是,無心三昧並不就是最高的覺悟了。《大智度論》卷四七認爲:"無心三昧者,即是滅盡定,或無想定。何以故?佛自説因緣:'入是三昧中,諸心、心數法不行。'"(59)無心三昧可以是滅盡定或無想定。滅盡定爲九次第定的最後一定,是一種出世間的無漏之定,爲佛、阿羅漢所修行,滅除了諸心及心法,暫時消除了煩惱。無想定是修滅一切心想,爲凡夫、外道所證的世間之定,但僅滅除第六識的分别之見,並未解脱。滅盡定或無想定是二無心定,在這種定中,前六識、五十一種心所有法暫時都不會升起。原妙説的無心三昧跟《大智度論》中所説比較接近,衹不過是在動中參話頭、起疑情而達到的。但是,這不是禪宗所追求的解脱境界,無心三昧還未徹悟心源,没有證得衆生本自具足、圓滿清净的真如佛性。因此,參禪達到無心三昧之後,是一個很好的修行狀態,離開悟也不遠了,但要百尺竿頭更進一步,再下一番大功夫,最終打破疑情而明心見性,大徹大悟。

依上所述,高峰原妙的看話禪,也是有次第可循的,首先要掃蕩各種虚妄知見,專心於話頭上起疑情,疑至不起他念,達到無心的狀態,再堅持不懈,日久功深,疑情成片,物我兩忘,達到無心三昧,最後觸碰某種特定的因緣,驀然打破疑情而悟見本來面目。因此,無心三昧成爲參禪過程中的一個關鍵階段,原妙以詳細的語言文字對它進行了描述,爲參禪實踐指明了方向,禪者就能以它作爲參照,清楚地知道自己的修行達到了何種程度,還存有哪些問題,該如何進一步下功夫。如果還未達到無心三昧,那麼説明起疑情的功夫還不深,離開悟還很遠,達到了無心三昧,也不能裹足不前,而要藉此打破疑情而開悟。

四　結語

繼大慧宗杲之後,高峰原妙又進一步發展和完善了看話禪,他對看話禪的思想理論和實踐方法,都提出了許多真知灼見,論述詳細精要,體系完備,頗具特色。在思想理論上,他對大慧宗杲提出的看話禪要點進行了提煉,使之系統化,即總結爲參禪三要——大信根、大憤志和大疑情,這三者相輔相成,缺一不可,要在大信根的基礎上起大疑情,以大憤志的精神努力參究,直至疑情參破而覺悟諸法實相。在話頭的選擇上,原妙大力提倡參究"萬法歸一,一歸何處"的話頭,認爲它比"無"字話頭更易引發疑情,便於參禪開悟,影響了後世對話頭的選擇。在實踐方法上,原妙清晰地指出了看話禪修行的方法和次第,首先樹立對參禪悟道的信心和志向,破除各種妄想雜念,專心於"萬法歸一,一歸何處"等公案話頭上起疑情,奮力參究,疑至不起他念,達到無心的狀態,接着堅持不懈地疑下去,直至疑情打成一片,不疑而自動起疑,至於"人法雙亡,妄念俱消"的"無心三昧"的境界,再持之以恒,毫不鬆懈,最終驀然打破疑情而大徹大悟。

其弟子中峰明本總結了原妙看話禪的特點:

> 先師三十年身立壁立,惟務與學人整治個事。捏定咽喉,不要你說,不要你會,亦不要你別生第二念,單單向所參話上立定腳頭,孜孜而參,矻矻而究,如遇怨敵,如救頭然,外絕境緣,内忘情識。直待伊冷灰豆爆,絕後再甦。[60]

在這段話中,"整治個事"指的是要覺悟人人本自具足的真如佛性,所用方法就是看話禪。"單單向所參話上立定腳頭"是指堅定地在話頭上起疑情,不起他念。"孜孜而參,矻矻而究,如遇怨敵,如救頭然"是指發起大憤志,勇猛精進地參究話頭,堅持不懈地起疑。"外絶境緣,内忘情識"説明日久功深,疑情成片,達到了人法雙忘、妄念全消的"無心三昧"的境界。"直待伊冷灰豆爆,絶後再甦"則是形容打破疑情,徹悟本來面目,如同獲得新生。明本的評述,可謂抓住了原妙看話禪的要點,深得其禪法精髓。

高峰原妙的禪法對後世影響很大,其弟子中峰明本便繼承師風,大力提倡看話禪,將臨濟宗發揚光大,法脈一直流傳至明清時期,影響深遠。明代高僧雲棲袾宏看到原妙的語録之後,驚喜信受,如暗逢炬,認爲原妙在看話禪上的造詣最爲透徹精純,"蓋自來參究此事,最極精鋭,無逾師者,真似純鋼鑄就。一回展讀,一回激發人意氣",[61]並且還稱贊他"近有慈明妙喜之風,遠之不下德山、臨濟諸老",[62]把高峰原妙看作是中國禪宗史上的一流禪師。

注 釋

① 參閲高峰原妙行狀及塔銘,參學門人《高峰原妙禪師語録》卷二,《續藏經》第 70 册,第 698—700 頁。

② 魏道儒《禪宗看話禪的興起與發展》,《中國文化》1992 年第 7 期。

③ 藴聞《大慧普覺禪師語録》卷二六載:"今時學道人,不問僧俗,皆有二種大病:一種多學言句,於言句上作奇特想;一種不能見月亡指,於言句悟入,而聞説佛法禪道,不在言句上,便盡撥弃,一向閉眉合眼,做死模樣,謂之静坐觀心默照。"(《大正藏》第 47 册,第 894 頁)此"二種大病"即爲大慧宗杲批評文字禪和默照禪的弊端。

④ 參閲吕有祥《大慧宗杲"看話禪"述評——以〈大慧書〉爲中心》,《佛學研究》2006 年第 12 期。

⑤ 據魏道儒考證,明代僧人袾宏曾作《禪關策進》,節選了唐宋元明時期專述看話禪的 32 位著名禪師的 33 段語録,絶大多數都比較瑣碎,不成體系。同注②。

⑥ 洪喬祖《高峰原妙禪師禪要》卷一,《續藏經》第 79 册,第 705 頁。

⑦ 同上書,第 706 頁。

⑧ 參閲吴容錫《大慧宗杲看話禪之"疑情"研究》,南京大學 2011 年博士論文,第 104—105 頁。

⑨ 瞿曇僧伽提婆譯《增壹阿含經》卷四二載:"我今所説,由何等故説?所謂五根。云何爲五?信根、精進根、念根、定根、慧根。云何名爲信根?所謂賢聖弟子,信如來道法,彼如來、至真、等正覺、明行成爲、善逝、世間解、無上士、道法禦、天人師、號佛、衆祐,出現於世,是謂名爲信根。"(《大正藏》第 2 册,第 779 頁)

⑩ 道原《景德傳燈録》卷三〇,《大正藏》第 51 册,第 458 頁。

⑪ 宗寶編《六祖大師法寶壇經》卷一,《大正藏》第 48 册,第 347 頁。

⑫ 《馬祖道一禪師廣録》卷一載:"汝等諸人,各信自心是佛,此心即佛。達磨大師從南天竺國來至中華,傳上乘一心之法,令汝等開悟。又引《楞伽經》,以印衆生心地,恐汝顛倒不信此一心之法各各有之。故《楞伽經》以佛語心爲宗,無門爲法門。夫求法者,應無所求,心外無別佛,佛外無別心。"(《續藏經》第 69 册,第 2 頁)

⑬ 同注⑥,第 709 頁。

⑭ 同上書,第 705 頁。

⑮ 同上書,第 706 頁。

⑯ 同上。

⑰ 同上書,第 709 頁。

⑱ 同上。

⑲ 同上書,第 711 頁。

⑳ 同注①,第 697 頁。

㉑ 同上書,卷一,第 687 頁。

㉒ 同上書,第 686 頁。

㉓ 同上書,第 687 頁。

㉔ 吴立民《禪宗宗派源流》,中國社會科學出版社 1998 年版,第 509 頁。

㉕ 楊曾文《宋元禪宗史》總結了原妙參疑團的看話禪與以往的看話禪有兩點不同:一是必須將一切心念集中到疑團——某個禪語問話上,所謂"起大疑情";二是通過參扣疑團,使思想高度集中並逐漸使之轉入空寂無差別的認識境界。(中國社會科學出版社 2006 年版,第 671—672 頁)

㉖ 同注⑥,第 706 頁。

㉗ 昭如《雪巖祖欽禪師語録》卷二,《續藏經》第 70 册,第 606 頁。

㉘ 同注⑥,第 706 頁。

㉙ 同上書,第 703 頁。

㉚ 同上。

㉛ 同上。

㉜ 普濟《五燈會元》卷四,《續藏經》第 70 册,第 93 頁。

㉝ 裴休《黄檗斷際禪師宛陵録》卷一,《大正藏》第 48 册,第 387 頁。

㉞ 志磐《佛祖統紀》卷四一載:"居士龐藴參馬祖,問云:'不與萬法爲侣是什麼人?'祖云:'待汝一口吸盡西江水,即向汝道。'居士言下頓領玄要。"(《大正藏》第 49 册,第 381 頁)

㉟ 賾藏主《古尊宿語録》卷一三載:“時有僧問:‘如何是祖師西來意?’師云:‘庭前柏樹子。’學云:‘和尚莫將境示人。’師云:‘我不將境示人。’”

㊱ 普濟《五燈會元》卷一五,第 305 頁,載:“問:‘如何是佛?’師曰:‘乾屎橛。’”(《續藏經》第 68 册,第 77 頁)

㊲ 守堅《雲門匡真禪師廣録》卷一載:“問:‘殺父殺母,佛前懺悔。殺佛殺祖,向什麼處懺悔?’師云:‘露。’”(《大正藏》第 47 册,第 547 頁)

㊳ 道原《景德傳燈録》卷二二,第 386 頁,載:“僧問洞山:‘如何是佛?’洞山云:‘麻三斤。’”

㊴ 藴聞《大慧普覺禪師語録》卷二六,《大正藏》第 47 册,第 921 頁。

㊵ 同注⑥,第 702 頁。

㊶ 同上。

㊷ 同上。

㊸ 悟明《聯燈會要》卷六,《續藏經》第 79 册,第 60 頁。

㊹ 嗣詔《千巖和尚語録》卷一,《嘉興藏》第 32 册,第 217 頁。

㊺ 同注①,卷一,第 690 頁。

㊻ 同上。

㊼ 《天目明本禪師雜録》卷二,《續藏經》第 70 册,第 727 頁。

㊽ 吴立民認爲,參哪種話頭更易發疑情,對具體修行者來説並無定準,全看各人的因緣,而將一己之開悟經驗普遍化,認爲自己藉以開悟的話頭就是開悟的惟一話頭,讓四面學人人人參究,則將“活句”又變爲“死句”。境界如宗杲、原妙者猶不免此病,解脱之難,於此可見。同注㉔,第 505 頁。

㊾ 同注①,第 696 頁。

㊿ 同上書,卷一,第 678 頁。

(51) 同上書,第 685 頁。

(52) 同注⑥,702 頁。

(53) 同上書,第 711 頁。

(54) 同上。

(55) 《馬祖道一禪師廣録》卷一,第 3 頁。

(56) 裴休《黄檗山斷際禪師傳心法要》卷一,《大正藏》第 48 册,第 379 頁。

(57) 同注⑥,第 711 頁。

(58) 同上。

(59) 龍樹菩薩造,鳩摩羅什譯《大智度論》卷四七,《大正藏》第 25 册,第 399 頁。

⑥⓪ 《天目明本禪師雜錄》卷一,第714頁。
⑥① 袾宏《雲棲法彙》卷一七,《嘉興藏》第33冊,第90頁。
⑥② 同上。

論思想的闡釋方式與同源詞的認定

徐　剛

【提要】 藉助出土文獻提供的信息，我們可以看到先秦儒家是如何闡釋"誠""聖""樂""慎獨"等重要思想的。在先秦的儒家著作中，存在着一種特殊的闡釋方法：思想的推闡，不是直接通過對真實世界的思考，或者通過邏輯的推衍而展開，而是通過詞語在音義上的相關性而産生的聯想。這種詞語的關聯，有語音相關，也有語義相關，跟它們是否同源詞關係不大。所謂的同源詞，本質上是一種文化的概念，而不是語言學的概念。

漢代學者喜歡聲訓，這是我們所熟知的，《釋名》《説文》都是聲訓的代表。儒家學者經常以聲訓爲手段，用來宣傳儒家思想。比較有代表性的，要數《白虎通義》。不過，在西漢時期的《尚書大傳》《韓詩外傳》，以及東漢前後的緯書中，也到處可見。這一點，前賢已經有不少論述。[①]不可否認的是，聲訓中有很多是牽強附會的，因爲兩個詞語的讀音相近，並不意味着它們在意義上必然有淵源。這種現象提醒我們，在儒家學者對思想的闡釋中，可能存在着這樣一種比較特殊的方法：思想的推闡，不是直接通過對真實世界的思考，或者通過邏輯的推衍而展開，而是通過詞語在音義上的相關性而産生的聯想。這種相關性，有語音相關，也有語義相關，跟它們是否爲同源詞關係不大。但是反過來，這種闡釋思想的方式可能會誤導我們，把那些本來不見得是同源的詞，確認爲同源詞。下面我們將討論幾個具體問題，試圖證明在先秦的儒家著作中，的確存在着這種特殊的闡釋思想的方式。

徐　剛　香港嶺南大學中文系

一　音義相關的聯想："情""誠""靜"

　　二十世紀末,由於郭店楚簡的出土,大概没有人再懷疑《中庸》這一篇是先秦時代的作品,並且很可能是儒家思孟學派的著作。不過,從宋代的王柏以來,就不斷有學者提出,《中庸》一篇,不是單純的論"中庸"的文章,而是糅合了兩個部分,前半部分是講"中庸",②後半部分是講"誠明"。王柏《古中庸跋》認爲,《漢書·藝文志》有"《中庸説》二篇",今本《中庸》就是把這兩篇誤合爲一篇。馮友蘭繼承了這種看法,他認爲《中庸》首章"天命之謂性"和第二十章下半段"在下位不獲乎上"以下是一部分,這一部分"多言人與宇宙之關係,似就孟子哲學中之神秘主義之傾向,加以發揮,其文體亦大概爲論著體裁"。第二章"仲尼曰君子中庸"到第二十章上半段"道前定則不窮"是另一部分,這一部分"多言人事,似就孔子之學説,加以發揮,其文體亦大概爲記言體裁"。今本《中庸》還有後來儒者加入的成分,如首末二段,以及"今天下車同軌書同文"等語。③徐復觀、武内義雄等,也有類似的看法。④今人梁濤又根據這些看法,把今本《中庸》改編爲《中庸》和《誠明》兩篇,認爲這兩個部分在思想上存在差異,甚至對立,"誠"是自主自律、開拓進取的實踐精神,與"中庸"的隨衆趨俗、消極保守格格不入,把它們放在一起不合適。⑤

　　我過去曾經從"中"的來源和《中庸》的通天思想的角度,論證《中庸》決不是兩篇不相關的東西誤合在一起的。⑥但當時忽略了另一個重要的綫索,就是《中庸》的"誠"的概念,其實就是從"性"和"情"的概念推闡出來的,而這些概念,又都跟"中"有關。

　　性情論是先秦儒家的一個重要論題。性是天賦的,《中庸》開篇就説"天命之謂性,率性之謂道,脩道謂之教",郭店楚簡《性自命出》⑦也明確説"性自命出,命自天降"。但這天賦的"性"是抽象的,它必然要在人身上體現出來,而"情"就是"性"賦在人身上之後產生的具體的人性,所以《性自命出》又説"道始於情,情生於性",這個道就是"人道",人道始於情;而性是天道,情生於性,也就是人道生於天道。郭店楚簡的《語叢二》也有"情生於性"的説法。

而"誠"這個概念,跟"情"有關。不過,這一點,長期沒有被注意,直到王引之纔明確地揭示了出來。《禮記·樂記》講到禮樂與中外的問題,原文説:

> 樂由中出,禮自外作。樂由中出,故靜;禮自外作,故文。

其中的"靜"字,鄭玄没有注釋,但是他説"文,猶動也",證明他是把"靜"如字讀,理解爲動靜之靜。王引之指出,"樂者,感於物而動,故形於聲,不得謂之靜"。他説,靜當讀爲情:

> 情者,誠也,實也。樂由中出,故誠實無僞。下文曰"和順積中而英華發外,唯樂不可以爲僞",正所謂"樂由中出故情也"。古字靜與情通。《大戴禮·文王官人篇》"飾貌者不情",謂不誠實也,《逸周書·官人篇》情作靜。《逸周書》"情忠而寬",《大戴禮》情作靜。《大戴禮》又曰"誠靜必有可信之色",靜亦情之假借。誠情必有可信之色者,《表記》所謂情可信也。《表記》又曰"文而靜",鄭注曰:"靜或爲情。"案情,正字也;靜,借字也。文而情者,外有文章而内又誠實也。情與文相對爲義,正與此同。下文曰"知禮樂之情者能作,識禮樂之文者能述",又曰"情深而文明";《荀子·禮論篇》曰"至備情文俱盡,其次情文代勝",又曰"三年之喪,稱情而立文",又曰"得之則治,失之則亂,文之至也。得之則安,失之則危,情之至也";此云"樂由中出故情,禮自外作故文",皆以情文相對爲義也。⑧

王氏讀靜爲情,非常精審。樂由内而發,因而就是"情";禮是"情"應對外物而做出的節制,所謂"因人之情而爲之節文者也",因而是"文",是人爲。

王引之説"情"就是誠,就是實,有古書的證據。《淮南·繆稱篇》"情繫於中,行形於外",高誘注:"情,誠也。"《左傳·僖二十八年》"民之情僞盡知之矣",謂民之誠僞也。又《大學》"無情者不得盡其辭",《論語》"上好信則民莫敢不用情",鄭玄、孔注並曰:"情,實也。"⑨所以"情"就是"誠",就是"實"。這個概念比現代漢語"誠實"的概念要廣闊得多,簡單説來,"情"就是"跟某種真實的情形相符合"。《大戴禮·文王官人篇》"飾貌者不情",就是與真實的内心不符合。《大學》説:"子曰:'聽訟,吾猶人也,必也,使無訟乎?'無情者不得盡其辭,大畏民志,此謂知本。"所謂"無情"者,即不真實,與真實不符。

263

《中庸》的"誠"的概念,就是從"情"來的,"誠"其實就是對"情"與"性"的關係的闡釋。所謂"情生於性",本來並不是說,從"性"這種品質中產生了"情"這種東西;而是說,"性"與"情",是從天道過渡到人道,是一個概念的兩面,也就是"天命之謂性"的天人之間的兩面,從天那一面來說就是性,從人那一面來說就是情。講天道必須過渡到人道纔有意義,性是一個抽象的概念,必須把它具體化爲情。所謂"情"的真正意義,是它與天賦的"性"相符合,是人的天性尚未被外物引發而生"欲"的狀態。而情與性符合的狀態,就是"誠"的狀態。"誠"與"情"一樣,都屬於"中"的範疇,《大學》説:

> 小人閒居爲不善,無所不至,見君子而後厭然掩其不善而著其善。人之視己,如見其肺肝然,則何益矣!此謂誠於中,形於外,故君子必慎其獨也。

此"誠於中",即是《中庸》率性之謂,"誠"與"情"之義一貫,情也是與本性相符,猶斷案時與事實相符也。正是在這樣的意義上,《中庸》說"誠者,天之道也;誠之者,人之道也"。"誠"是與自己的天性保持一致,忠實於天性,而天性是天所命,"天命之謂性",因而,誠是天道。"誠之",是要讓自己回復到天性的狀態,這是人的努力,因而是人之道。無論是天之道還是人之道,都是性情的推衍。"誠"是目的,"誠之"是途徑。人要通達天道,就必須盡情盡性,"誠之"是通達天性,達到天人合一的必然途徑:

> 唯天下至誠,爲能盡其性。能盡其性,則能盡人之性。能盡人之性,則能盡物之性。能盡物之性,則可以贊天地之化育。可以贊天地之化育,則可以與天地參矣。(《中庸》)

此《中庸》之"情"與"誠"之關係。[10]

《孟子》也有跟《中庸》幾乎相同的話。《離婁上》云:"誠者,天之道也。思誠者,人之道也。至誠而不動者,未之有也。不誠,未有能動者也。""誠"這個概念,可能是思孟學派的發明。[11]

不過,過去認爲"中庸"和"誠明"這兩個部分不相關,也是有原因的,因爲《中庸》論述了"性"和"中",却並沒有直接說到"情",這就給我們造成了認識上的困難。但是,《中庸》雖然沒有直接用"情"這個字,實際上却用了"情"的概

念。證據就是緊接着"天命之謂性,率性之謂道,脩道之謂教"一段之後說的:

> 喜怒哀樂之未發,謂之中;發而皆中節,謂之和。中也者,天下之大本也,和也者,天下之達道也。

所謂"喜怒哀樂之未發",就是内在已經具有某種特質,但尚未發之於外,這個時候叫作"中"。對比《性自命出》說:"喜怒哀悲之氣,性也。及其見於外,則物取之也",就可以看出"中"就是"性","喜怒哀樂之未發",就是"性"賦在人身上產生的"情"。一旦發之於外,就是具體的喜怒哀樂了。《樂記》"樂由中出故情",也是由"性"過渡到"情"的說法。另外,《荀子·正名》說:"生之所以然者謂之性","性之好惡喜怒哀樂謂之情",跟《中庸》的"性"與"中"是可以對應的,"性之好惡喜怒哀樂",也就是好惡喜怒哀樂尚未脱離天性的狀態,也即《中庸》的"喜怒哀樂之未發",《荀子》也稱之爲"情"。儘管荀子的思想跟思孟有距離,但他們使用的這個概念還是一致的。

作爲哲學概念的"誠"和"情",都含有跟"性"相一致的意思,所以講"誠"就不一定要講"情"了。《中庸》並沒有直接用"情",而是用"誠",是有道理的。《中庸》的開篇就講"天命之謂性,率性之謂道,脩道之謂教",《中庸》下半篇的誠明的概念,就是圍繞"脩道之謂教"展開的,而修道的最終目的,還是在於復歸天命與天道。"誠"這個概念比起"情"來,更能體現"脩道之謂教"的人爲的努力。我們可以比較一下《性自命出》的一段話:

> 凡人情爲可悦也,苟以其情,雖過不惡,不以其情,雖難不貴。苟有其情,雖未之爲,斯人信之矣。未言而信,有美情者也。

這裏講的是人之情,但實際的意思就相當於《中庸》的"誠"。"苟有其情,雖未之爲",就是"中"的狀態,在中未發,而人能信之,就是"誠於中,形於外"(《大學》)。跟"情"相比,"誠"更能突出由後天的努力達到與天性合一的境界,可以同時涵蓋天道與人道,更能體現儒家經由修身而治國平天下的主體的努力(《大學》也用"誠")。因而,比起純粹的指稱性的"情",這個概念的確更加完美。

所以,"誠明"決不是《中庸》的一個跟"中"不相關的多餘的概念,而是其"脩道之謂教"的總綱規定了的。《中庸》跟郭店楚簡的《性自命出》相似,實際上也是一篇性情論,上博楚簡的整理者把《性自命出》改名爲《性情論》,是比較貼切的。

　　"誠"的概念的突出,很可能對於"情"的概念是一種遮蔽。先秦以後理解的"情",就逐漸轉化爲喜怒哀樂的好惡之欲,逐漸與欲混同,尤其在宋儒那裏,成爲"存天理,滅人欲"的情欲的範疇,跟天理相對。這是很不幸的事情。朱熹對《中庸》"喜怒哀樂之未發謂之中"的理解非常深刻,他說:"喜怒哀樂,情也;其未發,則性也。"⑫他看到了喜怒哀樂作爲情的一面,但是却沒有區別未發和已發,未發的喜怒哀樂纔是情。我想這應該是因爲他自己的理學系統將性與情對立了起來,所以看不到在《中庸》的思想中——很可能七十子都是如此——性與情是統一的,一事之兩面。幸好,借由郭店楚簡的出土,我們可以將"情"與"誠"之間的斷裂重新繫上。

　　"情"與"誠"都可以表示跟真實相符的意義,都有"果真"這樣的意義;在語音上,韵母都是耕部,"情"的聲母是從母(精系),"誠"的聲母是禪母(章系)。我們知道,上古章系跟端系音近,而與精系音遠,王力《同源字典》沒有收,可能就是這個原因。不過,具體就從母和禪母來說,還是可以認爲這兩個聲母是比較接近的,儒家學者用"誠"來代替"情",恐怕不會跟語音無關。這一點,如果聯繫下面兩個現象,可能會更有説服力。

　　第一,聲訓的資料告訴我們,通過語音上的相似,可以把本來在意義上似乎沒有什麼關係的兩個概念聯繫起來。這種聯想,可以從《樂記》以"静"釋"情"的現象得到進一步的佐證。

　　"情"可以跟"静"這個詞通過聲音上的相關,建立起概念上的非常密切的闡釋關係。爲此,我們回過頭來再看看《樂記》的那幾句話:

　　　　樂由中出,禮自外作。樂由中出,故静;禮自外作,故文。

我們上文已經引用了王引之的說法,把"静"讀爲"情",並且認爲王氏是正確的。我們也引用了鄭玄的說法,他是把"静"讀爲動静之静,因爲他說"文猶動也"。從語言學的角度講,我們當然認爲,"静"與"情"沒有什麼關係,"静"就是一個假借字,王引之正是這麼説的。

不過,且慢。讓我們再看看下面這句話,也是出自《樂記》:

> 人生而靜,天之性也;感於物而動,性之欲也。物至知知,然後好惡形焉。好惡無節於内,知誘於外,不能反躬,天理滅矣。夫物之感人無窮,而人之好惡無節,則是物至而人化物也。人化物也者,滅天理而窮人欲者也。於是有悖逆詐僞之心,有淫泆作亂之事。

這段話開頭"靜"與"動"對言,可以證明:《樂記》的作者認爲,"性"具有"靜"的特質,人生而靜,意味着人的天性就是靜的;感於物而動,這是人的天性受到外物的感應而動,由此產生欲望,所謂"性之欲",於是人開始有種種離開本性之慾望或行爲。這段話也可以在郭店楚簡《性自命出》中找到互證的材料:

> 凡人雖有性,心亡奠(定)志,待物而後作,待兌(悦)而後行,待習而後奠。喜怒哀悲之氣,性也。及其見於外,則物取之也。

《樂記》又云:

> 夫民有血氣心知之性,而無哀樂喜怒之常,應感起物而動,然後心術形焉。

又:

> 樂者,音之所由生也;其本在人心之感於物也。是故其哀心感者,其聲噍以殺。其樂心感者,其聲嘽以緩。其喜心感者,其聲發以散。其怒心感者,其聲粗以厲。其敬心感者,其聲直以廉。其愛心感者,其聲和以柔。六者非性也,感於物而後動。

哀樂喜怒敬愛,都是感於物而後動,故六者皆非性。可見先秦儒家的思想中,的確認爲"性"具有"靜"的特點。相似的表述也見於《管子·心術下》:

> 凡民之生也必以正平,所以失之者必以喜樂哀怒。節怒莫若樂,節樂莫若禮,守禮莫若敬,守敬莫若静,外敬而内静者必反其性。

又《内業》篇云:

> 凡人之生也必以平正,所以失之,必以喜怒憂患。是故止怒莫若詩,去

憂莫若樂,節樂莫若禮,守禮莫若敬,守敬莫若静。内静外敬,能反其性,性將大定。

《管子》的《心術》和《内業》,郭沫若認爲是宋銒、尹文學派的著作。但這裏的引文,很明顯跟儒家接近。

"性"與"静"本來好像没有什麽關係,古人怎麽會從動静的角度來闡釋"性"的特點呢?或者説,人之性有"静"的特點,這種思想如何産生的呢?由於"性"與"情"實際上是一個事物的兩面,而"情"與"静"在語音上非常容易産生聯想。這兩個字不但讀音相近,而且文字上都從"青"得聲。從語言學上講,"静"是個假借字,因爲它與"情"在語義上本來没有什麽聯繫,這種推闡關係,應該就是借由音近關係而聯想成功的。但這種聯想關係,往往可以在思想上建立起一種新的邏輯關係。"情"與"誠"如此,"情"與"静"也是如此。祇是《樂記》的作者直接提出了"人之生也静",没有作任何邏輯上的論證,給人以非常感性的印象。這種邏輯關係,祇能依靠讀者自己去填補。這個命題也跟《中庸》的"喜怒哀樂之未發"的"未發"有關,"性情"之發,是應外物之"取"而發,發則動,動則千變萬化,就難以控制,容易離開本性。未發之時就是"性情",未發就是"静",静則與性情保持一致,保持一致的狀態就是"誠"。静的東西是恒久的,不變的;而動的東西是短暫的,無常的。⑬所以,在儒家的體系中,也會强調恒常的天性或天命,而"中庸"的思想中,就包含了恒常的思想。⑭

第二,不管我們如何從語言學的角度看待這些詞語之間的關係,在儒家的思想體系中,有幾個非常重要的關鍵詞,它們不但意義聯繫密切,而且在語音上也都有相近之處。"生"是生母耕部,"性"是心母耕部,"情"和"静"都是從母耕部,而"誠"是禪母耕部。一般認爲,天命的"命"與"令"同源,"命"是明母耕部,"令"是來母耕部。在闡釋這些概念時,往往用同音字或叠韵字:《中庸》講"天命之謂性",又講"唯天下至誠,爲能盡其性";《性自命出》講"情生於性";《樂記》講"人之生也静";告子講"生之謂性"(見《孟子》);而且,被認爲是天命所歸的聖人之"聖",也是書母耕部字。有意思的是,我們下文馬上就要講到,子思就是以"聲"釋"聖"的,而"聲"也是書母耕部字。儒家在闡釋自己的思想時所用的概念,都是有語言上的選擇的,即有意識地選擇那些不但意義相關,而且語音也相關的詞語。漢代大量通過聲訓講思想,這種現象看來至晚在戰國時候就已經如此。這很可能會造成很多同源詞的假象,而實際上却不一定同源。

單獨地來看,"情"和"誠"是否同源詞,恐怕會有爭議;而"情"和"静",它們在意義上的距離比較遠,恐怕不會有人認爲是同源詞。但是至少在儒家的闡釋體系中,它們不但在意義上密切相關,而且在語音上也都相近。經過儒家學者在思想上的闡釋,也許會有不少人會覺得它們很可能本來就是同源詞,尤其是"情"與"静",不但語音相近,而且同從"青"得聲,屬於同一個諧聲系列。

二 以隱喻爲推理:聖人與聲音的哲學

甲骨文的發現,讓我們知道了"聖人"的"聖"字,原來跟"聽説"的"聽"同字,又由於它們跟"聲音"的"聲"語音相近,所以這三個詞,現在一般都認爲是同源詞。原來聖人就是善於傾聽的人,早期人類的知識口耳相傳,善於傾聽的人就會成爲有智慧的聰明人,也就是聖人。

但是"聖"指的是人,"聲"指的是聲音,人和聲音之間畢竟祇有傾聽與被傾聽的關係,很難説它們之間有什麽直接的引申關係。從"聲音"的意義引申出"聖人"的意義?這多少有點兒荒謬。我們最多説"聖"的意義跟多聽有關。

在馬王堆帛書和郭店楚簡中,都發現了先秦思孟學派的重要著作《五行》。郭店楚簡祇有《五行》的原文,或者叫經文,而馬王堆帛書不但有《五行》的經文,還有對經文的説解,一般稱爲説文。在《五行》篇中,我們發現了一個非常奇特的現象,《五行》篇的作者有意識地從聲音的角度來闡發"聖"的概念(引文據郭店楚簡本):

> 聖之思也輕,輕則形,形則不亡,不亡則聰,聰則聞君子道,聞君子道則玉音,玉音則形,形則聖。
>
> 君子之爲善也,有與始,有與終也。君子之爲德也,有與始,亡與終也。金聲而玉振之,有德者也。金聲,善也。玉音,聖也。善,人道也;德,天道也。唯有德者,然後能金聲而玉振之。

"聞君子道則玉音",是經由人的聽覺而達到的"玉音"的境界,這個境界一旦"形",即《五行》開篇所説的仁義禮智聖"形於内謂之德之行"的"形",則成"聖";"金聲,善也,玉音,聖也",這個"聖"的概念顯然是通過人的聽覺或聲音的意義"推導"出來的。類似地,作者還用了視覺上的概念,即眼睛和眼睛所見的顔色,來闡釋五行:

> 仁之思也清,清則察,察則安,安則温,温則悦,悦則就,就則親,親則愛,愛則玉色,玉色則形,形則仁。
> 智之思也長,長則得,得則不亡,不亡則明,明則見賢人,見賢人則玉色,玉色則形,形則智。

"見賢人則玉色",這是用視覺所見來闡釋其所達到的"玉色"的境界,這個境界一旦"形",則非智即仁。

更有意思的是,《五行》的作者有意識地將視覺的"色""見""明"和聽覺的"聲""聞""聖"作對比,進而顯示聽覺上達成的"聖"的境界乃是更加高明的境界:

> 未嘗聞君子道,謂之不聰。未嘗見賢人,謂之不明。聞君子道而不智其君子道也,謂之不聖。見賢人而不智其有德也,謂之不智。見而智之,智也。聞而智之,聖也。明明,智也,虩虩,聖也。"明明才下,虩虩才上",此之謂也。聞君子道,聰也。聞而知之,聖也。聖人智天道也。……見賢人,明也,見而智之,智也。智而安之,仁也,安而敬之,禮也。

"見而知之,智也"的境界,顯然不如"聞而知之,聖也"的境界。

聽覺與視覺作爲人類感知世界的兩大方式,聽覺的確比視覺要更抽象一些。人類的感知方式,除了這兩大方式之外,祇有嗅覺、味覺和觸覺,後三者都過於具體,感知的範圍太有限,而視覺雖然可以看到萬事萬物,但比起聽覺來,也還是要具體一些,它的對象祇能是有形可見的事物。而聽覺則不一定要知道聲源,所以往往有某種神秘性。《五行》云視覺所見是賢人,聽覺所知是聖人;又云玉色則仁,玉音則聖,顯然視覺不如聽覺。古代社會的大宗教,經常否定具體的形象,認爲神没有固定的形象。因爲眼睛所見,過於具體,神性容易消失。早期的佛教都是不可立像的,佛像是後來産生的。而禪宗甚至連聲音也否定,《金剛經》説:"若以色見我,以音聲求我,是人行邪道,不能見如來。"這與《中庸》提出的最高境界接近,《中庸》的末尾説:

  《詩》曰:"予懷明德,不大聲以色。"子曰:"聲色之於以化民,末也。"《詩》曰"德輶如毛",毛猶有倫。"上天之載,無聲無臭",至矣。

可見明德的最高境界是超乎聲色之上的,無聲無臭。

  基督教也是否定具體的神像的,所以教堂中常常衹有一個十字架代表耶穌或上帝,没有耶穌或上帝的像。《舊約》中的上帝往往以聲音的方式與先知溝通,當他罕見地需要被萬民看見的時候,僅僅以火光的形象出現。所以神與人溝通的最好渠道就是聲音,既能保持距離,保持神秘性,又能深入人心。《樂記》講聲音的效果最能動人,可能也是基於這樣的體驗。早期中國的音樂家,叫作"師",師不但通曉音律,而且懂得天時,出兵打仗的時候,他們要隨軍出征,運用音律來判定吉凶,後代的"軍師"就是從此變化而來。作爲音樂家的"師",往往由盲人擔任,當時叫作"瞽矇",據説盲人因爲看不見,視覺不行,所以聽覺就非常好,能够聽到一般人聽不到的聲音,能够辨別一般人聽不清的聲音。這樣的人,被認爲是"知天道"者,所以《左傳》記載單襄公有"吾非瞽史,焉知天道"之語。

  不可否認,語言的隱喻之中可能包含了豐富的思想,值得我們去深入發掘和研究。但從聲音來推闡"聖"的概念,《五行》的這種立論,不能説是一種嚴密的邏輯,概念並非通過語義的引申或邏輯的推衍而實現,而是經由語詞的意義的相關性而作的感性發揮,近乎語言的遊戲。這樣得出的"聖"與"智"的概念也就缺乏必要性。而《五行》篇的推理往往如此,它大量地使用"X 則 Y"這種因果關係的格式,非常輕易地從一個概念過渡到另一個概念,而缺乏論證,構成一個龐雜的、非常感性的、想當然的概念體系,經不起邏輯的推敲。[15]這讓我們覺得,《荀子·非十二子》對於思孟五行説的攻擊,似乎並非門户之見,而是頗爲切中肯綮的:

  略法先王而不知其統,猶然而材劇志大,聞見雜博。案往舊造説,謂之五行,甚僻違而無類,幽隱而無説,閉約而無解。案飾其辭而祇敬之曰:此真先君子之言也。子思唱之,孟軻和之。世俗之溝猶瞀儒,嚾嚾然不知其所非也,遂受而傳之,以爲仲尼、子游爲茲厚於後世。是則子思、孟軻之罪也。

"甚僻違而無類,幽隱而無説,閉約而無解",可真是《五行》篇推理的弱點。思孟學派這麼重要的一篇文獻,漢以後竟然失傳,看來也不是偶然的。

這種以"聲"言"聖"的方式,在傳世文獻中也有。《五行》的"金聲而玉振之"這句話,其實是一般人所熟知的,《孟子·萬章下》:

> 孟子曰:"伯夷,聖之清者也;伊尹,聖之任者也;柳下惠,聖之和者也;孔子,聖之時者也。孔子之謂集大成。集大成也者,金聲而玉振之也。金聲也者,始條理也。玉振之也者,終條理也。"

祇不過在《五行》出土以前,没有人知道這跟思孟五行有關。很明顯,孟子也是在以"聲"言"聖"。

《五行》的這種推論方式,提醒我們儒家經典中可能還有別的地方,存在着"聖"和"聲"的聯想關係。《尚書·秦誓》説:

> 如有一介臣,斷斷猗無他伎,其心休休焉,其如有容。人之有技,若己有之;人之彦聖,其心好之,不啻若自其口出。

"人之彦聖,其心好之",這話容易理解,別人的美德聰明聖智,我也喜歡,就好像"人之有技,若己有之"。但是爲什麼是"不啻若自其口出"?別人的美好、聰明聖智,怎麼能是從我的口裏出來呢?過去的注疏都把"彦聖"的"聖"理解爲聖智之聖,其實是有問題的。這個"聖",應該跟"聲"有關,故有"不啻若自其口出"之語。"彦聖",接近《孟子》所説的"仁聲",《盡心上》:

> 孟子曰:"仁言不如仁聲之入人深也,善政不如善教之得民也。善政民畏之,善教民愛之。善政得民財,善教得民心。"

"仁聲"對"仁言",應該是指音樂,也就是傳統所説的樂教。趙岐注:"仁聲,樂聲雅頌也。"雖然太具體了點,但是没有離開音樂,八九不離十。朱熹云:"仁聲謂仁聞,謂有仁之實而爲衆所稱道者也,尤見仁德之昭著,故其感人尤深也。"朱熹把聲理解爲聲譽,用來解釋《孟子》的"仁聲",頗爲牽强,反而不如趙岐注直接清晰;但是如果用來解釋《尚書》的"彥聖",倒是非常貼切。也就是說,所謂"彥聖"者,有彥聖之實而爲衆所稱道者也,尤見聖智之昭著,人皆稱其彥聖,而我心亦好之,故不啻若自其口出也。

也就是說,《秦誓》的作者有意識地利用了聖與聲之間的聯繫,在特定的上下文中,把"聖"變成了一個具有雙重意義的詞,它既是"聖智"的意思,又是"聲譽"的意思。這跟修辭學上的雙關有相似之處,但又不同。雙關是 A 詞語通過諧音,暗示同音的另外一個詞語 B,表面說的是 A,真正的意思是言外的 B。而"彥聖"這樣的用法,是利用詞語 A 和 B 之間的某種聯繫,同時使用了 A 和 B 兩個詞語的意義,兩個意義都是言內之義。也許我們可以把這種現象叫作"詞義的混合"。

但是從語言上講,這是違反語言學的基本常識的。一個詞語,不管它有多少個意義,在特定的上下文中,它應該祇能是其中的一個意義,不可能同時兼用兩個意義。雖然有時候兩個意義 a 和 b 都能講通,但要麼是 a,要麼是 b,不能同時是 a 和 b。例如"攻乎異端,斯害也已","已"有很多意思,在這句話中,它可能是語氣詞,相當於"矣",也可能是動詞,停止義。這兩個意思放在這句話中都能講通,但它不可能既是語氣詞,又是動詞,這是違反語言學的一般原則的。

那麼,我們對於"彥聖"的解釋是否異想天開,違反常識呢?其實,這種手法,在儒家的經典中,并不罕見。

三 詞義混合:樂者,樂也

詞義混合最有代表性的例子,可能是"樂"。它可以表示音樂之"樂",也可以表示快樂(包括喜歡)之"樂",這是常識。但是有時候,它會被用來同時表示這兩種意義。

我們先來看《禮記·樂記》中對於音樂的一段論述:

> 樂也者,施也;禮也者,報也。樂,樂其所自生;而禮,反其所自始。樂章德,禮報情反始也。

《樂記》是漢人根據很多先秦時代論樂的資料重新編纂而成的。按照鄭玄的《目錄》,這段論述在編入《樂記》之前,是屬於名爲《樂施》篇的一部分。樂施的施,據經學家們的説法,本來是施行的意思,⑯但是在上引這段話中,顯然不能理解爲施行。這裏的"樂"與"禮"相對,"施"與"報"相對,最自然的理解,"施"應當是施予的意思。但是音樂爲什麽是"施予"呢?似乎也不太通順,至少有些勉强。孔穎達的疏説:"言作樂之時,衆庶皆聽之,而無反報之意,但有恩施而已,故云'樂也者,施也。'"孔穎達是説,禮尚往來,當我以禮待人的時候,别人也必然以相應的禮來反報我;而音樂是讓人聽的,不用回報,所以祇有"施予"而没有回報。這樣的講法當然不是什麽高明的思想,把這樣的"施予"作爲音樂的"特點",實在讓人覺得有點好笑,如果這也可以算是一個"特點"的話。把這個"特點"跟"禮尚往來"相提并論,恐怕是經學家們的牽强附會。

那麽,爲什麽《樂記》的作者會有"樂也者,施也"這樣的闡釋呢?我的理解是,他無意中把音樂的"樂",混同爲喜樂的"樂","好之者不如樂之者"的"樂"。喜歡一個人,最好的表達就是給他一些賞賜,一些好東西,或者請他吃飯,也就是《周禮》説的"好賜",⑰《詩經》説的"中心好之,曷飲食之"。《樂記》也説:"故酒食者,所以合歡也。"⑱《國語·周語上》:"賓、饗、贈、餞,如公命侯伯之禮,而加之以宴好。"《左傳·昭公七年》:"楚子享公於新臺……好以大屈。"杜注:"宴好之賜。大屈,弓名。"這樣的施捨,是不在正式的禮儀之内的,是不需要回報的,正好可以跟禮尚往來的"報"相對。⑲

一個有趣的證據是,《樂記》緊接着這一段的文字:

> 所謂大輅者,天子之車也。龍旂九旒,天子之旌也。青黑緣者,天子之寶龜也。從之以牛羊之群,則所以贈諸侯也。

表面看起來,這一段跟上文毫無關係,怎麽會突然把話題轉到贈諸侯的禮物上?而且,在此之後,緊接着又回頭説禮樂:

> 樂也者,情之不可變者也;禮也者,理之不可易者也。樂統同,禮辨異。禮樂之説,管乎人情矣。

"贈諸侯"的這一段,似乎是錯簡,跟上下文毫無關聯。但其實不然。作者正是在不經意之間暴露了自己語言深處的思維的奧秘,二者有着極其密切的思維關聯。"樂也者,施也"這樣的思想正是通過音樂之"樂"與好樂之"樂"之間的音義關聯而産生的一個命題。[20]"贈諸侯"正是《周禮》"好賜"的範疇。

　　語言扎根在思維的最深處,常常會在無意識中出賣我們内心最真實的秘密。史蒂芬·平克(Steven Pinker)講過一個美國的真實的案件,可以幫助我們理解《樂記》的上下文關係。1994 年,一個叫蘇珊·史密斯的母親報案,稱她的兩個親生兒子被綁架了。她對聞訊而來的記者説:"My children wanted me. They needed me. And now I can't help them."兩個過去式暴露出她其實已經知道兩個孩子已經死了。案件的真相是,她親手溺死了兩個兒子。[21]

　　古漢語中音樂之"樂",與快樂、好樂之"樂"的關係實在是太密切了,已經深入到《樂施》篇的作者的潛意識中去了。從語音上説,音樂之"樂"是疑母藥部,快樂之"樂"是來母藥部。從意義上説,儒家經典中以樂 lè 説樂 yuè 乃是司空見慣的闡釋,僅僅《樂記》一篇就出現了兩次:

　　　　故曰:樂者,樂也。君子樂得其道,小人樂得其欲。
　　　　夫樂者,樂也,人情之所不能免也。

由樂 yuè 及樂 lè,實在是儒家學者意識深處最自然的聯想,以至於很多時候,我們難以分清他們究竟是在説音樂,還是在説快樂,很可能是兼而有之。比如《樂記》:

　　　　夫樂(1)者,樂(2)也,人情之所不能免也。樂(3)必發於聲音,形於動静,人之道也。聲音動静,性術之變,盡於此矣。故人不耐無樂(4),樂(5)不耐無形。形而不爲道,不耐無亂。先王恥其亂,故制雅、頌之聲以道之,使其聲足樂(6)而不流,使其文足論而不息,使其曲直繁瘠、廉肉節奏足以感動人之善心而已矣。不使放心邪氣得接焉,是先王立樂(7)之方也。

樂(1)和樂(7)是 yuè,樂(2)和樂(6)是 lè,這没有問題。樂(3)應該讀爲 lè 還是 yuè?要説音樂必然要發於聲音,讀爲 yuè 當然是没有問題的。但從上下文説,樂(3)是承樂(2)而來,人之道講的還是"人情"。而且《詩序》云:"情動於中而形於言,言之不足故嗟歎之,嗟歎之不足故永歌之,永歌之不足,不知手之舞之,足之蹈之也。情發於聲,聲成文謂之音。"與"樂必發於聲音,形於動静"正合。這樣説,似乎又應該讀爲 lè。樂(4)和樂(5),應該是同一個詞,人不能無樂,好像應該是樂 lè,孔疏:"内既歡樂,不能無形見於外,謂聲音動静而見於外也。"就是讀樂爲 lè。但此處似乎也可以讀樂爲 yuè,人不能離開音樂,《樂記》前文就説"禮樂者,不可斯須離也"。而音樂也必然要在聲音動静等形式上表現出來,不能無形,所以讀樂爲 yuè 也是可以的。

這種密切關係,往往會讓人在潛意識下不知不覺地轉移"樂"的概念。出土的《性自命出》篇有這樣一段話:

> 凡古樂龍心,益樂龍指,皆教其人者也。《賚》《武》樂取,《韶》《夏》樂情。
>
> 凡至樂必悲,哭亦悲,皆至其情也。哀樂,其性相近也,是故其心不遠。哭之動心也,浸殺,其央戀戀如也,慼然以終。樂之動心也,濬深鬱陶,其央則流如也以悲,條然以思。
>
> 凡憂思而後悲,凡樂思而後忻,凡思之用心爲甚……

《性自命出》這一篇,郭店簡和上博簡都有,兩相對照,可知簡序没有問題。其中的"凡至樂必悲"的"樂",從下文的"哀樂"對言、"哭之動心"跟"樂之動心"對舉來看,這個"樂"應該是快樂之"樂"。"至樂必悲,哭亦悲""哀樂,其性相近也",這些話很有哲理,快樂到了極點會變成悲傷,頗有"樂極生悲"的意思。

這樣理解大體應該是正確的。但是《禮記·樂記》有這樣一段話:

> 王者功成作樂,治定制禮。其功大者其樂備,其治辯者其禮具。干戚之舞,非備樂也;孰亨而祀,非達禮也。五帝殊時,不相沿樂;三王異世,不相襲禮。樂極則憂,禮粗則偏矣。及夫敦樂而無憂②,禮備而不偏者,其唯大聖乎?

這一段從頭到尾都將"禮"和"樂"對舉,所以"樂極則憂"的"樂",應該是音樂之"樂",它跟《性自命出》的"凡至樂必悲"如出一轍,難道没有關係嗎?

可見,"凡至樂必悲"這句話,如果把其中的"樂"讀爲音樂之"樂",也完全是可以的。反觀上引《性自命出》的這三段話,我們就會發現,《性自命出》的作者論述非常有條理，布局非常巧妙。第一段是論音樂，第二段轉到音樂與喜怒哀樂，第三段緊承第二段末尾的"思"字，以"思之用心爲甚"，過渡到論音樂與心之間的關係。三者環環相扣，轉折極其自然。事實上，不僅這三段，《性自命出》全篇的起承轉合都是非常有條理的。由此我們可以領悟到，"凡至樂必悲"這句話，實際上是巧妙地利用了"樂極則憂"這樣的思想，其中的"樂"既是在説快樂，也是在説音樂，"樂"兼用"音樂""快樂"二義，可以説是水乳交融，劃水難分。哀樂、哭樂之樂，當然是快樂的"樂"，但是作者是怎樣描述"哭"和"樂"的呢？"哭之動心也，浸殺，其央戀戀如也，慼然以終。"這是説哭，但實際上説的是哭的聲音，哭本身是哀傷，但是哭的聲音就跟音樂相關。"樂之動心也，濬深鬱陶，其央則流如也以悲，倏然以思。"這是在説快樂，但"濬深鬱陶""倏然以思"，難道不是音樂嗎？所以，"凡至樂必悲"的"樂"，就是充分利用了樂 yuè 與樂 lè 之間的聯想關係，將兩種意義融合在一個詞裏。

從邏輯的角度來講，這樣的論述是否可取，可能會有爭議。因爲這樣的闡釋方法，有偷換概念的嫌疑。不過，偷換概念是用甲概念替換乙概念進行邏輯推理；而我們這裏提到的現象，其實是利用甲乙兩個詞語之間的相關性，將甲詞的概念注入到乙詞的概念中，從而形成一個新概念。這與偷換概念是不同的。嚴格地説，作者應當將這一過程作一個具體的論證，解釋一下新舊概念之間的邏輯關係。無論是從情到誠，從情到靜，還是從聲到聖，從快樂到音樂，其實都不難做到這一點，但作者却没有做。這是古代中國與今天的西方哲學非常不同的地方。我們並不重視概念之間的邏輯推導，所以很多論述給人的印象是非常直觀、感性，缺乏理性的思辨。這的確是我們的古代哲學不嚴密的地方，但並不意味着完全没有邏輯，這種邏輯是需要讀者自己去填補甚至重構的。

但無論如何，這對我們理解作者的思想帶來了障礙。作爲闡述哲學思想的方式，這樣的做法不值得提倡，明確清晰纔是我們應當追求的。而這種闡釋方法，的確也給偷換概念打開了方便法門，尤其是在我們傳統的經學中，這種偷換概念的現象屢見不鮮。下面就是一個很典型的例子。

四　同義詞轉換："慎獨"與"慎一"

"慎獨"是《大學》和《中庸》的重要思想，《大學》云：

> 所謂誠其意者，毋自欺也，如惡惡臭，如好好色，此之謂自謙。故君子必慎其獨也。小人閒居爲不善，無所不至，見君子而后厭然揜其不善而著其善。人之視己，如見其肺肝然，則何益矣？此謂誠於中，形於外，故君子必慎其獨也。

可見慎獨的思想，是跟"誠"的思想密切相關的。因此，《中庸》在一開篇提出"天命之謂性，率性之謂道，脩道之謂教"之後，馬上就提出了"慎獨"之說：

> 道也者，不可須臾離也，可離非道也。是故君子戒慎乎其所不睹，恐懼乎其所不聞。莫見乎隱，莫顯乎微，故君子慎其獨也。

鄭注："慎獨者，慎其閒居之所爲。""慎其獨"是因爲道不可須臾離，就算在隱微之處，也不可違離，所以要慎獨。朱熹《集注》云："獨者，人所不知而己所獨知之地也。言幽暗之中，細微之事，迹雖未形而幾則已動，人雖不知而己獨知之，則是天下之事無有著見明顯而過於此者。"㉓

《大學》和《中庸》的"慎獨"，就是在獨處的時候也要謹慎的意思，這是昭然明白的。

馬王堆帛書《五行》篇的經文也有"慎獨"的說法：

> "尸鳩在桑，其子七氏，叔人君子，其宜一氏。"能爲一，然後能爲君子。君子慎其獨也。"嬰嬰于萅，差沱其羽。之子于歸，遠送于野。瞻望弗及，泣涕如雨。"能差沱其羽，然後能至哀。君子慎其獨也。㉔

所引詩，見於今本《毛詩》，一見於《曹風·鳲鳩》："鳲鳩在桑，其子七兮。淑人君子，其儀一兮。其儀一兮，心如結兮。"一見於《邶風·燕燕》："燕燕于飛，差池其羽，之子于歸，遠送于野，瞻望弗及，泣涕如雨。"

《詩經》的"其儀一兮"的"一"，是專一、純一的意思，能够用心專純，然後能爲君子,這在邏輯上是可以講通的。《五行》經文説,"君子慎其獨也",是説君子在獨處的時候,也應該保持用心之專一,這與《大學》和《中庸》的慎獨的概念是一樣的。《燕燕》一詩,《毛詩》以爲衛莊姜送妾婦,《魯詩》以爲定姜送子婦。上海博物館藏竹簡《孔子詩論》云"《燕燕》之情,以其獨也"。又《齊詩》説文云:"泣涕長訣,我心不快。遠送于野,歸寧無子。"又云:"燕雀衰老,悲鳴入海。憂在不飾,差池其羽。頡頏上下,在位獨處。"⑤可見所説的"獨",也應該是孤獨、獨處之義。則《五行》經文的"慎其獨",也跟《大學》《中庸》的"慎獨"意思相近,經文是説,孤獨或獨處時,仍然專注在遠行之人上,而無暇思考别的事情,因而會產生沉痛的哀思。

但是帛書的説文所作的解釋,却完全出乎我們的預料:

> "淑人君子,其義一也",淑人者,□□;義者,義也,言其所以行之義之一心也。"能爲一,然後能爲君子",能爲一者,言能以多爲一;以多爲一也者,言能以夫五爲一也。"君子慎其獨",慎其獨也者,言舍夫五而慎其心之謂。□□然後一。一也者,夫五夫爲□心也。然後德之一也,乃德已。德猶天也,天乃德已。"嬰嬰于飛,差沱其羽",嬰嬰,興也,言其相送海也。方其化,不在其羽矣。"'之子于歸,遠送于野,瞻望弗及,泣涕如雨'。能差沱其羽,然後能至哀",言至也。差沱者,言不在崔經也。不在崔經,然後能至哀。夫喪,正經脩領而哀殺矣,言至内者之不在外也。是之謂獨。獨也者,舍體也。

作者顯然是把慎獨的"獨"等同於"其義一兮"的"一"了。他認爲"一"是跟"五"相對的,又曲解《詩》中的"心如結兮",慎獨就是要捨五體而專任一心,又把"一"發揮成"心"。

説文的作者看到了"獨"和"一"之間在意義上有相同的交集,即在"獨一無二"的意思上它們是同義詞,因而直接把慎獨的"獨"理解成了"一",進而把"一"發揮成"心",主張捨五取一。但是他完全不顧"慎獨"的本義,也完全不管"慎一"這樣的話是否成立,直接轉成"慎其心"。用"一"轉換"獨",把獨處的意思轉化爲"專一",這種推理方式,是典型的偷换概念。

我們也許可以推論,《五行》的説文的作者,未必真的理解經文的本義,因而對經文作了錯誤的、不合本義的解釋。但是事情恐怕没有那麽簡單,因爲在傳統的對經書的闡釋中,對於經文意義的歪曲往往是故意的,有意識地通過偷换概念來闡釋自己的主張。即以《詩經·鳲鳩》一篇而言,《毛詩》的序説:"鳲鳩,刺不壹也。在位無君子,用心之不壹也。"可見,《詩序》的作者認爲"其儀一兮"的"一"就是專一。但是"鳲鳩在桑,其子七兮"毛傳説:"鳲鳩之養其子,朝從上下,莫從下上,平均如一。"這是把"一"理解爲均一;而"淑人君子,其儀一兮"毛傳却説:"言執義一則用心固。"這是把"一"理解爲專一,又引申爲堅持不變。對於"均一"與"專一"之間的差别,似乎完全不在意。

另外,《説苑·反質》引《傳》曰:"鳲鳩之所以養七子者,一心也。君子之所以理萬物者,一儀也。以一儀理物,天心也。五者不離,合而爲一,謂之天心,在我能因,自深結其意於一。"所引的《傳》,應該是三家詩的解説,這個解説跟《五行》的説文顯然有繼承關係,但是却没有牽合慎獨的概念。不過,《五行》説文對慎獨的闡述,已經見於《禮記·禮器》:

> 禮之以多爲貴者,以其外心者也;德發揚,詡萬物,大理物博,如此,則得不以多爲貴乎? 故君子樂其發也。禮之以少爲貴者,以其内心者也。德産之致也精微,觀天子之物無可以稱其德者,如此則得不以少爲貴乎? 是故君子慎其獨也。古之聖人,内之爲尊,外之爲樂,少之爲貴,多之爲美。是故先生之制禮也,不可多也,不可寡也,唯其稱也。

這裏的"慎其獨",的確跟獨處無關。孔疏:"獨,少也。既外迹應少,故君子用少而極敬慎也。"孔疏大體正確,可惜他不可能見到《五行》,並不真正瞭解這裏所説的"慎其獨",其實就是《五行》説文所説的"慎其心"。因爲前面明説"禮之以少爲貴者,以其内心者也";所謂"以少爲貴",也跟捨五取一有關。《禮器》的這一段,很可能是受了《五行》的説文的影響。從這個角度看,《五行》的説文的産生年代,應當不會很晚。而"慎獨"的這種意思,在《荀子》那裏,似乎也被接受了,《不苟》篇云:

> 變化代興,謂之天德。天不言而人推高焉,地不言而人推厚焉,四時不

言而百姓期焉。夫此有常,以至其誠者也。君子至德,嘿然而喻,未施而親,不怒而威。夫此順命,以慎其獨者也。善之爲道者,不誠則不獨,不獨則不形,不形則雖作於心,見於色,出於言,民猶若未從也,雖從必疑。

但郝懿行、王念孫又謂《不苟》之"慎其獨"之"慎"乃"誠",而非謹慎之"慎";王氏又進一步認爲《大學》《中庸》之"慎其獨"也是"誠其獨"。[26]"慎與誠",意思的確有相近之處,《爾雅·釋詁》:"慎,誠也。"但《不苟》此文,一者云"夫此有常,以至其誠",一者云"夫此順命,以慎其獨"。二者祇是意義相似,不見得要釋"慎"爲"誠";且《不苟》全篇用"誠",而獨於"慎其獨"云"慎"而不云"誠",《大學》《中庸》皆如此,出土文獻也如此。王念孫訓"慎"爲"誠",其實也是一個通過同義聯想來闡釋思想的例子,用以發揮新思想也許可以,但解釋古書,却必定是偏離了原意。

這種偷換概念,牽強附會的解釋,在傳統的經學中是很多的,包括漢代學者大量任意的聲訓方法。這種解釋,作爲斷章取義的發揮,是可以的,但如果作爲思想推衍的方法,却是缺乏邏輯的,它導致的不是思想的清晰,而是思想的混亂。

五 同源詞的認定

清代學者以古音爲樞紐,提出要打破字形的限制,根據音近義通的原則,來研究古漢語和古文獻,這是非常進步的觀念。嚴格區分字與詞,并且要區分語文學和語言學,這也是現代語言學的基本觀念。不過,這也在客觀上造成了一個問題。文字是記錄語言的符號,這是完全正確的,但是漢字的特點同樣會對漢語產生很深刻的影響,這一點,似乎并沒有被充分估計到。

確定同源詞的標準一直是學術界的一個難題。漢代學者用聲訓探討語源,他們認爲自己用作聲訓的每一對詞語之間,存在着必然的聯繫。但是兩個詞語之間到底有没有意義上的聯繫,在很多時候,是不清楚的。今人對於同源詞的判斷,往往跟漢代人一樣武斷。[27]我們也許可以在語音上更嚴格地加一些限制,比如,不但韵母要同韵部,而且聲母也要同部位;但是意義上是否相關,却難以找到客觀的標準。而且,應該警惕的是,"限制"不等於事實,中古漢語讀音相同,上古漢語未必相同;上古漢語讀音相同,遠古漢語未必相同。這樣,同源詞就變成一個技術性的問題了,也就失去了"同源"的意義。

本文考察的幾個例子提醒我們,在判定兩個詞語是否同源的時候,我們根據的很可能祇是一種思想文化上的"認定",而不是語言上的真正的派生。就情與誠、情與靜、聲與聖而言,他們本來有没有語源上的派生關係,其實誰也不知道,因爲在文字記録這些詞語之前,我們根本就不知道它們是否早已産生,以及如何産生的。但是在長期的社會文化活動中,人們會對語詞之間的關係作出新的"認定",兩個本來無關的詞語,可能會被認定爲關係密切。這種認定至少有兩次對語言的語義系統造成極大的影響。

第一次是造字時候的認定。各個時代的人都會有造字的需要,多多少少會造一些漢字。造字的人爲兩個語音相同或相近的詞語各造了一個字,還是合用一個字,這本身就是對它們意義的相關性的認定。當人們意識到需要區分某個意義時,他可以造一個新字,也可以借用一個既成的字,不同的選擇就是不同的認定,而且從此把這種認定固定下來。例如音樂的"樂"和快樂的"樂",當人們用同一個"樂"字來表示它們時,就是認定這兩個詞是有密切關係的,今天可能會有很多學者把它們看作同源詞。但是這種認定究竟是否體現了它們之間有語言上的派生關係呢?

而且,造字時具體選用哪一個諧聲偏旁,對後人的認識造成的影響可能更爲深遠。打個比方説,在甲骨文中有一個从宀从聖的字,可能就是大廳的"廳"的本字,可見造字的人認爲廳堂上是跟人談話的地方,我們也許可以認爲"廳"與"聖(聲)"是同源詞。但如果當初造字的人借用一個跟它音近的楹聯的"楹"來表示大廳,我們也許會認爲"廳"與"楹"是同源詞,因爲是楹是大殿上的柱子,是大廳的象徵。如果他造了一個从宀从汀的字,那麽我們也許會認爲"廳"與"汀"同源,因爲大廳就像汀州一樣平坦。如果造字的人造的字是从宀从定,那麽我們也許會認爲"廳"和"定"同源,因爲定有額頭的意思,大廳突出在房屋的前方,就像人或動物的額頭一樣。那麽,根據甲骨文,"廳"和"聖"真的是同源詞嗎?

可見,爲每一個詞造字,都是對這個詞在詞義系統中的地位的認定,是對一種語言的詞彙系統的調整,它在很大程度上決定了我們今天所謂的同源詞的本質。這次認定對語言系統內部的音義關係造成的影響可能是决定性的。

第二次認定是思想上的闡釋。例如"聖"與"聲",一個是聰明的人,一個是聲音,它們本來關係挺遠,看不出來有什麼必然的聯繫。要從聲音引申出聰明的人這樣的意思,恐怕就要經過人們的認定,而且中間得拐幾個彎兒。但是如果接受了儒家對於"聖"與"聲"的思想闡釋,恐怕也很難說它們不是同源詞了。"情"與"誠""静"的情况也類似。儒家思想對我們的影響太大。衹有像"獨"與"一"這樣的,雖然意義相近,但是讀音相差較遠的詞,纔不會被認爲是同源詞。

經典著作中的思想闡釋尤其會造成巨大影響。如果單獨把"富"與"幅"拿出來,恐怕沒有幾個人會認爲它們是同源詞。但是如果看到《左傳·襄公二十八年》晏子對"富"的闡釋,很可能會改變注意。晏子説:"且夫富,如布帛之有幅焉。爲之制度,使無遷也。夫民,生厚而用利,於是乎正德以幅之,使無黜嫚,謂之幅利。利過則爲敗。吾不敢貪多,所謂幅也。"這種思想的闡釋,有很强大的説服力。

也許還有第三次認定,比如權威字典的編撰,字典中的一些錯誤的判斷,或者爲了系統的整齊而做的調整,會影響到後人的詞義系統。對於古漢語來説,《説文解字》的權威性太高了,許慎根據字形所做的一些意義上的區分,究竟是人爲的,還是實際語言中存在的,很值得研究。例如從辵和從足、從彳的字,從口和從言的字,古文字中往往是異體字,但是《説文》有時會做區分。比較有代表性的可能是"嘆"和"歎"。《説文》:"歎,吟也,謂情有所悦,吟歎而歌詠。""嘆,吞歎也。"段玉裁注:"嘆、歎二字,今人通用,毛詩中兩體錯出,依《説文》則義異,歎近於喜,嘆近於哀,故嘆訓吞歎,吞其歎而不能發。"也就是説,嘆是悲傷的嘆,歎是愉悦的歎。古書中,如《詩序》的"嗟歎之不足故永歌之",似乎近於喜悦詠嘆的嘆;《左傳·昭公二十八年》"吾子置食之間三歎",這是憂而嘆;而"一唱三嘆"的嘆,就無所謂憂還是喜。看來,歎可能本來衹有一個,就是有感而嘆,但是因爲嘆氣的原因不同,所以有的偏於喜,有的近於憂。從古書的用字來看,也看不出"嘆"是憂,"歎"是喜。所以"嘆"和"歎",本來是異體字,《説文》的區分,很可能是一種人爲的區分。但是這種區分對我們腦中的詞義系統可能會有影響,讀過《説文》的人,可能會覺得這種區分是真實存在的。現代漢語中還説贊嘆、哀嘆,但是都用同一個漢字表示,平時我們未必會覺得是兩個不同的詞,但如果根據《説文》,就祇好看成是兩個詞了。

因此,傳統訓詁學上最重要的方法,因音求義,嚴格説來,祇能被看作是一種訓詁的方法,而不能被看作是對同源詞的探討。因爲在漢語言文字的系統之内,的確存在着"音近義通"的局面,但這種局面並不見得是由於詞語的派生而形成的格局,而是詞語産生之後被重新認定的結果,是一種文化上的認定,而不是語言的自然派生。

所以,我認爲在講"同源詞",或者"音近義通"的時候,我們也許應該樹立這樣一種觀念:我們腦中的意義系統,早已是被我們的文化清洗過了的系統,而且可能一直都在被洗着。俗詞源就是一個明顯的證據。因此所謂的同源詞,本質上是一種文化的概念,而不是語言學的概念。這也許可以爲我們重新理解語言與文化的相對性,提供一條新的思路。

附 記

本文初稿寫成後,曾於 2007 年 3 月在香港中文大學召開的"訓詁學——理論與方法"研討會上宣講過。當時南開大學的施向東教授聽了以後,在會下跟我説,他對論文中説"樂"的一部分特别感興趣,并且提出了對《論語·先進》"侍坐"一章的新解讀。我覺得非常有啓發,所以根據施先生之説,略加補綴,作爲附録,以廣流傳。

子路、曾晳、冉有、公西華侍坐,孔子使四位弟子各言其志。子路對曰:"千乘之國,攝乎大國之間,加之以師旅,因之以饑饉,由也爲之,比及三年,可使有勇,且知方也。"子路所言,重點在"兵",很符合子路赳赳武夫的形象。但《顔淵》篇載子貢問政,子曰:"足食,足兵,民信之矣。"且言必不得已而去,於斯三者,先去兵。孔子主張爲國以禮,而子路所言,無異爲國以兵,而其言又不讓,故夫子哂之。冉求對曰:"方六七十,如五六十,求也爲之,比及三年,可使足民;如其禮樂,以俟君子。"所言重點在"食"。冉有本來知道孔子爲國以禮的道理,但是他看到孔子哂由,乃作謙虚之語,祇言足食,而於禮樂,僅云"以俟君子"。公西華對曰:"非曰能之,願學焉!宗廟之事,如會同,端章甫,願爲小相焉。"所言重點在禮,但也是因爲謙虛,所以衹說"願爲小相焉"。曾皙回答之前,《論語》對其作了很細緻的描寫:"鼓瑟希,鏗爾,舍瑟而作。"然後曾皙對曰:"莫春者,春服既成;冠者五六人,童子六七人,浴乎沂,風乎舞雩,詠而歸。"所言表面上是人生自由自在之樂,但是這個"樂"同時也指音樂之樂,前面的"鼓瑟"其實已經暗示了這一點。音樂不唯人生之至樂,也是治理國家之至境,所謂"興於詩,立於禮,成於樂",所謂"治世之音安以樂"也。四位弟子所言,實爲治理國家之四個方面,也是四個境界,兵、食、禮、樂,逐次提升。曾皙所描繪的,正是天下太平,人民安居樂業的景象。以樂治國,迥然超乎其他境界之上。這正是孔子一生追求之理想境界,故夫子喟然歎曰:"吾與點也。"

由此亦可見,《論語》的記述,必定經過後人有意識的整理,一言一行,都不是隨意採錄的。

注　釋

① 例如張以仁《聲訓的發展與儒家的關係》,臺北,東昇出版事業公司 1981 年版,第 53—84 頁。
② 第一章至第二十章,即"哀公問政"章以前。
③ 馮友蘭《中國哲學史》,上册,中華書局 1961 年版,第 447—448 頁。
④ 徐復觀《中國人性論史·先秦卷》,臺北,商務印書館 1968 年版,第 105—106 頁。〔日〕武内義雄《子思子考》,見江俠庵編譯《先秦經籍考》,中册,商務印書館 1931 年版,第 121—123 頁。
⑤ 見姜廣輝主編《中國經學思想史》,第一卷,中國社會科學出版社 2003 年版,第 639—670 頁。又見梁濤《郭店竹簡與思孟學派》,中國人民大學出版社 2008 年版,第 261—291 頁。
⑥ 徐剛《論清華簡保訓之"中"》,《國學研究》第三十三卷,北京大學出版社 2014 年版。
⑦ 此篇也見於上海博物館藏竹簡,内容相同,衹是具體字句稍有出入。
⑧ 王引之《經義述聞》,江蘇古籍出版社 2000 年版,第 365—366 頁。
⑨ 參王引之《經義述聞》,同上注。
⑩ 從"中"與"性""情""誠"的關係,以及"中"的通天的功能來看,"中庸"的"中",應該是指天性,"允執厥中"的本質就是"率性",率性就是"中道"。所以《中庸》說:"民鮮能久矣。"由於天性太抽象,因此又用"中和"這樣的概念來將它具體化,所以有"執其兩端而用其中於民"的說法。民性各不相同,取其中和,不走極端。
⑪ 在《莊子》的《雜篇》中,也有把"誠"作爲一個哲學概念的用法,參見《十批判書》,《郭沫若全集·歷史編》第二卷,人民出版社 1982 年版,第 210 頁。另外,《荀子》也講"誠"。恐怕都是受

⑫ 思孟學派的影響。

⑫ 朱熹《四書章句集注》,中華書局1983年版,第18頁。

⑬ 這種思想,也有可能是從道家的思想中學來的,比如《老子》的虛靜之道:"致虛極,守靜篤,萬物並作,吾以觀復。夫物芸芸,各復歸其根。"七十子大講天道性命,郭店楚簡中大量這一類的儒學著作,而它們又跟《老子》和《太一生水》一起出土,應該不是偶然的。

⑭ 關於"中庸"的恒常思想,參閲徐剛《孔子之道與〈論語〉其書》,北京大學出版社2009年版,第60—65頁。

⑮ 個人覺得,西哲海德格爾賦予很多古希臘詞語新的意義,其闡釋方式與《五行》似有相似之處。維特根斯坦説,一切哲學問題都是語言問題。當我們把語言的概念界定清楚了,哲學問題也就自然消失了。的確,至少像聖人與聲音這樣的問題,恐怕並非真正的哲學問題,而是語言模糊不清的問題。

⑯ 孔穎達疏:"此一節論《樂記》第四章,名爲《樂施》。施者,用於天下也,此章中明樂施被之事也。"

⑰ 《周禮·天官·内饔》:"凡王之好賜肉脩,則饔人共之。"鄭玄注:"好賜,王所善而賜也。"孫詒讓云:"鄭《詩·小雅·鹿鳴》箋云:'好猶善也。'《大宰》'好用之式',注云:'好用,燕好所賜予。'此好賜與好用義同,《内府》又謂之好賜予,皆謂王於群臣有所厚好則賜予之,不在常賜之科者也。"見孫詒讓《周禮正義》,中華書局1987年版,第277頁。

⑱ 事實上,我們今天要表達對一個人的喜愛,最常見的辦法還是送禮或請他吃飯。

⑲ 《樂記》下文有"禮有報而樂有反"之語,其中的"反"是重復,再唱一遍的意思,跟禮之"報"不同,不可混爲一談。

⑳ 我們反過來看《樂施》這一篇的命名。孔穎達疏:"名爲《樂施》,施者,用於天下也,此章中明樂施被之事也。"這個説法未必正確,《樂施》這一篇的得名,可能就是因爲"樂者,施也"這句話,取"樂施"二字,其中的"施",就是施予的意思。

㉑ 〔美〕史蒂芬·平克《思想本質》,張旭紅、梅德明譯,浙江人民出版社2015年版,第158頁。

㉒ 鄭注:"敦,厚也。"似未妥,"敦"疑當讀爲"純"。

㉓ 朱熹《四書章句集注》,中華書局1983年版,第18頁。

㉔ 這段話也見於郭店簡本《五行》,字句稍有出入,但不影響意思。

㉕ 王先謙《詩三家義集疏》,中華書局1987年版,第137—138頁。

㉖ 王念孫《讀書雜志》,江蘇古籍出版社2000年版,第642頁。

㉗ 這一點,在近些年的民族語言、漢藏語系的比較研究中,也有表現,很多人濫講同源詞和同族詞(語系研究中的同族詞是一個語言系統之内的,相當於本文的同源詞;而同源詞是親屬語言之間有對應關係的詞,二者的判定都要求意義上的相關)。

"儒"非諸子統稱之補證

王澤春

【提要】 章太炎認爲"儒"的含義很廣,可以分爲"達""類""私"三義。他根據《説文解字》"儒,柔也,術士之稱"與"坑儒"在《史記》中被稱爲"阬術士",得出儒等同於術士;而術士指一切有道術者,由此認爲作爲"達名"的儒,是先秦諸子的統稱,可以涵蓋一切思想流派與方術技藝。但細繹章太炎引用的材料不足以證明這一觀點,即不存在可以涵蓋一切思想流派與方術技藝的"儒","儒"祇是孔子學派的特稱。

"儒"這一概念,是研究中國古代思想所常見的概念,但饒宗頤説:"什麽是'儒'的原始意義? 一般談中國學術史的和提倡儒學的人們,似乎都還没有給我們一個較滿意的答案。"①章太炎的《原儒》是近代以來一篇對"儒"進行研究的重要文章。②章太炎認爲"儒之含義綦廣",③其中作爲"達名"的儒,可以指稱所有的思想流派與方術技藝。章太炎此文影響深遠,引起了衆多學者的關注,但側重點各有不同。④學者對於章太炎的這一觀點,或者明確贊同,或者提出質疑,或者默認。以下筆者就上述學者對該問題的研究做一簡要介紹。

明確贊同章太炎的觀點,如胡適在《説儒》中雖對章太炎《原儒》的個别觀點不甚贊同,並借此有所發揮,但認爲"太炎先生説'儒之名於古通爲術士',此説自無可疑"。⑤

明確反對章太炎的觀點,如郭沫若認爲:"秦以前術士稱儒的證據是没有的……儒應當本來是'鄒魯之士縉紳先生'們的專號。"⑥饒宗頤從文字訓詁學角

王澤春　西南政法大學馬克思主義學院哲學系

度重新對"儒"字予以解釋,認爲"近人從《説文》對'儒'字解釋所推論得到的儒的古義,事實只是一種誤會",⑦不存在"諸有術者悉眩之"的儒。

本文基本贊同郭沫若、饒宗頤的觀點,認爲"儒"在古代不能包括一切思想流派與方術技藝,而祇是孔子學派的特稱。對於其他問題不做分析,不探討儒的起源問題。⑧研究方法,不採用文字訓詁學的方法;⑨祇是通過對章太炎引以爲據的材料進行分析、論證,考察"儒"這一概念在漢代及之前具體的應用中所代表的含義。

一

章太炎把"儒"解釋爲"術士"的第一條論據是許慎《説文解字》中的"儒,柔也,術士之稱",許慎没有進一步解釋"術士"的意思。章太炎没有對"術士"進行分析,直接定義爲一切有道術者,可以包括"道、墨、刑法、陰陽、神仙之倫,旁有雜家所記,列傳所録",⑩並非饒宗頤認爲的"章氏看中了'術士'一辭,把原始的儒説成'方術'之士";⑪饒宗頤認爲"'術'字未必是指術數",從《説文解字》的"術"字入手,"術,邑中道也,从行,术聲",認爲"術的本義是道路,故亦可引申爲'道'",⑫"《説文》所稱儒是術士,乃泛指'有道藝之人'"。⑬其實,兩人對"術士"的解釋没有本質區別,一切有道術者與"泛指'有道藝之人'"的意思是一樣的;祇不過章太炎認爲一切有道術者可以包括其他諸子百家,而饒宗頤則把"有道藝之人"限定在孔子學派。

章太炎、饒宗頤根據同樣的"術士"得出了不同的結論,原因在於對"術士"的理解不同。所以有必要對《説文解字》中"術士"的意思予以明晰。對"術士"意思的界定主要有兩種方法,一種是文字訓詁學方法,這是饒宗頤所採取的;另一種是資料之歸納法。⑭

饒宗頤的論證看似嚴謹,材料詳實,但是仔細分析會發現存在問題。首先,饒宗頤用《説文解字》來解釋"術士"的"術"是與他對《説文解字》的整體認識相違背的,他認爲:"《説文》一書,多雜漢人讖緯之説,有時還含有些講經訓、義理的話,並非完全説字源"。⑮其次,雖然《説文解字》中有"術,邑中道也"的解釋,但饒宗頤認爲"'術'字都含着極廣泛的意義",⑯不知爲什麽有着廣泛意義的"術"就是"道","術士"就是"有道藝之人"。此中存在的問題是"一在於忽視文字之字義常在引申演變之中,一在於由上一步以推下一步,其中僅有可能性而無必然性,故尚待資料上之歸納證明。阮元系統之學風,則將此種可能性視爲必然性,將多義之前提條件視爲一義之前提條件"。⑰再次,即使"術士"是"有道藝之人",先秦諸子都是有道之人,但其他諸子被排除在外,包括以"道"爲名的道家,祇有孔子學派纔是他認爲的"有道藝之人"。所以,饒宗頤所謂的"儒"祇是孔子學派的特稱的結論是正確的,但由"儒,術士之稱"出發,把"術士"解釋爲"有道藝之人",進而把"有道藝之人"等同於孔子學派的論證則不嚴密。

另一種方法是資料之歸納法,這個概念是徐復觀"臨時造作"的。他認爲:"在此一方法內,並非置字形、字聲之訓詁於不顧,而係將由字形、字聲所得之義,在一句之構造中、在一章之上下文義中,互相參證,以求其文從字順。更進一步則將某一時代之有關資料,某一書、某一家之有關資料,加以歸納後,較同別異,互相勾稽,以求能在較廣大之背景與基礎上,得出較爲實際之結論。"⑱

在《史記》《漢書》中出現許多術士,都是指方術士。在其他先秦兩漢文獻中,出現的術士,也是指稱方術士,或者爪牙,但沒有所謂的"一切有道術者"或"有道藝之人"的意思。

> 今勢重者,人主之爪牙也,君人而失其爪牙,虎豹之類也……且法術之士與當途之臣,不相容也。何以明之？主有術士,則大臣不得制斷,近習不敢賣重。(《韓非子·人主》)
> 使人博求術士,求匪安却老之方。(《趙飛燕外傳》)
> 淮南王劉安,召術士伍被、左吳之輩,允滿宮殿。(《論衡·談天》)

《韓非子》中的術士指的是爪牙,《趙飛燕外傳》《論衡》中的術士指的是方術之士。所以,兩漢時期所見的術士,除了《説文解字》中的術士意義有待考證外,其他都是指方術之士,《韓非子》中的法術之士是一特例,但都不是"一切有道術者"或"有道藝之人"。雖然,同一概念可能在不同的作者筆下有不同的含義,但通過廣泛的歸納,還是可以確定幾種主要的含義,由此可以推斷,《説文解字》中的"術士"應該是指方術士,不是"一切有道術者"或"有道藝之人"。至於許慎把"儒"解釋爲"術士"(方術士)的原因,下一段將簡單闡述。

二

章太炎把"儒"解釋爲"術士"的另一論據是《史記》,《史記·儒林列傳》具體論述如下:

及至秦之季世,焚《詩》《書》,阬術士,《六藝》從此缺焉。

章太炎指出,《史記》中所謂的"阬術士","而世謂之'阬儒'",[19]由此認爲儒與術士異名同實,儒就是術士。司馬遷撰寫《史記》,分設《儒林列傳》《日者列傳》《龜策列傳》,説明司馬遷"把儒生與術士分得很清楚,並不混稱",[20]此處的術士並不是儒的意思。

《史記·秦始皇本紀》祇是説"諸生在咸陽者,吾使人廉問……諸生傳相告引……皆阬之咸陽",但對於諸生的學派屬性並没有具體説明。

《辭源》《漢語大詞典》對諸生的解釋不甚準確。[21]之前衆多學者對"諸生"的含義没有進行分析,徑直認爲諸生的意思就是衆儒生。其實,在秦代,諸生的本義並非儒生,也不能指稱儒生;應該是衆弟子的意思,並且不是普通人的弟子,而是博士的弟子。在《史記》中有多處"諸生",除了個别條目的含義可以做兩解外,大部分是指"博士弟子":《叔孫通列傳》中有"博士諸生",諸生與博士並稱,博士是官職,諸生是博士弟子的意思;並且叔孫通稱自己的學生爲"諸生",此處的諸生肯定不是衆儒生的意思,而是"各位同學們"的意思。翦伯贊對"諸生"的解釋爲"召集了至少兩千以上的知識分子,置於七十位博士的領導之下,而命之曰諸生"。[22]

諸生的含義是博士弟子,諸生的學派屬性,可以通過對博士身份的考察來確定。秦代博士的成分比較複雜,不僅有儒家的學者,還有其他學派的學者,並且還有掌管術數者。王國維在《漢魏博士考》中明確指出:"是秦博士員多至七十人……其中蓋不盡經術之士,如《黄公》之書,《七略》列於法家,而《秦始皇本紀》云：使博士爲《仙真人詩》；又有占夢博士。殆諸子、詩賦、術數、方伎，皆立博士，非徒六藝而已。"㉓顧頡剛也指出："那時的博士是掌《詩》《書》和百家之言的……百家之言是戰國時的各家學説。既經稱爲百家，當然很雜，所以裏面有神仙家，也有術數家。"㉔顧頡剛還認爲，不僅秦代的博士有其他各家的，並且這種現象一直持續到文帝時期。㉕

既然秦代的博士不僅是儒生，作爲弟子的諸生也肯定不衹有儒家的弟子，當然還有其他各家的弟子，所以，"坑術士"不能被稱爲"坑儒"。而後世對於"坑術士"與"坑儒"的認識差異就在於是否認爲相互揭發的諸生都是儒生。

兩漢典籍中，《史記》《揚子雲集》中記載爲"阬術士"，《戰國策書録》《移讓太常博士書》《論衡》中記載爲"坑儒""殺儒士"，《漢書》的情況比較特殊，既有"殺術士"，也有"坑儒"。出現"術士"的爲：

> 及至秦之季世，焚《詩》《書》，阬術士，《六藝》從此缺焉。（《史記·儒林列傳》）

> 被曰："……昔秦絶聖人之道，殺術士，燔《詩》《書》，弃禮義，尚詐力，任刑罰，轉負海之粟致之西河。"（《史記·淮南衡山列傳》）

> 坑夫術士，《詩》《書》是泯，家言是守。（《揚子雲集·博士箴》）

> 及至秦始皇兼天下，燔《詩》《書》，殺術士，六學從此缺矣。（《漢書·儒林傳》）

> 被曰："……往者秦爲無道，殘賊天下，殺術士，燔《詩》《書》，滅聖迹，弃禮義，任刑法，轉海濱之粟，致於西河。"（《漢書·蒯伍江息夫傳》）

出現"儒"或"儒士"的爲：

> 遂燔燒《詩》《書》，坑殺儒士。（劉向《戰國策書録》）

> 陵夷至于暴秦，燔經書，殺儒士，設挾書之法，行是古之罪，道術由是遂滅。（劉歆《移讓太常博士書》）

> 遂自賢聖，燔《詩》《書》，阬儒士；奢淫暴虐，務欲廣地。（《漢書·五行志》）

> 昭王曾孫政並六國，稱皇帝，負力怙威，燔書阬儒，自任私智。（《漢

書·地理志》)

傳語曰:"秦始皇帝燔燒《詩》《書》,坑殺儒士。"……坑殺儒士者,言其皆挾經傳文書之人也……言燒燔《詩》《書》、坑殺儒士,實也……坑儒士,起自諸生爲妖言……傳增言坑殺儒士,欲絕《詩》《書》,又言盡坑之。此非其實而又增之。(《論衡·語增》)

秦燔《五經》,坑殺儒士,《五經》之家所共聞也。秦何起而燔《五經》,何感而坑儒生?(《論衡·謝短》

秦始皇用李斯之議,燔燒《詩》《書》,後又坑儒……坑儒之惡,痛於改葬。(《論衡·死僞》)

從上述的引文可以看出,時間在先的《史記》爲"術士",時間在後的《論衡》則爲"儒""儒士",對於歷史事件的記載,離事件發生時間越接近,越符合歷史事實。《戰國策書錄》《移讓太常博士書》與《揚子雲集》時間相近,不作討論。《漢書》的情況比較特殊,同時存在"殺術士"與"坑儒",凡是《史記》中有相關記載的,《漢書》就依照《史記》的記載爲"術士";《史記》中沒有記載的,《漢書》就記作"儒"或"儒士"。這就說明,《史記》有相關記載的,《漢書》基本沿襲《史記》記載;《史記》沒有相關記載的,則來自於劉向、劉歆父子首創,[26]班固據此變"術士"爲"儒"。

發生這樣的變化,既有誤解的成分,也有故意的成分。"武帝建元元年,借着選舉賢良方正的機會,崇儒學而黜百家。五年,他又置五經博士。從此以後,博士始專向儒家和經學方面走去,把始皇時的博士之業《詩》《書》和'百家之言'分開了。這是一個急劇的轉變,使得此後博士的執掌不爲'通古今'而爲'作經師'。換句話說,學術的道路從此限定只有經學一條了。"[27]後世學者(劉向、劉歆、班固等)根據當時博士都是儒生,博士弟子(諸生)也都是儒生,推斷秦始皇時期被坑殺的諸生也是儒生,所以,由"坑術士"變成了"坑儒"。

還有一個原因,後世的儒者"誇大甚至虛構自己的苦難以博取同情,塑造甚至虛構一個迫害者加以抨擊以求自保,就是儒者們的集體意識或集體下意識"。[28]

綜上,可以看出從"坑術士"變爲"坑儒"的大致經過,以及發生這一變化的原因,並不是因爲"術士"等同於"儒","儒"與"術士"之間不存在包含與被包含的關係。東漢末年的許慎,也正是由於上述原因,纔把"儒"跟"術士"緊密聯繫起來,并用"術士"來解釋"儒"。

綜上所述,雖然《史記》中的"阬術士",後世稱爲"坑儒",並不能由此得出"儒"等於"術士"的結論。

三

上文已經就章太炎把"儒"等同於"術士"的論據進行了分析,以下就神仙家可以稱爲儒的論據予以討論:

> 列仙之儒居山澤間,形容甚臞。(《漢書·司馬相如傳》)

章太炎由此得出"仙亦可稱爲儒",[29]以證明"儒爲有道術者之通稱"的結論。[30]在引用這段話之後,特別注明"《史記》'儒'作'傳',誤",[31]指出這段話《史記》與《漢書》存在異文,認爲《漢書》文字正確,《史記》不正確,根據《漢書》得出上述結論。《史記》與《漢書》存在異文,首要工作是對異文進行研究,考證孰是孰非。《史記》原文爲:

> 列仙之傳居山澤閒,形容甚臞。(《史記·司馬相如列傳》)

通過比對發現,這句話在《史記》與《漢書》中祇有一字之別,其他全部相同。這就可以推斷,《漢書》的這句話全部採自《史記》。根據依照原文校訂引文的校勘原則,在《漢書》與《史記》不一致的情況下,應該根據《史記》的文字校訂《漢書》的文字,即應該根據《史記》作"傳",而不作"儒"。

再者,顏師古對《漢書》引文的注釋爲:

> 儒,柔也,術士之稱也,凡有道術皆爲儒。今流俗書本作傳字,非也,後人所改耳。(《漢書·司馬相如傳》)

司馬貞的《史記索隱》爲:

> 傳者,謂相傳以列仙居山澤閒,音持全反。小顏及劉氏並作"儒"。儒,

柔也,術士之稱,非。(《史記·司馬相如列傳》)

分析顏師古的注釋可以發現,在顏師古之前,《史記》《漢書》都作"傳",並無不一致,顏師古也没有提供改"傳"爲"儒"的文本根據。筆者通過"中國基本古籍庫"進行檢索,祇有《漢書》中作"儒",顏師古之前的其他典籍再無一例。但由於顏師古的影響,顏師古之後的歷代典籍中"列仙之儒"的説法層出不窮。㉜所以,由此得出的"仙亦可稱爲儒"的結論是站不住腳的。

至於顏師古把"傳"改爲"儒"的原因,早在清代,王念孫就進行了説明:"隸書'傳'或作'傳','儒'或作'偶',二形相似,故'傳'訛爲'儒'矣。"㉝王念孫認爲由於"儒"和"傳"字形相似,導致傳寫訛誤。筆者對王念孫的解釋有所補充,顏師古在衆多文獻都寫作"傳"的情況下還是堅持認爲原文應該"儒"而不是"傳",顯然不是僅從文本角度能解釋的。或許跟唐初整個社會求長生術、服食丹藥等有關,並且當時很多求長生術、服食丹藥者是儒生。㉞顏師古改"傳"爲"儒"或者是出於爲儒生求長生提供歷史依據,或者是由於認識到唐代儒生求長生的事實反推歷史,以唐代的社會現實理解漢代,所以,改"傳"爲"儒"。

四

《莊子》中有兩則材料,與此相關:

儒以《詩》《禮》發冢。(《莊子·外物》)
今夫子必儒服而見王,事必大逆。(《莊子·説劍》)

章太炎由此得出"莊子道家,亦服儒服",㉟並進而認爲"此雖道家方士言儒也",㊱道家也屬於廣義("達名")的儒。《外物》所引用的材料顯然是儒家的反對者對儒家的污蔑、譏諷,儒者也盜墓,並且在盜墓的時候還要口唱《詩》《禮》,這是諷刺儒者在仁義等口號下面幹着不可告人的勾當。如果把這則材料作爲論據的話,那得出的結論一定是很可笑的,盜墓賊也被稱爲儒。這樣,儒真是一個無所不包的"達名"了!得出任何的結論,必須有相應的材料作爲論據,但是在引用材料的時候,要特別注意具體材料的語境、論述方式,否則必然斷章取義。

這一段材料,即使是對歷史事實的記載,也衹能說明,儒家中有一部分人幹過盜墓的活動,但並不能由此便認爲"儒"可以包括一切有道術者。並且,此處儒者的特徵就是誦讀《詩》《禮》,顯然指的就是孔子學派。

《說劍》中的這句話,廣泛引用,章太炎的論述也以此爲據。但《說劍》的真僞歷來存在爭議,現在學界基本認爲"與莊子思想不相干,一般學者疑是縱橫家所作",㊲縱橫家著述更多地關心所討論的問題,並不在人物細節、歷史考證上下功夫,如《戰國策》中時間錯位、空間錯亂、張冠李戴的例子不在少數。首先,"古人引書,唯於經史特爲謹嚴,至於諸子用事,正如詩人運典,苟有助於文章,固不論其真僞也"。㊳其次,從引文的上下文來看,這裏特別指出"儒服"是跟下文的"劍服"相對的,其重點在於"儒服"不是劍客、武士的衣服,而不在於突出莊子的學派屬性。再次,章太炎在《儒行要旨》中指出"莊周非儒,趙太子稱之曰'儒'。蓋古之九流,學術有別,衣服無異";㊴"以衣裳爲分別學問之標準,無謂極矣"。㊵即使莊子穿"儒服",也不能由此推出作爲道家代表人物的莊子屬於廣義的"儒"。最後,即使認爲該篇是莊子的著作,應該注意《莊子》中的很多故事是寓言,並非實有其事,衹是借故事來說明道理,不能當作史實。所以,由此得出的道家、盜墓賊屬於廣義的儒的結論是不可靠的。

五

章太炎引用《鹽鐵論》《論衡》《弘明集》中的相關材料,證明道、法、方技都被稱爲儒:

> 御史曰:"……齊宣王褒儒尊學,孟軻、淳于髡之徒受上大夫之禄,不任職而論國事。蓋齊稷下先生千有餘人。"文學曰:"……矜功不休,百姓不堪諸儒諫不從,各分散。慎到、捷子亡去,田駢如薛,而孫卿適楚。"(《鹽鐵論·論儒》)

章太炎在引用《鹽鐵論·論儒》中的引文時進行了大量刪節,今補足必要內容。齊國稷下的學宮中,很多重要的學者屬於道家、法家,而非儒家。引文中提到的淳于髡、慎到、接子、田駢都不屬於孔子學派,所以,用"儒"來概指他們顯然是出於漢代"儒"名的濫用,並不是對其學派進行的嚴格定義。

章太炎認爲:"王充《儒增》《道虛》《談天》《説日》《是應》舉儒書所稱者,有魯般刻鳶……日中有三足烏,月中有兔蟾蜍。"㊶這些故事在章太炎看來都不應該是狹義的儒家所記載的,很多故事應該屬於雜家、列傳的記載。他由王充把其他雜家所記載故事的書稱爲儒書,推斷其他各家包括陰陽、神仙也可以被稱爲"儒"。這樣的論證是不嚴密的,首先,《論衡》中所稱的儒書很多已經散佚,是否應該被稱爲儒書,現在很難判斷。其次,章太炎認爲《儒增》等篇章所記載的故事應該不是儒書記載的,而應該是陰陽、神仙、列傳等記載的。這就涉及在章太炎心目中儒家的形象,他認爲儒家的典籍中不應該記載一些怪力亂神的故事,也許章太炎忽視了一點:"儒籍當中本來也有一些'親緣'成分:如《書·洪範》講五行,《春秋》講災異,《易》則與卜筮有關。"㊷在儒經中還有很多講怪力亂神的故事,履大人迹,吞玄鳥卵,河出圖,洛出書;並且漢代是讖緯大行其道的時代,讖緯本身就是儒家經典神學化的産物,"緯書"本身就是依附於儒家經典的神秘解釋,王充所謂的"儒書"也可能是指這一部分書籍。所以,章太炎由王充把講怪力亂神的書稱爲"儒書",進而作爲儒是可以涵蓋一切有術者的結論是不能成立的。

章太炎又舉出"《弘明集》復有九流皆儒之説,則宗教家亦可稱儒矣",㊸這顯然是出於"儒的名稱在秦漢以後被人濫用",㊹並非九流都屬於廣義的"儒"。

六 小結

上文已經對章太炎的論據進行了逐條分析,證明這些論據本身得不出相應的結論。"儒"不等同於"術士","術士"不是一切有道術者,而是方術士。由此,基本可以認爲,至少在漢代之前,"儒"不是所有有道術之人的統稱,而祇能是孔子學派的特稱,即使間或指稱其他學派,則基本出於濫用。

綜觀章太炎的論證,存在如下問題:第一,章太炎雖然指出"題號由古今異",作爲"達名"的"儒"在時間上是最早的,但在論證的時候,時而引用先秦材料,時而引用兩漢材料,並没有嚴格按照時間順序;第二,結論先行,然後找有利證據,忽視不利證據;對於先秦學術分派的材料視而不見:《墨子》中有《非儒篇》,《韓非子》中明確提出"儒分爲八,墨離爲三",《論六家之要指》《淮南子·要略》中的各家分派,包括郭沫若指出"下層民庶間伊古以來當有巫醫,然巫醫自巫醫,古並不稱爲儒"。㊺

注　釋

① 饒宗頤《釋儒——從文字訓詁學上論儒的意義》,《饒宗頤二十世紀學術文集》卷四,中國人民大學出版社2009年版,第214頁。

② 在章太炎之前,有《淮南子·要略》、司馬談《論六家之要指》、班固《漢書·藝文志》、許慎《説文解字》、段玉裁《説文解字注》、章學誠《文史通義》。除《原儒》外,章太炎的《諸子學略説》《儒家之利病》《儒行要旨》《諸子略説》也有相關討論,所以,以下論述不限於《原儒》。

③ 章太炎《諸子略説》,《章太炎國學講演録》,中華書局2013年版,第237頁。

④ 陳來的《説説儒》(收入《古代宗教與倫理:儒家思想的根源》列爲第八章,改名爲《師儒》)對近代以來的相關研究予以評述。丁紀的《20世紀的"原儒"工作》主要對熊十力、蒙文通的"原儒"工作進行介紹、評述,所涉文章分别爲:傅斯年《戰國子家叙論》,胡適《説儒》,馮友蘭《原儒墨》《原儒墨補》,錢穆《先秦諸子繫年》、《古史辨》第四册序、《説胡適之〈説儒〉》,郭沫若《駁〈説儒〉》《論儒家的發生》,侯外廬《中國思想通史》,熊十力《原儒》,楊向奎《宗周社會與禮樂文明》,徐中舒《甲骨文中所見的儒》,何新《諸神的起源:"儒"的由來與演變》,劉憶江《説儒》,傅劍平《儒家起源説》,陳來《説説儒》,饒宗頤《釋儒——從文字訓詁學上論儒的意義》。

⑤ 胡適《説儒》,《胡適文存》(四),華文出版社2013年版,第5頁。

⑥ 郭沫若《青銅時代·駁〈説儒〉》,《郭沫若全集·歷史編》第一卷,人民出版社1982年版,第456—457頁。

⑦ 《釋儒》,第223頁。

⑧ 對於起源問題的考察,必須有充足的史料爲依據。但是,任何事物起源之時很難引起人們的注意,所以,相關記載比較匱乏。即使有一些,也夾雜猜測的成分,比如《漢書·藝文志》的"諸子出於王官",祇能作爲一家之言,不能作爲研究的一手史料。材料不能充分支持結論,必然要進行大膽假設,甚至還有猜想成分,得出的結論自然很難令人信服。胡適的《説儒》認爲"儒是殷民族的教士"等觀點已經受到許多學者的批駁,並且基本能證實胡適這樣的結論,大膽假設有餘,小心求證不足。所以,由於"文獻不足",爲了避免發生上述情況,本文不探討儒的起源。

⑨ 不採用文字訓詁學的方法的原因,如以下學者所論:"我們認爲拿文字來推證歷史,本來也是考據的一種方法,但稍一不慎,很易引起誤會,所以邏輯上每每以字源爲戒(fallacy of etymology)。"(《釋儒》,第216頁)"近代研究'士'的起源問題的學者每好從文字訓詁下手,更喜引甲骨、金文爲證。真所謂家異其説,令人無所適從。……相反地,我們將以一項已知的歷史的事實作爲討論的起點,即古代知識階層始於春秋、戰國之交的孔子時代。亞里士多德早已指出,事物的本質須由其屬性(attributes)見之;對於歷史研究而言,這不失爲一種比較可靠的辦法。……徵引的目的是爲了説明單靠訓詁不足以解決歷史的問題。"(余英時《士與中國文化》,上海人民出版社2003年版,第4頁)"僅靠着訓詁來講思想,順着訓詁的要求,遂以爲祇有找出一個字的原形、原音、原義,纔是可靠的訓詁;並即以這種訓詁來滿足思想史的要求。這種以語源爲治思想史的方法,其實,完全是由缺乏文化演進觀念而來的錯覺。從阮元到現在,凡由此種錯覺以治思想史的,其結論幾無不乖謬。……他(奥托·叶斯柏森Otto Jesperson)説:'在下宗教、文明、教育等某些概念的定義時,多數人總愛先問"它的語源是什麽",以爲由此而對於它本來的性質可投給以光明;這實在是最無意義的事。這是迷信名號之力的學者;他們與相信名號有魔術能力的(按如念真言、咒語之類)原始迷信,有其關聯。我們即使知道"悲劇"(tragedy)曾經指的是"山羊之歌",這對於悲劇本質的理解,不曾前進一步。又知道喜劇(comedy)的希臘語Komos的語源是"祭之歌""宴享之歌"的意味,對於喜劇本質的理解,更無所進步。'"(徐復觀《代序——研究中國思想史的方法與態度問題》,《中國思想史論集》,九州出版社2014年版,第5頁)

⑩ 章太炎《原儒》,《國故論衡》,商務印書館2010年版,第149頁。

⑪ 《釋儒》,第215頁。

⑫ 同上書,第221頁。

⑬ 同上書,第222頁。

⑭ 借用徐復觀在《評訓詁學上的演繹法——答日本加藤常賢博士書》提出的概念。

⑮ 《釋儒》,第216頁。

⑯ 同上書,第222頁。

⑰ 徐復觀《評訓詁學上的演繹法——答日本加藤常賢博士書》,《中國思想史論集》,第244—245頁。

⑱ 同上書,第243—244頁。

⑲ 《原儒》,第149頁。

⑳ 馬執斌《談談懷疑秦始皇"坑儒"記載不真實的理由》,《邯鄲學院學報》2012年第1期。

㉑ 《辭源》下,商務印書館2015年版,第3822頁。《漢語大詞典》第十一卷上,漢語大詞典出版社

㉒ 翦伯贊《秦漢史》，北京大學出版社1983年版，第79頁。

㉓ 王國維《漢魏博士考》，周錫山編校《王國維集》第4冊，中國社會科學出版社2008年版，第158頁。

㉔ 顧頡剛《秦漢的方士與儒生》，上海古籍出版社2005年版，第45頁。

㉕ 同上書，第46—47頁。

㉖ 臧嶸認爲，孔安國所著的《古文尚書序》《古文孝經訓傳序》即已出現"坑儒"，並由此"證明'焚書坑儒説'應比'焚詩書，坑術士'之説出現得早。而且'坑儒'，這是歷史的真實，並非後人曲解"。其實，《古文尚書序》的真僞一直聚訟不已，現代學人經過多方面研究，已經斷定《古文尚書序》非孔安國自著，至少是西漢之後的著作。（見臧嶸《秦始皇"焚書坑儒"和儒生保衛文化的鬥爭》，《邯鄲學院學報》2010年第2期）從語言角度考察，《書大序》有"科斗""隸古定""開設""訓傳"等晚出詞語，其成書時代應在西漢以後。（見宗靜航《從語言角度看孔傳本〈書大序〉的成書時代》，《揚州大學學報》2015年第2期）李振興從歷史事件先後順序考察，"一個死去九年的人，又何能以自己的語氣，來述説九年後所發生的巫蠱之事"？認爲就此就可以斷定《古文尚書序》絶對不是孔安國所作，"應該是晉、宋間人所作"。《古文孝經訓傳序》在《四庫全書》中題爲《古文孝經孔氏傳》，其不出於孔安國自著，而出於後世僞作，這一觀點基本爲現在學術界接受。（見李振興《尚書學述》（上），臺北，東大圖書股份有限公司1994年版，第235—238頁）孔安國作《傳》，則漢無其説。最早説孔安國作《傳》，是魏晉時期王肅，故清人疑爲王氏僞造。……至於日本所傳"古文孝經"及"孔傳"，乃"僞中之僞"。（見舒大剛《中國孝經學史》，福建人民出版社2013年版，第105頁）

㉗ 《秦漢的方士與儒生》，第47頁。

㉘ 周芳《坑儒平議》，廣西師範大學出版社2013年版，第59頁。

㉙ 《諸子略説》，第237頁。

㉚ 章太炎《儒行要旨》，章念馳編訂《章太炎演講集》，上海人民出版社2011年，第339頁。

㉛ 《原儒》，第149頁。

㉜ 通過"中國基本古籍庫"檢索"列仙之儒"，顏師古之後的典籍中有100多項結果。

㉝ 王念孫《讀漢書雜志》，徐煒君等校點《讀書雜志》（二），上海古籍出版社2014年版，第817頁。

㉞ "服丹又煉丹，倒是儒者居多，比如王勃、盧照鄰、白居易、元稹，都是典型而卓越的儒者。至於韓愈所見的那幾位，也幾乎全是儒者，而且是儒者中的優秀分子。"（李申《道教簡史》，廣西師範大學出版社2013年版，第263頁）

㉟ 《諸子略説》，第237頁。

㊱《原儒》,第 149 頁。

㊲ 陳鼓應《莊子今注今譯》下,中華書局 2009 年版,第 855 頁。

㊳ 余嘉錫《古書多造作故事》,《目錄學發微古書通例》,中華書局 2009 年版,第 260—261 頁。

㊴《儒行要旨》,第 339 頁。

㊵ 同上書,第 340 頁。

㊶《原儒》,第 149 頁。

㊷ 李零《戰國秦漢方士流派考》,《傳統文化與現代化》1995 年第 2 期,第 40 頁。

㊸《諸子略説》,第 237 頁。

㊹《釋儒》,第 221 頁。

㊺《青銅時代·駁〈説儒〉》,第 456 頁。

述《湖海文傳》的文獻價值

龍　野

【提要】 王昶所輯《湖海文傳》是清中期重要的古文選本,所選多是乾嘉學術中考證、傳記類文章的翹楚。書中保留了一些學者的佚文,具有輯佚價值;其選文大半是依據手稿録入,與諸家别集定本及後世總集存在明顯差異,有重要的校勘價值。部分文章的文字差異體現出學者學術思想的變化痕迹,對研究乾嘉學術上的一些具體問題及學者間的微妙關係等均有助益。

王昶(1725—1806)是乾嘉著名學者、文人,與朱筠合稱"南王北朱"。①其治學廣博,在詩、文、詞、金石、方志、教育等領域均取得了重要成就。他學術上受惠棟等影響,是將吴派漢學推廣到京師的早期代表;詩學上承沈德潛詩論而有調整,是後期格調派領袖;詞學上追蹤朱彝尊、厲鶚,是乾嘉間浙派詞學的實際推動者、總結者;他提倡以金石證經史,體現出清代金石學的主流面貌;其古文編選尤能反映出乾嘉學者之文的特色。

《湖海文傳》(以下簡稱《文傳》)是王昶衆多著述中的一種,②也是清中期重要的古文選本,凡七十五卷,選入其生平交接的181位作者,823篇文章,"乾隆一朝所由文之卓然獨彰顯者也"(朱珔序)。此書以考證類的論、辨、考、序、跋、書以及學者的傳記文類最爲重要,反映出乾嘉時代的文章風氣。因留心學術性文章的蒐輯,與乾嘉學術有着緊密的聯繫,阮元譽之爲"實與《詩傳》並重,而尤重於詩"。③《文傳》保存了一些乾嘉學者的佚文,且大半據手稿甄選,具有重要的輯佚與校勘價值。

龍　野　南昌大學人文學院中文系

《文傳》編定於嘉慶十年（1805），因"滇銅"賠款，家財充公，王昶再無餘資刊刻。直到道光間纔由其孫王紹基籲請阮元等捐資刊印。太平天國戰亂時，書板置於他姓，同治四年（1865），由李鴻章委託應寶時贖歸王氏，並於次年補刻（書札見《李鴻章全集》36册第360—362頁）。此書版本有道光十七年（1837）經訓堂刊本、同治五年重修本、民國間上海文瑞樓石印本等。2013年，上海古籍出版社據道光十七年經訓堂刊本影印此書，前有鄔國平師所撰前言，扼要指出《文傳》的輯佚與校勘價值。本文在述《文傳》的文獻價值時，所引書內文章，均據此影印本。

一　輯佚價值

《文傳》採選的主體對象是乾嘉學者之文。其中，有部分文章未收入諸家文集的定本；有一些作者無文集傳世，其文章得以通過《文傳》保存下來。這兩種情況使得它具有重要的輯佚價值。研究者對此已有關注。如《文傳》收戴震《九數通考序》《讀〈淮南子洪保〉》，不見於《東原文集》，已被《戴震全集》的編者輯入。[④]惠棟的書信《與王德甫》，不見於《松崖文鈔》，漆永祥先生將其輯入《東吳三惠詩文集》。[⑤]王鳴盛晚年所撰文章較多未收入《西沚居士集》文部十六卷中，《文傳》所收《秦室汪安人墓誌銘》（另有兩篇序見於他書卷首）即是此類，陳鴻森先生據以輯入《王鳴盛西莊遺文輯存》。[⑥]錢大昕《黃忠節公年譜序》《續外岡志序》《與王德甫書》（兩通）等四篇文章，不見於《潛研堂文集》，《嘉定錢大昕全集》的編者已經據以輯入。[⑦]丁傑《騶虞考》《首飾考》《華嚴字母說》《嫁娶》等四篇文章，江聲《與焦理堂論宫室書》一文（王欣夫先生輯入《艮庭雜著補遺》），陳鴻森先生分別據以輯入《丁傑遺文小集》《江聲遺文小集》。[⑧]江藩《與焦里堂書》（王欣夫先生輯入《炳燭室雜文補遺》），漆永祥先生將其收入《江藩集》附錄一等等，[⑨]均顯示出《文傳》的輯佚價值。實際上，這種輯佚價值在《文傳》中還有較多，以下就研究者尚未注意者，擇要列舉。

《文傳》選陳宏謀文五篇，其中《伐蛟說》《節婦傳序》不見於《培遠堂偶存稿》，爲集外佚文。翁方綱《王莽大泉五十考》是關於王莽居攝變制時所造貨幣

"大泉"的考證之文,駁唐代賈公彥之説,不見於《復初齋文集》及《外集》。⑩《文傳》選鄭虎文《國子監生吕君家傳》《翰林院編修邵公墓誌銘》不見於馮敏昌刊本《吞松閣集》。魯九皋《書曾文定公〈移滄州過闕上殿劄子〉後》不見於《山木居士集》並《外集》及《翠岩雜稿》。武億《晋劉府君墓誌跋》不見於道光二十三年武耒重刊本《授堂遺書》。梁同書《頻羅庵遺集》由其嗣子梁玉繩編輯,較多文章未收,《文傳》所收《蔣君修隅墓誌銘》(墓主是蔣士銓長子蔣知廉)即是。于敏中《文淵閣大學士謚文定劉公墓碑》不見於《素餘堂集》,趙文哲《復王德甫書》《再復王德甫書》不見於《媕雅堂别集》,余慶長《無逸論》《君牙囧命吕刑論》不見於《習園藏稿》,均爲集外佚文。

　　吕泰《十學薪傳》是論述《詩》《書》《禮》等儒家經典的著作,不傳。《文傳》收《十學薪傳序》,有助於研究者瞭解此書的面貌。羅聘《登岱詩》今不傳,朱孝純無文集傳世,所撰《羅兩峰〈登岱詩〉小叙》對瞭解羅聘詩有幫助。韋謙恒《傳經堂文集》稀見,其《重建貴陽府學名宦鄉賢祠記》《書〈旁搜集〉後》《祀施黄二先生記》(後者道光《濟南府志》卷六六收,題作《五賢祠記》)對研究其文章頗具價值。褚寅亮精《儀禮》,文集未見,《與王德甫書》是與王昶討論《易》學之書信,彌足珍貴。汪大經《借秋山居文鈔》稀見,《文傳》收其《沈沃田先生行狀》,對瞭解沈大成的生平有較大的價值。金甡、董詔、申兆定文集未見,其中《文傳》所收金氏《五十三參象記》《孝節夏孺人傳》、董氏《游釣臺記》、申氏《巽邱記》《瓦當跋》,對瞭解諸家文章特色頗有幫助。韋協夢是乾嘉間知名學者,通《禮》學,有《儀禮蠡測》十七卷傳世,但《周官彙説》《儀禮集解》及其文集均不傳。《文傳》選其《秦康公論》《先軫論》《無算爵考》《儉説》《原氣》(上中下)、《周官彙説序》《儀禮集解序》《讀儀禮》等10篇文章均有重要的學術意義。

　　此外,孫灝《古樹詩續集序》、沈清任《生秋閣遺集序》、趙虹《梅邊琴泛詞序》、嚴翼《送學博易疇程同年歸新安序》、雅爾哈善《吴縣陶氏義莊記》、沈業富《天臺萬年寺呆明禪師塔銘》、周震榮《永清金石叙》《金輪石幢跋》、尹壯圖《顧母過太恭人家傳》、錢坫《上王述菴先生書》、沈世燾《繼室陳恭人小傳》、姚令儀《金川崇化屯新建慰忠祠碑》、鞠遜行《胡孝子傳》、程敦《致孫編修淵如書》等,諸家似無文集傳世,其文多賴《文傳》以傳,存其風貌。值得一説的是,有一些乾嘉文人學者的詩文集已有當代學者標點整理，但《文傳》所收諸家文章仍有未收入者，如蔣士銓《羅兩峰〈登岱詩〉跋》，邵海清校，李夢生箋《忠雅堂集校箋》（上海古籍出版社 2012 年版）未收入，再版時可考慮據以輯入。

有的文章本集未收，但見於《文傳》，且同時見於其他書。此類情況，有學者已經據他書輯入。如阮元《三統術衍序》《十駕齋養新録序》、洪亮吉《關中金石記跋》，各自文集皆未收，陳鴻森先生已作了輯佚。[①]但這種見於他書卷首及卷尾的文章有時容易被今人整理古籍時所忽視，故也予以摘要列舉。

《文傳》卷二一收彭元瑞《論語廣注序》，是爲畢憲曾所撰《論語廣注》寫的序言，未收入《恩餘堂全集》五種及《恩餘堂輯稿》，見於《論語廣注》卷首。《文傳》卷二二收羅有高《古韻標準序》，不見於《尊聞居士集》及《補遺》，見於乾隆三十六年（1771）潮陽縣衙刻本《古韻標準》卷首。畢沅文集中存者多爲奏稿，《文傳》收其《倉頡篇序》《晋太康三年地志王隱晋書地道記總序》《重雕墨子序》《吕氏春秋新校正序》均是佚文。所收黃易《創漢武氏祠記》《范［范］氏碑跋》等，不見於《秋盦遺稿》，見於翁方綱《兩漢金石記》《小蓬萊閣金石文字》等。吳蘭庭的《五代史記纂誤補序》《三國疆域志後序》不見於《胥石詩文存》，分别見於所序兩書卷首。朱珪《梅厓居士文集序》，《知足齋集》未收，見於《梅厓居士文集》卷首。雷鋐《儀禮易讀序》，《寶綸堂詩文鈔》未收，齊召南《儀禮易讀序》，《經笥堂文鈔》未收，兩文均見馬駉《儀禮易讀》卷首。馮敏昌《魏故南秦州刺史司馬使君墓誌銘考》《魏故寧朔將軍固州鎮將鎮東將軍漁陽太守宜陽子司馬元興墓誌銘跋》《大唐故朝議郎行兗州都督府方與縣令上護軍獨孤府君碑跋》《韓昶自爲墓誌銘跋》均不見於《小羅浮草堂文集》，見於乾隆《孟縣志》卷八及鈔本《河陽金石記》等（《金石萃編》曾節引部分跋文）。以後出版諸家文集時，可據以輯入。

此外，《文傳》所收胡虔《二南考》《豫章考》、樓儼《四清聲論》、蔣恭棐《陳西田梅莊二先生詩序》《蘇州府學重修道山亭浚池建橋記》《侍講彭止庵先生祠堂碑代張儀封作》、黃之紀《公孫宏議族郭解論》《大王剪商辨》《苟息傅奚齊議》《讀婁師德傳》、錢侗《建元類聚考跋》、莊炘《鳴秋合籟跋》、邵志純《明張忠烈公墓石記》《書潘孝子》《書王貞婦》等，諸人文集稀見，讀者可通過《文傳》瞭解其文章風貌與學術大概。由此可見,《文傳》在乾嘉文學、學術研究中有重要作用,值得重視。

二 校勘價值

除輯佚價值外,《文傳》還具有重要的校勘價值。王昶《湖海文傳凡例》云:"《文傳》所錄,有集行世者十之四五,其或有集未刊,或刊而未見,則皆錄其平昔寄示之作。"[12]實際已經指出有較大一部分作品是據諸家平時所寄示文章手稿採入。道光間,王紹基請姚椿負責主持校勘《文傳》時,姚椿曾將自己早年鈔錄的《文傳》副本携往校勘,發現頗有得失。王昶原書上改正錯誤的籤條又有脱落等情況,實際上很難校勘,因此他最後決定"悉仍原本""存公舊觀",[13]保存了王昶手訂本的面貌。

王昶《文傳》約有一半的文章是採自手稿,與諸家定本文集存在差異,有着較高的校勘價值。蔡錦芳先生《試論戴震一批文章初稿的學術價值》曾對《文傳》所選戴震文與其文集定本的差異進行過深入研究,考察戴震學術的變化。[14]類似的現象在《文傳》中還頗多,主要集中在與王昶同時或稍後的學者文人的手稿中,其學術價值尤其值得注意。如所收章學誠《言公》篇屬於手稿面貌,就比現今通行《文史通義》本少六段文字,内容差異很大,這與章學誠的遭遇及乾嘉學術風氣有密切關係(關於《言公》篇文字差異及相關問題,筆者另撰有專門文章討論)。下文以乾嘉時期著名學者的作品爲例,對尚未被研究者注意到的《文傳》的校勘價值進行探討。

(一) 錢大昕文章的異文

首先看《跋荀子》的文字差異。《文傳》卷七一收錢大昕《荀子跋》一文,與《潛研堂文集》卷二〇《跋荀子》内容相近,一繁一簡,字數多寡不同。蓋《文傳》本所收者爲早期手稿,《潛研堂文集》本所收爲定稿。今將二者(前者簡稱《湖》本,後者簡稱《潛》本)錄於下方表一,以見其手稿與定稿之差異(重要部分以黑體表示)。

表一 《跋荀子》手稿與定稿差異對比

《湖》本《荀子跋》	《潛》本《跋荀子》
荀卿子書,世所傳唯楊倞注本,明人所刊,字句踳譌,讀者病之。少宗伯嘉善謝公視學江蘇,得餘姚盧學士抱經手校本,歎其精審,復與往復討論,正楊注之誤者若干條,付諸剞劂氏,而此書始有善本矣。蓋自仲尼既殁,儒家以孟、荀爲最醇,太史公叙列諸子,獨以孟、荀標目。韓退之於荀氏雖有"大醇小疵"之譏,然其云"吐辭爲經,優入聖域",則與孟氏並稱,無異詞也。 宋儒所訾議者,唯《性惡》一篇,愚謂孟言性善,欲人之盡性而樂於善;荀言性惡,欲人之化性而勉於善,立言雖殊,其教人以善則一也。**宋儒言性雖主孟氏,然必分義理與氣質而二之,則已兼取孟、荀二義。至其教人以變化氣質爲先,實暗用荀子"化性"之説,然則荀子書詎可以小疵訾之哉?** 古書"偽"與"爲"道[通],荀子所云"人之性,惡其善者偽也",此"偽"字即作爲之"爲",非詐僞之"偽"。故又申其義云"不可學,不可事而在人者,謂之性;可學而能,可事而成之在人者,謂偽"。《堯典》"平秩南訛",《史記》作"南爲",《漢書·王莽傳》作"南偽",此"偽"即"爲"之證也。**因讀公序,輒爲引申其説以告將來之讀是書者。**⑮	《荀子》三十二篇,世所共訾謷之者,惟《性惡》一篇,然多未達其旨趣。夫《孟》言性善,欲人之盡性而樂於善;《荀》言性惡,欲人之化性而勉於善。言性雖殊,其教人以善則一也。**世人見篇首云"人之性惡,其善者偽也",遂掩卷而大詬之,不及讀之終篇。** 今試平心而讀之,《荀子》所謂"偽",祇作爲善之"爲",非誠僞之"偽"。故曰"不可學,不可事而在人者,謂之性;可學而能,可事而成之在人者,謂之偽"。古書"偽"與"爲"通,《堯典》"平秩南訛",《史記》作"南爲",《漢書·王莽傳》作"南偽",此其證也。若讀"偽"如"爲",則其説本無悖矣。**後之言性者,**分義理之性與氣質之性而二之,而戒學者以"變化氣質"爲先,蓋已兼取《孟》《荀》二義,而所云"變化氣質"者,實暗用《荀子》"化性"之説,是又不可不知也。⑯

按:《湖》本《荀子跋》是錢大昕在讀到謝墉所刊盧文弨手校本《荀子》的序言時撰寫的一篇跋文,是屬早期手稿(此文後來被王先謙採入《荀子集解》中)。文章開頭交代了謝墉得盧文弨所校楊倞注本《荀子》,並與盧文弨往復商榷,駁正楊注若干條之事。同時,還提及司馬遷、韓愈等人對荀、孟的看法。但在《潛》本《跋荀子》中,這些内容均删去了。删改後的文章確實要顯得文法簡潔,老練許多。文中還有一處明顯的差異:《湖》本中提及"宋儒所訾議者唯《性惡》一篇",明確指出宋儒對《荀子·性惡》篇的批評。在《潛》本中,這句話變成了"世所共訾謷之者,惟《性惡》一篇",將"宋儒"换成了"世"。又《湖》本"宋儒言性雖主孟氏,然必分義理與氣質而二之",在《潛》本中改爲"後之言性者,分義理之性

與氣質之性而二之",將"宋儒"變成了"後之言性者"。由此可以看出,在《湖》本中錢大昕有着較明顯的漢學家身份意識,原本直接批評的對象是宋儒。聯繫到程、朱均批評過荀子的"性惡"説,則錢大昕早期文章可能就是針對以程、朱爲代表的理學家而發;而在《潛》本中批評的對象相比《湖》本模糊,删去了"宋儒"字樣,語氣也相對平緩,温柔敦厚許多。這也顯示出錢大昕晚年在編定文集時考慮得更爲周全。因爲提到"宋儒",實際上誰都明白是指向程、朱等正統理學家。爲了避免引起乾嘉時期宋學家們的非議,故而作了删改。

姚鼐《復蔣松如書》批評漢學家"然今世學者,乃思一切矯之,以專宗漢學爲至,以攻駁程、朱爲能,倡於一二專己好名之人,而相率而效者,因大爲學術之害",⑰明確對漢學家反對宋儒的做法表示出不滿,這未必是針對錢大昕而言(可能是爲戴震而發),但這種學術取向的差異很明顯。《湖》本錢大昕跋文保留了其早年跋《荀子》時對宋儒表現出明顯不滿的痕迹,但他在晚年編訂文集時,對行文語氣與措辭均有調整。如果我們據《潛》本來看,祇能看到一個温柔敦厚、平和談論的錢大昕,而據《湖》本文字則可以看到具有明確漢學家身份意識的錢大昕。這種文字的修改,對於我們瞭解錢大昕文集的前後面貌頗有助益。

其次,《文傳》卷五一選錢大昕《贈儒林郎翰林院檢討彦傑曹公墓碣》一文,《潛》本標題"碣"作"表"。其中最明顯的差異在於《湖》本比《潛》本所載多近百字。《潛》本"挾術而忘義,必敗",《湖》本無"必敗"兩字,而作"豈惟害人,兼將害己"。《潛》本王宜人"後君□歲卒",《湖》本作"後公二十歲卒"。《潛》本"孫男若干人。曾孫若干人",《湖》本爲之一一作具體記載:"孫男六人:延齡、喬齡、錫齡、鶴齡、祝齡、保齡。曾孫十五人:汝廉、汝淳、汝瀾、汝潤、汝儉、汝淦、汝洵、汝勤、汝涵、汝清、汝直、汝藻、汝浩、汝渟。"《潛》本不載王宜人贈封號事,對於曹彦傑落葬也祇是說"葬以某年月日"。⑱《湖》本對此則清楚地記載道:"王宜人贈安人。葬在本村之西原,以乾隆十八年歲次癸酉正月二十六日。"⑲《湖》本所載比《潛》本詳細而具體,對於瞭解墓主家庭的情況更加有用。又,墓誌銘一類文字,對於墓主的後人大多僅記載兒子的名字,除非有名人物,孫輩、曾孫輩的具體情況一般省略不載,對於落葬的情況一般也不會詳細記述。《潛》本所收正是這種通例的文本。而《湖》本不僅有墓主兒子的名字,而且將孫子、曾孫們的情況也一一記載清楚,對於落葬的地點和時間也作清楚記載。我們在許多墓誌中可以讀到諸如"若干人""葬以某年月日"這樣的句子,從前一般認爲,作者可能對有關情況不甚瞭解,留下這些内容(如人數、姓名、地點、時間)讓死者的親人自行填入。從錢大昕這篇墓誌可知,情況未必如此。它也可能是作者將有關情況都寫清楚了(古人一般都是根據死者親人提供的行狀寫墓誌,而其親人向作者求文時一般也會對他講清楚落葬的時間、地點,所以作者對於這些内容應當是瞭解的),然而在編文集時,出於文法簡練考慮,不必再保留某些内容,就將它們删去了。錢大昕這篇墓誌的不同文本,收在《文集》的是對《湖》本的修改本,就可以說明這個問題。它可以幫助我們認識墓誌銘的這一現象。

(二)王引之文章的異文

《文傳》所收王引之的文章也存在着類似的情況。《文傳》卷二二收《周秦名字解故序》,此文在羅振玉輯本《王文簡公文集》卷三題爲《春秋名字解詁叙》(目錄中"叙"字作"序"),標題、内容均有改動。這關係到王引之"因聲求字",進而"因字求義"的訓詁學理念,體現出其認識的不斷深入的過程,對於王氏的訓詁學研究有較重要的意義。以下將兩者(分别簡稱《湖》本、《文集》本)異文羅列(見表二),以見其差異。

表二 《周秦名字解故序》異文對比

《湖》本《周秦名字解故序》	《文集》本《春秋名字解詁叙》(《經義述聞》本同)
名字者,自昔相承之詁言也。**其所用者,不越方俗之恒,而義相比附,文相注釋,三代詁訓於是乎存**。疏通而證明之,學者之事也。夫詁訓之要,在聲音不在文字。聲之相同相近者,義每不甚相遠。故名字相沿,不必皆其本字,其所假借,今韵復多異音。畫字體以爲説,執今音以測義,斯於古訓多所未達,不明其要故也。今之所説,多取古音相近之字以爲解,雖今亡其訓,猶將罕譬而喻,**觸類而長焉**。爰考義類,定以五體。一曰同訓,予字子我、常字子恒之屬是也;二曰對文,没字子明、	名字者,自昔相承之詁言也。《白虎通》曰:"聞名即知其字,聞字即知其名。"蓋名之與字,義相比附,故叔重《説文》屢引古人名、字,發明古訓,莫箸[著]於此。觸類而引申之,學者之事也。夫詁訓之要,在聲音不在文字。聲之相同相近者,義每不甚相遠。故名字相沿,不必皆其本字,其所假借,今韵復多異音。畫字體以爲説,執今音以測義,斯於古訓多所未達,不明其要故也。今之所説,多取古音相近之字以爲解,雖今亡其訓,猶將罕譬而喻,**依聲託義焉**。爰考義類,定以五體。一曰同訓,予字子我、常字子恒之屬是也;二曰對文,没字

(續 表)

宛字子惡之屬是也；三曰連類，括字子容、側字子反之屬是也；四曰指實，丹字子革、啓字子閒之屬是也；五曰辨物，鍼字子車、鱣字子魚之屬是也。因斯五體，測以六例：一曰通作，徒字爲都，偃字爲加之屬是也；二曰互注，籍字子禽，亢字子籍之屬是也；三曰辨譌，虔字爲黔，高字爲克之屬是也；四曰比例，得字子玉，貽字子金之屬是也；五曰合聲，徐言爲成然，疾言爲旃之屬是也；六曰雙聲，結字期[綦]，達字子姚之屬是也。訓詁列在上編，名物分爲下卷。衆箸者不爲贅設之詞，難曉者悉從闕疑之例。上稽典文，旁及謠俗，亦欲以究聲音之統貫，察訓詁之會通云爾。至于解釋不明，援引鮮當，大雅宏達其有以教之矣。㉑	子明，偃字子犯之屬是也；三曰連類，括字子容、側字子反之屬是也；四曰指實，丹字子革、啓字子閒之屬是也；五曰辨物，鍼字子車、鱣字子魚之屬是也。因斯五體，測以六例：一曰通作，徒字爲都，籍字爲鵲之屬是也；二曰辨譌，高字爲克、狄字爲秋之屬是也；三曰合聲，徐言爲成然、疾言爲旃之屬是也；四曰轉語，結字子綦、達字子姚之屬是也；五曰發聲，不狃爲狃、不畏爲畏之屬是也；六曰並稱，乙喜字乙、張侯字張之屬是也。訓詁列在上編，名物分爲下卷。衆箸[著]者不爲贅設之詞，難曉者悉從闕疑之例，上稽典文，旁及謠俗，亦欲以究聲音之統貫，察訓詁之會通云爾。至於解釋不明，援引鮮當，大雅宏達其有以教之矣。㉑

按：此文是王引之繼承其父王念孫，實際也是上承戴震"因聲求義"的訓詁學理論而作出的歸納與總結。經比勘可以發現，《湖》本"其所用者，不越方俗之恒，而義相比附，文相注釋，三代詁訓於是乎存。疏通而證明之"，《文集》本作"《白虎通》曰：'聞名即知其字，聞字即知其名。'蓋名之與字，義相比附。故叔重《說文》屢引古人名、字發明古訓，莫箸[著]於此。觸類而引申之"。定本引《白虎通》之文，舉《說文》之例以佐證自己的觀點，更符合漢學家的著述方式，體現出言必有徵的特點。又其中"六例"，《湖》本順序爲通作、互注、辨譌、比例、合聲、雙聲，而《文集》本順序爲通作、辨譌、合聲、轉語、發聲、並稱，順序明顯不同，且"六例"的一些名稱有變化，所舉的具體例子也有明顯的差異。如原來第六"雙聲"所舉之例，被改用作"轉語"之例，改動頗大，明顯呈現出早期文本與定本的差異。

《春秋名字解詁》一書成書於王引之二十五歲時，《湖》本所收爲此文早期面貌，時間或更早，屬少作。可能後來王引之學問不斷精進，編定文集時又有所改訂，故而呈現出這樣的差異。比如，《湖》本"三曰辨譌"條所舉"虔字爲黔"之例,"虔"與"黔"音(前者n收尾;後者m收尾)與形皆不相近,用作訛誤的例子顯然不妥,也與"因聲求義"的主旨不符,因此在後來的《文集》本中改爲"狄字爲秋"(兩字形近),相對而言更符合因音形相近而訛誤的情況。這表明王引之對此問題的思考在不斷完善。這對我們研究王引之"因聲求義"不斷走向成熟的過程有着較大的幫助。

(三)汪中文章的異文

《文傳》卷一〇收《婦人無主問答》,篇後附有汪中自識:"方苞侍郎家廟不爲婦人作主,以爲禮也,中謹據《禮》正之如此。夫生則共事宗廟,没乃不沾一食,葬而不祭,既餕其母,祭而不配,又鯀其父,於五刑莫大之罪,蓋無所逃焉。其爲不學又不足言矣。"[22]但在汪氏文集的一些刻本中,此自識作"方苞侍郎家廟不爲婦人作主,以爲禮也,中謹據《禮》正之如此",[23]删去了後面譏貶方苞學問的文字。明顯體現出《文傳》所據是手稿本,而《述學》刊刻時,當是出於爲尊者諱的原因,將識語中譏貶文字,概行删略。方苞是具有理學背景的學者,以精於《禮》學著稱,他主張家廟中"婦人無主",偏於保守。汪中則據《禮》駁之。汪中好駡人,孫星衍《汪中傳》云:"中於諸君(按:指錢大昕等名流)爲後進,皆辯難無所讓。别自書當代名人姓字,品覈高下,人愈嫉之,以爲汪中善駡人。"[24]道及汪中的個性。凌廷堪《汪容甫墓誌銘》引汪中言:"吾所駡皆非不知古今者,蓋惡莠恐其亂苗也。若方苞、袁枚輩,豈屑屑駡之哉!"[25]後人皆知錢大昕、汪中等均批評過方苞,由《湖》本後所附録的這段手稿文字,我們可以更清晰地瞭解汪中在寫此文時對方苞《禮》學的不屑態度,對其年少時恃才傲物、博學猖傲的性格也可以有更深入的體察。這在文集定本中是比較難看到的。

此外,《文傳》卷七五收汪中《自序》與刻本之間也存在着文字差異。如"非由遇合"之"遇合",《四部叢刊》影印無錫孫氏藏本、光緒述古齋木活字本作"人力",且此下有"雖符囊哲,未足多矜"八字。"余作配興公,終傷覆水",[26]無錫孫氏藏本等作"余受詐興公,勃谿累歲,里煩言於乞火,家構釁於蒸梨,蹀躞東西,終成溝水"。將《文傳》卷八所選汪中《左氏春秋釋疑》與無錫孫氏藏本相校勘,也有文字差異。比較明顯者如"歸父欲去三桓,以張公室",《湖》本無"以張公室"四字。"不幸宣公即世,其事不成",《湖》本無"其事不成"四字。"有君不事,使之野死,又廢其子,其爲謀人,不已多乎",《湖》本無"其爲謀人,不已多乎"。又《明堂通釋》篇"《說文》:'臺,從土高省'"後,孫氏本有"《金縢》:'爲三壇同墠。'馬融注:'墠,土堂'"一句,《湖》本無。"此十二紀亦見於《淮南·時則訓》,而其文加詳,今不知采自何書"之"采自何書",孫氏本作"撰自何人"等等。

(四) 焦循等文章的異文

又卷七一收羅有高《感應篇陰隲文跋》,此文內容實際是盛百二《書感應篇後》文的一部分(字句偶有差異),並非以獨立篇目見於《尊聞居士集》。羅有高《尊聞居士集》卷一《書濟陽張子立命說辯後》一文頗長,在申說了自己的觀點後,他在文後附引了盛百二《書感應篇後》與《書陰隲文後》的內容(均見於《柚堂文存》卷三)。《文傳》收有盛百二文章六篇,王昶應該見過其《書感應篇後》與《書陰隲文後》,不至於出現這麼低級的錯誤。大概是後來的編輯者因粗心而將其中盛百二《書感應篇後》單獨節選出來,當作是羅有高的作品,王昶晚年目盲,又無法親自核檢,故而致誤。平步青《書〈尊聞居士集·書濟陽張子立命說辯後〉後》云:"標目已與集異,文首刪去'允矣哉'三字,又刪去'其《文昌陰隲文》敘曰'一段,則首句不可解,且《敘感應篇》全是秦川文字,不得嫁名臺山,蘭泉司寇何至貤謬如是? 殆編次出門客手,未一審正也。"㉗對這種編排錯誤的原因作了推測。

又卷四三收《上錢竹汀少詹問七政諸輪書》在焦循《雕菰集》中作《上錢辛楣少詹事論七政諸輪書》,㉓《湖》本內容稍多於《雕》本。《湖》本"並作叙文,揄揚太過,不勝愧謝之至",《雕》本無"揄揚太過","作"字爲"給"字。《湖》本此下有"所教正弟(第)五十五圖,細審乃循之誤,當即於燈下改正,蓋戴君用矢半,較捷於用加減,非梅君之說不可據也。循家於揚郡之北鄉,孤陋無師學,拘執之見,得大儒不棄,進而教之,尤所感而自慶耳"一段話,《雕》本無。大概焦循晚年學問造詣日深,不便於將自己這樣較爲低級的錯誤繼續保留在與錢大昕的書信中,故而作了刪節。但通過《湖》本,我們可以知道錢大昕明確糾正了焦循五十五圖之誤。又《湖》本"以有數處未能了然,尚未脫稿,敢以所疑就正有道",《雕》本作"以有數條未能以舊說爲信,請以就正有道"。這種改動實際上是焦循晚年學問精進後所爲,大概早年時確實不能"了然",因而"尚未脫稿",需要錢大昕解疑答惑；晚年編集時將其改爲"未能以舊説爲信"，删去了"尚未脱稿"，則似乎他早年在此問題上是有見解的，祇不過不敢確信而已。一是"尚未脱稿"，一則似已寫成，從這種改動中我們可以瞭解焦循晚年修定文集時的心態。由《湖》本書信内容，我們可以瞭解焦循早年在撰寫"七政諸輪"問題考證時直接得到過錢大昕的指點，以去疑惑，《雕》本有意淡化了這種痕迹。又《湖》本書信題目中的"問"字，在《雕》本中被改爲"論"字，一是早年虔誠的問學請教，一是與錢大昕"論"學的姿態，一字之差，其意有别，這種改動也同樣反映出焦循晚年編訂文集時的微妙心理，值得玩味。

此外，《湖》本書尾"往往始見覺其易明，再三思之，荆棘頓起，惟望大儒指其迷而予之以大道，潔己以進，聖人所内，望明教之，幸甚。又賜教稱李君鋭推步之學甚精，循冬月回揚過吳時，當請見之，幸爲道及鄙意。循叩頭叩頭"，[29]《雕》本作"梅、江之説有不能了然於心，惟明教之幸甚"。有意略去了請錢大昕指點迷津的話，且删去了錢大昕爲之作介紹，去蘇州拜會錢大昕弟子李鋭（尚之）的一段内容。後來，焦循有書信致李鋭討論推步之學（二人書信見李斗《揚州畫舫録》卷五）。由上所述，可知《湖》本更接近書信原貌，信息量更大於本集，這對於我們瞭解乾嘉著名學者的私人交往及其關係頗有幫助。

《湖》本焦循《復江艮庭處士書》與《雕》本相校，也偶有異文。較重要者如"位宁、門臬、榮霤"改爲"位宁、榮霤、門臬"，"猶當依依在後也"，《雕》本作"猶當宸爲負扆也"。"知爲門之中，非根闑之中也"，《雕》本作"知爲門之中，非根臬之間，根與臬之間非正也"等。尤其小注中有一句涉及江永的話，《湖》本作"路門之間爲宁，此説似亦近迂"，而《雕》本作"路門之間爲宁，江氏慎修之説迂矣"，明確加上了江永的名字。大概江聲比較尊敬江永，焦循信的手稿中不便明指其名，且"似亦近迂"的表述相對委婉，以避免被認爲是妄議前輩。而後來編訂文集時，已無此顧忌，故而直道江永之名。這種細微的差别，也可見時人討論學術時的微妙心態。

《文傳》選胡虔的文章也與其本集有差異。以《豫章考》爲例，《識學録》題名作《春秋豫章考》。差異較大者，如"見於左氏《傳》者凡六"下，《識》本有雙行小注"昭公六年、十三年、二十四年、三十一年、定公二年、四年"，《湖》本無；又

"又曰漢東江北地名"下,《識》本有"孔氏疏曰:'《漢地理志》豫章郡名在江南,此則在江北者,土地名,是雖未能實指其地'",《湖》本無。如此等等。且《識學錄》本後有一段按語"乾隆戊申,余撰江西《南昌府志》,辨豫章郡之非《春秋》豫章,因取《春秋》傳注及諸家說而爲此考,以申杜義",[30]《湖》本無,《湖》本顯然是手稿面貌。"豫章"一名見於《左傳》者凡六處(參胡虔《豫章考》),杜預注"豫章"爲何地時前後有出入,清儒對此進行了深入的考證,未取得一致答案。胡虔在編輯地方志時對此進行了考證,體現出由經史衍生出來的清代地理考證之學的興盛面貌。

此類涉及文字差異者俯拾皆是,如袁枚《讀胡忠簡公傳》中"孔子曰:'有德者必有言。'彼既無德,言於何有?以"數字即爲《湖》本(卷六九)所無;"讀其所奏,非倦思臥即煩而欲嘔",[31]《湖》本作"讀其所奏,倦而思臥"。[32]《答金震方先生問律例書》《高歡宇文泰論》《釋名》《原士》與本集相校,亦有字詞差異。彭紹升《陳東莊先生傳》與其《二林居集》之《陳和叔傳》內容也有差異。武億《玉圭圖説》,與道光間重梓《授堂文鈔》本存在差異。正文差異較明顯者,如"或亦纁藉采就,所束約于此與"下有"'組[駔]、圭、璋、璧、琮、琥、璜之渠眉'《注》:鄭司農云:'駔外,有捷盧也。'《疏》:'捷盧,若鋸牙然,後鄭不從之。'愚以此圭渠齒即如先鄭之所云,而穿孔繫組,案之後鄭,亦可兩從也"六十一字,[33]《湖》本無。大概是武億撰寫初時尚未思考成熟,定稿時加以補入。

(五)戴震一篇書信的異文

《文傳》所收戴震文章與本集文字存在差異的現象,已經有學者關注,因此筆者將其放在最後討論。此處略述一篇戴震致王鳴盛書札的異文,以見不同版本的文字差異對於瞭解乾嘉學者微妙關係的重要性。此問題近藤光男、陳鴻森、井上亘等學者均有論及,它反映出戴震與王鳴盛治學理念差別,在一定程度上也可以視爲吳派與皖派學術理念的區別。

戴震《東原文集》(微波榭本、段刻經韵樓本)中有《與王内翰鳳喈書》,作於乾隆二十年秋,是與王鳴盛討論古本《尚書·堯典》"光被四表"中"光"與"橫"字問題的書信。時王鳴盛正在撰寫《尚書後案》,故與戴震論及《堯典》。錢大昕、姚鼐、汪中等著名學者對此也有關注,汪中還專門引《毛詩·噫嘻》鄭注"光被四表"指出戴震的疏漏(詳《述學·與端臨書》)。王鳴盛晚年説自己早年並未將著作寄給戴震,也未收到過其論學信札。他在《蛾術編》卷四"光被"條中,節迻了戴震信札中的内容,予以辯駁。《蛾術編》所節録者,與《東原文集》中《與王内翰鳳喈書》(乙亥年秋)有文字差異;《文傳》卷四〇收此信,作《與王編修鳳階書》,同《與王内翰鳳喈書》文字也有明顯差異。如《湖》本"詁訓之體遠而近之,不幾廢近索遠""如光不直云顯,必曲云充""古字蓋横桄通,六經中用横不用桄""《後漢書·馮異傳》:永初六年,安帝詔有'横被四表、昭假上下'之語。班孟堅《西都賦》:'横被六合。'其宜有所自矣"等文字就不見於微波榭本、經韵樓本《東原文集》之《與王内翰鳳喈書》中。㉞其中《後漢書·馮異傳》與班固《西都賦》的例子,微波榭本《東原文集》的編定者大概是因其分别是錢大昕與姚鼐告知戴震者,後文補記中戴震已經有按語説明,故删去。其實這也正好可以證明戴震此信後來曾改動過,《湖》本戴震文後附記"丁丑仲秋錢編修曉徵更爲余舉一證曰",而微波榭本、經韵樓本《戴東原集》"編修"作"太史",無"更"字。前者無關緊要,但"更爲"與"爲"一字之差,體現出此種改動背後的心態。

《文傳》所選《與王編修鳳階書》大概是戴震書信的早期面貌。因爲錢大昕、姚鼐所舉之例,已在《文傳》所録書信正文中,而這兩件事情發生在乾隆二十二年(1757)仲秋,屬追記。又,戴震附記中提及其族弟舉《漢書·王莽傳》及王子淵《聖主得賢臣頌》材料,是在乾隆二十七年。故揆之情理,錢、姚、戴三人所舉材料,戴震原信中應該没有。《湖》本已是經過了戴震修改的文本,而微波榭本《東原文集》的編訂者則進一步作了修訂,將書札正文内錢大昕、姚鼐提供的材料删除。

王鳴盛《蛾術編》説並未收到戴震書札,刻意淡化早年與戴震討論之事,反映出其微妙的心態。二人就"光"與"横"的争論,也是吴派漢學家與戴震在治學理念上的差異。㉟戴震在信中説"余獨謂病在後人不遍觀盡識,輕疑前古,不知而作也""信古而愚,愈於不知而作,但宜推求,勿爲拘守",實際上就是反對王鳴盛過度尊信漢儒。因戴震語中頗帶譏諷,故王鳴盛在《蛾術編》中譏諷戴震未見《毛詩·噫嘻》疏引鄭注已作"光"解(按:此與汪中所舉例同),未遍檢《十三經注疏》而輕於立論,且輕於改經文,是狂而幾於妄。這實際上也反映出吴派漢學

"信古"與戴震"疑古"求實的學術理念差距。㊱王鳴盛自負頗高,年輕時被戴震批評,晚年學成後再批評早已過世的戴震。陳垣《書〈十七史商榷〉第一條後》云:"王西莊好罵人……其於時賢如顧亭林、戴東原,亦力斥之。"㊲其中批評戴震處,大概就是此一段公案。此信作於乾隆二十年秋,若"信古而愚,愈於不知而作,但宜推求,勿爲拘守"等真是戴震當時所寫,未經刪改,則表明戴震當時對吳派漢學的治學方法並不認同。

《文傳》所收戴震文章與其文集之間的文字差異現象,在其他學者的文章中也大量存在。因《文傳》是選本,所收個人文章不多,點校者往往不會將其納入到校勘的備選版本中,一些重要問題往往就因此被忽略了。比如,清代著名歷史學家章學誠的《言公》篇,收入《文史通義》内篇中,此書的整理版本已然不少,但整理者均未注意到要利用《湖》本進行校勘,實際上二者的差異是很明顯的。李金松先生《述學校箋》(中華書局 2014 年版)彙集了數種《述學》的版本進行校箋,如前引《婦人無主問答》篇後附有汪中自識,《述學校箋》據文選樓本、問禮堂本出校,指出了此兩本有而底本無的文後汪中批評方苞的一段文字。這對讀者瞭解汪中的性格及此文的早期面貌無疑是有意義的。《文傳》收入汪中八篇文章手稿,如果《述學校箋》能夠用其作參校,將其差異列出,則會對研究汪中更有幫助。以上所列,僅是有代表性的重要作家,這樣的例子還有許多,如選盧文弨、姚鼐、孫星衍、洪亮吉、法式善、邵晉涵等人的文章均存在此類情況,有待於研究者犀燃燭照,細細推勘。我們相信隨着乾嘉學人文集的整理逐漸走向精校精箋,《文傳》所收諸家此類早期文章的價值,將會在研究中不斷顯現出來。

需要指出的是,《文傳》也存在篇名、作者等方面的錯誤,平步青《群書斠識》對此有簡要的揭櫫。如顧棟高《春秋二傳禘祫考》篇名,應作《春秋三傳禘祫説》(參《春秋大事表·吉禮表》卷一五所附)等即是。㊳有一些文章屬於代寫,《文傳》未予指出。如梁詩正《錢録序》《欽定西清古鑒跋》,實際是裘曰修代作(見《裘文達公文集》卷三、四)。陳兆崙《光禄大夫吏部尚書協辦大學士諡文恪劉公墓誌銘》(見《紫竹山房詩文集》文集卷一六),實際是代史貽直作。盧見曾《山左詩鈔序》,實爲顧棟高捉刀(見稿本《萬卷樓文稿》),盧氏略有改動,刪去了有關錢謙益的信息。此外,有的論學書信的客套語句,如選盧文弨與錢大昕論熊方

《後漢書年表》的書信等,王昶作了刪削。這些是需要注意的。

綜上所述,《文傳》中約有近一半文章是據作者手稿採選,與諸家別集刻本中的定稿及後世文章總集存在差異,有重要的校勘價值。因所選皆爲與王昶大致同時的學者之文,其中多數傳記資料真實可靠;一些學術性文章的手稿對研究乾嘉學者學術變化等頗有助益。《文傳》還保留了乾嘉學者的一些佚作,具有重要的輯佚價值。我們相信隨着乾嘉學術、文學研究不斷走向深入,其文獻價值將會不斷顯現出來。

附記:本文是筆者博士論文(2015年)中一節,後董理成單篇論文,2016年5月論文外審時,得到了匿名專家的寶貴意見,特此致謝。

(本文是江西省社會科學規劃青年博士基金項目"王昶與乾嘉文學演變研究"[編號:16BJ39]的階段性成果。)

注 釋

① 江藩撰,漆永祥箋釋《國朝漢學師承記箋釋》,上海古籍出版社2006年版,第368頁。
② 關於王昶著述情況,參陳恒舒《王昶著述考》(《國學研究》第二十八卷,北京大學出版社2011年版),此文考錄王昶著(編)書凡105種,是目前最全面者,然也偶有遺漏,如《王昶存稿》《蘭苕集》《碧海集》等就未著錄。
③ 王昶《湖海文傳》,上海古籍出版社2013年版,第1頁b。
④ 《戴震全集》第6冊"補遺",清華大學出版社1991年版,第3232—3233、3338—3339頁。
⑤ 惠周惕、惠士奇、惠棟撰《東吳三惠詩文集》,漆永祥點校,臺北,"中研院"中國文哲研究所2006年版,第418頁。
⑥ 陳鴻森輯《王鳴盛西莊遺文輯存》,《大陸雜志》2000年第100卷第1期。又收入陳文和編《嘉定王鳴盛全集》第11冊,中華書局2010年版,第399—477頁。
⑦ 錢大昕撰,陳文和主編《嘉定錢大昕全集》第10冊,江蘇古籍出版社1997年版,第10—11、28—30頁。又,陳鴻森輯《錢大昕潛研堂遺文輯存三卷》,《經學研究論叢》第6輯(臺北,學生書局1999版)亦收此三文。
⑧ 陳鴻森輯《丁傑遺文小集》,《經學研究集刊》2008年第4期;《江聲遺文小集》,《中國經學》第4

輯,廣西師範大學出版社 2009 年版。
⑨ 江藩《江藩集》,漆永祥整理,上海古籍出版社 2006 年版,第 265—268 頁。
⑩ 按:劉承幹《嘉業堂叢書》本《復初齋外集》文卷二據《湖海文傳》輯入《銅柱考》,然未收《王莽大泉五十考》。
⑪ 陳鴻森《阮元揅經室遺文輯存》,《大陸雜志》103 卷,2001 年;陳鴻森《洪亮吉北江遺文輯存》,《中國文哲研究通訊》2013 年第 4 期。
⑫ 同注③,第 5 頁 b。
⑬ 同上書,第 3 頁 a。
⑭ 蔡錦芳《戴震生平與作品考論》,廣西師範大學出版社 2006 年版,第 265—271、272—281 頁。
⑮ 同注③,第 637 頁 b。
⑯ 錢大昕《潛研堂文集》卷二七,清嘉慶十一年(1806)刻本。
⑰ 姚鼐《惜抱軒詩文集》文集卷六,上海古籍出版社 1992 年版,第 95—96 頁。
⑱ 同注⑯。
⑲ 同注③,第 469 頁 a。
⑳ 同上書,第 220 頁。
㉑ 王引之《王文簡公文集》卷三,《續修四庫全書》第 1490 册,第 384 頁。
㉒ 同注③,第 114 頁。
㉓ 汪中《述學》内篇卷一,《四部叢刊》影印無錫孫氏藏本。
㉔ 孫星衍《五松園文稿》卷一,《四部叢刊》影印清嘉慶間蘭陵孫氏《孫淵如先生全集》本。
㉕ 凌廷堪《校禮堂文集》卷三五,王文錦點校,中華書局 1998 年版,第 319 頁。
㉖ 同注③,第 666 頁 b。
㉗ 平步青《樵隱昔寱》卷一五,《清代詩文集彙編》第 720 册,第 329 頁。
㉘ 焦循《雕菰集》卷一四,清道光嶺南節署刻本。
㉙ 同注③,第 395 頁 a。
㉚ 胡虔《識學録·廣西通志叙例》,復旦大學圖書館藏趙詒琛鈔本。
㉛ 袁枚著,王英志主編《袁枚全集·小倉山房文集》,江蘇古籍出版社 1993 年版,第 538 頁。
㉜ 同注③,第 625 頁 b。
㉝ 武億《授堂文鈔》卷一,《清代詩文集彙編》第 410 册,上海古籍出版社 2010 年版,第 141 頁。
㉞ 同注③,第 361 頁 a。
㉟ 日本學者近藤光男推測王鳴盛有意隱瞞了戴震早年寫信給他討論此問題的事實,王是據戴原札而非《東原文集》本節録了其中内容。轉引自陳鴻森《考據的虛與實》,《經學研究集刊》第 2

輯,臺北,學生書局 2007 年版。

㊱ 井上亘《"疑古"與"信古":基於戴震〈與王内翰鳳喈書〉》,《〈古史辨〉第一册出版八十周年國際學術研討會論文集》,山東大學文史哲研究院印製,2006 年 10 月。

㊲ 陳智超主編《陳垣全集》第七册,安徽大學出版社 2009 年版,第 684 頁。

㊳ 平步青《香雪崦叢書》丙集,清光緒二年(1876)刻本。

《漢書·藝文志》條目著録次序問題考辨

孫振田

【提要】《漢書·藝文志》在安排條目的著録次序時,或者依據相關書籍的時間上的先後,按照從前往後的順序進行著録,或者對相關的書籍按照學術特點進行分類,並將反映一類之學的著作著録在一起。《漢書·藝文志》條目的著録次序就是一種規律與不規律的結合,規律之中往往又有着不合規律的例外。《漢書·藝文志》一些條目著録次序的不諧,正是《漢書·藝文志》本來的著録面貌。對於《漢書·藝文志》中一些條目著録次序的不諧問題,無須過度解讀;也不可簡單地據相關的著録次序來考察相關的學術問題,否則就會出現不足甚至錯誤。

《漢書·藝文志》(下稱《漢志》)條目的著録次序問題,較早明確論及者,如明胡應麟云:"班《藝文志》所列時代頗淆,今稍據時代列之。"[①]顯然,在胡應麟看來,《漢志》條目的著録當以時間先後爲序。清章學誠對《漢志》的著録次序也給以關注,其目録學名著《校讎通義》中於《漢志》條目的著録次序多有討論。清周壽昌也注意到了《漢志》條目的著録次序問題,如有論云:"以《武帝賦》列入二十家,並雜入漢臣中,此劉歆編次失體,而班氏亦不加改正,何也?後歌詩家以《高祖歌詩》三篇冠首,較爲得之。"[②]對《漢志》將漢武帝《上所自造賦》二篇著録於臣子之作中表示不解。清末,目録學大家姚振宗在其名著《漢書藝文志條理》中,對《漢志》條目的著録次序展開了較爲深入的研究,或揭示其著録義例,或揭示著録次序不諧之原因,或就條目著録的次序研究相關問題,涉及條目之多及思

孫振田　西安工業大學人文學院

慮之多樣,爲諸家所未逮。今人張舜徽先生於《漢志》的著録次序問題也多有涉及,如論云:"《漢志》敘次群書,或以時爲先後,或依類相聯繫,無不井然有條。其偶錯雜不倫,則半由傳寫致誤,不可持後世訛謬之本上衡古人也。"又云:"《漢志》自分條刊刻以來,割裂破碎,多非本來舊第。"③張先生於個別條目的著録次序也有所論述。顯然,《漢志》著録次序問題,已成爲《漢志》及古典目録學研究一個無法繞開的問題,對之進行專門的研究仍有其必要性。基於是,本文謹以姚振宗《漢書藝文志條理》爲中心,對其相關論斷進行回顧,並加以討論,以期於《漢志》條目著録次序問題的研究有所推進。

一　所揭示的《漢志》條目著録次序之義例

1. 據著者時代之先後安排著録次序。

《諸子略》儒家類首先著録《晏子》八篇,姚振宗云:"晏子與孔子同時,時代最先,故以此一家居首。"④

2. 據著作的學術特點安排著録次序。

《六藝略》《易》類著録:《易傳周氏》二篇……《王氏》二篇。姚振宗云:"史、漢《儒林傳》及荀悦《漢紀》所引劉向《別録》載田子莊傳《易》,弟子皆以東武王同爲首,周王孫次之,此以周氏列《易》傳之首者,則以其書皆古義故也。"⑤周氏,即周王孫;王氏即東武王同。

3. 據學術發展的先後安排著録次序。

(1)《六藝略》《禮》類連續著録:《王史氏》二十一篇、《曲臺后倉》九篇、《中庸説》二篇、《明堂陰陽説》五篇。姚振宗按《明堂陰陽説》五篇云:"自《曲臺后倉》至此三家,似皆漢人説《禮》之書,猶《禮》古記之支流,故次於王史氏記之後。"⑥

(2)《六藝略》小學類揚雄《訓纂》一篇,著録於司馬相如《凡將》一篇、史游《急就》一篇、李長《元尚》一篇之後,隔《別字》十三篇、《蒼頡傳》一篇之後又著録揚雄《蒼頡訓纂》一篇。姚振宗云:"《訓纂》成於元始居攝之間,爲《七略》所不及載,此條蓋班氏所入。而必列之於此,不與後三條《蒼頡訓纂》相類從者,則以其前《凡將》《急就》《元尚》三篇皆取於《蒼頡》篇中之字,而此則順續《蒼頡》,

故連綴於後,明一類之學,猶《禮》家入《軍禮司馬法》於《周官》經傳之後也。"⑦

(3)《諸子略》墨家類把《尹佚》二篇著錄在本類之首。姚振宗云:"史佚之後有史角,而墨翟學於史角,之後其道盛行於世,遂以墨名其家。而其初出於清廟之守者也。清廟之守之爲書者自尹佚始,故是類以《尹佚》爲之首。"⑧

4. 據書籍成書之先後安排著錄次序。

(1)《六藝略》《易》類著錄:《服氏》二篇……《丁氏》八篇。姚振宗云:"以傳《易》先後言之,則丁寬當在服生之前。然詳究類例,又似以成書先後爲次。此則非見本書不能定,或《七略》舊第本來如此。"⑨

(2)《六藝略》《孝經》類先後著錄《翼氏説》一篇、《后氏説》一篇。姚振宗云:"后氏爲翼氏之師,本《志》篇叙亦叙后倉於翼奉之前,而其書乃列翼氏之後,或后氏之弟子所録,成書在翼氏之後,或轉寫顛倒之誤,無以詳知。"⑩

(3)《諸子略》陰陽家類依次著録:《閻丘子》十三篇(班注:名快,魏人,在南公前)、《將鉅子》五篇(班注:六國時。先南公,南公稱之)。章學誠云:"《閻丘子》十三篇,《將鉅子》五篇,班固俱注云'在南公前',而其書俱列《南公》三十一篇之後,亦似不可解也。"⑪姚振宗反駁云:"古人之書多不出本人之手,皆門弟子傳其學者所輯録,《七略》據其成書之先後爲次,故有似乎雜亂,實則倫貫有叙也。"⑫

(4)《諸子略》名家類依次著録:《黄公》四篇(班注:爲秦博士)、《毛公》九篇(班注:趙人,與公孫龍並游平原君趙勝家)。姚振宗云:"毛公在六國時,而劉氏、班氏列其書於黄公之次者,或其徒編次成書在六國之後,或亦轉寫亂其舊次。"⑬

(5)《諸子略》墨家類依次著録:《我子》一篇、《隨巢子》六篇(班注:墨翟弟子)、《胡非子》三篇(班注:墨翟弟子)、《墨子》七十一篇(班注:名翟,爲宋大夫,在孔子後)。⑭章學誠云:"墨家《隨巢子》六篇、《胡非子》三篇,班固俱注'墨翟弟子',而叙書在《墨子》之前。《我子》一篇,劉向《别録》云'爲墨子之學',其時更在後矣。叙書在隨巢子之前,此亦理之不可解者,或當日必有錯誤也。"⑮姚振宗云:"《墨子》書中稱'子墨子',亦墨氏之徒所録,其徒衆幾遍天下,增長附益其書者不知凡幾,至其成書之時已在隨巢、胡非、我子之後,故《七略》以之爲墨家之殿。"⑯

(6)《諸子略》小説家依次著録:《務成子》十一篇(班注:稱堯問,非古語)、

《宋子》十八篇(班注:孫卿道宋子,其言黃老意)、《天乙》三篇(班注:天乙謂湯,其言非殷時,皆依託也)、《黃帝説》四十篇(班注:迂誕依託)。姚振宗云:"《務成子》《宋子》《天乙》《黃帝説》四家,顛倒先後,雜出不倫,大抵皆從成書之遲早爲次,不以所託之時代論也。《務成子》成書在宋鈃之前,《天乙》《黃帝説》成書在宋鈃之後歟?"⑰

5. 據書籍的體裁安排著録次序。

(1)《六藝略》《春秋》類依次著録《公羊顔氏記》十一篇、《公羊董仲舒治獄》十六篇。姚振宗云:"顔氏遠在董氏之後而列於其前者,以其書與《雜記》相類從,而《治獄》在《春秋》家自爲體裁,故次於後。"⑱

(2)《諸子略》小説家依次著録:《虞初周説》九百四十三篇、《百家》百三十九篇。姚振宗云:"《虞初周説》網羅宏富,自爲體裁,别成一家;而劉中壘所集《百家》體制略同,故次於其後。"⑲

6. 據書籍的文體安排著録次序。

《諸子略》雜家類依次著録《伯象先生》一篇、《荆軻論》五篇、《吴子》一篇、《公孫尼》一篇、《博士臣賢對》一篇、《臣説》三篇。姚振宗云:"自《伯象先生》至此(引者按:指《臣説》三篇),皆論贊、辯難、奏對之文,而時代各不相接,故各以類從。"⑳

7. 據書籍相關時間先後安排次序。

(1)《諸子略》農家類最末著録《蔡癸》一篇。姚振宗云:"此列成帝時氾勝之之後者,或其人後氾勝之卒,而其書亦後出,或所言皆趙過諸人之成法,故置之末簡歟?"㉑《蔡癸》一篇之前著録有《氾勝之》一篇一種。

(2)《詩賦略》孫卿賦之屬連續著録:《黃門書者假史王商賦》十三篇、《侍中徐博賦》四篇、《黃門書者王廣、吕嘉賦》五篇。姚振宗云:"《志》於黃門中雜以侍中徐博一條,豈以奏賦先後爲次歟?抑轉寫亂其次第也。"㉒

(3)《兵書略》共分如下四類:兵權謀、兵形勢、兵陰陽、兵技巧。姚振宗云:"前三種皆各以其時代爲次。"㉓

8. 撰人時代無考之書籍次於末簡。

(1)《諸子略》法家類著録有《燕十事》十篇(班注:不知作者)、《法家言》二篇(班注:不知作者)。姚振宗云:"此兩家皆以無撰人時代可紀,故次之於末簡。《法家言》二篇則亦如儒家、道家、陰陽家之例。"㉔儒家類《儒家言》十八篇(班注:不知作者),著錄於儒家類的末尾(桓寬《鹽鐵論》六十篇、劉向所序六十七篇二種之前);道家類《道家言》二篇(班注:近世,不知作者)著錄於道家類的最末;陰陽家著錄有《雜陰陽》三十八篇(班注:不知作者),著錄於陰陽家的最末。

(2)《諸子略》雜家類連續著錄:《解子簿書》三十五篇、《推雜書》八十七篇、《雜家言》一篇。姚振宗云:"皆無撰人時代者,例當置之末簡焉。"㉕

9. 後人移易、顛倒條目著錄之次第。㉖

(1)《諸子略》儒家類著錄有《平原君》七篇(班注:朱建也)。姚振宗按云:"自分條刊刻以來,割裂破碎,多非本來舊第。如此一條,當在《孝文傳》之後。"㉗又於儒家類按云:"平原君朱建一家,舊當在漢人之中,爲後人妄移次第。"㉘

(2)《諸子略》名家類連續著錄《成公生》五篇(班注:與黃公等同時)、《惠子》一篇、《黃公》四篇。姚振宗按《成公生》五篇云:"此條班氏注'與黃公等同時',明是在黃公之前,惠子之後,今列《惠子》之前,似寫者顛倒亂之。"㉙

上文所及4之(2)、(4)及7之(2)等,姚振宗亦以後人移易、顛倒《漢志》著錄次第解釋著錄次序的不諧問題。

二 利用《漢志》現有條目著錄次序研究相關問題

1.《諸子略》儒家類連續著錄《吾丘壽王》六篇、《虞丘説》一篇、《莊助》四篇。馬國翰《吾丘壽王書》輯本序:"《漢志》儒家有《吾丘壽王》六篇、《虞丘説》一篇,'虞''吾'古字通用,皆壽王所撰著也。"㉚認爲《虞丘説》一篇亦爲吾丘壽王之作。姚振宗按《虞丘説》一篇云:"《志》列吾丘壽王、莊助之間,則武帝時人。馬氏以爲即吾丘壽王,殆以此説爲所説之書,然例以上下文,殊不然也。"㉛姚振宗不同意馬國翰的觀點,並以《虞丘説》一篇的著錄次序推斷虞丘爲武帝時人。㉜

2.《諸子略》陰陽家類依次著錄:《南公》三十一篇(班注:六國時)、《容成子》十四篇、《張蒼》十六篇(班注:丞相北平侯)。俞樾《莊子人名考》:"《則陽篇》之容成氏,《釋文》曰:老子師也。按:《漢書·藝文志》陰陽家有《容成子》十四篇,房中家又有《容成陰道》二十六卷,此即老子之師也。……合諸説觀之,容成氏有三:上古之君,一也;黃帝之臣,二也;老子之師,三也。"㉝認爲《容成子》十四篇之容成子即老子之師。姚振宗對俞説表示反對:"此書列在南公之次,張蒼之前。南公,楚懷王時人;張蒼,秦漢時人。謂爲老子之師,似不然矣。或六國之末別有其人,號容成子,著書言陰陽、律曆、終始、五行者歟?"㉞姚氏據《容成子》十四篇的著録順序,推斷此容成子另有其人,並非老子之師。

3.《諸子略》雜家類著録《吴子》一篇,不著撰人。姚振宗云:"此吴子列在公孫尼之前,則頗似吴起,同爲七十子之弟子。"㉟《吴子》一篇後著録有《公孫尼》一篇。

4.《諸子略》農家類連續著録:《氾勝之》十八篇(班注:成帝時爲議郎)、《王氏》六篇(班注:不知何世)、《蔡癸》一篇(班注:宣帝時,以言便宜,至弘農太守)。姚振宗按《王氏》六篇云:"氾勝之已在成帝時,此列於其後,大抵亦與氾氏同時。若又在其後,則已將漢末,《七略》亦不及載矣。而班氏注云'不知何世',亦疑是後人語,非班氏本文。"㊱姚氏據著録次序推斷王氏的時代。

5.《詩賦略》陸賈賦之屬依次著録《揚雄賦》十二篇、《待詔馮商賦》九篇、《博士弟子杜參賦》二篇、《車郎張豐賦》三篇、《驃騎將軍朱宇賦》三篇。姚振宗云:"自馮商以下四人,年皆少於揚子雲而著録其賦者,或其人已卒,或其賦奏御,故類從於其後。"㊲實質即據著録次序考證撰者的相關情況。

6.《詩賦略》孫卿賦之屬著録《張偃賦》二篇、《賈充賦》四篇、《張仁賦》六篇、《秦充賦》二篇四種。姚振宗論云:"此並在李步昌之前,步昌宣帝時人,則此四家大抵皆武帝時奏賦者。"㊳姚氏據著録次序推斷張偃等的時代、身份等。四種之後著録有《李步昌賦》二篇。

7.《兵書略》兵形勢類著録《繇叙》二篇,在《孫軫》五篇之後。姚振宗云:"由余別有書三篇,見《諸子》雜家。《白貼》五十五引《七略》亦作由余,此繇叙或是繇余之後,追述其先世爲是書,故次於孫軫之後,儻孫軫審爲陳軫,則於時代先後尤合,然皆無確證也。"㊴姚氏據著録次序考證繇叙或爲由余之後。

8.《兵書略》兵形勢類著録有《景子》十三篇,在《魏公子》二十一篇(班注:名無忌,有《列傳》)之後。姚振宗按《景子》十三篇云:"儒家有景子,七十子之弟子,此列在魏公子之後,則非其人也。"㊵《諸子略》儒家類著錄《景子》三篇,班固注云:"說宓子語,似其弟子。"㊶宓子,儒家類著錄有《宓子》十六篇,班固注云:"孔子弟子。"㊷宓子爲孔子之弟子,景子又説宓子語,"似其弟子",故姚振宗云景子是七十子之弟子。此例,姚氏據著錄次序——兵形勢之景子在魏公子之後,考證二景子或非同一人。

9.《兵書略》兵形勢類連續著錄《丁子》一篇、《項王》一篇。姚振宗云:"丁子叙於項王之前,則其人大抵在秦楚之際,豈即楚將丁公乎?"㊸姚氏據著錄次序對丁子進行考證。

10.《兵書略》兵陰陽連續著錄《孟子》一篇、《東父》三十一篇、《師曠》八篇。姚振宗按《孟子》一篇云:"此列《東父》《師曠》之前,則其人遠在孟子之先,疑即五行家之猛子。"㊹姚氏據著錄次序對孟子進行考證。

11.《兵書略》兵陰陽類著錄《東父》三十一篇。姚振宗云:"東不訾,《韓非子·説疑篇》作董不識,《人表》第三等有董父,與東不訾並列,在帝舜有虞氏之時。董父見《左·昭二十九年傳》:以擾龍服事帝舜,帝賜姓曰董,氏曰豢龍氏,封諸鬷川,夷氏其後也。疑即此董父,因通假而爲東父,猶東不訾之爲董不識歟?其叙次在師曠之前,於時代亦相合。"㊺以著錄次序作爲輔助的考證依據。《東父》三十一篇之後著錄有《師曠》八篇,班固注云:"晉平公臣。"

12.《兵書略》兵技巧類連續著錄:《鮑子兵法》十篇、《伍子胥》十篇。姚振宗按《鮑子兵法》云:"此鮑子列在伍子胥之前,則爲春秋時人可知。"㊻姚氏據著錄次序考證鮑子之時代。

13.《兵書略》兵技巧類著錄《五子胥》十篇……《苗子》五篇。姚振宗按《苗子》五篇云:"此叙於《伍子胥》之後,以《世系》之言,則此苗子似即苗賁皇之後人。"㊼姚氏據著錄次序對苗子進行考證。

三 與《漢志》條目著錄次序有關的其他研究

1.《諸子略》陰陽家:《公檮生終始》十四篇(班注:傳鄒奭《始終》書)……《鄒子終始》五十六篇。章學誠云:"陰陽家《公檮生終始》十四篇,在《鄒子終始》五十六篇之前,而班固注云:'公檮傳鄒奭《始終》書。'豈可使創書之人,居傳書人之後乎?"⑱姚振宗對章學誠的説法表示反對,其云:"鄒奭非創書之人,本注'鄒奭'二字實'黄帝'之誤。詳見本條。"⑲其"本條"則考證云:"今考鄧氏《姓氏辨證》,班氏原注'傳黄帝《終始》書',今注乃轉寫之誤,是爲傳《終始》書之最初者。又《終始》之書不始傳於鄒奭,而鄒奭之書亦不名《終始》,是亦足以證寫誤之實。據章氏以鄒衍、鄒奭爲創書之人,非也。"⑳本例,姚振宗通過文獻考證證明《漢志》著録次序不誤。

2.《兵書略》兵陰陽類連續著録:《封胡》五篇、《風后》十三篇、《力牧》十五篇、《鵊冶子》一篇、《鬼容區》三篇、《地典》六篇。㉑前三種與《鬼容區》三篇,班固皆注云"黄帝臣",《鵊冶子》一篇、《地典》六篇下没有注"黄帝臣"字樣。清馬驌《繹史》卷五述此六種,云:"注俱云'黄帝之臣'。"㉒"注"指《漢志》班固注。清李鍇《尚史·黄帝諸臣傳》則列此《鬼容區》《鵊冶子》《地典》,云:"《漢書》注並黄帝臣。"㉓"《漢書》注"所指亦《漢志》班固注。據馬、李之論,似乎《漢志》於《封胡》等每一家下皆注云"黄帝臣"(或有一總注,以六家皆爲黄帝臣)。關於《鵊冶子》一篇,針對馬、李二氏之説,姚振宗云:"諸書言黄帝三公、七輔、六相及諸臣並無鵊冶子其人,本《志》實未嘗注'黄帝臣',豈馬、李二家所見與今本有異者歟?抑以此一條在《力牧》《鬼容區》之間,意爲牽附也。疑此一條在後二條《地典》之次,轉寫亂之。"㉔關於《地典》六篇,姚振宗則云:"《志》於《封胡》《風后》《力牧》《鬼容區》並注'黄帝臣',此地典亦黄帝臣,而獨不注,則轉寫敓漏也。"㉕本例,姚振宗以著録次序爲切入,考釋《漢志》相關的文獻問題。

四 關於姚振宗相關論斷之辨析

不可否認,上述姚振宗所作論斷確有合乎《漢志》條目著録次序之實際者。例如,一之1,以《晏子》十八篇著録於儒家類之首,按照著者時代之先後安排著録次序,就完全符合《漢志》安排著録次序的規律。以時間先後安排著録次序,是《漢志》通行的做法。考《漢志》,以《諸子略》儒家類爲例,開首著録《晏子》八篇,接着著録孔子孫子思、孔子弟子及再傳弟子之作,如《子思》二十三篇、《曾子》十八篇、《漆雕子》十三篇,等等,均爲時間上較早者。時間上較晚的作品,如《高祖傳》十三篇、《陸賈》二十三篇、《賈誼》五十八篇、《兒寬》九篇、《公孫弘》十篇、《鈎盾冗從李步昌》八篇,桓寬《鹽鐵論》六十篇等則著録於較爲靠後的位置。他如道家類將漢人著作《捷子》二篇、《曹羽》二篇、《郎中嬰齊》十二篇等著録於道家類較爲靠後而非靠前或中間的位置,雜家類將漢人著作《淮南内》二十一篇、《淮南外》三十三篇、《東方朔》二十篇等均著録於後半段等等,也充分證明時間先後確爲《漢志》安排條目著録次序的原則。以時間先後來安排條目的著録次序,在操作的層面最爲簡單易行,這決定了《漢志》一定會將其作爲安排條目著録次序的重要選擇。一之3之(2),姚振宗從學術内容的角度解釋《訓纂》一篇何以没有與揚雄《蒼頡訓纂》一篇著録在一起,也很有道理,能夠符合實際。考《漢志》小學類序云:"武帝時司馬相如作《凡將篇》,無復字。元帝時黄門令史游作《急就篇》,成帝時將作大匠李長作《元尚篇》,皆《蒼頡》中正字也。《凡將》則頗有出矣。至元始中,徵天下通小學者以百數,各令記字於庭中。揚雄取其有用者以作《訓纂篇》,順續《蒼頡》,又易《蒼頡》中重複之字,凡八十九章。"[56]據以可知,揚雄《訓纂》一篇與司馬相如《凡將》一篇、史遊《急就》一篇、李長《元尚》一篇的確可以歸爲一個小的學術段落,亦即《漢志》在著録揚雄《訓纂》一篇時確有着"明一類之學"的考量。將一類之學的著作著録在一起,也是《漢志》的通行做法,是據時間先後安排著録次序之外又一重要原則。這一原則在《六藝略》中的應用較多,如《六藝略》之《詩》類,《齊后氏故》二十篇與《齊孫氏故》二十七篇著録於一處,《齊后氏傳》三十九篇與《齊孫氏傳》二十八篇著録於一處,分别以"故"與"傳"爲學術單位,各成段落,而不是以著者"后氏""孫氏"爲單位進行著録。一之3之(3),解釋墨家類爲何把《尹佚》二篇著録在本類之首,基本上也能成立。一之5之(1),所論也能夠成立。核之《春秋》類,可知《公羊顔氏記》十一篇之前著録有《公羊雜記》八十三篇,與《公羊顔氏記》十一篇均爲公羊學的研究性著作,屬於學術研究的性質,而《公羊董仲舒治獄》十六篇雖以"公羊"之名,却非研究性的著作,不屬於純粹的學術研究,祇能著録於《公羊顔氏記》十一篇的後面。《春秋》類也採取了按照學術類别分段著録的著録方式,如分别以"傳""微""外傳""章句""記"爲標準進行著録。可歸納如下:傳

(《左氏傳》《公羊傳》《穀梁傳》《鄒氏傳》《夾氏傳》)——→微(《鐸氏微》《張氏微》《虞氏微傳》)——→外傳(《公羊外傳》《穀梁外傳》)——→章句(《公羊章句》《穀梁章句》)——→記(《公羊雜記》《公羊顔氏記》)——→《公羊董仲舒治獄》。一之8,以《漢志》具有將撰人時代無考之書籍次於末簡的論斷,也與《漢志》的實際相符,《漢志》確有這一著録義例。他如關於一之7之(3)的著録次序等,所論也能够成立。

不過,必須指出的是,姚振宗另外一些論斷,雖能另闢新徑,甚啓人思,却很難與《漢志》相關著録次序的實際相符合。例如,一之2,《漢志》將周王孫《易傳周氏》二篇列《易》傳類著作之首,並非是"以其書皆古義"的緣故——此不過是《漢志》以時間先後爲序對《易》傳類的著作進行著録時的例外而已。一之3之(1),《曲臺后倉》等三家所以著録於《王史氏》二十一篇之後,恐怕也與是否爲《禮》古記之"支流"没有必然的聯繫,不過是基於"禮"這一範疇,與之前的《記》百三十一篇、《明堂陰陽》三十三篇、《王史氏》二十一篇、《曲臺后倉》九篇、《中庸説》二篇、《明堂陰陽説》五篇作爲一個小的段落,而著録於《禮古經》五十六卷之後。而且還帶有一定的籠統的性質,否則就無法解釋,爲什麽同爲"明堂陰陽"類的著作,《明堂陰陽》三十三篇却著録於《王史氏》二十一篇之前,而没有與《明堂陰陽説》五篇著録於一處,或者説没有著録於《王史氏》二十一篇之後。(57)他如一之4據書籍成書之先後安排著録次序,一之5據書籍的體裁安排著録次序,一之6據書籍的文體安排著録次序,一之7之(1)、(2),一之9後人移易顛倒《漢志》著録次第,以及二之利用《漢志》現有條目著録的次序研究相關問題,等等,所論均難以成立,需要辨析。兹僅就相關條目辨析如下:

一之4之(1)。《丁氏》八篇没有著録於《服氏》二篇之前而是其後,與成書先後没有關係。《漢志》不可能據成書先後安排相關條目的著録次序。考慮到當時書籍多單篇别行的現實情況,(58)以及讀者或衹取其中若干以爲讀書之用,亦即每一次取而編之都可以視爲一個成書過程,成書應該不會成爲一個清晰的、爲人所關注的概念,也就是成書時間不該成爲劉向等較爲關注的内容,因而也就不大可能成爲《漢志》安排條目著録次序的依據。舉例言之,如劉向《晏子書録》云:"所校中書《晏子》十一篇,臣向謹與長社尉臣參校讎,太史書五篇、臣向書一篇、臣參書十三篇，凡中外書三十篇，爲八百三十八章。"⁵⁹無疑，其中的"中書十一篇""太史書五篇""臣參書十三篇"，甚至包括"臣向書一篇"等，都可以單獨視爲一次編定成書。如此，又怎麽可能按照成書的時間來安排著録次序呢？如果僅僅把最後一次編定視爲眞正的成書，則就祇能是劉向等將其編撰成書了，這樣，按照成書時間安排著録次序，則又祇能將《晏子》八篇著録於整個儒家類的最後，或者較爲靠後的位置，而這無論如何都是不合適的。再以道家類《管子》八十六篇爲例，《管子書録》云："所校讎中《管子》書三百八十九篇、大中大夫卜圭書二十七篇、臣富參書四十一篇、射聲校尉立書十一篇、太史書九十六篇，凡中外書五百六十四篇。"⁶⁰可見，《管子》八十六篇的情形與《晏子》八篇完全相同，《漢志》根本不可能以成書先後爲序進行著録。《列子書録》："所校中書《列子》五篇，臣向謹與長社尉臣參校讎，太常書三篇、太史書四篇、臣向書六篇、臣參書二篇，內外書凡二十篇。"⁶¹其情形與《晏子》八篇也是相同的，《漢志》同樣不可能以成書先後爲序進行著録。諸書成書情況有別，成書時間有異，如果以成書時間的先後爲依據安排著録次序，祇會使書籍的著録凌亂不堪，著録的工作無法進行。不少書籍的編定都是到了劉向整理書籍時纔最終完成，這也最終決定了《漢志》不可能將成書先後作爲安排條目著録次序的標準。

一之4之(5)。核之上論，《墨子》七十一篇不可能是因爲成書的原因而著録於墨家類的最末。即使《墨子》爲後學所記，然因其所記爲墨子之學，時間仍然是在前的，這決定了《漢志》完全可以按照依時間先後安排著録次序的一般做法，據墨子本人所在的時代將《墨子》七十一篇著録於墨家類的前面，而非最末。至於所謂七十一篇中的附益部分，從學術的角度來看，則完全可以視爲墨子之學，這也同樣決定了《墨子》七十一篇完全可以著録於前面。附益之作的重要性，無論如何都無法與被附益者本人的著作相比，不大可能影響相關著作的著録次序。《漢志》在著録類似的有"增長附益"內容的書籍時，正是按照被附益者所在的時代進行著録的。舉例言之，如儒家類《晏子》八篇，《晏子書録》又云："又有頗不合經術，似非晏子言，疑後世辯士所爲者，故亦不敢失，復以爲一篇，凡八篇。"⁶²據以可知《晏子》八篇中或有非晏子之作，然就實際來看，《漢志》却是以晏子本人所處的時代爲依據進行著録的，著録於儒家類的最首，而非以"後世辯士"所在的時代爲依據進行著錄的。再如道家類《莊子》五十一篇,通常認爲,《莊子》的"外篇"及"雜篇"部分可能就是莊子弟子及其後學之所爲,然其在著錄時顯然是以莊子本人所處的時代,而非以其弟子等後學所處的時代爲標準進行著錄的。考《漢志》《諸子略》道家類,《莊子》五十一篇之後著錄有《列子》八篇,班固注云:"先莊子,莊子稱之。"《公子牟》四篇,班固注云:"先莊子,莊子稱之。"《老萊子》十六篇,班固注云:"楚人,與孔子同時。"⑥時間均在莊子之前,也就是必在莊子的弟子及其後學之前。如果以莊子的弟子等後學之先後爲著錄次序,則此數種均應著錄於《莊子》五十一篇之前,而實際却並非如此,這也説明《莊子》五十一篇並非是以莊子的弟子等後學之先後爲著錄次序。將時間上最早的《尹佚》二篇著錄於最首,可見以時間先後安排條目的著錄次序,仍然是墨家類著錄作品的首要選擇。

一之4之(6)。核之上論,《務成子》十一篇等四種的著錄,也不可能是按照成書的先後安排著錄的次序。另,考小説家的序云:"小説家者流,蓋出於稗官。街談巷語,道聽塗説者之所造也。孔子曰:'雖小道,必有可觀者焉,致遠恐泥,是以君子弗爲也。'然亦弗滅也。閭里小知者之所及,亦使綴而不忘。如或一言可采,此亦芻蕘狂夫之議也。"⑥從這段話中大致可以看出,小説家著錄的作品,包括《務成子》十一篇等四種,其最初是流行於民間,最後由稗官收集整理。至於稗官收集與整理的時間,其實就劉向、劉歆及班固來説——小説家的序文雖由班固所寫定,其來源却是劉歆《七略》之《輯略》,也並不是十分清楚,這從"蓋出於稗官"之"蓋"可以清楚地看出來。這也決定了《漢志》不大可能據成書先後而安排著錄次序。當然,也不可能以依託人所在的時代來安排著錄次序。先看班固的相關注釋。《伊尹説》二十七篇,班固注云:"其語淺薄,似依託也。"《鬻子説》十九篇,班固注云:"後世所加。"《師曠》六篇,班固注云:"其言淺薄,本與此同,似因託之。"⑥再合以《務成子》十一篇、《宋子》十八篇、《天乙》三篇、《黄帝説》四十篇之班固注,可以確定,這些書究竟是何時人所託,無論是劉向、劉歆還是班固,均不清楚,既如此,當然也就談不上據依託者的時代先後來安排著錄次序了。據小説家漢人著作如《封禪方説》十八篇(班注:武帝時)、《待詔臣饒心術》二十五篇(班注:武帝時)、《臣壽周紀》七篇(班注:宣帝時)、《虞初周説》九百四十三篇(班注:武帝時以方士侍郎號黃車使者)等均著錄於靠後的位置來看,小說家類其實還是以著作者所在時代的先後作爲安排著錄次序的基本原則,即小說家前半部分所著錄的《伊尹説》二十七篇等大體上還是以被僞託者所在時代的先後進行著錄的。

既然《漢志》並無按照書籍成書時間安排條目的著錄次序的做法,姚振宗所論相關的次序不諧問題,包括一之4之(2)、(3)、(4)等,又該如何解釋呢?筆者認爲,這些"不諧"——時代本來在前而著錄於後,應該理解爲規律之中的不規律,規律之中的例外,即《漢志》在按照既定的原則如以時間先後爲標準進行著錄的同時,又會有一些並不按照既定的原則進行著錄的情況——這樣一來,著錄次序的不諧也就產生了。

一之5之(2)。《百家》百三十九篇著錄於《虞初周說》的後面與其體制與《虞初周說》是否"略同"沒有關係。小說家並無明顯的以"體制"("網羅宏富,自爲體裁,別爲一家")爲標準的著錄方式。如《周考》七十六篇(班注:考周事也),既爲"網羅"之作("街談巷語,道聽途說者"之所造,稗官所收集整理),又可稱爲"宏富"(較《伊尹説》二十七篇等他作,篇數已可稱"富"),然却並沒有與《虞初周說》著錄於一處。再如《黃帝説》四十篇(班注:迂誕依託),當然也是"網羅"之作,篇數亦爲不少,亦同樣沒有與《虞初周說》著錄於一處。《百家》百三十九篇實爲據《漢志》著"雜"於末的著錄體例進行著錄,[60]即以"雜"書的身份而著錄於整個《諸子略》的最後。因小說家位於整個《諸子略》的最末,形式上也就著錄進了小說家之中。又因爲《虞初周説》九百四十三篇原本就著錄於小說家的最末,故形式上又被著錄在了《虞初周説》九百四十三篇的後面。劉向《説苑書錄》:"所校中書《説苑雜事》及臣向書、民間書,誣校讎。其事類衆多,章句相溷,或上下謬亂,難分別次序,除去與《新序》復重者,其餘者淺薄不中義理,別集以爲《百家》。"[61]通常認爲,這裏的《百家》就是小說家《百家》百三十九篇,這是能夠成立的。《漢志》中以《百家》爲題名的,僅此一種。將《説苑書錄》與前引小說家的序文進行對比,可知《百家》並不符合"街談巷語,道聽塗説"這一特點,並非因爲"街談巷語,道聽塗説"而被著錄於小說家之中。而再據《説苑書錄》,則又可以得出《百家》百三十九篇實爲"雜"書的結論——編撰《説苑》剩餘資料的雜編之作,那麽,再據《漢志》著"雜"於末的著録體例,《百家》百三十九篇就祇能是以著"雜"於末的形式而著録於整個《諸子略》的最末了。據《百家》百三十九篇並没有像《説苑》那樣著録於儒家類中——以著"雜"於末的著録體例著録於儒家類的最末,可知其一定是以整個《諸子略》的"雜"書的身份而進行著録的。由於《諸子略》就是一個以論説、學説爲主要内容的大類,當《説苑》並無義理可言時,相對於儒、道、陰陽、名、法等任何一家,都可以稱之爲"雜"書,也就是整個《諸子略》之"雜"書。

一之6。《伯象先生》一篇等六種不可能是按照論贊等文體"各以類從"來安排著録次序的。《漢志》不可能據書籍的文體安排著録次序,原因並不複雜:首先,也是最重要的,由於劉向整理圖書時往往是以作者爲單位進行整理,也就是同一著者的著作之中可能包含了不同類型的作品,這無疑決定了無法按照作品性質及類型等安排著録次序;其次,考雜家類的著録及班固注,知其主要還是以時間先後作爲安排著録順序的原則:《孔甲盤盂》二十六篇,班注云:"黄帝之史,或曰夏帝孔甲,似皆非。"《大禹》三十七篇,班固注云:"傳言禹所作,其文似後世語。"《五子胥》八篇,班固注云:"春秋時爲吴將,忠直遇讒死。"《子晚子》三十五篇,班固注云:"齊人,好議兵。"《由余》三篇,班固注云:"秦穆公時聘以爲大夫。"《尉繚子》二十九篇,班固注云:"六國時。"《尸子》二十篇,班固注云:"魯人,秦相商君師之。"《吕氏春秋》二十六篇,班固注云:"秦相吕不韋輯智略士作。"《淮南内》二十一篇,班固注云:"王安。"㊽其時間上的先後順序可以圖示如下:黄帝——大禹——春秋——秦、六國——漢。具體到《伯象先生》等七種的著録,也應是以時間先後,而非以别的標準如書籍的文體等安排著録次序。在以時間先後安排著録次序的情況下,《漢志》如果另擇標準,比如以文體等特點爲依據重新安排著録次序,祇會使著録過程變得複雜,且其新的編排思路又根本不能在著録上體現出來,並無任何實際意義。至於或有不合規律之處,如不符合著作時間上的先後次序亦即"時代各不相接"等,也祇能是規律之中的不規律,規律之中的例外,並非有意爲之。

再看《伯象先生》一篇等六種實際的著録情況。《伯象先生》一篇,應劭注云:"蓋隱者也,故公孫敖難以無益世主之治。"㊾即此而言,既然公孫敖爲漢人,故不排除伯象先生也是漢人之可能,如此,則《伯象先生》一篇仍然是按照時間先後著録於雜家類較爲靠後的位置。即便伯象先生的時代無法判斷,《漢志》也有可能是根據公孫敖所處的時代而安排《伯象先生》一篇的著録位置,而此同樣與文體没有關係。《荆軻論》五篇,據班固注"司馬相如等論之",顯然也是按照時間先後爲序著録於雜家類較爲靠後的位置。《吴子》一篇,如前引相關材料,姚振宗據其著録於《公孫尼》一篇之前而推斷吴子即"同爲七十子之弟子"的吴起。《公孫尼》一篇,姚振宗考證云:"公孫尼似即公孫尼子。別有書二十八篇,見前儒家。"⑦然而公孫尼事實上不可能是公孫尼子,既然《公孫尼子》二十八篇是著録於儒家類中,此《公孫尼》一篇却是著録於雜家類中,則二者定非爲同一人。按照劉向圖書整理的做法,除非性質截然不同的作品,例如六藝、諸子類的著作與詩賦或者兵書類的著作等,同一著者的作品應該編集在一起,而非分編爲不同的書籍。同爲以議論爲主的諸子類著作,假定《公孫尼子》二十八篇與《公孫尼》一篇果爲同一人所作,顯然應該編集爲一書,並著録於儒家類或者雜家類之中。既然公孫尼不可能是公孫尼子,當然也就無法據以判斷吴子究竟爲誰及其所處的時代了。筆者傾向於認爲,吴子及公孫尼的生活時代,或劉向、劉歆及班固均無以考知,而所以著録於雜家類較爲靠後的位置,以致與漢人的著作著録在了一起,大概也祇是出於隨意而已,事先並無明確的規劃,亦即其著録爲規律之中的不規律,規律之中的例外。《博士臣賢對》一篇,班固注云:"漢世,難韓子、商君。"《臣説》三篇,班固注云:"武帝時所作賦。"⑦可知此二種也是因爲漢人之著作而著録於雜家類的末尾。

一之9之(1)。此例,並不存在所謂"後人妄移次第"的情況。據姚振宗本條輯引沈濤《銅熨斗齋隨筆》"書既爲建所作,不應厠魯連、虞卿之間,蓋後人誤以爲六國之平原君,而移易其次第"云云,可知姚振宗"後人妄移次第"之論與沈氏相同,也是認爲後人誤"平原君"爲六國時人而移動著録次序。此實不能成立:其一,班固既已明云"朱建也",則"平原君"就不會被誤以爲是六國之平原君,即《平原君》七篇不會被按照六國之平原君的時代進行移易;其二,若"平原君"果真被認爲是六國之平原君,並對其著録位置進行移動,則移動的同時就會將"朱建也"予以删除。今"朱建也"既然仍在,就説明"平原君"並没有被誤讀爲六國之平原君,也就是《平原君》七篇的著録位置不可能因爲誤讀而調整、移動;其三,在班固已經注明"朱建也",且漢朱建被封爲平原君又爲常識的情況下(《史記·酈生陸賈列傳第三十七》《漢書·酈陸朱劉叔孫傳第十三》),如果後人移動次第,祇會移得更加合理,而不是更亂。筆者認爲,《平原君》七篇原本就是漢人朱建的著作,其被著録於《魯仲連子》十四篇與《虞氏春秋》十五篇之間,較其本應該著録的位置有所提前,也是本即如此,屬於規律之中的不規律,規律之中的例外。班固所以要注明"朱建也",專門指出"平原君"是漢人朱建而非六國時人,當正是爲了防止讀者誤讀,將"平原君"誤讀爲六國之平原君。當然,如果非要推究《平原君》七篇爲何著録於較爲靠前的位置,而非與後面漢人的著作著録在一起,也不排除有着深層次的原因,例如與撰者朱建的行實有關等。考平原君朱建與之前的徐子、魯仲連均爲俠義之士(《平原君》之前著録有《徐子》四十二篇、《魯仲連子》十四篇)——朱建曾以計救辟陽侯,徐子曾謂魏太子申"百戰百勝之術",魯仲連亦有"義不帝秦"之事,或正是基於這點,朱建得以列於徐子與魯仲連之後,三者構成一個小的著録單位,然後《虞氏春秋》十五篇按正常順序進行著録。雖然這也祇是猜測,但動輒以移易次第來解釋《漢志》一些著録次序的不諧問題,終歸有失科學。

不妨專門以《諸子略》陰陽家的相關著録來説明《漢志》中並無後人移易、顛倒條目著録次序的情況。相關著録依次爲:《南公》三十一篇(班注:六國時)——《容成子》十四篇——《張蒼》十六篇(班注:丞相,北平侯)——《鄒奭子》十二篇(班注:齊人,號曰雕龍奭)——《閭丘子》十三篇(班注:名快,魏人,在南公前)——《馮促》十三篇(班注:鄭人)——《將鉅子》五篇(班注:六國時。先南公,南公稱之)——《五曹官制》五篇(班注:漢制,似賈誼所條)——《周伯》十一篇(班注:齊人,六國時)——《衛侯官》十二篇(班注:近世,不知作者)——于長《天下忠臣》九篇(班注:平陰人,近世)。由於這裏没有師徒授受這樣的前後傳衍關係,也不存在因内容等的不同而劃分的小的段落,所以祇能是以時間先後爲序進行著録。以《張蒼》十六篇爲例,因張蒼爲漢人,其顯然祇能著録於這一段落的最末。再以《五曹官制》五篇(班注:"漢制,似賈誼所條。")爲例,雖然是否爲賈誼所條尚在疑似之間,但既然爲"漢制",著録於較爲靠後的位置,與漢人的著作著録在一起，無疑更爲合理。這樣一來，問題就出現了：《張蒼》十六篇是怎麼越過《鄒奭子》十六篇、《閭丘子》十三篇、《將鉅子》五篇及《周伯》十一篇等被移動到前面去的呢？顯然不可能是從後面抄到前面去的，因爲如果從後面抄起，祇會出現兩種可能：其一，將原來忽略未抄者略而不管，繼續向後抄録，這樣一來，著録順序就不可能出現先後錯亂的情況，所有的條目仍然會以先後爲序進行著録；其二，抄完《張蒼》十六篇之後，發現抄錯，接下來按正確的順序依次抄寫。第一種情況顯然並沒有發生，因爲《張蒼》十六篇之後的次序並非是按照先後順序著録的，而是仍有錯亂，如《鄒奭子》十二篇、《閭丘子》十三篇的著録等。第二種情況當然也沒有發生，因爲抄寫者一旦發現《張蒼》十六篇抄錯了位置，就會改爲按照正確的次序抄寫，而且抄寫的態度變得謹慎，短時間内不會再抄錯，但核之實際，僅僅數條之後，《五曹官制》五篇的次序又出現了錯亂，與其後的《周伯》十一篇等的次序時間上前後顛倒。合之二者，就可以判定，在陰陽家中並不存在因爲抄寫而導致的條目次序的錯亂問題。當然，我們也可以這樣理解，所謂的錯亂是由不同時代的傳抄而導致的，但這樣一來新的問題又出現了：在《漢志》明顯按照時間先後爲序安排著録次序的情況下，爲何沒有人在抄寫時對其錯亂加以理順呢？陰陽家也不存在因簡編散亂而導致錯簡的可能。既然簡編已經散開凌亂，就一定需要重新編排，而編排又不可能隨便了事，一定會按照某一標準進行，按照時間先後編排又是最爲合理、易行的選擇，再加之陰陽家的著作班固都有注釋，時間上的先後信息較易考知，以時間先後爲序進行編排也就成爲必然。這也就是説，新編之後的陰陽家一定不會出現類似《張蒼》十六篇這樣次序錯亂的情況。陰陽家既然出現了這樣錯亂的情況，就表明陰陽家一定不存在錯簡的可能。與一般文獻不同，作爲分條著録的目録著作，如果確實出現了錯簡這樣的情況，也較易辨識與糾正。

　　此外，我們説《漢志》中不存在後人移易、顛倒《漢志》著録次第或者錯簡的情況，還有一個明顯的例證，那就是在《漢志》衆多的大小序包括總序之中，並無文句前後顛倒或者錯亂的情況——從傳抄或者刊刻者的角度來看，其不可能在抄寫或刊刻諸大小序及總序時總是態度極爲認真，而一旦開始抄寫或刊刻諸書籍的條目時，態度却又馬上變得馬虎不堪。就《漢志》文本本身的流傳來看，也不會出現用於抄録《漢志》諸大小序及總序的"簡"總是次序如一,毫不錯亂,而用於抄録《漢志》條目的"簡"却一再發生次序顛倒錯亂的情況。

既然《漢志》並不存在後人移易、顛倒著録次第的情況,一之9之(2)中《成公生》五篇等三種之間的次序問題顯然也就並非是因爲"寫者顛倒亂之而導致"的了。同樣地,一之4之(2)、(4)及一之7之(2)等,姚振宗所謂的"轉寫顛倒之誤""轉寫亂其舊次""轉寫亂其次第"云云也不能成立,與實際不符。與之同時,當《漢志》既無按照成書先後安排著録次序的做法,也無按照文體安排著録順序的做法,同時又不存在《漢志》在流傳的過程中被後人移易、顛倒著録次序的情況,再合以《漢志》安排著録次序的固有原則,對於《漢志》相關的所謂著録次序的不諧,也就祇能理解爲既有的著録規律之中的不規律、規律之中的例外了。也正是在這個意義上,我們説《漢志》條目的著録順序其實就是一種規律與不規律的結合,在規律之中往往又有着例外。這就是《漢志》條目的著録次序的本來面貌。造成這種面貌的原因,主要又有三個方面:其一,《漢志》據劉歆《七略》而來,而劉歆《七略》又據劉向《别録》而來,《别録》本由單篇的書録組成,[72]這些單篇的書録在編撰《七略》前按照《六藝》等六略進行分類,並分别加以排序,以作爲《七略》的藍本。[73]對各自爲篇的一堆書録進行排序,畢竟較爲煩瑣,出現順序上的例外也就不可避免,而這種例外又會被進一步復製到《七略》中;其二,條目次序的安排具有顯著的實踐性、操作性的特點,這種實踐性、操作性也會使條目的次序編排出現例外。這點可通過與《漢志》諸大小序的撰寫進行對比來説明:大小序的撰寫要求必須文理貫通,詞句之間的前後次序必須嚴謹、順暢,不能出現前言不搭後語的顛倒情形,而條目著録次序的安排,則不要求必須做到同樣的嚴謹、順暢,而是允許一定的顛倒存在,因爲這並無大礙。如果説前者的要求是剛性的話,後者的要求則是柔性的——即便已有的規則没有得到嚴格的執行,也不會帶來什麽嚴重的後果;其三,在《漢志》(《七略》)那裏,由於尚處於古典目録的初創階段,關於條目著録的次序意識還相對較弱,不可能像後世的目録著作那樣——隨着目録學的實踐以及理論的發展,目録學家們對於條目的著録次序的要求越來越嚴格,這事實上也決定了當劉歆或班固發現了《七略》或《漢志》中的條目次序的不諧時,並不會去積極地進行調整,而是聽之任之。無論劉歆還是班固或許根本就不會在條目著録次序上投入太多的注意力。

當我們弄清楚《漢志》條目的著録順序就是一種規律與不規律的結合,在規律之中往往又有著例外,也就明白,前述姚振宗所論之一之2,一之4之(1)、(2)、(3)、(4)、(5)、(6),以及一之7之(1)、(2)等之中的不諧,其實就是規律之中的不規律,規律之中的例外,對之無須過度解讀。同時,姚振宗依據條目的著録順序來思考一些《漢志》相關的問題,包括二之1至13等,也就存在著一定的風險,因爲我們無法判斷相關的著録次序究竟是在規律之中還是規律之外,其結論當然也就難以成立了——儘管我們承認這種做法很有其必要性,某種程度上也是一種迫不得已的選擇。兹僅對二之2及4討論如下,以見其所論之不能成立:

二之2。此《容成子》十四篇雖然著録於《南公》三十一篇之後,《張蒼》十六篇之前,但却不可以據之而推斷此容成子爲南公之後、張蒼之前人。考陰陽家連續著録:《乘丘子》五篇(班注:六國時)、《杜文公》五篇(班注:六國時)、《黄帝泰素》二十篇(班注:六國時韓諸公子所作)、《南公》三十一篇(班注:六國時)。⑭據注釋,四書均爲六國時人所撰,然班固却並没有祇對《乘丘子》五篇及《南公》三十一篇注以"六國時",將中間的《杜文公》五篇及《黄帝泰素》二十篇略而不注,而是仍注以"六國時",這可證班固不可能因爲容成子爲南公與張蒼之間人,且《容成子》十四篇又恰好著録於《南公》三十一篇與《張蒼》十六篇之間而對其時代略而不注,亦即不能因爲《容成子》十四篇著録於《南公》三十一篇之後、《張蒼》十六篇之前而推斷容成子的生活時代。根據注釋,反而更能得出這樣的結論:無論是劉向、劉歆還是班固,對於容成子的時代並不清楚,否則,劉向就可能在其《別録》中予以說明,班固也就會據以進行注釋。又考整個陰陽家類,班固不爲注釋的祇有兩種:《鄒子終始》五十六篇、《容成子》十四篇。《鄒子終始》五十六篇,班固雖不爲注釋,關於鄒子的信息却非常明確,因其前著録有《鄒子》四十九篇,班固注云:"名衍,齊人,爲燕昭王師,居稷下,號談天衍。"⑮鄒子的生活時代一目了然。《鄒子終始》五十六篇,顔師古注云:"亦鄒衍所說。"⑯因此,《鄒子》四十九篇之鄒子的時代清楚,《鄒子終始》五十六篇之"鄒子"的時代當然也就清楚了。這也就是說,《鄒子終始》五十六篇雖然形式上没有注釋,而事實上與注釋無異。那麼,整個陰陽家實際上就祇有《容成子》十四篇沒有注釋,在這種情況下,我們祇能得出這樣的結論:容成子爲何時之人,劉向、劉歆及班固均無可考知。《容成子》十四篇之所以著錄於《南公》三十一篇之後、《張蒼》十六篇之前,不過祇是隨意性的著錄而已。同是陰陽家,《五朝官制》五篇,班固注云:"漢制,似賈誼所條。"⑦雖然如此注釋,然《五朝官制》五篇仍然著錄於《將鉅子》五篇(班注:六國時)與《周伯》十一篇(班注:六國時)之間,而不是靠後著錄,著錄在六國時人著作的後面。

二之4。農家類總計著錄有九種著作,班固均有注,或注時代,或與時代有密切關係,可據以考知其時代。錄之如下。《神農》二十篇,班固注云:"六國時,諸子疾時怠於農業,道耕農事,托之神農。"《野老》十七篇,班固注云:"六國時,在齊、楚間。"《宰氏》十七篇,班固注云:"不知何世。"《董安國》十六篇,班固注云:"漢代内史,不知何帝時。"《尹都尉》十四篇,班固注云:"不知何世。"《趙氏》五篇,班固注云:"不知何世。"《氾勝之》十八篇,班固注云:"成帝時爲議郎。"《王氏》六篇,班固注云:"不知何世。"《蔡癸》一篇,班固注云:"宣帝時,以言便宜,至弘農太守。"⑧顯然,農家類的條目著錄次序的確雜亂,但這種雜亂却並非是由傳抄而導致的。按照《漢志》以時間先後爲序進行著錄的基本原則,九家的著錄當以"六國時"的《神農》二十篇、《野老》十七篇爲開頭,以漢代的《董安國》十六篇、《氾勝之》十八篇、《蔡癸》一篇爲最末,"不知何世"的《宰氏》十七篇、《尹都尉》十四篇、《王氏》六篇則要麼著錄於中間,要麼著錄於最末。且漢代的著作與"不知何世"的著作各自集中著錄在一起,互不相混。現既然"不知何世"的四種與漢代的三種次序混亂,互相摻雜,就祇有一種可能:傳抄者確實抄錯了著錄的次序。這樣一來問題又出現了:既然次序混亂,尤其互相摻雜著錄,就說明抄錄者一定發現抄錄出現了錯誤,并及時進行了糾正,改爲按照原有的順序進行抄錄——這是產生摻雜著錄現象的唯一原因。但這種摻雜著錄同時却又說明糾正並沒有發生:以《宰氏》十七篇爲例,假定該條的位置被抄錄錯誤,爲抄錄者所發現,並按照原有的著錄順序進行抄寫,也就是接下來抄錄漢人的作品,而且將所有漢人的著作抄錄在一起,而不是分著三處,互不連接。再以《董安國》十六篇爲例,假定該條的抄錄爲誤,並爲抄錄者所發現,改爲按照原有的順序進行抄錄,也就是接下來應當抄錄"不知何世"的《尹都尉》十四篇、《趙氏》五篇、《王氏》六篇等,且抄錄在一起,而非分而抄錄。如此,糾正與没有糾正構成了不可調和的矛盾,也正是這一矛盾,恰恰説明農家類現有著録順序的混亂並非是由傳鈔所造成的,而是本即如此。僅僅九個條目,完全可以做到一覽無餘,特别是成帝時的《氾勝之》十八篇與宣帝時的《蔡癸》一篇,其時間上的先後順序極爲清楚,距離又非常近,按照原來的著録次序抄録並不困難。概言之,農家類現有的條目著録次序,就是其本來面貌,其著録次序上的不諧,也是規律之中的不規律、規律之中的例外。既然《漢志》農家類的著録順序本來如此——雜亂而無章法,據而推斷《王氏》六篇之"王氏"的時代,以之"大抵亦與氾氏同時",當然也就難以成立了。"不知何世"之注亦當本即班固注文,並非後人所加。[79]

三之1。章學誠以《公檮生終始》十四篇與《鄒子終始》五十六篇的著録順序顛倒錯亂,雖然站在完善《漢志》條目著録的角度上自有道理,然終與《漢志》本來面貌不合。如前所論,《漢志》條目的著録順序本來就是規律之中又有不規律,《公檮生終始》十四篇、《鄒子終始》五十六篇的著録亦當以例外視之較爲合理。姚振宗之辨析同樣不確。宋鄧名世《古今姓氏書辨證》卷二:"公檮,或作公禱,《漢·藝文志》有《公檮生終始》十四篇,師古曰:'檮,音疇,其字從木。'傳黄帝終始之術。"[80]鄧氏所云是指傳黄帝之"術",而非傳黄帝之"書",且"傳黄帝終始之術"爲鄧氏自己語,非引述《漢志》語(云"師古曰",不云"班固曰"),不可作爲版本上的依據,用來證明班注"鄒奭"爲"黄帝"之誤。陰陽家類《黄帝泰素》二十篇,顔師古注云:"劉向《别録》云:'或言韓諸公孫之所作也。言陰陽五行,以爲黄帝之道也,故曰泰素。'"[81]鄧氏"傳黄帝終始之術"云云或從此而來。《史記·三代世表第一》:"《黄帝終始傳》曰:'漢興百有餘年,有人不短不長,出自燕之鄉,持天下之政,時有嬰兒主,却行車。'"[82]揚雄《法言》卷七:"或問黄帝終始。"李軌等注云:"世有黄帝之書,論終始之運,當孝文之時,三千五百歲,天地一周也。"[83]亦可證鄧氏"傳黄帝終始之術"當有其另外的來源。

三之2。姚振宗以馬、李二氏"意爲牽附"較爲得之。馬、李二氏所見之本與通行的《漢志》本應相同,馬驌所謂"注俱云黄帝之臣",李鍇所謂"並黄帝臣",祇不過是在叙述時因其他諸條皆注"黄帝臣"遂連帶而及。馬、李二氏之論不具有版本學價值,不能據以得出"馬、李二家所見與今本有異"的結論。所謂"轉寫亂之""轉寫敓漏"也不存在,根據《漢志》在安排書籍的著録次序時往往規律之外又有不規律的特點,《鵊冶子》的著録次序亦當本即如此。《地典》六篇原本亦無"黄帝臣"之注。即便鵊冶子與地典均爲黄帝之臣,班固没有對《鵊冶子》一篇與《地典》六篇注以"黄帝臣",也並不令人意外。班固對書籍進行注釋時,儘管主觀上有着注釋的意願,但也無法排除同時又有着不予注釋的隨意性。當然,這種隨意性也可稱爲規律中的不規律、規律之中的例外。

關於"黄帝七輔",也並非諸書"言黄帝三公、七輔、六相及諸臣"均無鵊冶子其人。宋王應麟《玉海》卷一三四《論語摘輔象》:"黄帝七輔:風后、天老、五聖、知命、窺紀、地典、力牧。"[84]宋羅泌《路史》卷一四:"命知命糾俗,天老録教,力牧準斥,鵊冶決法,五聖道級,窺紀補闕,地典州絡,七輔得而天地治,神明至。"[85]明孫瑴《古微書》卷二六:"按《黄帝紀》:知命糾俗,天老録教,力牧準亦,鵊冶決法,五聖道級,窺紀補闕,地典州絡,七輔得而天地乃治,神明至。"[86]明董斯張《廣博物志》卷九:"黄帝命知命糾俗,天老録教,力牧準斥,鵊冶決法,五聖道級,窺紀補闕,地典州絡,七輔得而天地治、神明至。"[87]看來,雖然關於黄帝七輔有着不同的説法,至少有些説法是包含有鵊冶子的。[88]不過,需要注意的是,這些材料因其時代較晚,對於證明"黄帝七輔"之所包的力度無疑也是有限的。

綜合以上,關於《漢志》條目的著録次序,本文的結論是:《漢志》在安排條目的著録次序時,或者依據相關書籍的時間上的先後,按照從前往後的順序進行著録,或者對相關的書籍按照學術特點進行分類,並將一類之學的著作著録在一起。《漢志》條目的著録次序就是一種規律與不規律的結合,規律之中往往又有着例外——即便無法排除其中確有因轉寫而致亂者。因此,《漢志》一些條目的著録次序的不諧其實正是《漢志》本來的著録面貌,基於是,對於《漢志》中一些條目著録次序的不諧,我們無須做過度的解讀。也不可簡單地據著録次序等來考察相關的學術問題,否則,就會出現不足甚至錯誤。研究《漢志》的著録次序問題,啓示主要有兩點:其一,就古典目録學研究的方向而言,形而上的理論研究及縱向的發展史研究固然重要,針對古典目録著作文本本身的細部的研究也同樣有其必要。本文的研究告訴我們,在目錄學發展的早期階段,雖然目錄學家對於目錄著作的外在形式已經有了關注,盡力使目錄著作的外在形式有序化,但也很難做到完全符合後人的預期,後人不能用當代的標準來衡量、解讀前代的目錄著作;其二,就利用古典目錄進行學術研究而言,目錄著作固然有着不可替代的重要性,但在利用時也不可流於簡單與機械。科學的做法是,首先必須對目錄著作的内部結構進行深入的剖析,這樣纔可以進行下一步的研究工作。本文的研究又告訴我們,目錄著作與相關的學術之間並非是直接的對應關係,而是存在着一定程度的"錯位",在這種情況下,機械地對目錄著作進行利用,容易發生錯誤。

(本文爲第二批[2015]陝西高校人文社會科學青年英才支持計劃及國家社科基金"《漢書·藝文志》注解長編與研究"[編號:11XTQ013]的部分成果。)

注　釋

① 胡應麟《經籍會通》,北京燕山出版社1999年版,第33頁。
② 周壽昌《漢書注校補》,載張舜徽主編《二十五史三編》(第三册),嶽麓書社1994年版,第570頁。
③ 張舜徽《張舜徽集·漢書藝文志通釋》,華中師範大學出版社2004年版,第120、121頁。
④ 姚振宗《漢書藝文志條理》,開明書店1936年版,第76頁。
⑤ 同上書,第9頁。
⑥ 同上書,第28頁。
⑦ 同上書,第54頁。
⑧ 同上書,第100頁。
⑨ 同上書,第10—11頁。
⑩ 同上書,第47頁。
⑪ 章學誠著,葉瑛校注《文史通義校注》,中華書局1985年版,第1042頁。
⑫ 《漢書藝文志條理》,第7頁。
⑬ 同上書,第100頁。
⑭ 《漢書》,中華書局1962年版,第1738頁。
⑮ 《文史通義校注》,第1045頁。

⑯《漢書藝文志條理》,第7頁。

⑰ 同上書,第115頁。

⑱ 同上書,第43頁。

⑲ 同上書,第115頁。

⑳ 同上書,第110頁。

㉑ 同上書,第113頁。

㉒ 同上書,第125頁。

㉓ 同上書,第141頁。

㉔ 同上書,第97頁。

㉕ 同上書,第110頁。

㉖ 此條本不屬於《漢志》條目著録次序的著録義例,而爲揭示《漢志》條目著録次序不諧之原因,因其也屬於《漢志》條目著録次序問題研究的核心議題,故一併列之於此。

㉗《漢書藝文志條理》,第66頁。

㉘ 同上書,第76頁。

㉙ 同上書,第99頁。

㉚ 馬國翰《玉函山房輯佚書》,《續修四庫全書》本,第1204册,上海古籍出版社1999年版,第127頁。

㉛《漢書藝文志條理》,第72頁。

㉜ 今人張舜徽先生即以姚振宗的説法爲是,其云:"姚氏所言是也。"並對馬國翰之説進行辨正:"二書使果出於一手,奚必分條别載乎?《漢志》此處前後,皆以姓名標題,尤可證矣。"張先生認爲吾丘壽王與虞丘並非同一人。可從。但其以姚振宗之論爲"是",則需要商榷。張舜徽《張舜徽集·漢書藝文志通釋》,第276頁。王先謙云:"虞、吾字同,虞丘即吾丘也。此壽王所著雜説。"所論與馬國翰同,不可從。王先謙《漢書補注》,商務印書館1941年版,第3137頁。

㉝ 俞樾《莊子人名考》,轉引自姚振宗《漢書藝文志條理》,《二十五史補編》本,開明書店1936年版,第91頁。

㉞《漢書藝文志條理》,第91頁。

㉟ 同上書,第110頁。此論爲今人張舜徽先生所接受:"《兵書略》權謀有《吴起》四十八篇,皆論用兵之事;此一篇,蓋其論政之事,其書早亡。"張舜徽《張舜徽集·漢書藝文志通釋》,第333頁。

㊱《漢書藝文志條理》,第112頁。

㊲ 同上書,第123頁。

㊳ 同上書,第 124 頁。

㊴ 同上書,第 134 頁。

㊵ 同上書,第 135 頁。

㊶ 《漢書》,第 1724 頁。

㊷ 同上書,第 1724 頁。

㊸ 《漢書藝文志條理》,第 135 頁。

㊹ 同上書,第 137 頁。

㊺ 同上書,第 137—138 頁。

㊻ 同上書,第 139 頁。

㊼ 同上書,第 139 頁。

㊽ 《文史通義校注》,第 1042 頁。

㊾ 《漢書藝文志條理》,第 6—7 頁。

㊿ 同上書,第 90 頁。

(51) 《漢書》,第 1759—1760。

(52) 馬驌《繹史》,《景印文淵閣四庫全書》本,第 365 册,第 92 頁。

(53) 李鍇《尚史》,《景印文淵閣四庫全書》本,第 404 册,第 385 頁。

(54) 《漢書藝文志條理》,第 137 頁。

(55) 同上書,第 137 頁。

(56) 《漢書》,第 1721 頁。

(57) 《禮》類小序:"《禮古經》者,出於魯淹中及孔氏,與十七篇文相似,多三十九篇。及《明堂陰陽》《王史氏記》所見,多天子諸侯卿大夫之制,雖不能備,猶瘉倉等推《士禮》而致於天子之説。"可見《明堂陰陽》《王史氏記》均可緣"禮"而歸爲同一類的著作。《曲臺后倉》九篇,如淳注云:"行禮射於曲臺,后倉爲記,故名曰《曲臺記》。"晋灼云:"天子射宫也。西京無太學,於此行禮也。"可見從"禮"的角度,《曲臺后倉》也可以與《王史氏》等歸爲一個類别。《中庸説》二篇,顔師古注云:"今《禮記》有《中庸》一篇,亦非本禮經,蓋此之流。"(以上引文皆見《漢書》,第 1710 頁)既然《禮記》中有《中庸》之作,所謂《中庸説》當爲説《中庸》之作,故可知《中庸説》也可以與《記》百三十一篇等緣"禮"而歸爲同一類之作。王鳴盛《蛾術編・説録》:"《漢志》《中庸説》二篇與上《記》百三十一篇各爲一條,則今之《中庸》乃百三十一篇之一,而《中庸説》二篇則其解詁也。不知何人所作,惜其不傳。"(轉引自《漢書藝文志條理》,第 27 頁)亦可參。

(58) 余嘉錫《余嘉錫説文獻學・目録學發微》,上海古籍出版社 2001 年版,第 238—242 頁。

(59) 姚振宗撰,鄧駿捷校補《七略别録佚文》,澳門,澳門大學出版中心 2007 年版,第 34 頁。

㉖ 《七略別録佚文》,第43頁。

㉗ 同上書,第46頁。

㉘ 同上書,第35頁。

㉙ 《漢書》,第1730頁。

㉚ 同上書,第1745頁。

㉛ 同上書,第1744頁。

㉜ 關於《漢志》著"雜"於末的著録體例,詳可參孫振田《〈漢書·藝文志〉著"雜"於末體例論》一文,載《國學研究》第二十五卷,北京大學出版社2010年版。

㉝ 《七略别録佚文》,第41頁。

㉞ 《漢書》,第1740—1741頁。

㉟ 同上書,第1742頁。

㊱ 《漢書藝文志條理》,第110頁。

㊲ 《漢書》,第1741頁。

㊳ 筆者認爲,劉向並没有爲所整理的每一種書籍都撰有書録,祇是爲其中的一部分書籍撰寫了書録。《漢志序》"每一書已,向輒條其篇目,撮其指意,録而奏之"祇是一種概略的説法。具體情况是:《漢志》六略,《六藝》及《諸子》類的書籍絶大多數的都撰有書録;《詩賦略》的書籍祇有小部分撰寫了書録;《兵書略》的書籍則當絶大多數都撰寫了書録,而且主要爲楊僕所撰寫完成;《數術略》與《方技略》也祇有少部分書籍撰寫了書録。對於那些没有撰寫書録的書籍,劉向則對其書名進行記載,其中有些並記載了篇名,有些則没有記載篇名,且均没有上奏給皇帝以供閲覽。詳可參拙撰《〈漢書·藝文志·序〉"每一書已……録而奏之"考辨》(載《圖書館研究與工作》2017年第3期)及《〈漢書·藝文志·序〉"每一書已……録而奏之"考辨補》(載《大學圖書情報學刊》2017年第6期)二文。

㊴ 鄧駿捷先生指出:"劉歆撰作《七略》主要是依據彙集起來的書録,因此《别録》不僅有一定的編排次序,甚至很可能就是《七略》的藍本。"(鄧駿捷《劉向校書考論》,人民出版社2012年版,第67—68頁)此説能够成立。在當時書寫極爲不便的情况下,既有《别録》存在,劉歆不當先抄寫各條目,再行分類、排序,之後再抄寫一遍,而一定是先將衆多書録分類,並略爲排列其序,然後再據之抄寫爲《七略》,亦即在《七略》撰成之前,《别録》已經經過了分類與排序,成爲劉歆編撰《七略》的藍本。

㊵ 《漢書》,第1733頁。

㊶ 同上。

㊷ 同上書,第1734頁。

㊄ 同上。

㊅ 同上書,第 1742—1743 頁。

㊆ 張舜徽先生按《王氏》六篇云:"今本《漢志》所列諸書次第,恐久經傳鈔,難免前後顛倒錯亂,似未可據以立論。不然,此下尚有《蔡癸》一篇,乃宣帝時人,何以獨列於末耶?如原本次第未亂,則此王氏之時,當不甚晚。無徵不信,闕疑可也。"對姚振宗的説法提出質疑。張先生雖然否定姚振宗的做法,但所云"恐久經傳鈔,難免前後顛倒錯亂"當然未能接近問題的實質,其失與姚振宗正同。張先生所云之宣帝時《蔡癸》一篇著録於末簡——按時間順序應該著録於《氾勝之》十八篇之前,也非顛倒錯亂,而是原本就如此。《張舜徽集·漢書藝文志通釋》,第 338 頁。

㊇ 鄧名世《古今姓氏書辨證》,《景印文淵閣四庫全書》本,第 922 册,第 37 頁。

㊈ 《漢書》,第 1734 頁。

㊉ 司馬遷《史記》,中華書局 2014 年版,第 643 頁。

㊊ 揚雄著,李軌等注《揚子法言》,《景印文淵閣四庫全書》本,第 696 册,第 324 頁。

㊋ 王應麟《玉海》,《景印文淵閣四庫全書》本,第 969 册,第 522 頁。

㊌ 羅泌《路史》,《景印文淵閣四庫全書》本,第 383 册,第 116 頁。

㊍ 孫瑴編《古微書》,《景印文淵閣四庫全書》本,第 194 册,第 989—990 頁。

㊎ 董斯張《廣博物志》,《景印文淵閣四庫全書》本,第 194 册,第 191 頁。

㊏ 姚振宗《漢書藝文志條理》於明人之論也有引用,如胡應麟、王世貞、董斯張、朱長春等。

北京大學國學研究院大事記

(2018 年 1 月—6 月)

1 月 5 日

國學研究院在大雅堂召開《國學研究》編委會,討論第四十一卷用稿情況。國學院院長袁行霈主持會議。《國學研究》編委嚴文明、樓宇烈、吳同瑞、蔣紹愚、王小甫、劉玉才、張學智、鄧小南、榮新江、王邦維、程郁綴、錢志熙出席會議。特約編委許逸民作編務報告,他向編委會介紹了第四十一卷用稿的總體情況和各篇特色。本卷共編入論文十三篇,作者十四人,北大學者兩人(包括在讀博士生一人)。編委會的各位老師隨後進行了深入討論,對一些篇目提出了修改意見,最後撤去兩篇用稿,另增入一篇。參加會議的還有國學院秘書長耿琴及徐丹丽、吳繼忠。

3 月 10 日

爲迎接北京大學 120 周年校慶,北京大學國學研究院精心選編出版了《國學研究文萃》。《國學研究》自 1993 年首卷面世,已走過了 25 年歷程,至 2017 年年底,共出版 39 卷,刊登文章總計 616 篇。此次《國學研究文萃》是《國學研究》的精選版,分爲文學、語言文獻、歷史、哲學、考古五卷。2018 年是北京大學建校 120 周年,值此嘉年盛事,北京大學國學研究院謹以五卷本《國學研究院文萃》作爲獻禮,亦以此作爲《國學研究》出版 25 周年紀念。

3 月 25 日

北京大學國學研究院多年來培養了大量優秀的傳統文化研究人才。值此 120 周年校慶,爲總結學生培養的工作經驗,進一步提升教學和科研水平,國學院召開院長辦公會議。參加會議的有國學研究院院長袁行霈、常務副院長吳同瑞、副院長鄧小南、副院長李四龍、博士班班主任何晋。針對博士班培養方案,結合已有的成果、經驗,以及老師和學生的反饋,大家進行深入討論,共同擬議了優化方向,並初步確定了改革方案。國學研究院將在日常教學科研工作中,逐步落實新的博士班培養方案。

4月7日

北京大學國學研究院舉行2018年博士生招生面試工作。國學院各位導師認真地對5位報考同學進行了面試。這幾位同學的報考方向包括中文、歷史和哲學。

4月8日

北京大學圖書館、北京大學出版社、北京大學國學研究院聯合簽署相關協議,《國學研究》正式加入北京大學期刊網,被北大期刊網收錄。

4月17日

爲籌備120周年校慶事宜,北京大學國學研究院積極響應學校有關部門的號召,認真總結近年來的工作成績,向學校提供文稿、照片、書籍等材料,彙報了國學研究院近些年取得的豐碩成果。

5月2日

時值校慶,在全校喜慶熱烈的氣氛中,北京大學國學研究院積極參與北京大學校慶成果展。在臨湖軒,國學院展出了《中華文明史》,包括《中華文明史》中文版、英文版、日文版、韓文版和塞爾維亞文版,以及《國學研究》等代表性學術成果。其中,《中華文明史》受到黨中央的高度重視,被指定爲"國禮"。此書是向國際社會整體展現中華文明的現代學術著作的優秀代表,是促進中外文化交流、增強民族文化自信的學術精品,集中體現了北京大學在人文學科建設和中華優秀傳統文化研究上深厚的學術實力和傳統。

6月5日

北京大學國學研究院與歐中"一帶一路"文化旅遊發展委員會、中國—歐盟文化藝術節組委會在布魯塞爾共同主辦了第四屆中國—歐盟文化藝術節。李四龍教授、何晉教授代表北大國學院參加活動。中國駐歐盟使團團長張明大使、歐洲議會旅遊交通委副主席兼歐中"一帶一路"文化旅遊發展委員會主席烏伊海依出席活動並致辭。歐盟增長總司中歐旅遊年負責人費利巴哈·艾瑞克,歐亞中心主席、比利時特奧會組委會主席兼比利時—香港協會主席皮耶特·斯蒂勒歐盟亞洲研究所首席執行官兼中歐文化教育協會主席顧愛樂與 120 多名來自歐盟機構、智庫、大學及孔子學院的嘉賓共同出席了上述活動。北京大學國學研究院副院長李四龍和深圳市航鵬文化傳播有限公司董事長林振芳，分別向歐中"一帶一路"文化旅遊發展委員會等歐盟相關機構及知名智庫捐贈了《中華文明史》（英文版）和"四書五經"書法長卷影印本。北京大學國學研究院何晋教授主講"四書五經"講座，介紹"四書五經"的主要內容和核心理念，使與會嘉賓認識到了中華文化的獨特價值體系和文化魅力。此次活動，是中外文化交流的一件盛事，是中華文化走出去的具體體現，充分展示了北京大學在堅定文化自信、促進中外文化交流事業中的積極有爲。

6 月 22 日

北京大學國學研究院在大雅堂召開《國學研究》出版 25 周年暨《中華文明史》系列外譯本出版座談會。校黨委書記郝平、副校長王博蒞臨座談會，與《國學研究》編委、《中華文明史》主編、作者和譯者以及北京大學出版社編輯，共同總結和推進國學研究院相關工作。國學研究院副院長鄧小南教授、副院長李四龍教授分別主持會議。

郝平書記首先以鮮花熱烈祝賀國學研究院院長袁行霈先生入選美國人文與科學院外籍院士，高度評價國學院多年來取得的許多重要成果，向國學院各位老先生和老師的嚴謹學風和務實工作表達敬佩，尤其是《國學研究》集刊和《中華文明史》是北大中華優秀傳統文化研究和中國文化走出去的代表性成果，爲北大的"雙一流"建設做出了重要貢獻。2018 年 5 月 2 日，習近平總書記在視察北大時，特別提出《中華文明史》及其各種譯本可以作爲國家對外的文化禮品，這有利於世界對中國文化的瞭解。

袁先生在致辭中説，北大國學研究院成立已經 26 年，《國學研究》這份大型的學術刊物出版已經 25 年，《中華文明史》出版已經 12 年。經過四分之一個世紀的努力和堅持，北大國學研究院有了今天的成就，我們要感謝校內外、國內外所有參與、支持國學院工作的學者、朋友，感謝當年學術前輩的傾心指導，感謝歷屆校領導的大力支持。在這二十多年的工作中，我們形成了三點共識：第一，要按照學術規律辦事，實行學術自由，營造和諧的學術氛圍；第二，我們的研究對象是中國傳統文化,但應面向未來、面向世界;第三,要最大程度地發揮北大的優勢,最大程度地動員全校人文學科的力量,耐心地、鍥而不捨地推動跨學科研究,做出創新性的成果。在漢學研究上,哈佛大學燕京學社是各國漢學家嚮往的地方,遺憾的是在中國本土反而沒有這樣一個場所,這和中國的國際地位極不相稱。我們期待在不久的將來,可以將北京大學大雅堂建設成爲世界一流的中國傳統文化研究中心,使之成爲世界漢學家心嚮往之的學術殿堂。

王博副校長作爲《中華文明史》的作者之一,對國學研究院的治學態度和工作要求有着切身的感受。他發言說,在參與撰寫《中華文明史》的過程中,自己受益非常大,對各位老先生和很多同事勤奮治學、刻苦工作由衷地欽佩。袁先生既嚴格務實,又善於協調,每位作者的稿子都要經過反復研究、討論、修改,方能成稿,而整個學術和工作氛圍又非常融洽,這得益於袁先生及各位老先生的學養和凝聚力。現在《中華文明史》已經產生重要的影響,有力促進了中國文化走出去,也爲學校積累了學術聲譽,學校會全力支援辦實事的機構進一步做好學術研究等工作。

座談會上,郝平書記、王博副校長代表學校向《中華文明史》中方主編、外方在京主編及《國學研究》特約編委獻花,感謝他們爲北大中國傳統文化研究和傳播做出的貢獻。國學研究院副院長鄧小南教授向大家介紹了國學研究院的整體情況和學術成果,國學研究院副院長李四龍教授介紹了2018年6月5日北京大學國學研究院赴歐盟參加中國—歐盟文化藝術節,並贈送《中華文明史》英譯本及"四書五經"書法長卷影印本的情況。

北京大學出版社總編輯張黎明向大家介紹了《中華文明史》的外譯出版情況,該書目前已經出版的有英、日、韓、塞爾維亞語四種譯本,今年年底將出版俄語譯本,明年值中國和匈牙利建交70周年,還將出版匈牙利語譯本,印地語譯本和阿拉伯語譯本也已排入工作計畫。《中華文明史》各外文譯本由所在國知名學者主持翻譯,在主流學術出版社出版,爲本書進入國外主流社會提供了很好的保障,已成爲中外文化交流的國家品牌。

《中華文明史》第一卷主編嚴文明先生、第三卷主編袁行霈先生、第四卷主編樓宇烈先生、《中華文明史》日譯本主編稻畑耕一郎、《國學研究》特約編委許逸民先生分别發言。《中華文明史》第二卷主編張傳璽先生因年事已高,未能親臨現場。《國學研究》編委、《中華文明史》作者也紛紛熱情發言。大家就中國文化、國際交流、《國學研究》工作的經驗和改進、《中華文明史》的撰寫和翻譯等議題展開討論,爲國學研究院今後的工作提供了寶貴的意見和建議。

　　國學研究院常務副院長吳同瑞教授在總結發言中指出,北京大學國學研究院之所以有旺盛的學術生命力,離不開學校領導和社會各界的支持,但内在因素也許是最重要的。國學院的内因可概括爲兩點:第一是"求實、求和"。國學院從事的重大課題研究和文化專案,往往工作量巨大,涉及的學科面廣,例如150集大型電視系列片《中華文明之光》的製作和《中華文明史》的撰寫,召開的研討會都達數百次之多,需要多個學科的學者共同參與,貫徹始終的求實精神是工作順利進行的内在保障,在取得很多成績的同時,更重要的是培養了一大批青年學者。雖然在學術上嚴格要求,但國學院有着非常和諧的人際關係,袁先生知人善任,善於團結,充滿着親和力、凝聚力,大家能心往一處想,勁兒往一處使,這在集體工作中是不可或缺的。如果説求實體現的是科學精神,那麽求和體現了國學院的人文精神。第二是"高調辦事,低調做人"。國學研究院從事的學術研究往往是重大課題,取得的成績令人羨慕,但面對别人的交口稱讚時,袁先生總是强調我們要找差距,找不足,要虛心學習别人的長處,尋求進一步改進我們的工作。正是因爲有這樣的内在品質,北京大學國學研究院在學術研究道路上,能够不斷開拓創新,不斷取得更大成績。

徵 稿 啟 事

一、本刊由北京大學國學研究院中國傳統文化研究中心主辦。

二、本刊爲綜合性學術刊物，旨在弘揚中華民族優秀的傳統文化，倡導實事求是的學風，鼓勵在學術問題上大膽探索，努力創新。

三、本刊登載有關中國傳統文化的學術論文，跨學科的綜合研究與各學科的專題研究並重。內容涉及以下學科：古代文學、近代文學、古代文論、文字學、音韻學、訓詁學、目錄學、版本學、校勘學、古代史、近代史、史學史、敦煌吐魯番學、思想史、哲學史、宗教史、法律思想史、政治思想史、經濟思想史、軍事思想史、科技史、美學史、倫理學史、文化史、考古學、中外文化比較研究、中外文化交流史等。

四、來稿請按本刊所登"書寫格式"的要求一律用中文繁體書寫，務請認真核對引文及參考文獻，并請附中文提要一份，提要限二百字以內。引文及參考文獻差錯若超過五處，則一律退稿。

五、本刊熱誠歡迎國內外學者賜稿

六、來稿均由編委會送呈校內外至少兩位具有權威性的學者審閱，審稿人寫出審稿意見書，編委會逐一討論決定是否採用。撰稿人與審閱人之姓名互不透露。

七、編委會對準備採用之稿件有删改權，或提出修改意見，退作者自行修改，或逕作必要的編輯加工。如作者不願删改，請事先說明。

八、稿件如涉及版權問題由作者負責。

九、來稿如被採用，將及時通知作者。若半年後仍未收到採用通知，作者可自行處理。

十、來稿請注明姓名、工作單位、通信地址、電話及傳真號碼,以便聯繫。

十一、請勿一稿多投。

十二、本刊自 2002 年起,每年出版兩卷,每卷約四十萬字。

十三、來稿刊出後,贈刊物一册、抽印本二十册。稿酬從優。

十四、來稿請寄:

郵編 100871

北京市海淀區頤和園路 5 號北京大學大雅堂(原化學北樓)

《國學研究》編輯部　收

電話:010－62758984

E-mail:skbgq@pku.edu.cn

《國學研究》編輯委員會

來稿書寫格式

一、繁體書寫,字體規範。

二、作者姓名置於論文題目下,居中書寫。作者姓名、單位(具體到院系)寫在文章首頁下端。

三、各章節或内容層次的序號,一般依一、(一)、1、(1)……順序表示;個別專業可依該專業的習慣排列。

四、一律使用新式標點符號。

(一)除破折號、省略號各占兩格外,其他標點符號各占一格;

(二)書籍、文件、報刊、文章等名稱,均用書名號《　》;

(三)書名和篇名連用時,中間加間隔號,例如:《史記·趙世家》;

(四)書名或篇名之中又含有書名或篇名的,後者加單角括號〈　〉,例如:《從水滸戲看〈水滸傳〉》;

(五)正文中的引文用雙引號"　";如果引文中又有引文,後者用單引號'　'。

五、正文每段第一行起首空二格;文中獨立段落的引文,首行另起空四格,回行空二格排齊。獨立段落的引文首尾不必加引號。

六、第一次提及帝王年號,須附加公元紀年,不必出"公元"二字,例如:漢武帝元狩二年(前121),宋仁宗皇祐五年(1053)。以後再次出現本年號,不必附加公元紀年。

七、所有圖表必須清晰,并標明編號,例如:圖一,圖二……或表一,表二……;同時須在正文第一次提及時,隨即列出,或注明圖表編號,如:(見圖一),(見圖二)……或(見表一),(見表二)……圖內文字請用繁體。

八、注釋採取篇末注形式,注釋號碼用阿拉伯數字表示,如:①、②……

九、注釋號碼位置規定如下:注各句者,注釋號碼置於各句標點符號後;注引文者,如引文爲完整段落,則注釋號碼置於句號、引號之後。

十、注釋應採用下列格式:

(一)引用古籍,應標明著者、書名、版本、卷數,例如:

王勃、楊炯、盧照鄰、駱賓王《初唐四子集》卷四〇,明崇禎十三年(1640)張燮輯、曹荃刻本。

王夫之《唐詩評選》卷二,民國間《船山遺書》本。

(二)引用專書及新版古籍,應標明著者、書名、章節或卷數、出版社及出版年、頁碼,例如:

朱自清《詩言志辨·賦詩言志》,《朱自清全集》第六冊,江蘇教育出版社1990年版,第144頁。

任繼愈主編《中國佛教史》第三卷第一章第二節,中國社會科學出版社1988年版,第22—25頁。

王叔岷《古籍虛字廣義》,臺北,華正書局1990年版,第430頁。

胡震亨《唐音癸籤》卷四,上海古籍出版社1981年版,第29頁。

Joseph Needhan, *Science and Clvilisation in China* Volume Ⅱ, Cambridge University Press, 1956, pp.10-13.

(三)引用期刊論文,應標明期刊名、年代卷次,例如:

聞一多《東皇太一考》,《文學遺産》1980年第1期。

張岱年《中國古代哲學中關於德力、剛柔的論爭》,《國學研究》第一卷,北京大學出版社1993年。

(四)引用報章論文,應標明報章名稱、發行日期和版面,例如:

錢仲聯《清詩簡論》,《光明日報》1983年12月27日第3版。

(五)爲避免繁複,再次徵引時可用下列方式表示:

1. 用簡化方式處理,例如:

① 〔日〕弘法大師原撰,王利器校注《文鏡秘府論校注》,中國社會科學出版社1983年,第10頁。

② 同上。(書名、卷數、頁碼完全相同。)

③ 同上書,第9頁。(書名、卷數相同,頁碼不同。)

2. 如果再次徵引的注不接續,可作:

④ 同注①,第11頁。(與注①書名、卷數相同,頁碼不同。)